東洋古典譯註叢書 105

譯註 墨子閒詁 4

校注 孫詒讓

책임번역 李相夏

공동번역 邊球鎰

전통문화연구회

飜譯委員

責任飜譯　李相夏

共同飜譯　邊球鎰

企劃編輯　東洋古典飜譯編輯委員會

原文校閱　吳圭根

飜譯研究管理　南賢熙

潤　文　朴勝珠

校　訂　李承俊 南賢熙 李孝宰

出　版　姜雲淑

裝　幀　김진디자인

東洋古典譯註叢書를 발간하면서

우리의 古典國譯事業은 민족문화 진흥의 기초사업으로 1960년대부터 政府 支援으로 古文獻 現代化 작업을 추진하여 많은 成果를 거두었다. 당시 이 사업 추진의 先行課題로 東洋古典이라 일컬어지는 중국의 基本古典을 먼저 飜譯하여야 한다는 學界의 주장이 있었음에도 불구하고 우리 고전이 아니라는 일부의 偏狹한 視角과 財政 事情 등으로 인하여 배제되어 왔다.

전통적으로 중국의 기본고전은 우리 歷史와 함께 숨쉬며 각종 교육기관의 教科書로 활용됨은 물론이고 지식인들의 必讀書가 되어 왔으며, 우리 文化의 基底에 자리잡고 거의 모든 방면의 體系와 根幹을 형성하여 왔다. 그래서 학문연구의 기본서 역할을 해 왔을 뿐만 아니라 오늘날에도 우리의 國學徒 및 東洋學 研究者들에게 같은 역할을 하고 있음은 주지의 사실이다. 그럼에도 불구하고 中國古典은 우리 것이 아니라 하여 專門機關의 飜譯對象에 포함하지 않음으로써, 대부분 原典에서의 직접 번역이 아닌 重譯이나 拔萃譯의 방식이 주를 이루면서 教養水準으로 出版되어 왔다.

오늘날 東洋 三國 중에서 우리의 東洋學 연구가 가장 부진한 이유는, 東洋基本古典에 대한 폭넓은 이해의 부족과 漢文古典 讀解力의 저하에 기인함을 우리는 솔직히 인정하여야 한다. 따라서 이들 중국고전에 대한 신뢰할 만한 國譯이 이루어지는 것이 한국학 연구를 촉진시키는 시급한 先行課題라 할 수 있다.

이에 韓國學 및 東洋學의 연구와 古典現代化의 基盤構築을 위해서는, 전문기관으로 하여금 동양고전을 단기간에 각 분야의 專門 研究者와 漢學者가 상호 협동하여 연구번역하여 飜譯의 傳統性과 效率性, 研究의 專門性을 높일 수 있도록 政策的 配慮가 있어야 한다.

이에 本會에서는 元老 및 中堅 漢學者와 斯界의 專攻者로 하여금 協同硏究飜譯하여 공부하는 사람들이 믿고 引用하거나 깊이 있는 註釋 등을 활용할 수 있게 하고, 知識人들의 敎養을 증진시켜 줄 수 있는 東洋古典의 國譯書 간행을 지속적으로 추진해 왔다. 근래에 다행히 이 사업에 대하여 각계 지도층의 폭넓은 이해와 지원에 힘입어 2001년도부터 國庫補助를 받아 東洋古典譯註叢書를 간행하게 되었다. 이를 계기로 우리 先學의 註釋과 見解를 반영하는 등 국역사업의 內實을 기하게 되었음을 이 자리를 빌어 衷心으로 감사드리며, 아울러 國譯에 參與하신 관계자 여러분의 勞苦에 깊은 謝意를 표한다.

끝으로 우리의 이러한 작업은 오랜 역사 위에 축적된 先賢들의 業績과 現代學問을 이어주는 튼튼한 架橋와 礎石이 되어 진정한 韓國學과 東洋學 발전에 기여할 것을 굳게 믿으며, 21세기를 우리 文化의 世紀로 열어 가는 밑거름이 되도록 우리의 力量을 本 事業에 경주하고자 한다. 江湖諸賢의 부단한 관심과 지원을 기대해 마지않는다.

社團法人 傳統文化硏究會 理事長 李啓晃

凡 例

1. 본서는 ≪譯註 墨子閒詁≫의 제4책이다.
2. 본서의 底本은 ≪墨子閒詁≫(孫詒讓, 中華書局, 2001)로 하되, ≪墨子閒詁≫(孫詒讓, 掃葉山房, 1907, 고려대학교 도서관 소장본), ≪墨子閒詁≫(孫詒讓, 1910, 續修四庫全書 수록본), ≪墨子閒詁≫(孫詒讓, 漢文大系 卷14, 富山房, 1913), ≪墨子注≫(畢沅, 經訓堂本, 1835), ≪郡經平議·墨子評議≫(兪樾, 世界書局, 1881), ≪墨子經說解≫(張惠言, 國粹學報館, 1909), ≪墨經校釋≫(梁啓超, 中華書局, 1922), ≪墨子集解≫(張純一, 文史哲出版社, 1932), ≪墨子斠證≫(王叔岷, 中央研究員 歷史語言研究所, 1959), ≪墨子 上·下≫ (新釋 漢文大系 卷50·51, 明治書院, 1972), ≪墨子雜志≫(王念孫, 墨子集成 卷9, 成文出版社, 1975), ≪墨子注≫(畢沅, 中華書局, 1985), ≪墨子校注≫(吳毓江, 中華書局, 2006) 등을 참고하였다.
3. 본서는 원전의 傳統性과 번역의 現代性을 구현하기 위해 노력하였다.
4. 原文에는 우리나라 전통방식의 懸吐를 하였다.
5. 原文은 저본의 體制에 따라 단락을 구분하고, 각 단락마다 일련번호를 부여하였다.
6. 飜譯은 原義에 충실하게 하되, 이해가 어려운 부분은 意譯 또는 補充譯을 하였다.
7. 飜譯文은 한글과 漢字를 混用하였으며, 맞춤법과 띄어쓰기는 한글 맞춤법과 표준어 규정을 따르는 것을 원칙으로 하였다.
8. 譯註는 校勘, 異說, 인용문의 出典, 故事, 역사적 사건, 전문용어, 難解語, 人物, 制度, 官職 등에 관한 사항을 밝혔다.
9. 校勘은 원문의 誤字, 脫字, 衍字, 倒文 등을 대상으로 하였다.
10. 각 篇마다 간략한 해설을 달아 독자의 이해를 돕고자 하였다.
11. 본서에 사용된 주요 符號는 다음과 같다.

“ ” : 對話, 각종 引用

‘ ’ : “ ” 안에서 再引用, 强調

「 」: ‘ ’ 안에서 再引用, 强調

( ) : 원문에서는 讀音이 특수한 글자나 僻字의 音
번역문에서는 간단한 譯註

〔 〕: 번역문의 이해를 돕기 위한 原文의 漢字나 句節 표기
譯註에서 인용한 原文

≪ ≫ : 書名이나 典據

〈 〉: 篇章名, 作品名, 補充譯

12. 본서의 校勘에 사용된 符號는 다음과 같다.

( )〔 〕: (저본의 誤字)〔교감한 正字〕

〔 〕: 저본의 脫字 補充

( ) : 저본의 衍字

13. ≪墨子閒詁≫에서 諸家들이 참고한 書目의 略稱과 概要는 다음과 같다.

- **道藏本** : 明朝 正統 10年(1445)에 張宇初(1359~1410)가 교정한 판본이다. ≪道藏≫은 ≪道教一切經≫, ≪道藏經≫, ≪道一切經≫이라고도 하며, 道教 관련 문헌들을 망라한 道教叢書이다. 明나라 正統 연간(1436~1449)에 칙명에 의해 張宇初가 편찬하여 大道觀에 반포한 ≪正統道藏≫을 가리킨다. 이후 萬曆 연간(1573~1619)에 ≪續藏≫을 추가하였다. 현전하는 ≪墨子≫ 판본들은 이 ≪正統道藏≫에 들어 있는 '道藏本'으로부터 시작된 것이다. 明나라의 많은 ≪墨子≫ 刊本들이 이를 토대로 삼았고, 畢沅 등 많은 淸나라 학자들이 이 판본을 대본으로 교감하였다.
- **吳鈔本** : 明朝 弘治 연간(1488~1505)에 吳寬(1435~1504)이 鈔한 寫本이다.
- **正德本** : 明朝 正德 元年(1506)에 兪弁(1488~1547)이 鈔한 寫本이다. 正德兪鈔三卷本이라고도 한다.
- **陸本** : 明朝 嘉靖 31年(1552)에 陸穩(?~?)이 교정한 活字本이다. 嘉靖壬子陸校銅板活字本이라고도 한다.
- **唐堯臣刻本** : 明朝 嘉靖 32年(1553)에 刊刻한 판본이다. 唐堯臣據陸穩壬子活字本刊刻이라고도 한다. 四部叢刊 수록본이다.
- **沈本** : 明朝 隆慶 元年(1567)에 沈津(?~?)이 刊刻한 판본이다. 隆慶丁卯沈刻百家類纂本이라고도 한다.
- **茅本** : 明朝 萬曆 연간(1573~1620)에 茅坤(1512~1601)이 교정하고 童思泉(?~?)이 刊刻한 판본이다. 萬曆辛巳茅校書坊刻本, 茅坤本이라고도 한다.

- 緜眇閣本 : 明朝 萬曆 연간(1573~1620)에 馮夢禎(1548~1606)이 緜眇閣에서 刊刻한 판본이다.
- 堂策檻本 : 明朝 天啓 연간(1621~1627)에 郎兆玉(?~?)이 堂策檻에서 刊刻한 판본이다.
- 寶曆本 : 日本 寶曆 7年(1757)에 秋山儀(秋山玉山, 1702~1764)가 교정한 校刻本이다. 日本寶曆七年秋山儀校刻本이라고도 한다. 明나라 茅坤本을 倣刻한 것으로 모두 6권이다.
- 畢本 : 淸朝 乾隆 48年(1783년)에 畢沅(1730~1797)이 교정한 판본이다. 畢沅校刻本이라고도 한다. 전 16권이다. 畢沅은 明나라 때 간행된 道藏本을 저본으로 삼았으며, 兩江總督採進本 및 萬曆 연간의 潛庵子本, 郎氏堂策檻刊本을 참고하였다. 여기에 盧文弨(1717~1795)와 孫星衍(1753~1818), 翁方綱(1733~1818) 등의 校勘 내용을 참고하여 校注를 완성하였다.
- 四庫全書本 : 淸朝 乾隆 연간(1736~1795)에 刊刻한 판본이다.
- 顧本 : 淸朝에 顧千里(1766~1835)가 道藏本을 교정한 것이다. 顧校道藏本이라고도 한다.

14. ≪墨子閒詁≫에서 손이양이 인용한 주요 註釋家는 다음과 같다.
    - 盧文弨(1717~1795) : 淸 浙江 仁和 사람으로 자는 紹弓, 호는 磯漁 또는 號檠齋·抱經이며, 晩號는 弓父이다. 戴震·段玉裁 등과 교유하였으며, 校勘學者이자 藏書家·敎育家로서 당대 크게 이름을 떨쳤다. 교감한 고적으로는 ≪逸周書≫, ≪孟子音義≫, ≪荀子≫, ≪呂氏春秋≫, ≪韓詩外傳≫, ≪春秋繁露≫, ≪方言≫, ≪白虎通≫ 등이 있다. 저서에 ≪抱經堂文集≫, ≪儀禮注疏詳校≫, ≪鍾山箚記≫, ≪龍城箚記≫, ≪廣雅釋天以下注≫, ≪廣雅注≫ 등이 있다.
    - 畢沅(1730~1797) : 淸 江蘇 鎭洋 사람으로 자는 纕蘅 또는 秋帆, 호는 靈巖山人이다. 乾隆 25년(1760)에 進士가 되고, 陝西巡撫와 湖廣總督 등을 역임하였다. 沈德潛과 惠棟에게 수학하였고, 경학으로는 漢儒, 문자학으로는 許愼을 종주로 했다. 經史, 書畫, 小學, 金石, 詩文, 地理 영역에 두루 통달하였다. 저서에 ≪經典文字辨正書≫, ≪音同義異辨≫, ≪說文解字舊音≫, ≪關中金石記≫, ≪中州金石記≫, ≪傳經表≫, ≪晏子春秋音義≫, ≪呂氏春秋校正≫, ≪靈巖山人詩文集≫, ≪墨子注≫ 등이 있으며, 대부분 經訓堂叢書에 수록되어 있다.
    - 汪中(1744~1794) : 淸 江蘇 江都 사람으로 자는 容甫이다. 經學과 史學에 정통하

였으며, 특히 先秦圖書와 古代 學制興廢를 깊이 연구하였다. 王念孫·劉台拱과 교유하였으며, 阮元·焦循 등과 더불어 '揚州學派'로 일컬어진다. 저서에 ≪述學≫, ≪容甫先生遺詩≫, ≪春秋述義≫, ≪廣陵通典≫, ≪秦蠶食六國表≫, ≪知新記≫, ≪金陵地圖考≫ 등이 있다.

- **王念孫**(1744~1832) : 淸 江蘇 高郵 사람으로 자는 懷祖, 호는 石臞이다. 乾隆 40年에 進士가 되고, 翰林院 庶吉士와 工部 主事 등을 역임하였다. 戴震에게 수학하였으며, 音韻學, 文字學, 訓詁學, 校勘學에 조예가 깊었다. 당대 錢大昕, 盧文弨, 邵晉涵, 劉台拱 등과 '五君子'로 일컬어졌다. 저서에 ≪讀書雜志≫, ≪釋大≫, ≪王石臞先生遺文≫, ≪廣雅疏證≫, ≪古韻譜≫, ≪道河議≫, ≪河源紀略≫ 등이 있다. ≪讀書雜志≫에 ≪墨子雜志≫ 6권이 있다.
- **張惠言**(1761~1802) : 淸 江蘇 武進 사람으로 자는 皐聞 또는 皐文, 호는 茗柯이다. 嘉慶 4년(1799)에 進士가 되고, 翰林院 庶吉士와 編修 등을 역임하였다. 詞에 능하여 常州詞派를 창시했다. 후에 古文에 전념하여 韓愈와 歐陽脩를 종주로 삼았으며, 經學과 음운학에도 정통하였는데, 특히 ≪周易≫과 ≪儀禮≫ 연구로 이름이 높아 '陽湖派古文'으로 일컬어졌다. 저서에 ≪虞氏易禮≫, ≪虞氏易事≫, ≪虞氏易言≫, ≪周易鄭氏義≫, ≪讀儀禮記≫, ≪茗柯文編≫, ≪詞選≫, ≪七十家賦鈔≫, ≪說文諧聲譜≫, ≪墨子經說解≫ 등이 있다.
- **洪頤煊**(1765~1837) : 淸 浙江 臨海 사람으로 자는 旌賢, 호는 筠軒, 晩號는 倦舫老人이다. 孫星衍의 門人으로 경전의 訓詁에 밝았고 天文, 地理, 文學, 碑版, 鄕邦文獻 방면에 조예가 깊었다. 저서에 ≪尙書洪範五行傳論輯本≫, ≪校正竹書紀年≫, ≪讀書叢錄≫, ≪台州劄記≫, ≪諸史考異≫, ≪管子義證≫, ≪尙書古文敘錄≫, ≪筠軒詩文抄≫ 등이 있다.
- **王引之**(1766~1834) : 淸 江蘇 高郵 사람으로 자는 伯申, 호는 曼卿이다. 王念孫의 아들이다. 翰林院 編修, 戶部尙書, 吏部尙書, 禮部尙書, 工部尙書 등을 역임하였다. 聲韻學, 文字學, 訓詁學 등에 정통하였다. 왕염손의 학통을 이어 ≪爾雅≫, ≪說文解字≫, ≪音學≫ 등의 책을 정밀히 연구하였다. 저서에 ≪經義述聞≫ 32권, ≪經傳釋詞≫ 10권이 있다.
- **顧廣圻**(1766~1835) : 淸 江蘇 元和 사람으로 자는 千里, 호는 澗薲 또는 思適居士이다. 당대의 저명한 校勘學者이자 藏書家·目錄學家이다. 四部圖書를 博覽하였으며,

經史, 訓詁, 曆算, 輿地, 諸子經學에 두루 통하였다. 阮元・胡克家・孫星衍의 초빙을 받아 고서 및 ≪說文解字≫, ≪禮記≫, ≪儀禮≫, ≪國語≫, ≪戰國策≫, ≪文選≫ 등의 제서를 교감하였으며, 특히 校讎學・目錄學에 정통하여 孫星衍・黃丕烈 등과 더불어 당대 校勘學의 거장으로 일컬어졌다. 저서에 ≪思適齋集≫ 등이 있다.

- **蘇時學**(1814~1874) : 淸 藤縣 藤城鎭 사람으로 字는 敦元, 號는 琴舫 또는 爻山이다. 晩年에는 猛陵山人으로 불렸다. 평생 벼슬에 뜻을 두지 않았으며, 淸 同治 연간에 한번 內閣中書 요직에 나아갔으나, 이때에도 內府의 經典을 열독하는 데 潛心求學하였다. 청년 시절 廣州, 香港, 杭州, 上海 등지에서 유학하였으며, 생전에 著述이 매우 많아 '藤州才子'로 일컬어졌다. 저서에 ≪寶墨樓詩冊≫, ≪寶墨樓楹聯≫, ≪遊瑤日記≫, ≪羊城遊記≫, ≪爻山筆話≫, ≪鐔津考古錄≫, ≪墨子刊誤≫ 등이 있다.
- **兪樾**(1821~1906) : 淸 浙江 德淸 사람으로 자는 蔭甫, 호는 曲園이다. 道光 30년(1850) 進士에 급제하여 翰林院 編修, 河南學政 등을 역임하였다. 經學, 諸子學, 史學, 訓詁學, 戲曲, 詩詞, 小說, 書法 등에 두루 능통하였다. 관직을 그만둔 뒤 蘇州 紫陽書院, 上海 求志書院, 杭州 詁經精舍 등에서 후학을 양성하였다. 王念孫 부자의 학문 경향을 추종하였으며, 당대의 큰 스승으로 추앙받았다. 저서에 ≪群經平議≫, ≪諸子平議≫, ≪古書疑義擧例≫, ≪春在堂隨筆≫, ≪茶香室叢鈔≫, ≪詁經精舍自課文≫, ≪賓萠集≫, ≪古書疑義擧例≫, ≪春在堂詩編≫, ≪小浮梅閑話≫, ≪右臺仙館筆記≫ 등이 있다. 그의 ≪諸子平議≫에 ≪墨子平議≫ 15권이 들어 있다.
- **戴望**(1837~1873) : 淸 浙江 德淸 사람으로 자는 子高이다. 同治 연간에 江寧書局 校勘이 되었다. 淸 咸豐 7년(1857)에 陳奐에게 수업하여 聲韻과 訓詁의 經師家法을 익혔으며, 宋翔鳳에게 ≪春秋公羊傳≫을 수업받고 西漢儒說을 연구하였고, 후에 孫治讓과 함께 金文을 考訂하였다. 저서에 ≪論語注≫, ≪管子校正≫, ≪顔氏學記≫, ≪謫麐堂遺集≫, ≪墨子校記≫ 등이 있다.

目 次

東洋古典譯註叢書를 발간하면서
凡 例
解 說

經 下 第四十一　　제41편 經 하 / 13
經說 上 第四十二　　제42편 經說 상 / 90
經說 下 第四十三　　제43편 經說 하 / 226
大取 第四十四　　제44편 大取 / 410

〔附 錄〕

1. ≪墨子閒詁 4≫ 參考書目 / 469
2. ≪墨子閒詁 4≫ 參考圖版 目錄 및 出處 / 476
3. 戰國七雄圖 / 477
4. ≪墨子閒詁≫ 總目次(QR) / 478
5. ≪墨子閒詁≫ 解題(QR) / 478
6. ≪墨子≫ 관련 研究論著(QR) / 478

≪墨子閒詁 4≫ 解 說

제41편 經 下

이 편은 〈經 上〉에 이어 매우 精鍊된 文字를 써서 古代의 論理學과 科學의 命題들을 열거하였는데 〈經 上〉보다 다소 문장이 길고 구조가 복잡한 특징이 있다. 또한 각 조문의 끝에 '說在'라는 文句를 사용하여 關鍵이 되는 핵심어를 들어 해당 명제를 풀이하거나, 論證하는 이유나 사례를 제시하는 조문이 다수 있는 것이 〈經 上〉과 다른 형식상의 특징이다. 내용상의 특징을 살펴보면, 〈經 上〉이 論理學과 幾何學에 관한 명제가 여럿 눈에 띄는데 이 편은 그에 더해 光學에 관한 명제가 있는 것이 이채롭다.

제42편 經說 上

이 편은 〈經 上〉의 條文을 부연 설명하는 注釋이라 할 수 있다. 그래서 중국과 우리나라를 비롯한 각국의 譯註本들은 〈經〉의 각 조문에 해당하는 〈經說〉을 해당 〈經〉의 조문 뒤에 오려붙여 독자들이 一目瞭然하게 파악할 수 있도록 體制를 바꾸어 譯註하였다. 하지만 畢沅과 孫詒讓은 ≪墨子≫의 본래 체제를 수정하지 않고 〈經〉과 〈經說〉을 분리한 채로 수록하였으므로, 본 譯註本 역시 이를 따른다. 〈經說〉을 살펴보면, 각 항목의 맨 앞에 〈經〉의 맨 앞의 한 글자에서 여러 글자에 이르는 글자를 뽑아내어 각 항목의 標識로 삼고 있는 바, 이를 標題字 혹은 標牒字라고 한다. 그 의도는 해당 글자로 〈經〉의 조문을 가리키기 위한 것이다.

제43편 經說 下

이 편은 역시 〈經 下〉의 條文을 부연 설명하는 注釋이라 할 수 있다. 역시 중국과 우리나라를 비롯한 각국의 기존 譯註本들은 대개 <經>과 <經說>을 합쳐서 편집하였는데, 본서의 저본인 ≪墨子閒詁≫는 ≪墨子≫의 본래 체제에 따라 〈經〉과 〈經說〉을 분리한 채 두었으므로 본 譯註本도 이를 따른다. 이 편은 그림자와 거울의 관계, 무거운 물건을 들고 옮기는 기중기와 같은 도구의 원리 등 오늘날 서양 과학과 유사한 학설들이 들어 있고 그 밖의 글에도 誤脫이 많아 매우 난해하다.

제44편 大取

이 편은 묵자의 대표적인 학설인 兼愛說을 설명한 것으로 대개 墨家의 후기의 학자가 저술한 것으로 본다. 내용을 보면, 利害를 저울질하는 문제, 同異를 변증하는 문제 등과 言辭가 생겨나고 전개되는 세 가지 원리인 故·理·類를 제시하고 있는데, 誤脫과 錯簡이 심해 해독할 수 없는 곳이 많다. 특히 '其類在…'라 한 13대목은 考證할 수 없어 그 정확한 뜻을 현재로서는 알 수 없다.

經 下 第四十一* 제41편 經 하

*이 편은 〈經 上〉에 이어 매우 精鍊된 文字를 써서 古代의 論理學과 科學의 命題들을 열거하였는데 〈經 上〉보다 다소 문장이 길고 구조가 복잡한 특징이 있다. 또한 각 조문의 끝에 '說在'라는 文句를 사용하여 關鍵이 되는 핵심어를 들어 해당 명제를 풀이하거나, 論證하는 이유나 사례를 제시하는 조문이 다수 있는 것이 〈經 上〉과 다른 형식상의 특징이다. 내용상의 특징을 살펴보면, 〈經 上〉이 論理學과 幾何學에 관한 명제가 여럿 눈에 띄는데 이 편은 그에 더해 光學에 관한 명제가 있는 것이 이채롭다.

본서 3책에서 언급한 것처럼 畢沅은 〈經 上〉의 마지막에 '讀此書旁行'이라는 말에 착안하여 1행에 〈經〉의 조문을 상단과 하단으로 나누어 나열한 뒤 상단은 상단끼리, 하단은 하단끼리 읽어나가야 글이 이루어진다고 하였다. 그래서 자신이 校注한 ≪墨子校注≫에서 〈經說 下〉 뒤에 '新考定經上篇'이라는 제목으로 〈經 上〉의 旁行句讀를 예시로 들었다. 하지만 〈經 上〉과 달리 〈經 下〉는 考定하지 않았으므로 孫詒讓은 張惠言 考定本에 의거하여 다시 교정하여 보충하였다. 이에 본서 3책 〈經 上〉에 준하여 독자들의 열람상의 편의를 위해 저본의 순서, 旁行句讀의 순서 및 譯註의 連番 그리고 原文을 아래에 표로 수록한다.

孫本	旁行句讀	連番	條文	備考
1	1	41-1-3	止는 類以行(人)〔之〕니 說在同이라	
2	44	41-2-1~2	所存與〔存〕者는 於存與孰存이라	
3	2	41-3-1~3	駟異說은 推類之難이니 說在之大小라	
4	45	41-4-1~2	五行毋常勝하니 說在宜라	
5	3	41-5-1~6	物盡同名이니 二與鬥와 愛와 食與招와 白與視와 麗與〔暴〕과 夫與履라	
6	4	41-6-1~2	一은 偏棄之라	
7	5	41-7-1	謂而固是也니 說在因이라	
8	6	41-8-1~4	不可偏去而二는 說在見與俱와 一與二와 廣與脩라	
9	46	41-9-1	無欲惡之爲益損也니 說在宜라	

孫本	旁行句讀	連番	條文	備考
10	7	41-10-1	不能而不害니 說在害라	
11	47	41-11-1	損而不害니 說在餘라	
12	8	41-12-1~2	異類不吡니 說在量이라	
13	48	41-13-1	知而不以五路니 說在久라	
14	9	41-14-1~2	偏去莫加少니 說在故라	
15	49	41-15-1~2	(必熱)〔火不熱〕이니 說在(頓)〔睹〕라	
16	10	41-16-1~2	假必誖니 說在不然이라	
17	50	41-17-1	知其所以不知니 說在以名取라	
18	11	41-18-1~4	物之所以然과 與所以知之와 與所以使人知之는 不必同이니 說在病이라	
19	51	41-19-1~2	無不必待有니 說在所謂라	
20	12	41-20-1~5	疑는 說在逢循遇過라	
21	52	41-21-1~2	(擢)〔推〕慮不疑니 說在有無라	
22	13	41-22-1~2	合與一에 或復否하니 說在拒라	
23	53	41-23-1~3	且然은 不可正이나 而不害用工이니 說在(宜歐)〔害區〕라	
24	14	41-24-1~2	物一體也니 說在俱一惟是라	
25	54	41-25-1~2	均之絶不(부)는 說在所均이라	
26	15	41-26-1~2	宇或徙하니 說在長宇久라	
27	55	41-27-1~3	堯之義也는 (生)〔任〕於今而處於古라 而異時하니 說在所義라	
28	16	41-28-1~5	二가 臨鑑而立하면 景到어나 多而若少하니 說在寡區라	
29	56	41-29-1~3	狗는 犬也로되 而殺狗非殺犬也가 可하니 說在重이라	
30	17	41-30-1~2	鑑(位)〔立〕에 景一小而易(이)하고 一大而缶하니 說在中之外內라	
31	57	41-31-1~2	使는 (殷美)〔假義〕니 說在使라	
32	18	41-32-1	鑑團에 景一이라	
33	19	41-33-1	不堅白은 說在라	
34	58	41-34-1	荊之大라 其(沈)〔沆〕淺也는 說在(具)〔有〕라	
35	20	41-35-1	無久與宇는 堅白이니 說在因이라	
36	59	41-36-1~2	以(檻)〔楹〕爲摶이면 於以爲無知也니 說在意라	

孫本	旁行句讀	連番	條文	備考
37	21	41-37-1~2	在諸其所然(未者)〔諸未〕然은 說在於是推之라	
38	60	41-38-1~2	意未可知니 說在可用(過)〔遇〕仵라	
39	22	41-39-1	景不徙니 說在改爲라	
40	61	41-40-1~2	一少於二나 而多於五니 說在(建)〔進〕이라	
41	23	41-41-1~2	(住)〔位〕景二니 說在重이라	
42	62	41-42-1~2	非半弗新하면 則不動이니 說在端이라	
43	24	41-43-1	景到는 在午有端與景長이니 說在端이라	
44	63	41-44-1~2	可無也나 有之而不可去니 說在嘗然이라	
45	25	41-45-1	景迎日은 說在(摶)〔轉〕이라	
46	64	41-46-1	凪而不可(擔)〔搖〕는 說在摶이라	
47	26	41-47-1	景之小大는 說在(地)〔杝〕凪遠近이라	
48	65	41-48-1	宇進無近하니 說在敷라	
49	27	41-49-1~2	(天)〔大〕而必凪하니 說在得이라	
50	66	41-50-1~2	行(循)〔脩〕以久니 說在先後라	
51	28	41-51-1	(貞)〔負〕而不撓니 說在勝이라	
52	67	41-52-1~3	一法者之相與也가 盡〔類〕라 若方之相合也하니 說在方이라	
53	29	41-53-1	(契)〔挈〕與(枝)〔收〕(板)〔仮〕하니 說在薄이라	
54	68	41-54-1~2	狂擧不可以知異니 說在有不可라	
55	69	41-55-1	牛馬之非牛는 與(可之)〔不可〕同이니 說在兼이라	
56	30	41-56-1~2	倚者不可(正)〔止〕하니 說在(剃)〔梯〕라	
57	70	41-57-1	循此循此與彼此同하니 說在異라	
58	31	41-58-1~2	(推)〔柱〕之必(往)〔住〕니 說在廢材라	
59	71	41-59-1~2	唱和同患이니 說在功이라	
60	32	41-60-1~2	買無貴하니 說在仮其賈라	
61	72	41-61-1	聞所不知若所知하면 則兩知之니 說在告라	
62	33	41-62-1~2	賈宜則讎니 說在盡이라	
63	73	41-63-1~3	以言爲盡誖는 誖니 說在其言이라	
64	34	41-64-1	無說而懼는 說在弗(心)〔必〕이라	
65	74	41-65-1~2	唯吾謂인댄 非名也則不可하니 說在仮이라	

孫本	旁行句讀	連番	條文	備考
66	35	41-66-1	或은 過名也니 說在實이라	
67	75	41-67-1~2	無窮不害兼하니 說在盈否知라	
68	36	41-68-1~2	知之否之가 足用也는 (諄)〔誖〕니 說在無以也라	
69	76	41-69-1	不知其數而知其盡也니 說在(明)〔問〕者라	
70	37	41-70-1~2	謂辯無勝은 必不當이니 說在辯이라	
71	77	41-71-1	不知其所處라도 不害愛之니 說在喪子者라	
72	38	41-72-1	無不讓也는 不可하니 說在(始)〔殆〕라	
73	78	41-73-1~2	仁義之爲內外也는 (內)〔非〕니 說在仵顔이라	
74	39	41-74-1	於一有知焉하고 有不知焉하니 說在存이라	
75	79	41-75-1	學之〔無〕益也하니 說在(誹)〔誖〕者라	
76	40	41-76-1~2	有指於二하면 而不可逃니 說在以二(絫)〔參〕이라	
77	80	41-77-1~2	誹之可否는 不以衆寡니 說在可非라	
78	41	41-78-1	所知而弗能指는 說在春也逃臣狗犬(貴)〔遺〕者라	
79	81	41-79-1	非誹者(諄)〔誖〕니 說在弗非라	
80	42	41-80-1~2	知狗而自謂不知犬하면 過也니 說在重이라	
81	82	41-81-1~2	物甚不甚하니 說在若是라	
82	43	41-82-1~2	通意後對니 說在不知其誰謂也라	
83	83	41-83-1	取下以求上也니 說在澤이라	
84	84	41-84-1	是是與是同하니 說在不州라	

41-1-1 止는

止(멈춤, 중단)는

句라

여기에서 句를 뗀다.

41-1-2 **類以行(人)〔之〕**니

부류를 가지고 진행해 가니

說云 止는 **彼以此其然也**로 **說是其然也**어든 **我以此其不然也**로 **疑是其然也**라하니 **則是言辭相執拒之意**니 **不當言行人**이라 **疑人當作之**라 **類以行之**는 **謂以然不定其是非**하고 **可以類推**니 **所謂同也**라 **楊云 小取篇**에 **夫辭以類行者也**[1]라하다

〈經說 下〉에 "止는 상대는 이것이 사실이라는 근거에서 이것이 사실이라고 주장하면 나는 이것이 사실이 아니라는 근거에서 이것이 사실이라는 데 의문을 제기하는 것이다.〔彼以此其然也 說是其然也 我以此其不然也 疑是其然也〕"라고 하였는데, 이는 言辭로 서로 고집하고 물리치는 뜻이니 '行人'이라고 말해서는 안 된다. '人'은 마땅히 '之'가 되어야 한다. '類以行之'는 사실이라는 근거로 그 是非를 정하지 않고 부류로 헤아릴〔類推〕 수 있음을 이르니 이른바 '同(부류의 같음)'이다.

楊葆彝 : 〈小取〉편에 '무릇 말은 부류로 진행하는 것이다〔夫辭以類行者也〕'라고 하였다.

41-1-3 **說在同**[2]이라

부류가 같다는 점으로 설명할 수 있다.

此亦取類推之義라 **經說上**에 **云 有以同**이 **類同也**라

이 대목 역시 類推의 뜻을 취한 것이다. 〈經說 上〉에 "어떤 기준으로 같음이 있는 것이 부류로서의 같음이다.〔有以同 類同也〕"라고 하였다.

41-2-1 **所存與〔存〕者**는

있는 곳과 있는 자는

---

1) 小取篇 夫辭以類行者也 : 〈小取〉편이 아니라 〈大取〉편에 나오는 말이다.

2) 止……說在同 : 여기서 '止'는 양쪽의 주장과 반박이 대립하여 논쟁이 멈춰있는 상태 혹은 양쪽이 벌이던 논쟁을 중단하는 것이라는 해설이 있다. ≪墨子今注今譯≫에서는 "'止'라는 종류의 反駁 방식은 사물의 類別에 비추어 진행해야 하니 내가 반박하려는 것과 상대가 증명하려는 것이 동일한 論題이기 때문이다."라고 하였다.

張云 與下脫存字라하다 案 張校是也라 說云 室堂은 所存也요 某子는 存者也라하다

張惠言 : '與' 뒤에 '存'자가 빠져 있다.

案 : 張惠言의 校勘이 맞다. 〈經說 下〉에 "室·堂은 있는 곳이고 아무개는 있는 자이다.〔室堂 所存也 某子 存者也〕"라고 하였다.

41-2-2 於存與孰存이라

어디에 있는가와 누가 있는가 〈묻는 문제이다.〉

下有脫文이라

뒤에 빠진 글이 있다.

41-3-1 駟異說[3)]은

네발짐승과 소·말이 다르다고 말하는 것은

顧[4)]云 當云說在異니 與說在同對文이로되 而句多譌(와)脫이라하다 張云 駟衍이요 異說下脫이니 疑當云說在主라하다 案 依顧張說하면 則此當屬上所存以下爲一經[5)]이요 楊讀則以此爲下經發端語하니 三說未知孰是라 但此經不必與說在同對文이니 顧校恐非라 依說하면 似楊讀近是라 駟疑當爲四足牛馬四字어늘 譌脫合幷爲一字라 說云 謂四足

3) 駟異說 : ≪墨子今注今譯≫에서는 高亨이 이 대목을 '四焉 說在異'로 보고 위의 대목에 붙여 읽은 것을 채택하여 "존재하는 장소와 존재하는 주체, 존재하는 장소에 대한 질문과 존재하는 주체에 대한 질문, 이 네 가지의 사실은 논증의 이유가 그들 모두 다름이 있다는 데 있다."라고 하였다.

4) 顧 : 顧廣圻(1766~1835)로, 字는 千里이고, 號는 澗蘋, 無悶子, 思適居士, 一云散人이며, 元和(지금의 江蘇省 蘇州) 사람이다. 淸나라의 교감학자, 장서가, 목록학자로, 저서에 ≪思適齋文集≫ 18권이 있으며, ≪墨子(道臧本)≫, ≪說文≫, ≪禮記≫, ≪儀禮≫, ≪國語≫, ≪戰國策≫, ≪文選≫등을 교감했다.

5) 依顧張說 則此當屬上所存以下爲一經 : 顧廣圻와 張惠言은 이 대목을 위에 붙여 읽는 것으로 보면서 각각 '說在異', '說在主'로 校勘하였는 바, 그들에 따르면, "있는 곳과 있는 자, 어디에 있는가와 누가 있는가, 이에 대한 설명은 다름에 있다.(主로 하는 것에 있다.)"라고 번역할 수 있다.

獸與牛馬與[6]라하니 **謂與說義同**이라

顧廣圻 : 마땅히 '說在異'라고 해야 하니 〈위의〉 '說在同'과 대를 이루는 문장인데 句에 잘못되고 빠진 부분이 많다.

張惠言 : '駟'는 잘못 들어간 글자이고, '異說' 뒤가 빠져 있으니, 아마도 '說在主'라고 해야할 듯하다.

案 : 顧廣圻와 張惠言의 說에 의거하면 이 대목은 마땅히 위의 '所存' 이하와 이어 붙여 하나의 經文이 되어야 하고, 楊葆彝의 讀法은 이 대목을 아래 經文의 서두의 말이라고 하였는데, 세 說 가운데 무엇이 맞는지는 알 수 없다. 다만 이 〈經〉은 굳이 '說在同'과 대를 이루는 문장이 될 것은 없으니 顧廣圻의 校勘은 잘못 본 듯하다. 〈經說〉에 의거하면 楊葆彝의 讀法이 近理한 듯하다. '駟'는 마땅히 '四足牛馬' 4자가 되어야 하는데 잘못되고 빠져 버려 합쳐져서 한 글자가 된 듯하다. 〈經說 下〉에 "네발짐승이라 하는 것은 牛馬와 다르다〔謂四足獸 與牛馬與〕"라고 하였으니, '謂'와 '說'은 뜻이 같다.

41-3-2 **推類之難**[7]이니

부류로 헤아릴 때의 어려움이니

言四足獸爲總名이요 **而獸各自有散名**일새 **不能以類推也**라

'四足獸'는 總名이고 짐승들은 각자 갖가지 이름〔散名〕이 있기에 부류로 헤아릴 수 없다는 말이다.

41-3-3 **說在〔名〕之大小**라

명칭의 크고 작은 차이로 설명할 수 있다.

---

6) 牛馬與 : 본래 '生鳥與'로 되어 있는데, 〈經說〉의 이 대목을 교감하면서 孫詒讓은 '牛馬異'가 되어야 한다고 하였다.

7) 推類之難 : ≪墨子今注今譯≫에서는 앞의 '駟異說'은 '四焉 說在異'로 校勘하고서 위의 대목으로 붙이고 이 대목과 '物盡同名'에서 '夫與履'까지를 하나의 〈經〉으로 보고 "類推에는 곤란함이 있고 오류를 일으킬 확률이 있으니 이 사실을 논증하자면 大小, 物盡, 同名, 二와 鬥, 愛, 食과 招, 白과 視, 麗와 暴, 夫와 履 등의 사례를 열거할 수 있다.〔推類之難 說在之大小物盡同名二與鬥愛食與招白與視麗與暴夫與履〕"라고 하였다.

之上疑脫名字라 凡總名爲大요 散名爲小니 詳經說下라 顧讀之字句하니 亦非라

'之' 앞에 '名'자가 빠진 듯하다. 무릇 總名은 크고 散名은 작으니 〈經說 下〉에 자세히 설명하였다. 顧廣圻는 '之'자에서 句를 떼어 읽었는데, 역시 잘못 본 것이다.

41-4-1 五行毋常勝하니

오행은 언제나 이기는 이치가 없으니

張云 毋無也라하다

張惠言 : '毋'는 '無'이다.

41-4-2 說在宜[8]라

時宜에 맞음으로 설명할 수 있다.

言視其生克之宜[9]라

그 相生과 相克의 時宜를 본다는 말이다.

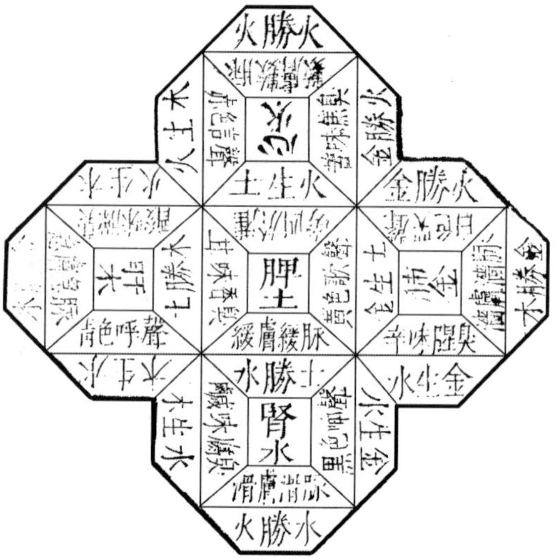

五行相生相勝之圖

41-5-1 物盡同名이니

사물은 〈뜻이 달라도〉 모두 같은 이름을 쓸 수 있으니

物猶事也니 謂意異而辭同이라 張讀物盡屬上한대 誤라

8) 五行毋常勝 說在宜 : ≪墨子今注今譯≫에서는 高亨이 '宜'를 '多'로 본 것을 채택하여 "오행은 모두 고정되거나 늘 이기는 순서란 것이 없으니, 논증의 이유는 어떤 원소가 우세를 점하고 어떤 원소가 다른 원소들을 이길 수 있는가에 있다."라고 하였다.

9) 生克之宜 : 戰國시대 鄒衍이 제창한 五行說의 기본 주장으로, 木·火·土·金·水의 다섯 원소가 相生과 相剋의 이치를 품고 움직여 우주 만물을 생성하고 지배한다는 것이다. 五行相生은 오행이 서로를 품고 낳는 것으로, 水生木, 木生火, 火生土, 土生金, 金生水이다. 五行相剋은 오행이 서로 배척하고 부정하는 것으로 土剋水, 水剋火, 火剋金, 金剋木, 木剋土이다. 오행은 시간과 공간의 적절한 조건에 의해 상호 변화해가는 것이다.

'物'은 事(일)와 같으니 뜻은 다르지만 말은 같음을 이른다. 張惠言은 '物盡'을 위에 속하는 것으로 읽었는데, 잘못 본 것이다.

41-5-2 二與鬥와

둘과 싸움,

句라

여기에서 句를 뗀다.

41-5-3 愛와 食與招와

사랑, 먹는 것과 부르는 것,

句라

여기에서 句를 뗀다.

41-5-4 白與視와

흰 것과 보는 것,

吳鈔本作二라

吳鈔本에는 〈'視'가〉 '二'로 되어 있다.

41-5-5 麗與〔暴〕과

아름다움과 포악함,

顧云 據說하면 似當有暴字라하다

顧廣圻 : 〈經說 下〉에 의거하면, 마땅히 '暴'자가 있어야 할 듯하다.

41-5-6 夫與履라

남자와 신 따위이다.

說作屨(구)한대 義同이라 張云 同名之類有此十者라하다 案 當云十一者니 義詳經說下라

〈經說 下〉에 '屨'로 되어 있는데, 뜻이 같다.

張惠言 : 같은 이름인 부류는 이 열 가지가 있다.

案 : 마땅히 열한 가지라고 해야 하니, 뜻은 〈經說 下〉에 자세히 설명하였다.

41-6-1 一은

一(하나)은

句라

여기에서 句를 뗀다.

41-6-2 偏棄之[10]라

한편을 버린 것이다.

棄는 吳鈔本作弃라 經說下作偏去한대 與此下文及經上合[11]이라 去棄義同이라 謂凡物或分析一體爲二어나 或絫(류)比兩一爲二하면 皆可去其一偏이라 對下不可偏去而二爲文이라

'棄'는 吳鈔本에 '弃'로 되어 있다. 〈經說 下〉에는 '偏去'로 되어 있는데, 이 아래의 문장 및 〈經 上〉과 부합한다. '去'와 '棄'는 뜻이 같다. 무릇 사물은 혹 하나의 體를 나누어 쪼개어 둘이 되거나 혹 두 개의 하나를 포개어 붙여 둘이 된다면 모두 그 한편을 제거할 수 있다. 아래 '不可偏去而二'와 대를 이루어 문장을 쓴 것이다.

10) 一 偏棄之 : ≪墨子今注今譯≫에서는 "하나의 전체는 일부분을 제거할 수 있다."라고 하였다.

11) 經說下作偏去 與此下文及經上合 : 〈經說 下〉는 '二與一亡 不與一在 偏去'를 가리키고, 아래의 문장은 '不可偏去而二', '偏去莫加少'를 가리키고, 〈經 上〉은 앞의 40-90-1~2에 나오는 '損偏去也'를 가리킨다.

41-7-1 **謂而固是也**니 **說在因**[12)]이라

말하는 과정에서 이것을 말미암으니, 因(사물의 원인)으로 설명할 수 있다.

說無因義하니 **因蓋與固是義同**이라 **公孫龍子堅白篇**에 **云 離也者**는 **因是**라 **力與知**로도 **果不若因是**라하고 **莊子齊物論篇**에 **云 因是因非**하며 **因非因是**라하다 **此云固是**는 **猶言因是矣**라 **或固當爲因之誤**라 **畢讀固字句斷**하고 **云言固陋**라하니 **失之**라

〈經說〉에는 '因'의 뜻에 대한 설명이 없으니 '因'은 대체로 '固是'와 뜻이 같은 듯하다. ≪公孫龍子≫ 〈堅白論〉편에 "〈堅, 白, 石이〉 分離되어 있는 것은 이러한 이치에 말미암는다. 인력과 지력에 의지하여 〈자연스럽게 분리되어 있는 것을 억지로 합쳐놓더라도〉 결과적으로는 〈자연스럽게 분리되어 있는〉 이러한 이치를 말미암는 것만 못하다.〔離也者 因是 力與知 果不若因是〕"라고 하고, ≪莊子≫ 〈齊物論〉편에 "是에 말미암고 非에 말미암으며 非에 말미암고 是에 말미암는다〔因是因非 因非因是〕"라고 하였다. 여기서 '固是'라고 한 것은 '因是'라고 말하는 것과 같다. 혹은 '固'는 마땅히 '因'의 誤字가 되어야 한다. 畢沅은 '固'자에서 句를 떼어 읽고 固陋하다는 말이라고 하였는데, 잘못 본 것이다.

公孫龍

41-8-1 **不可偏去而二**는

한편을 제거하여 둘이 될 수 없는 것은

凡物有二라야 **斯有偏**이요 **有偏**이면 **必可去其一**이어니와 **而體性相合者**는 **則雖二**라도 **而不可偏去**하니 **若下所云是也**라

무릇 사물은 둘이 있어야 각각의 한편이 있는 것이고 각각의 한편이 있으면 반드시

12) 謂而固是也 說在因 : ≪墨子今注今譯≫에서는 "稱謂(陳述)는 고정적으로 사물의 어떤 성질을 반영해야 하니, 논증의 이유는 稱謂가 사물의 실제 사정에 따라 轉移해 가려고 하는 데 있다."라고 하였다.

〈각각의 한편 가운데〉 그 하나를 제거할 수 있다. 하지만 體性이 서로 붙어 있는 것은 비록 둘이더라도 한편만 제거할 수 없으니 이를테면 아래에서 말한 것들이 그것이다.

41-8-2 說在見與俱와

見(봄)과 俱(함께함),

說文[13)]人部云 俱는 偕也라하다 經上云 同은 異而俱於之一也[14)]라하고 又經說上釋俱爲合同[15)]한대 幷與此義合이라 言所見者爲一이요 所含而不見者又爲一이니 此皆名有二而不可偏去者也라 卽說堅白見不見之義[16)]라

≪說文解字≫ 人部에 "'俱'는 偕(함께함)이다."라고 하였다. 〈經 上〉에 "同(같음)은 다른 것들이지만 이 하나에 함께 속한 것이다."라고 하고, 또 〈經說 上〉에 '俱'를 合同(한 공간에 모여 같은 것)으로 풀이하였는데, 모두 이 뜻과 부합한다. 보이는 것이 하나이고 속에 포함되어 보이지 않는 것이 또 다른 하나이니 이것이 모두 명칭은 둘이 있지만 한편만 제거할 수 없는 것을 말한다. 바로 〈經說〉에서 堅(단단함)과 白(흼)이 보이고 보이지 않는 것을 논한 뜻이다.

41-8-3 一與二와

하나와 둘,

---

13) 說文 : 後漢의 許愼(58?~148?)이 20여 년에 걸쳐 완성한 ≪說文解字≫로, 漢字의 形·義·音을 체계적이고 종합적으로 설명하였다. 中國 最古의 字書로, 원본은 전하지 않는다. 남아 있는 것은 宋나라 徐鉉이 펴낸 교정본으로 본문 14권과 敍目 1권으로 이루어져 있다. 淸나라 段玉裁의 ≪說文解字注≫가 ≪說文解字≫의 注釋書로 가장 널리 알려져 있다.

14) 經上云……異而俱於之一也 : 본서 3책 〈經 上〉 40-78-1~2에 보인다.

15) 經說上釋俱爲合同 : 〈經說 上〉 42-83-5~6에 보인다.

16) 說堅白見不見之義 : 이 대목을 설명한 〈經說 下〉에 인용한 ≪公孫龍子≫ 〈堅白論〉의 논의를 가리킨다. 戰國시대 趙나라의 公孫龍은 '돌은 하나인 것 같으나 눈으로 돌을 볼 적에는 그 빛깔이 흰 것〔白〕은 알지만 그 돌이 단단한 것〔堅〕은 모르고, 손으로 돌을 만질 적에는 그 돌이 단단한 것은 아나 빛깔이 흰 것은 모른다. 따라서 단단하고 흰 돌의 존재는 동시에 성립할 수 없다.'라고 주장하여, 옳은 것을 그르다고 하고 그른 것을 옳다고 하며, 같은 것을 다르다고 하고 다른 것을 같다고 하는 교묘한 변론을 펼쳤다.

卽說白一堅二色性同體者也라

바로 〈經說〉에서 白이 하나이고 堅이 둘로, 색깔과 성질이 같은 體에 속한 것이다.

41-8-4 廣與脩[17)]라

너비와 길이로 설명할 수 있다.

脩는 舊誤作循이라 兪云 循乃脩字之誤니 蓋以廣脩相對爲文이라 隸書脩與循相似라 經說下篇에 廣循堅白은 循亦脩之誤라 廣脩與堅白皆二字平列이라 案 兪校是也니 今據正이라 此言若平方之冪은 有廣有脩하여 二者異名이나 而數度相函하니 則二而仍一也라

'脩'는 舊本에 '循'으로 잘못 되어 있다.

兪樾 : '循'은 바로 '脩'자의 잘못이니 대체로 廣과 脩로 서로 대를 이루어 문장을 쓴 듯하다. 隸書에 '脩'와 '循'은 서로 비슷하다. 〈經說 下〉편에 '廣循堅白(너비와 길이, 단단함과 흰색)'이라 한 말에서 '循' 역시 '脩'의 잘못이다. '廣'과 '脩', '堅'과 '白'은 모두 두 글자가 같은 비중으로 배열된 것이다.

案 : 兪樾의 校勘이 맞으니 지금 이에 의거하여 바로잡는다. 여기서는 이를테면 平方 면적은 廣(너비)이 있고 脩(길이)가 있어 둘이 명칭을 달리하지만 측정 단위로는 서로 포함하고 있으니 둘이면서 그대로 하나임을 말한다.

41-9-1 無欲惡(오)之爲益損也니 說在宜[18)]라

---

17) 不可偏去而二……廣與脩 : ≪墨子今注今譯≫에서는 이 대목의 〈經說〉에 의거하여 '見與' 뒤에 '不見'을 보충하고 "두 가지 원소로 구성된 집합이 있을 때 그 중의 두 가지 원소가 상호 滲透하면 그 중 하나를 제거할 수 없으니, 이를테면 비교적 큰 하나의 물체를 우리들이 이쪽을 볼 수 있으면 저쪽을 볼 수 없는데 이것이 보이고 보이지 않는 양면 가운데 그 한면을 제거할 수 없는 것이다. 두 원소 '一'로 구성된 집합 '二'는 원소의 측면에서 말하면 하나마다 모두 하나이니 이는 '俱一與二' 양면이 상호 삼투하여 그 중 하나를 제거할 수 없는 것이다. 하나의 면적 안의 너비와 길이 두 가지는 상호 삼투하여 그 중 하나를 제거할 수 없는 것이다.〔不可偏去而二 說在見與不見 俱一與二 廣與脩〕"라고 하였다.

18) 無欲惡之爲益損也 說在宜 : ≪墨子今注今譯≫에서는 "소유하고 있는 욕망과 증오가 모두 이익이 있다거나 소유하고 있는 욕망과 증오가 모두 손해가 있다는 말을 하는 것이 아니니,

욕망하고 증오하는 것이 이익과 손해가 될 수 없으니, 宜(적절함, 알맞음)로 설명할 수 있다.

經上云 平은 知無欲惡也[19]라한대 說釋以惔(담)然이라 蓋謂淡泊無所愛憎於人이요 己或益或損에 隨宜無定이라 或疑爲益損當作無益損이라 張云 欲惡去之하고 有益有損에 視其所宜라한대 亦通이라

〈經 上〉에 "平(바름)은 知識에 욕망과 증오가 없는 것이다."라고 하였는데, 〈經說 上〉에서 '惔然(편안함)'으로 풀이하였다. 대체로 淡泊하여 남을 사랑하거나 증오하는 바가 없고 자신에게 이익이 되거나 손해가 될 때 적절함을 따르고 정한 것이 없음을 이른 듯하다. 혹은 '爲益損'이 응당 '無益損'이 되어야 할 듯하기도 하다. 張惠言은 "욕망과 증오를 제거하고 이익이 있거나 손해가 있을 때 그 알맞은 바를 살핀다."라고 하였는데, 역시 뜻이 통한다.

41-10-1 不能而不害니 說在害[20]라

하지 못한다 하더라도 害가 되지는 않으니, 害로 설명할 수 있다.

經說下有說이로되 而義多難通이라 大意似謂凡事有害於人者는 不能不足爲害라

〈經說 下〉에 설명이 있지만 뜻이 대부분 통하기 어렵다. 大意는 모든 일에 남에게 해를 끼치는 자는 해가 되기에 충분하다고 하지 않을 수 없음을 이른 듯하다.

41-11-1 損而不害니 說在餘라

덜어내더라도 해가 되지는 않으니, 餘(넉넉함)로 설명할 수 있다.

說文食部에 云 餘는 饒也라하다 謂物饒多면 則損之爲宜라

논증의 이유는 욕망과 증오의 만족이 적절한 데에 있다."라고 하였다.

19) 經上云……知無欲惡也 : 본서 3책 〈經 上〉 40-49-1~2에 보인다.

20) 不能而不害 說在害 : ≪墨子今注今譯≫에서는 譚戒甫의 校勘에 의거하여 뒤의 '害'를 '容'으로 고치고 "하지 못하는 바가 있다고 해가 되는 것은 아니니 이를테면 얼굴의 감각기관들의 작용과 같다."라고 하였다.

≪說文解字≫ 食部에 "'餘'는 饒(넉넉함)이다."라고 하였다. 물건이 넉넉하고 많으면 덜어냄이 마땅하다는 말이다.

41-12-1 **異類不**吡(비)니

다른 부류는 비교하지 못하니

吳鈔本作呲(자)라 **此當與經說上篇**仳**字聲義同**이라 **畢云 說文無此字**하고 **玉篇云** 吡(필)은 **毗必切**이니 **鳴**吡吡이라하다 **案 畢引玉篇**은 **非此義**라

吳鈔本에는 '呲'로 되어 있다. 이 대목에서는 마땅히 〈經說 上〉편의 '仳'자와 소리와 뜻이 같다.

畢沅 : ≪說文解字≫에는 이 글자가 없고, ≪玉篇≫에 "'吡'은 '毗'와 '必'의 反切이니, 새 울음소리가 吡吡함이다."라고 하였다.

案 : 畢沅이 ≪玉篇≫을 인용한 것은 이 대목의 뜻이 아니다.

41-12-2 **說在量**[21]이라

量(측량)으로 설명할 수 있다.

量은 **謂量度**(탁)**其理數之異同**이라

'量'은 그 理數의 異同을 재는 것을 이른다.

41-13-1 **知而不以五路**니 **說在久**[22]라

알되 五官을 통하지 않으니 시간의 지속으로 설명할 수 있다.

未詳이라

---

21) 異類不吡 說在量 : ≪墨子今注今譯≫에서는 "부류가 같지 않은 사물은 같은 측면에서 서로 비교할 수 없으니, 그것들은 서로 같지 않은 측량의 기준을 가지고 있다."라고 하였다.

22) 知而不以五路 說在久 : ≪墨子今注今譯≫에서는 "어떤 지식은 다섯 가지 감각 기관에 의지하여 획득할 수 있는 것이 아니니, 논증의 이유는 시간이라는 추상 개념을 분석하는 지식에 있다."라고 하였다.

알 수 없다.

41-14-1 **偏去莫加少**니

한편을 분리해도 더 적어지지 않으니

去猶言相離라 **謂均分一體爲二**하면 **是爲兩偏**이나 **然與其合時體多少無增減**이라

'去'는 서로 분리된다(相離)는 말과 같다. 하나의 體를 똑같이 나누어 둘이 되면 이것은 양편이 되지만, 그것이 합쳐 있을 때의 體와 많고 적음에서 增減이 없음을 이른다.

41-14-2 **說在故**[23)]라

故(예전대로)로 설명할 수 있다.

言如故니 **卽說云無變也**라

'예전대로'라는 말이니 바로 〈經說〉에서 "변화가 없다〔無變〕"라고 한 것이다.

41-15-1 (必熱)〔**火不熱**〕이니

불은 뜨겁지 않으니

依說疑當作火不熱이라 **火必形近而誤**요 **又脫不字耳**라 **莊子天下篇亦有此文**[24)]이라

〈經說 下〉에 의거하면 '火不熱'이 되어야 할 듯하다. '火'와 '必'은 字形이 비슷해 잘못된 것이고 또 '不'자가 빠진 것일 뿐이다. ≪莊子≫ 〈天下〉편에도 이 문장이 있다.

---

23) 偏去莫加少 說在故 : ≪墨子今注今譯≫에서는 "하나의 전체에서 일부분을 제거하더라도 전체로 만든 수량에는 減少됨이 없으니, 전체의 수량은 여전히 원래 그대로이기 때문이다."라고 하였다.

24) 莊子天下篇亦有此文 : '火不熱(불은 뜨겁지 않다)'은 惠施와 당시의 辯者들이 논쟁하던 명제의 하나로, 이들은 이밖에 '犬可以爲羊(개는 양이 될 수 있다)', '馬有卵(말은 알을 낳는다)', '丁子有尾(개구리에 꼬리가 있다)' 등 현실의 실제 사실과 모순되는 명제를 가지고 논리적으로 따지는 작업을 진행하였다.

41-15-2 **說在(頓)〔睹〕**[25)]라

睹(봄)로 설명할 수 있다.

說無頓義하니 **疑當作睹**라 **說文目部**에 **云 睹**는 **見也**라 **古文作覩**라하다 **說云 以目見火**[26)]가 **若以火見火**하니 **謂火熱也**나 **非以火之熱**[27)]이라한대 **大意謂目中所見者火之光**이요 **不見其熱也**라

〈經說 下〉에는 '頓'에 관한 뜻이 없으니 '睹'가 되어야 할 듯하다. ≪說文解字≫ 目部에 "'睹'는 見(봄)이다. 古文에서 '覩'로 쓴다."라고 하였다. 〈經說 下〉에 "눈으로 불을 보는 것이 불로 불을 보는 것과 같으니, 불이 뜨겁다고 하지만 불의 뜨거움을 보는 것은 아니다.〔以目見火 若以火見火 謂火熱也 非以火之熱〕"라고 하였는데, 大意는 눈속에 보이는 것은 불의 빛이고 그 열을 보지 않음을 이른다.

41-16-1 **假必誖**(패)니

假(거짓)는 반드시 어그러지니,

說文人部에 **云 假**는 **非眞也**라하고 **又言部**에 **云 誖**는 **亂也**라 **或作悖**라

≪說文解字≫ 人部에 "'假'는 진실이 아니다."라고 하고, 또 言部에 "'誖'는 亂(어지러움)이다. 혹 '悖(어그러짐)'로 쓰기도 한다."라고 하였다.

---

25) (必熱)〔火不熱〕 說在(頓)〔睹〕 : ≪墨子今注今譯≫에서는 '必熱'을 '火熱'로 보고 '頓'은 〈經說〉에 의거하여 '視'로 보고서 "불은 뜨거운 것이니, 논증의 이유는 해를 본다〔視日〕는 사실을 분석하는 데 있다."라고 하였다.

26) 以目見火 : 〈經說 下〉 43-45-1에는 '以目見'으로 되어 있는데 孫詒讓은 '火'자가 빠져 있다고 교감하였는 바, 여기서는 교감한 대로 쓴 것이다.

27) 說云……非以火之熱 : ≪墨子今注今譯≫에서는 孫詒讓과 달리 '以目見 若以火見'은 앞부분을 해설하는 것으로 보고, 뒷 부분인 41-17-1에 해당하는 〈經說〉의 일부 句는 이 대목을 해설하는 것으로 보고 "불은 불이 열이라는 것을 말하는 것이지 불의 열이 내 안에 있는 감각을 가리키는 것이 아니니, 이를테면 태양을 바라볼 때 〈열이 태양에서 나오는 것이지 나의 몸이 열을 갖추고 있는 것이 아니라는 것이다.〉〔火 謂火熱也 非以火之熱我有 若視日〕"라고 하였다.

41-16-2 **說在不然**[28)]이라

不然(그렇지 않음)으로 설명할 수 있다.

說云 假必非也라하니 **誖與非義同**이라 **正者爲是**면 **則假者爲非**니 **非卽不然也**라 **張云 假者必誖**니 **以其本不然也**라하다

〈經說〉에 "假(거짓)는 반드시 非(그름)이다〔假必非也〕"라고 하였으니, '誖'와 '非'는 뜻이 같다. 바른 것이 是(옳음)가 되면 거짓인 것은 非(그름)가 되니, 非는 바로 不然(그렇지 않음)이다.

張惠言 : 거짓인 것은 반드시 어그러지니 본래 그렇지 않기 때문이다.

41-17-1 **知其所以不知**니 **說在以名取**[29)]라

알지 못하던 까닭을 아니, 名(명명)과 取(선택)로 설명할 수 있다.

張云 名所知하고 **而取於不知之中**하면 **則知不知**라하다

張惠言 : 아는 것을 명명하고 알지 못하는 가운데서 선택하면 알지 못하던 것을 알게 된다.

41-18-1 **物之所以然**과

사물이 그러한 所以와

句라

여기에서 句를 뗀다.

---

28) 假必誖 說在不然 : ≪墨子今注今譯≫에서는 "虛假는 반드시 事實에 어그러짐이 있으니, 사실이 모두 이러하지 않기 때문이다."라고 하였다.

29) 知其所以不知 說在以名取 : ≪墨子今注今譯≫에서는 梁啓超의 校勘에 의거하여 '所' 뒤의 '以'를 삭제하고 "자신이 원래 인식하지 못했던 사물을 인식하는 것은 두 가지 방식이 있으니, 하나는 槪念이고 다른 하나는 개념을 응용하여 실천하는 과정에서 개념에 의해 반영되는 사물을 선택하는 것이다."라고 하였다.

41-18-2 **與所以知之**와

그것을 알게 되는 所以와

句라

여기에서 句를 뗀다.

41-18-3 **與所以使人知之**는

그것을 남에게 알게 하는 所以는

句라

여기에서 句를 뗀다.

41-18-4 **不必同**이니 **說在病**[30)]이라

반드시 같지는 않으니, 病으로 설명할 수 있다.

說云 物은 **或傷之**하여 **然也**[31)]라하니 **病與傷義同**이라

〈經說〉에 "사물의 현 상태는 그것을 상하게 하여 그렇게 된 것이다〔物 或傷之 然也〕"라고 하였으니, '病'과 '傷'은 뜻이 같다.

41-19-1 **無不必待有**니

無(없음)는 반드시 有(있음)를 필요로 하지는 않으니,

句라

---

30) 物之所以然……說在病 : ≪墨子今注今譯≫에서는 "사물이 이러하게 되는 원인과 사람들이 이 원인을 알게 되는 과정과 사람들에게 알게 하는 방식은 반드시 같지는 않으니, 마치 어떤 사람이 병이 나는 일과 같다."라고 하였다.

31) 說云……然也 : ≪墨子今注今譯≫에서는 "어떤 상황 아래에서 그가 傷害를 받는 것은 그가 병이 나는 원인이다."라고 하였다.

여기에서 句를 뗀다.

41-19-2 說在所謂[32)]라

所謂(말하는 바)로 설명할 수 있다.

言所謂不同이라 張云 有有而無하고 有無而無하니 視其所謂라하다

말하는 바가 같지 않다는 말이다.

張惠言 : 있었는데 없어지는 것이 있고, (본래) 없어서 없는 것이 있으니, 그 말하는 바를 본다.

41-20-1 疑는

疑(의심)는

謂不可必이라

期必할 수 없음을 이른다.

41-20-2 說在逢

〈어떤 환경에〉 우연히 처하는 경우,

句라

여기에서 句를 뗀다.

41-20-3 循

순조롭게 되는 경우,

句라

---

32) 無不必待有 說在所謂 : ≪墨子今注今譯≫에서는 "'無'는 '有'를 필요조건으로 하지는 않으니, 논증의 이유는 말하는 바의 '無'의 종류에 달려 있다."라고 하였다.

여기에서 句를 뗀다.

41-20-4 **遇**

〈어떤 상황에〉 우연히 맞닥뜨리는 경우,

句라

여기에서 句를 뗀다.

41-20-5 **過**[33)]라

과거의 일의 경우로 설명할 수 있다.

言疑含四義라

'疑'가 네 가지 뜻을 품고 있다는 말이다.

41-21-1 (擢)〔推(각)〕**慮不疑**니

대략 계산하고 의심하지 않으니

擢當作推이니 形近而誤요 亦作権이라 廣雅[34)]釋訓에 云 揚推嫴権無慮는 都凡也라하다 凡古書言大略計算者에 重言之曰揚推嫴(고)権無慮요 單言之則曰権曰慮라 文選左思魏都賦에 云 権惟庸蜀은 與鴝鵒(구욕)同巢라하고 荀子議兵篇에 云 慮率用賞慶刑罰埶(세)詐而已矣라한대 楊注云 慮는 大凡也라하다 此又合兩文言之曰推慮라하니 其義一也라

---

33) 疑 說在逢循遇過：≪墨子今注今譯≫에서는 "'懷疑는 확실한 지식과 같지 않으니, 이를테면 우연히 만나는 경우, 형세를 따라 일을 하는 경우, 길에서 싸움을 만나는 경우, 옛일을 가지고 지금에 비교하는 경우 등의 사례이다."라고 하였다.

34) 廣雅：≪博雅≫라고도 한다. 北魏 太和(227~232) 연간에 魏나라 학자 張揖이 ≪三蒼≫과 ≪說文解字≫ 등을 참고하여 ≪爾雅≫를 증보한 것이다. 총 10권이다. 古書의 字句를 해석하였으며 經書를 고증하고 주석을 달았다. 淸나라 王念孫(1744~1832)이 이를 증보하여 ≪廣雅疏證≫과 ≪釋大≫를 지었다.

'擢'은 마땅히 '摧'이 되어야 하니 字形이 비슷하여 잘못 된 것이고 '榷'으로도 쓴다. ≪廣雅≫ 〈釋訓〉에 "'揚摧', '嫴榷', '無慮'는 都凡(대개, 모두)이다."라고 하였다. 무릇 古書에서 大略 計算한 것을 말할 때 두 자로 말하면 '揚摧', '嫴榷', '無慮'라고 하고, 한 자로 말하면 '榷', '慮'라고 한다. ≪文選≫ 左思의 〈魏都賦〉에 "대개 생각건대 庸蜀 지방은 구관조와 집을 같이 한다.〔榷惟庸蜀 與鴝鵒同巢〕"라고 하고, ≪荀子≫ 〈議兵〉편에 "대개 賞慶, 刑罰, 勢詐를 사용할 뿐이다.〔慮率用賞慶刑罰埶詐而已矣〕"라고 하였는데, 楊倞의 注에 "'慮'는 大凡(대개)이다."라고 하였다. 여기서는 또 두 자를 합하여 '摧慮'라고 하였으니 그 뜻은 똑같다.

41-21-2 **說在有無**[35)]라

有無(있거나 없는 수)로 설명할 수 있다.

謂約計其大數라

그 큰 수를 대략 계산한다는 말이다.

41-22-1 **合與一**에

합하여 하나로 할 때

句라

여기에서 句를 뗀다.

41-22-2 **或復否**하니 **說在拒**[36)]라

어떤 것은 합쳐지고 어떤 것은 합쳐지지 않으니, 拒(물리침)로 설명할 수 있다.

---

35) (擢)〔摧〕慮不疑 說在有無 : ≪墨子今注今譯≫에서는 '擢'을 원문대로 보고 "하나의 事情에서 일종의 필연성을 뽑아 내서 생각하면 懷疑하지 않을 수 있으니, 논증의 이유는 종국에 이러한 필연성의 유무에 달려 있다."라고 하였다.

36) 合與一……說在拒 : ≪墨子今注今譯≫에서는 句讀를 약간 달리하여 "두 개의 幾何圖形이 서로 부합하는지 여부를 비교하려면 그것들에 하나의 공동 표준을 가지고 서로 비교하고 그것들이 이러한 표준과 서로 부합하는지 여부를 볼 수 있으니, 이를테면 矩尺(곱자)을 써서 方形이 서로 같은지 비교하는 것이다.〔合 與一或復否 說在矩〕"라고 하였다.

張云 或可合而一이어나 或不可合而一에 當拒其不合以爲合이라하다 案 依張說컨대 則相拒卽不合하니 所謂否也라 或云拒當爲矩라한대 後文云 一法者之相與也가 盡類라 若方之相合也하니 說在方[37]이라하니 矩與方義同이라 亦通이라 說無하니 疑有闕佚이라

張惠言 : 혹 합하여 하나로 할 수 있거나 혹 합하여 하나로 할 수 없을 때 그 합쳐지지 않음을 물리쳐 합쳐지게 해야 한다.

案 : 張惠言의 說에 의거하건대, 서로 물리치면 바로 합쳐지지 않으니 〈이것이〉 이른바 '否'이다. 어떤 이는 '拒'는 마땅히 '矩'가 되어야 한다고 하였는데, 아래 글(41-52-1~3)에 "하나의 법도에 따르는 것들이 다 같다. 마치 네모〔方〕가 서로 들어맞는 것과 같으니 네모로 설명할 수 있다.〔一法者之相與也 盡類 若方之相合也 說在方〕"라고 하였으니, '矩'는 '方'과 뜻이 같으므로 역시 문맥이 통한다. 〈經說〉에 〈이 대목에 대한 說이〉 없는데 아마도 逸失된 듯하다.

41-23-1 且然은

且然(그렇게 되려 함)은

句라

여기에서 句를 뗀다.

41-23-2 不可正이나 而不害用工이니

豫期할 수 없지만 일을 해 나가는 데 문제 되지 않으니

工與功古字通用하니 工猶言從事也라 且然者는 將然而未然이니 不能質定이라 故不可正이나 而因時乘勢하면 正可從事라 故不害用工이라 孟子公孫丑篇에 云 必有事焉而勿正이라한대 勿正猶此云不可正이요 有事猶此云用工이라 孟子語意與此正同이어늘 趙岐注殊不了[38]라

---

37) 後文云……說在方 : 本篇 41-52-1~3에 보인다. 거기에는 원래 '盡' 뒤에 '類'가 빠져 있는데, 孫詒讓이 '類'를 보충하였다.

'工'과 '功'은 古字가 통용되니, '工'은 從事라는 말과 같다. '且然'이라는 것은 장차 그럴 것이지만 아직 그렇게 되지 않음이니, 확정할 수 없으므로 豫期할 수 없지만 時勢를 따르면 바로 從事할 수 있으므로 일을 해 나가는 데 문제가 되지 않는다. ≪孟子≫ 〈公孫丑〉편에 "반드시 〈浩然之氣를 기르는〉 일을 하고 〈그 효과를〉 豫期하지 말라〔必有事焉 而勿正〕"라고 하였는데, '勿正'은 여기서 '不可正'이라 한 말과 같고 '有事'는 여기서 '用工'이라 한 말과 같다. ≪맹자≫의 말뜻이 이 대목과 바로 똑같은데, 趙岐의 注는 전혀 명료하지 않다.

孟子

41-23-3 **說在(宜歐)〔害區〕**[39]라

害區(소략함, 豫期 못함)로 설명할 수 있다.

張云 且然之事不可以爲正이나 **而可用力**이니 **當審其宜**라하다 **案 張讀說在宜句**하고 **而以歐屬下物一體也爲句**요 **楊讀同**이라 **今攷兩章說皆無宜歐義**하니 **張楊讀未知是否**라 **歐**는 **吳鈔本作毆**한대 **以字形校之**하면 **與後文寡區**[40]**頗相近**이라 **然義亦難通**이라 **且彼論鑒景**일새 **與此文亦不相應也**라 **竊疑此當作害區**라 **害與蓋**(해)**通**하니 **爾雅釋言**에 **蓋**는 **割**(烈)〔**裂**〕[41]**也**라한대 **釋文**[42]**引舍人本蓋作害**하니 **是其證**이라 **荀子大略篇**에 **云 言之**

---

38) 趙岐注殊不了 : 趙岐(108?~201)는 後漢 사람으로, ≪孟子≫에 주를 달았다. 그는 '浩然之氣'章의 注에서 "사람이 인의의 일을 행하면 반드시 그 가운데 복이 있을 것이기에 그만두지 말고 다만 복으로 여겨야 할 뿐이므로 인의를 행할 때 다만 마음에 그 복이 됨을 잊지 말면서도 또한 급급하게 그 복을 조장하지는 말아야 하니 급급하면 송나라 사람처럼 됨을 말한 것이다.〔言人行仁義之事 必有福在其中而勿正 但以爲福 故爲仁義也 但心勿忘其爲福 而亦勿汲汲助長其福也 汲汲則似宋人也〕"라고 하였는데, 孫奭은 ≪孟子注疏≫에서 '勿正'의 '正'을 '止'의 뜻으로 보았다.

39) 且然……說在(宜歐)〔害區〕: ≪墨子今注今譯≫에서는 曹耀湘의 교감에 의거하여 '正'을 '止'로 고치고, '歐'는 아래 대목의 '物一體也'에 붙이고서 "사물이 장차 어떻게 되더라도 막을 수 없을 때 이러한 상황에서도 사람의 노력은 그대로 하는 바가 있어야 하니, 논증의 이유는 이러한 종류의 행위가 적합한 정도에 있다."라고 하였다.

40) 寡區 : 本篇 41-28-5에 보인다.

41) (烈)〔裂〕: 저본에는 '烈'로 되어 있으나, ≪爾雅≫ 〈釋言〉에 의거하여 '烈'로 바로잡았다.

42) 釋文 : ≪經典釋文≫을 가리키는 것으로, 唐代 經學家인 陸德明의 저작이다. ≪周易≫, ≪古

信者는 在乎區蓋之間이라하고 漢書儒林傳에 云 疑者丘蓋不言이라한대 蘇林注云 丘蓋不言은 不知之意也라하다 案 丘區古音相近하니 見曲禮鄭注라 區蓋者는 當爲疑信相參하여 疏略不盡之謂라 韓詩外傳에 云 殖盡於己하고 而區略於人이라하니 區蓋猶區略也라 此釋且然爲害區者는 卽荀子之區蓋니 亦卽不可正之義라 經典凡言姑且苟且者는 幷謂粗略不精이라 詩邶(패)風泉水鄭箋에 亦云 聊는 且略之辭라하다

張惠言 : 장차 그렇게 될 일은 豫期할 수 없지만 노력할 수 있으니 마땅히 그 時宜를 살펴야 한다.

案 : 張惠言은 '說在宜'로 句를 떼어 읽고 '歐'를 아래 '物一體也'에 붙여 句를 만들었고, 楊葆彝도 똑같이 읽었다. 지금 두 章의 〈經說〉을 살펴보면 모두 '宜歐'에 대한 뜻이 없으니 張惠言과 楊葆彝의 讀法이 맞는지는 모르겠다. '歐'는 吳鈔本에 '毆'로 되어 있는데, 字形으로 비교해 보면 뒤의 글에 나오는 '寡區'와 자못 서로 비슷하다. 하지만 뜻은 역시 통하기 어렵다. 그리고 거기서는 거울 그림자를 논하였기에 이곳의 문장과 역시 상응하지 않는다. 내 생각에는 여기서는 마땅히 '害區'가 되어야 할 듯하다. '害'는 '蓋'와 통용하니 ≪爾雅≫ 〈釋言〉에 "'蓋'는 割裂(찢음)이다."라고 하였는데, ≪經典釋文≫에서 이를 인용하여 "舍人本에는 '蓋'가 '害'로 되어 있다."라고 하였으니 이것이 그 증거이다. ≪荀子≫ 〈大略〉편에 "말이 신뢰를 얻는 것은 마치 사물이 그릇에 담겨 덮여 있듯 分限이 있는 데 달려 있다.〔言之信者 在乎區蓋之間〕"라고 하고, ≪漢書≫ 〈儒林傳〉에 "의심스러운 것은 그릇에 담아 덮어 두듯이 말하지 않는다〔疑者丘蓋不言〕"라고 하였는데, 蘇林의 注에 "'丘蓋不言'은 알지 못한다는 뜻이다."라고 하였다. 살펴보건대, '丘'와 '區'는 古音이 서로 비슷하니 ≪禮記≫ 〈曲禮〉의 鄭玄의 注에 보인다. '區蓋'라는 것은 마땅히 의문과 사실이 서로 뒤섞여 소략하여 다 드러나지 않은 것을 이른다. ≪韓詩外傳≫에 "〈군자는〉 자신에게 철저하게 하고 남에게 너그럽게 한다.〔殖盡於己 而區略於人〕"라고 하였으니, '區蓋'는 區略과 같다. 여기서 '且然'을 풀이하여 '害區'라고 한 것은 바로 ≪순자≫의 '區蓋'이니 또한 豫期할 수 없다〔不可正〕는 뜻이다. 經典에서 대체로 '姑且', '苟且'라고 말하는 것은 모두 粗略

文尙書≫, ≪毛詩≫, ≪周禮≫, ≪儀禮≫, ≪禮記≫, ≪春秋左氏傳≫, ≪春秋公羊傳≫, ≪春秋穀梁傳≫, ≪孝經≫, ≪論語≫, ≪爾雅≫, ≪老子≫, ≪莊子≫등의 古音과 訓義에 대하여 고증한 책으로, 魏晉 이래 혼란해진 注音을 통일하기 위해 經文과 注文에 모두 反切이나 直音을 달았을 뿐 아니라 漢魏六朝의 經學家들의 音切과 訓詁를 망라하여 수록함으로써 이후 經學의 기본서가 되었다.

하여 정밀하지 않음을 이른다. ≪詩經≫ 〈邶風 泉水〉의 鄭玄의 箋에도 "'聊'는 且略(대략)이라는 말이다."라고 하였다.

41-24-1 物一體也니

物(사물들)은 하나의 體이니

張以歐物連讀하여 **云 歐或誤或衍**이라하다 **案 若如張讀**이면 **則疑當爲數物之誤**라 **說有數牛數馬數指之文**하니 **或其義與**아

張惠言은 '歐物'을 붙여 읽고서 "'歐'는 誤字이거나 잘못 들어간 것이다."라고 하였다. 案 : 만약 張惠言의 讀法처럼 한다면 마땅히 '數物'을 잘못 쓴 오류가 되어야 할 듯하다. 〈經說〉에 '數牛', '數馬', '數指'라는 글자가 있으니 어쩌면 그 뜻인가?

41-24-2 說在俱一惟是[43)]라

俱一(함께 다 하나)과 惟是(응답하는 자가 그렇다고 하는 것)로 설명할 수 있다.

惟當作唯라 **經上云 同**은 **異而俱於之一也**라하다 **唯是者**는 **謂物名類相符**하면 **則此呼彼應而是也**라 **說云 唯是當牛馬**라하니 **即此義**라 **詳經說下**라 **張云 知俱則物一體矣**라 **俱一**은 **分也**요 **惟是**는 **合也**라하다 **案 俱一爲合**이요 **惟是爲分**이니 **張說失之**라

'惟'는 마땅히 '唯'가 되어야 한다. 〈經 上〉에 "같음은 다른 것들이지만 이 하나에 함께 속한 것이다.〔同 異而俱於之一也〕"라고 하였다. '唯是'는 物, 名, 類가 서로 부합하면 이쪽에서 부르고 저쪽에서 응하여 이것이 됨을 이른다. 〈經說〉에 "唯是는 牛馬가 해당한다.〔唯是當牛馬〕"라고 하였으니, 바로 이 뜻이다. 〈經說 下〉에 자세히 설명하였다.

---

43) 物一體也 說在俱一惟是 : ≪墨子今注今譯≫에서는 張惠言의 句讀를 따라 '歐物'을 붙여 읽되, 吳汝綸, 王闓運, 尹桐陽, 梁啓超, 高亨, 李約瑟의 說을 따라 '歐'를 '區'로 고치고 "우리들이 세계의 사물들을 區劃하여 같지 않은 전체를 만들 때 集合과 元素의 양방면의 성질과 마주하게 되니, 논증의 이유는 '俱一(元素의 방면에서 말할 때 그것들이 한 개마다 모두 한 개인 것)'과 '惟是(集合의 방면에서 말할 때 단지 이 하나, 즉 集合에서 그 元素에 분배할 수 없는 전체적 성질이 있는 것)'를 해석하는 데 있다."라고 하여, '俱一'과 '惟是'에 대해 張惠言과 비슷한 의미로, 孫詒讓과 반대되는 의미로 해석하였다.

張惠言 : 함께 속함을 알면 物(사물들)은 하나의 體이다. '俱一'은 分(나뉨)이고, '惟是'는 合(합함)이다.

案 : '俱一'이 合(합함)이 되고, '惟是'가 分(나뉨)이 되니, 張惠言의 說은 잘못 본 것이다.

41-25-1 **均之絶不**(부)는

均(고르게 단 것)이 끊어지는지의 여부는

吳鈔本作否하니 **古通用**이라

〈'不'는〉 吳鈔本에 '否'로 되어 있으니 옛날에 통용하였다.

41-25-2 **說在所均**[44)]이라

고르게 매단 모양으로 설명할 수 있다.

謂均其縣이면 **則將絶而不絶也**라 **說云 均**이면 **其絶也莫絶**이라 **張云 均者不絶**이면 **視其所均**이라하다 **楊云 列子**에 **公子牟曰 髮引千鈞**은 **勢至等也**라하다

그 매단 것이 고르면 끊으려고 해도 끊어지지 않는다는 말이다. 〈經說 下〉에 "고르다면 끊어도 끊어지지 않는다.〔均 其絶也莫絶〕"라고 하였다.

張惠言 : 고르게 매단 것이 끊어지지 않으면 그 고르게 매단 모양을 보는 것이다.

楊葆彝 : ≪列子≫에 "公子牟가 '머리카락이 천 鈞의 무게를 잡아당길 수 있는 것은 힘의 분배가 매우 고르기 때문이다.' 하였다."라고 하였다.

41-26-1 **宇或**(역)**徙**하니

宇或(공간, 구역)은 옮겨가니

畢云 舊作從한대 **以意改**라하다 **詒讓案 說文戈部**에 **云 或**(역)은 **邦也**라하다 **或**(혹)**從土作**

---

44) 均之絶不(부)說在所均 : ≪墨子今注今譯≫에서는 高亨의 校勘에 의거하여 앞의 '均'을 '髮'로 고치고 "〈무거운 물건을 달고 있는〉 머리카락이 끊어지는지의 여부 문제는 설명의 이유가 그 매듭이 균등한지 여부에 달려 있다."라고 하였다.

域이라 此卽邦域正字니 亦此書古字之一也라 徙者는 言宇之方位轉徙不常하여 屢遷而無窮也라 經說下云 或은 知是之非此也요 又知是之不在此也라 然而謂此南北하고 過而以已爲然[45]이라하니 此云徙는 卽不在是及過而以已爲然之義라

畢沅 : 〈'徙'는〉 舊本에 '從'으로 되어 있는데, 의미로 판단하여 고친다.

詒讓案 : ≪說文解字≫ 戈部에 "'或'은 邦(地區)이다."라고 하였다. '土'를 부수로 하여 '域'으로 쓰기도 한다. 여기서의 〈'或'은〉 바로 邦域의 正字이니 또한 이 책에 쓰이는 古字 가운데 하나이다. '徙'는 공간의 方位가 옮겨가며 일정하지 않아 누차 옮기며 끝이 없다는 말이다. 〈經說 下〉에 "或(구역)은 이 곳이 이쪽이 아닌 줄 아는 것이요 또 이 곳이 이쪽에 있지 않은 줄 아는 것이다. 그런데도 이곳을 남쪽이라 하고 북쪽이라 하며 지나가고서 이미 지나온 곳을 그렇게(남쪽이나 북쪽으로) 여긴다.〔或 知是之非此也 又知是之不在此也 然而謂此南北 過而以已爲然〕"라고 하였으니, 여기서 '徙'라고 한 것은 바로 이 쪽에 있지 않다.〔不在是〕' 및 '지나가고서 이미 지나온 곳을 그렇게 여긴다.〔過而以已爲然〕'의 뜻이다.

41-26-2 說在長宇久[46]라

공간을 길게 갈 때의 오랜 지속으로 설명할 수 있다.

謂宇長行之必久라 後文云 行脩以久라하니 脩卽長也라

공간을 길게 갈 때 반드시 오래 지속해야 한다는 말이다. 뒤의 글에서 "길게 갈 때에는 오랜 지속으로 한다.〔行脩以久〕"라고 하였으니, '脩'는 바로 '長'이다.

41-27-1 堯之義也는 (生)〔任〕於今而處於古라

堯임금의 義는 지금에 거론하지만 옛날에 있었던 것이기에

45) 經說下云……過而以已爲然 : 〈經說 下〉 43-32-1~5에 나온다.

46) 宇或徙 說在長宇久 : ≪墨子今注今譯≫에서는 이 대목의 〈經說〉에 의거하여 '或'자를 衍文으로 보아 삭제하고서 "(물체의) 공간에서의 변화 운동에 관하여 논증의 관건은 물체의 운동과 이에 따르는 공간의 轉移 그리고 이와 동시에 지나간 시간의 연속을 설명하는 데 있다."라고 하였다.

生於今與處於古義迕라 **生疑當作任**이니 **形近而誤**라 **說云 擧友富商也**는 **是以名示人也**[47]라하니 **任與擧義同**이라 **言於今擧堯之義**라 **說下又云 在堯善治**는 **自今在諸古也**[48]라하니 **在疑亦任之誤**라

'生於今'과 '處於古'는 뜻이 어긋난다. '生'은 아마도 '任'이 되어야 할 듯하니 字形이 비슷하여 잘못 된 것이다. 〈經說 下〉에 "벗이 부유한 상인임을 들어 말하는 것은 이름을 사람들에게 보여주는 것이다.〔擧友富商也 是以名示人也〕"라고 하였는데, '任'과 '擧'는 뜻이 같다. 〈이 대목은〉 지금에 堯임금의 義를 거론한다는 말이다. 〈經說 下〉에 또 "堯의 잘 다스림을 들어서 말하는 것은 지금으로부터 옛날을 들어서 말하는 것이다.〔在堯善治 自今在諸古也〕"라고 하였는데, '在' 역시 '任'의 잘못인 듯하다.

41-27-2 **而異時**하니

시대를 달리하니,

古今異時라

옛날과 지금이 시대를 달리한다.

41-27-3 **說在所義**[49]라

義로 여긴 것으로 설명할 수 있다.

說云 所義之實은 **處於古**라

〈經說〉에 "義로 여긴 실제는 옛날에 있었다."라고 하였다.

---

47) 說云……是以名示人也 : 〈經說 下〉 43-52-4에 보인다.

48) 說下又云……自今在諸古也 : 〈經說 下〉 43-16-1~2에 보인다.

49) 堯之義也……說在所義 : ≪墨子今注今譯≫에서는 '生'을 이 대목의 〈經說〉에 의거하여 '聲'으로 보고 '所義' 뒤에 41-28-1의 '二'를 붙여 句를 떼고서 "요임금이 仁義가 있다고 말하는 것은 오늘날 말하는 이야기인데 이 이야기가 가리키는 실제는 古代에 있었던지라 고대와 현대는 같지 않은 시대이니, 논증의 이유는 요임금이 仁義가 있다고 하는 명제가 언어와 실제 두 방면에 관련되어 있는 데 있다."라고 하였다.

41-28-1 二가

두 사람이

謂二人이니 張以此字屬上說在所義爲句하여 云二名實은 疑非라

두 사람을 이르니 張惠言이 이 글자를 위의 '說在所義'에 붙여 句를 만들고 "二는 명칭과 실제이다."라고 한 것은 잘못 본 듯하다.

41-28-2 臨鑑而立하면

거울을 대하여 서면

句라

여기에서 句를 뗀다.

41-28-3 景到어나

像이 뒤집히기도 하고

畢云 卽今影倒字正文이라하다 鄒伯奇[50]云 謂窪(와)鏡也라하다 案 畢鄒說是也라 說文日部에 云 景은 光也라하다 大戴禮記[51]曾子天圓篇에 云 故火日外景이요 而金水內景이라하다 蓋凡發光含明及光所照物蔽而成陰은 三者通謂之景이라 古無玻璃하여 凡鑑皆以金爲之하니 此所論卽內景也라 到者는 所謂格術이라 沈括夢溪筆談에 云 陽燧

50) 鄒伯奇 : 1819~1869. 廣東省 南海縣 사람으로 初名은 汝昌, 字는 一鶚, 特夫 등이다. 淸代 物理學家로 중국 근대 과학의 선구자이다. 17세부터 光學을 연구하기 시작하여 1844년에 照相機를 발명하였고, 望遠鏡, 顯微鏡, 七政儀 등도 제작하였다. 근대 墨學 연구의 大家이다. 저서에 《鄒征君存稿》, 《鄒征君遺書》 등이 있는데, 그 가운데 수록된 《格術補》, 《磬求重心術》, 《求重心說》은 力學과 光學 방면을, 《乘方捷術》은 數學 방면을 다루고 있는 대표작이다.

51) 大戴禮記 : 前漢시대 今文 禮學家였던 戴德이, 劉向이 수집한 禮에 관한 기록들(130편)을 묶어서 85편으로 재편한 것이다. 《大戴記》라고도 한다. 대덕의 조카인 戴聖이 이를 다시 49편으로 재편한 것을 《小戴禮記》 또는 《小戴記》라고 한다.

照物에 迫之則正하고 漸遠則無所見이라가 過此則倒하니 中間有礙故也라 如人搖艣(로)에 臬(얼)爲之礙하여 本末相格하니 算家謂之格術[52]이라 鄭復光鏡鏡詅癡에 云光線自闊而狹을 名約行線이라 約行線愈引愈狹하여 必交合爲一而成角하니 名交角線이라 兩物相射에 約行線自此至彼호되 若中有物隔이면 則約行線至所隔之物而止라 設隔處有孔하면 則射線穿孔하여 約行不至彼物不止라 如彼物甚遠하면 則約行必交하고 穿交而過하니 則此之上邊必反射彼下邊하고 此之左邊必反射彼右邊者는 勢也라 能無成倒影乎아 塔影倒垂는 此其理也라

畢沅 : 〈'景到'는〉 바로 지금의 '影倒'자의 本字이다.

鄒伯奇 : 窪鏡(오목거울)을 이른다.

案 : 畢沅과 鄒伯奇의 說이 맞다. ≪說文解字≫ 日部에 "'景'은 光(빛)이다."라고 하였다. ≪大戴禮記≫ 〈曾子天圓〉편에 "그러므로 불과 해는 밖으로 빛을 내고 쇠와 물은 안으로 빛을 머금는다〔故火日外景 而金水內景〕"라고 하였다. 일반적으로, 빛을 발하는 것, 밝음을 머금는 것, 빛이 비추어 사물이 가려서 그림자를 이루는 것, 이 세 가지를 통틀어 '景'이

---

52) 沈括夢溪筆談……算家謂之格術 : 이 대목은 ≪夢溪筆談≫ 원문과 字句의 차이가 있어 참고로 원문을 든다. "陽燧(오목거울)가 비추는 물체의 형상은 모두 뒤집어지니 이는 중간에 막힘(초점)이 있기 때문으로 算家들이 이를 일러 格術이라고 한다. 이를테면 사람이 노를 저을 때 말뚝이 막힘(지지대)이 되는 까닭과 같다. 솔개가 공중을 날 때 그 그림자가 솔개를 따라 움직이다가 간혹 중간에 유리구멍에 구속이 되면 그림자와 솔개가 마침내 서로 반대가 되어 솔개가 동쪽으로 가면 그림자는 서쪽으로 가고 솔개가 서쪽으로 가면 그림자는 동쪽으로 가는 것과 같다. 또 유리구멍 사이를 투과하는 樓塔의 그림자가 중간에 유리구멍에 구속이 되면 역시 모두 뒤집어지게 되는 것과 같으니 陽燧와 똑같다. 陽燧의 표면은 오목하여 손가락 하나로 가까이 다가가 비추면 형상이 바르고 점점 멀어지면 보이는 형상이 없다가 이를 더 지나가면 마침내 형상이 뒤집어지게 된다. 그 보이는 상이 없는 곳이 바로 유리구멍·노 지지대·장구가 막힘을 받아 首尾가 서로 상반되어 마침내 위아래로 젓는 노의 형세를 이루는 것과 같다.〔陽燧照物皆倒 中間有礙故也 算家謂之格術 如人搖艣 臬爲之礙故也 若鳶飛空中 其景隨鳶而移 或中間爲窗隙所束 則影與鳶遂相違 鳶東則影西 鳶西則影東 又如窗隙中樓塔之影 中門爲窗所束 亦皆倒垂 與陽燧一也 陽燧面窪 以一指迫而照之則正 漸遠則無所見 過此遂倒 其無所見處 正如窗隙艣臬腰鼓礙之 本末相格 遂成搖艣之勢〕" 한편, '陽燧'는 古代에 햇빛으로부터 불을 얻는 데 쓰는 오목거울을 말한다. '礙'는 장애로, 여기서는 오목거울의 초점, 혹은 노를 저을 수 있도록 무게 중심의 역할을 해주는 지지대를 말한다. '格術'은 자세하지 않은데, 清代 鄭復光은 ≪鏡鏡詅癡≫에서 구멍에서 像이 만들어지는 원리와 방법을 연구하는 학설을 가리킨다고 하였다.

라고 한다. 옛날에는 玻璃(유리)가 없어서 거울은 모두 쇠로 만들었으니 여기서 논한 것은 바로 '內景'이다. '到'는 이른바 '格術'이다. 沈括의 ≪夢溪筆談≫에 "陽燧(오목거울)에 사물을 비출 때 〈손가락 하나로〉 가까이 다가가면 〈비추는 형상이〉 바르고 〈손가락이〉 점점 멀어지면 보이는 형상이 없다가 이를 더 지나가면 〈형상이〉 뒤집어지니 중간에 장애(초점)가 있기 때문이다. 이를테면 사람이 노를 저을 때 말뚝이 장애(지지대)가 되어 〈노의 움직임이〉 앞뒤가 서로 상반되는 것과 같으니 算家들이 이를 일러 格術이라고 한다.〔陽燧照物 迫之則正 漸遠則無所見 過此則倒 中間有礙故也 如人搖艣 臬爲之礙 本末相格 算家謂之格術〕"라고 하였다. 鄭復光의 ≪鏡鏡詅癡≫에 "光線이 넓게 퍼져 있다가 좁게 모아지는 것을 約行線이라 명명한다. 約行線은 끌어들일수록 더욱 좁게 모아져 반드시 交合해 하나의 선이 되어 각을 이루니 交角線이라 명명한다. 두 사물이 서로 비출 때 約行線은 이곳에서 저곳으로 뻗는데 만약 중간에 어떤 사물이 막으면 約行線은 막은 사물에 이르러 멈춘다. 막은 곳에 구멍을 내면 射線이 구멍을 통과하여 約行線이 저곳에 이르지 않으면 멈추지 않는다. 만약 저곳의 사물이 너무 멀면 約行線은 반드시 교차하고 교차한 곳을 뚫고 지나가니, 이곳의 上邊은 반드시 저곳의 下邊에 反射하고 이곳의 左邊은 반드시 저곳의 右邊에 반사하는 것은 형세이다. 뒤집힌 영상이 만들어지지 않을 수 있겠는가. 탑의 그림자가 〈수면에〉 뒤집혀 드리우는 것은 이것이 그 이치이다."라고 하였다.

41-28-4 **多而若少**하니

〈실제 형태는〉 큰데도 작은 듯이 여겨지니,

張云 若은 如也라하다 劉嶽雲云 此爲凹面回光鏡也라 凸面透光鏡亦能令景顚倒라 考工記金錫相和謂之鑑燧之劑[53]라하니 據此컨대 古無透光鏡하니 知爲凹面回光鏡矣라 依光學理컨대 置一物於凹鏡中心以外하면 卽於凹鏡中心與聚光點之閒에 成物顚倒之形象이로되 但較之實形稍小라 若以此物置於凹鏡中心與聚光點之閒하면 卽在中心

53) 考工記金錫相和謂之鑑燧之劑：≪周禮≫ 〈考工記〉에 구리와 주석의 여섯 가지 배합 방법인 六齊 즉, 鍾鼎(종), 斧斤(도끼), 戈戟(창), 大刃(칼), 削殺矢(화살촉), 鑒燧(方諸와 陽燧)를 만드는 배합 비율을 말하는 부분에는 "구리와 주석이 반씩 되어 있는 것을 鑒燧를 만드는 배합이라고 한다.〔金錫半 謂之鑒燧之齊〕"라고 하여 이 대목의 원문과 字句의 차이가 있다. 鑒燧는 달빛을 받아 이슬을 받는 方諸와 햇빛을 받아 불을 내는 陽燧를 가리킨다.

以外에 亦成物顚倒之形이로되 但較之實形稍大라 此言多而若少는 與較實形稍小之款合이라 是以知人必立於凹鏡中心以外也라하다 畢云 若猶順이라한대 疑誤라

張惠言 : '若'은 如(같음)이다.

劉嶽雲 : 이는 오목면으로 빛을 반사하는 거울이다. 볼록면으로 빛을 투과시키는 거울 역시 그림자를 뒤집히게 한다. ≪周禮≫ 〈考工記〉에 "구리와 주석을 〈반씩〉 합하는 것을 鑑燧를 만드는 배합이라고 한다.〔金錫相和謂之鑑燧之劑〕"라고 하였다. 이에 의거하건대, 옛날에는 빛을 투과하는 거울이 없었으니 오목면으로 빛을 반사하는 거울임을 알 수 있다. 光學 理論에 의거하건대, 한 사물을 오목거울의 중심 밖에 두면 바로 오목거울의 중심과 광선이 모이는 지점 사이에 사물이 뒤집어진 形象이 생기는데 다만 실제 형태에 비교할 때 조금 작다. 만약 이 사물을 오목거울의 중심과 광선이 모이는 지점 사이에 두면 바로 중심 밖에 역시 사물이 뒤집어진 형상이 생기는데 다만 실제 형태에 비교할 때 조금 크다. 여기서 '多而若少'라고 말한 것은 실제 형태에 비교할 때 조금 작다고 한 대목과 부합한다. 이 때문에 사람이 반드시 오목거울의 중심 밖에 서 있다는 것을 알 수 있다.

畢沅은 '若'이 '順'과 같다고 하였는데, 잘못 본 듯하다.

41-28-5 說在(寡)〔空〕區[54]라

空區(구멍, 오목면)로 설명할 수 있다.

張云 區는 所也라 鑑之區甚寡라하다 案 張說未知是否라 說亦無寡區義라 竊疑當作空區니 與經說上區穴義同[55]이라 謂鏡中窪如空穴이라 考工記鳧(부)氏鄭注에 云 隧在鼓中하여 窐(규)而生光하니 有似夫隧라하니 是古陽遂니 卽窪鏡也라 經說下此條之說在下文住景二니 說在重之後[56]하여 與此敍次不合이라 疑傳寫移易하여 非其舊也라

54) 臨鑑而立……說在(寡)〔空〕區 : ≪墨子今注今譯≫에서는 "사람이 球面鏡 앞에 서면 뒤집어진 像이나 축소된 像을 만들 수 있으니, 논증의 이유는 거울면이 하나의 비교적 작은 구역이라는 데 있다."라고 하였다.

55) 經說上區穴義同 : 〈經說 上〉 42-60-3에 보이는데, 거기서 孫詒讓은 '區穴'을 空隙(빈 틈)이라고 풀이하였다.

56) 經說下此條之說在下文住景二 說在重之後 : 이 대목이 本篇 41-41-1~2의 뒤에 붙어야 한다는 말로, 내용상으로도 光學을 다룬 내용이 집중되어 있다. ≪墨子≫의 다른 판본들, 특히

張惠言 : '區'는 所(장소)이다. 거울이 차지하는 부분은 매우 적다.

案 : 張惠言의 說은 맞는 것인지 알 수 없다. 〈經說〉에도 '寡區'에 대한 뜻은 없다. 내 생각에는 아마도 '空區'가 되어야 할 듯하니 〈經說 上〉의 '區穴'과 뜻이 같다. 거울 안의 오목한 곳이 마치 빈 구멍 같다는 말이다. ≪周禮≫ 〈考工記〉의 '鳧氏'에 대한 鄭玄의 注에 "隧(오목거울)가 鼓中에서 움푹 들어가 빛을 내는데 夫隧와 비슷한 점이 있다.〔隧在鼓中 窒而生光 有似夫隧〕"라고 하였으니, 이것이 고대의 陽遂니 바로 窪鏡이다. 〈經說 下〉에는 이 대목에 대한 說이 아래 글인 "서면 그림자가 둘이니 重(반사)으로 설명할 수 있다.〔住景二 說在重〕"의 뒤에 있어 이 〈經〉의 순서와 부합하지 않는다. 아마도 傳寫하면서 變改되어 그 예전 체제가 아닌 듯하다.

41-29-1 **狗**는 **犬也**로되

狗는 犬이지만

說文犬部에 云 **犬**은 **狗之有縣蹏**(제)**者也**라하다 **狗**는 **孔子曰 狗**는 **叩也**니 **叩氣吠以守**라하다 **爾雅釋畜**에 云 **犬未成**(豪)〔**毫**〕[57]가 **狗**라 **此疑同爾雅義**니 **謂同物而大小異名**이라

≪說文解字≫ 犬部에 "'犬'은 狗 가운데 며느리발톱을 가지고 있는 것이다."라고 하였다. '狗'는 孔子가 "狗는 叩(두드림)이니 기운을 두드려 짖으면서 지킴이다."라고 하였다. ≪爾雅≫ 〈釋畜〉에 "犬 중에 아직 털이 자라지 않은 것이 狗이다."라고 하였다. 이 대목은 아마도 ≪이아≫의 뜻과 같은 듯하니 같은 동물인데 크기에 따라 명칭을 달리한 것을 이른다.

41-29-2 **而殺狗非殺犬也**가 **可**하니

狗를 죽이는 것이 犬을 죽이는 것이 아니라는 것이 가능하니,

莊子天下篇에 **辯者曰 狗非犬**이라하니 **即此義**라 **畢讀非字句**한대 **失之**라 **成玄英莊子疏引此作然狗非犬也**라하니 **非元文**이라 **莊子釋文**에 **司馬彪云 狗犬同實異名**이라 **名實**

譯註本들이 대체로 이를 따라 순서를 고쳤는데 여기서는 저본의 편차를 그대로 따랐다.

57) (豪)〔毫〕: 저본에는 '豪'로 되어 있으나, ≪爾雅≫ 〈釋畜〉에 의거하여 '毫'로 바로잡았다.

合하면 則彼所謂狗는 此所謂犬也요 名實離하면 則〔此〕[58]所謂狗는 異於犬也라 張云 旣謂殺狗니 卽非殺犬이라하다

≪莊子≫ 〈天下〉편에 "辯者들이 '狗는 개가 아니다.〔狗非犬〕'라고 하였다."라고 하였으니 바로 이 뜻이다. 畢沅은 '非'자에서 句를 떼어 읽었는데, 잘못 본 것이다. 成玄英의 ≪莊子疏≫에 이 대목을 인용하면서 '然狗非犬也'라고 하였는데, 원래 글이 아니다. ≪經典釋文≫ 〈莊子音義〉에 "司馬彪가 '狗와 犬은 實은 같지만 名이 다르다. 名과 實을 합쳐서 보면 저기서 狗라고 하는 것은 여기서 犬이라 하는 것과 같고, 名과 實을 분리해서 보면 여기서 말하는 狗는 犬과 다르다.〔狗犬同實異名 名實合 則彼所謂狗 此所謂犬也 名實離 則此所謂狗異於犬也〕'"라고 하였다.

張惠言 : 이미 狗를 죽였다고 했으니 바로 犬을 죽인 것이 아니다.

41-29-3 說在重[59]이라

重(重同)으로 설명할 수 있다.

經說上云 二名一實이 重同也[60]라하다

〈經說 上〉에 "名이 둘인데 實이 하나인 것이 重同이다."라고 하였다.

41-30-1 〔臨〕鑑(位)〔立〕에

거울 앞에 설 때

畢云 當云鑑立이니 古位立字通이라하다 王云 上文云臨鑑而立이라하니 此亦當云臨鑑立이라하다

58) 〔此〕 : 저본에는 '此'가 없으나, ≪經典釋文≫의 주에 의거하여 보충하였다.

59) 狗……說在重 : ≪墨子今注今譯≫에서는 張純一의 교감에 의거하여 '可' 앞에 '不'자를 보충하여 "강아지는 개이지만 강아지를 죽이는 것이 개를 죽이는 것이 아니라고 말하는 것은 틀리니, 논증의 이유는 강아지와 개가 名이 둘인데 實이 하나인 重同이라는 데 있다."라고 하였다.

60) 經說上云……重同也 : 〈經說 上〉 42-83-2~3에 보인다.

畢沅 : '鑑立'이라 해야 하니, 옛날에 '位'와 '立'자는 통용되었다.

王念孫 : 위의 글(41-28-2)에 '臨鑑而立'이라 하였으니, 여기서도 마땅히 '臨鑑立'이라 해야 한다.

41-30-2 **景**(영)**一小而易**(이)하고 **一大而缶**(정)하니 **說在中之外內**[61]라

像이 하나는 작으면서 기울어(뒤집혀) 있고 하나는 크면서 바로 서 있으니, 〈오목면의〉 초점의 밖이냐 안이냐로 설명할 수 있다.

景舊本譌量이라 張屬上讀하여 云 以鑑之位量景이라 易(이)는 菞(리)也라 中之內는 正臨鑑하여 景起中也요 中之外는 側臨鑑하여 景起外也라 一之言或也라하다 王引之云 量當作景이니 字相似而誤也라 經說下言鑑言景言易(이)言正에 弁與此同하니 是其證이라하다 兪云 易讀爲施(이)라 詩何人斯篇에 我心易也라한대 釋文曰 易는 韓詩作施라하고 戰國韓策에 易三川而歸라한대 史記韓世家作施三川이라하니 是易與施古字通이라 施者는 邪也라 淮南子[62]要略篇에 接徑直施라한대 高注曰 施는 邪也라하다 孟子離婁篇에 施從良人之所之라한대 趙注曰 施者는 邪施而行이라하다 丁公著(저)[63]音池라 說文辵(착)部에 迤는 衺(사)行也라하니 是迤正字요 施假字며 此作易者는 又其假字也라 一小而易는 猶言一小而邪니 與一大而缶으로 相對爲文이라 經說下篇에 木柂(이)는 景短大하고 木正은 景長小[64]라하여 以柂與正對하니 卽其例也라 案 王兪說是也니 今據正이라 張讀非是라 經說

---

61) 鑑(位)〔立〕……說在中之外內 : ≪墨子今注今譯≫에서는 '位'를 '洼'(≒'凹')의 잘못으로 보고 "오목거울에 像이 생길 때 하나의 상황은 像이 물체에 비해 작고 뒤집어져 있는 것이고 다른 하나의 상황은 像이 물체에 비해 크고 바로 서 있는 것이니, 논증의 이유는 물체가 球心의 밖에 있느냐 아니면 焦點의 안에 있느냐에 있다."라고 하였다.

62) 淮南子 : 前漢의 淮南王 劉安이 賓客과 方士 수천명을 불러 지었다는 책이다. 내편 21권, 외편 33권으로, 현재 내편만 전해진다. '淮南子'라는 명칭은 梁나라 吳均의 ≪西京雜記≫에 처음 보이며, 그 전에는 ≪鴻烈≫ 또는 ≪淮南鴻烈≫이라 하였다. ≪漢書≫ 〈藝文志 雜家〉에 수록되어 있다.

63) 丁公著(저) : 唐나라 사람으로 자는 子平이다. 明經으로 천거되어 太常卿까지 올랐다.(≪舊唐書≫ 권188 〈丁公著列傳〉)

64) 經說下篇……景長小 : 〈經說 下〉 43-22-1~5에 나온다.

下此條之說在下文景之小大는 **說在地正遠近之後**[65)]하여 **與此敍次亦不合**이라 **蓋傳寫移易**하여 **非其舊**라

'景'은 舊本에 '量'으로 잘못 되어 있다. 張惠言은 위에 붙여 읽으면서 "거울의 위치로 像을 헤아린다.〔以鑑之位量景〕'易'는 蒞(임함)이다. 〈오목면의〉 초점의 안〔中之內〕에서는 거울을 똑바로 대하여 像이 안에서 생기고, 초점의 밖〔中之外〕에서는 거울을 비스듬히 대하여 상이 밖에서 생긴다. '一'이라는 말은 或(간혹)의 뜻이다."라고 하였다.

王引之 : '量'은 마땅히 '景'이 되어야 하니 글자가 서로 비슷하여 잘못 된 것이다. 〈經說 下〉에서 '鑑', '景', '易', '正'을 말할 때 모두 이와 같으니 이것이 그 증거이다.

兪樾 : '易'는 '施'로 읽는다. ≪詩經≫ 〈何人斯〉편에 "내 마음이 기쁘다〔我心易也〕"라고 하였는데, ≪經典釋文≫에 "'易'는 ≪韓詩≫에는 '施'로 되어 있다."라고 하고, ≪戰國策≫ 〈韓策〉에 "三川 지방을 쉽게 차지해 돌아가다〔易三川而歸〕"라고 하였는데, ≪史記≫ 〈韓世家〉에는 '施三川'이라고 하였으니, 이는 '易'와 '施'가 古字에서 통용된 것이다. '施'는 邪(비뚤음)이다. ≪淮南子≫ 〈要略〉편에 "굽은 데 접하여 비뚤음을 바로잡는다〔接徑直施〕"라고 하였는데, 高誘의 注에 "'施'는 邪(비뚤음)이다."라고 하였다. ≪孟子≫ 〈離婁〉편에 "남편이 가는 곳을 비뚤게 샛길로 따라가다.〔施從良人之所之〕"라고 하였는데, 趙技의 注에 "'施'는 비뚤게 샛길로 가는 것이다.〔邪施而行〕"라고 하였다. 丁公著는 音이 '迆(이)'라고 하였다. ≪說文解字≫ 辵部에 "'迆'는 衺行(비뚤게 감)이다."라고 하였으니 이는 '迆'가 本字이고 '施'가 假借字이며, 이 대목에서 '易'로 되어 있는 것은 다시 '施'의 假借字인 것이다. '一小而易'는 '一小而邪'라고 말하는 것과 같으니 '一大而正'과 서로 대를 이루는 문장이다. 〈經說 下〉편에 "나무 기둥이 비스듬하면 그림자가 짧고 크며, 나무 기둥이 바로 서 있으면 그림자가 길고 작다.〔木柂 景短大 木正 景長小〕"라고 하여 '柂'와 '正'으로 대를 이루었으니 바로 그 사례이다.

案 : 王引之와 兪樾의 說이 맞으니 지금 이에 의거하여 바로잡는다. 張惠言의 讀法은 맞지 않다. 〈經說 下〉에는 이 대목에 대한 經說이 아래 글인 "그림자의 작고 큼은 사물의 기울거나 바름, 멀거나 가까움으로 설명할 수 있다.〔景之小大 說在地正遠近〕"의 뒤에 있어 이 〈經〉의 순서와 역시 부합하지 않는다. 아마도 傳寫하면서 變改되어 그 예전 체제가

---

65) 經說下此條之說在下文景之小大 說在地正遠近之後 : 뒤의 41-47-1에 대한 經說 뒤에 이 대목에 대한 經說이 나온다는 말로, 經說의 순서에 의거하여 이 대목을 41-47-1 뒤에 붙인 譯註本들도 있다.

아닌 듯하다.

41-31-1 **使**는 (**㑺美**)〔**假義**〕[66)]니

使(부림)는 假設과 의로움이니

㑺은 **說作殿**이라

'㑺'은 〈經說〉에 '殿'으로 되어 있다.

41-31-2 **說在使**[67)]라

부리는 상황으로 설명할 수 있다.

張云 㑺當爲殿이라 **殿**은 **下也**니 **不美之名**이나 **亦有時而美**하니 **若軍後曰殿也**라 **在使之異**라하다 **案 張說迂曲**하니 **恐非**라

張惠言 : '㑺'은 마땅히 '殿'이 되어야 한다. '殿'은 下(아래)이니 아름답지 않은 명칭이다. 하지만 이따금 아름다운 경우가 있기도 하니 이를테면 군대의 후미를 殿이라고 하는 것과 같다. 부릴 때의 차이에 달려 있다.

案 : 張惠言의 說은 牽强附會하고 있으니, 잘못 본 듯하다.

41-32-1 **鑑團**에 **景一**[68)]이라

거울이 둥글 때 像은 하나이다.

---

66) (㑺美)〔假義〕 : 저본에는 '㑺美'로 되어 있으나, 〈經說 下〉에 나오는 孫詒讓의 교감에 의거하여 '假義'로 바로잡았다.

67) 使……說在使 : ≪墨子今注今譯≫에서는 교감 없이 원문 그대로 보면서 "사람에게 어떤 일을 하게 하는 것은 殷勤과 美善의 차이가 있으니, 논증의 이유는 부림당하는 사정이 반드시 사람이 와서 해야하느냐에 있다."라고 하였다. "남을 부리는 데는 義를 빌어야 한다"고 번역한 사람도 있는데, 대체적으로 이 대목의 의미는 알 수 없다.

68) 鑑團 景一 : ≪墨子今注今譯≫에서는 "볼록거울에 像이 생길 때에는 단지 하나의 상황만 있다."라고 하였다.

無說이라 **說文口部**에 **云 圑**은 **圜也**라하다 **蓋謂鑑正圜則光聚於一**이라 **夢溪筆談云 陽遂向日照之**하면 **則光聚向內**하여 **離鏡一二寸聚爲一點**하여 **著**(착)**物火發**[69]이라하다 **此與下文不堅白文義不相屬**하니 **當自爲一經**이요 **亦似尙有闕文**이라

〈이 대목에 대한〉 說이 없다. ≪說文解字≫ 口部에 "'圑'은 圜(원)이다."라고 하였다. 대체로 거울이 정확한 원이면 빛이 한 곳에 모인다는 말인 듯하다. ≪夢溪筆談≫에 "陽遂를 해를 향해 비추면 빛이 모이며 안으로 향해 거울에서 1, 2치 정도 떨어진 곳에 모여 하나의 점이 되는데 물건을 대면 불이 붙는다.〔陽遂向日照之 則光聚向內 離鏡一二寸聚爲一點 著物火發〕"라고 하였다. 이 대목은 아래 글인 '不堅白'과 글 뜻이 서로 이어지지 않으니 마땅히 별도로 하나의 經文이 되어야 하고 또한 여전히 빠진 字句가 있는 듯하다.

41-33-1 **不堅白**은 **說在**[70]라

不堅白은 (……)로 설명할 수 있다.

張云 此有脫이라하다 **案 張幷上鑑圑景一爲一經**한대 **非是**라 **說似幷入下無久與宇堅白說在因章釋之**라 **下文荊之大別爲一經**하니 **與此不相**(冢)〔冡〕[71]**也**라

張惠言 : 이 대목은 빠진 것이 있다.

案 : 張惠言은 위의 '鑑圑 景一'과 묶어 하나의 經文으로 만들었는데, 맞지 않다. 〈經說〉은 아래의 '無久與宇 堅白 說在因'章을 아울러 넣어서 풀이한 듯하다. 아래 글인 '荊之大'는 따로 하나의 〈經〉이 되니 이 대목과 서로 이어지지 않는다.

---

69) 夢溪筆談云……著物火發 : 이 대목은 ≪夢溪筆談≫ 원문과 字句의 차이가 있어 참고로 원문을 든다. "陽燧(오목거울)의 표면은 오목하여 해를 향해 비추면 빛이 모두 모이며 안으로 향해 거울에서 1, 2치 정도 떨어진 곳에 빛이 모여 하나의 점이 되는데 크기는 삼이나 콩 정도이고 물건을 대면 불이 붙는다. 이것은 장구의 가장 가느다란 부분이다.〔陽燧面窪 向日照之 光皆聚向內 離鏡一二寸 光聚爲一點 大如麻菽 著物則火發 此則腰鼓最細處也〕"

70) 不堅白 說在 : ≪墨子今注今譯≫에서는 41-35-1의 '無久與宇'를 이 대목에 붙이고 "不堅白(堅白이 떨어져 있음. 堅白은 돌과 분리되어 있음)의 논점을 반박하는 데 있어, 논증의 관건은 시간과 공간을 끝없이 작은 단위로 분할한 것, 즉 無久와 無宇의 때조차도 서로 결합되어 돌에서 떠나지 않는다는 데 있다."라고 하였다.

71) (冢)〔冡〕 : 저본에는 '冢'으로 되어 있으나, 문맥상 '冡(몽)'의 오자로 보고 바로잡았다.

41-34-1 **荊之大**요 **其(沈)〔沆〕淺也**는 **說在(具)〔有〕**[72]라

荊楚는 크고 그곳의 호수는 좁음은 有(소유)로 설명할 수 있다.

沈當爲沆이라 **具**는 **說作貝**한대 **幷當爲有**니 **皆形之誤**라 **沆**은 **謂澤也**라 **呂氏春秋**[73]**先己篇**에 **云 夏后伯啓曰 吾地不淺**이라한대 **高注云 淺**은 **褊也**라하다 **言荊地廣大**라 **而其國所有之沆澤**은 **則不害其褊淺**이라 **故云說在有**라 **莊子天下篇**에 **辯者曰 郢**(영)**有天下**라한대 **與此意異而辭可相證**이라 **義互詳經說下**라

'沈'은 마땅히 '沆'이 되어야 한다. '具'는 〈經說〉에 '貝'로 되어 있는데, 모두 마땅히 '有'가 되어야 하니 모두 字形이 비슷해 잘못 된 것이다. '沆'은 澤(못)을 이른다. ≪呂氏春秋≫ 〈先己〉편에 "夏后伯 啓가 이르기를, '우리 땅은 좁지 않다.〔吾地不淺〕'라고 하였다."라고 하였는데, 高誘의 注에 "'淺'은 褊(좁음)이다"라고 하였다. 荊楚 땅은 廣大한지라 그 나라가 소유한 沆澤이 좁은 것은 문제되지 않으므로 '說在有'라고 한 것이라는 말이다. ≪莊子≫ 〈天下〉편에 "辯者들이 '〈楚의 서울〉 郢이 천하를 소유하고 있다.〔郢有天下〕'라고 하였다."라고 하였는데, 이 대목과 뜻은 다르지만 문장은 서로 증거가 될 만하다. 뜻은 〈經說 下〉에도 자세히 설명되어 있다.

41-35-1 **無久與宇**는 **堅白**이니 **說在因**[74]이라

久(시간) 없이 宇(공간)를 함께 함은 堅(단단함)과 白(흼)의 관계와 같으니 因依(의존)로 설명할 수 있다.

說無라 **久宇及因**은 **義未詳**이라 **張移箸**(착)**前宇或徙**하니 **說在長宇久**[75]**後**라 **又云 無久**

72) 荊之大……說在(具)〔有〕: ≪墨子今注今譯≫에서는 '沈'을 楚의 縣名으로 보고 "楚國은 큰 것이고 沈縣은 작은 것이니, 논증의 이유는 沈縣이 楚國에 領有되고 있다는 데 있다."라고 하였다.

73) 呂氏春秋 : 秦나라의 呂不韋(미상~B.C. 235)가 食客에게 저술을 맡겨 편찬한 책이다. 총 26권이다. 儒家를 중심으로 道家・墨家・法家・農家・陰陽家 등 선진시대의 諸說과 說話를 채택하여 수록하였다. 선진시대 사상사를 연구하는데 주요한 자료로 꼽힌다. 後漢의 高誘가 注를 달았다.

74) 無久與宇……說在因 : ≪墨子今注今譯≫에서는 '無久與宇'를 本篇 41-33-1에 붙이고 "堅白의 논변에 관하여 논증의 관건은 두 가지(堅, 白)가 상호 因依하고 滲透한다는 데 있다."라고 하였다.

者與長久者相爲堅白이라한대 恐非라

〈《經說》에 이 대목에 대한〉 說이 없다. '久', '宇' 및 '因'은 뜻을 알 수 없다. 張惠言은 앞의 '宇或徙 說在長宇久'의 뒤에 옮겨 붙였다. 또 "'無久'와 '長久'가 서로 '堅白'이 된다."라고 하였는데, 잘못 본 듯하다.

41-36-1 以(檻)〔楹〕爲摶이면

楹(기둥)을 가지고 摶(나무 묶음)으로 여긴다면

楊云 經說作楹이라하다 詒讓案 檻當爲楹이라 摶은 道藏本作慱하고 吳鈔本作博하니 幷非라 以義攷之하면 摶蓋謂束木이라 備城門篇云 疏束樹木하여 令足以爲柴摶이라하다 楹은 一大木所成이요 摶則合衆小木爲之라 今以楹之大爲摶之小하니 其類不相當이라 故云無知라

楊葆彝 : 〈'摶'은〉 〈經說 下〉에 '楹'으로 되어 있다.

詒讓案 : '檻'은 마땅히 '楹'이 되어야 한다. '摶'은 道藏本에 '慱'으로 되어 있고, 吳鈔本에 '博'으로 되어 있는데 모두 잘못이다. 뜻으로 상고해 보면 '摶'은 대체로 나무를 묶는 것〔束木〕을 이르는 듯하다. 〈備城門〉편에 "나무를 얼기설기 묶어서 柴摶을 만들기에 족하도록 하다〔疏束樹木 令足以爲柴摶〕"라고 하였다. '楹'은 큰 목재 하나로 만드는 것이고 '摶'은 여러 작은 나무를 합쳐 만든다. 지금 楹이라는 큰 것을 가지고 摶이라는 작은 것으로 여겼으니 그 부류가 상대되지 않으므로 '無知'라고 한 것이다.

41-36-2 於以爲無知也니 說在意[76]라

생각함〔以爲〕에 있어 知識이 없는 것이니 意(헤아림)로 설명할 수 있다.

意卽意度(탁)也라 言意度之호되 而不識楹與摶之大小不相當이 是爲無知라

---

75) 宇或徙 說在長宇久 : 本篇 41-26-1~2에 보인다.

76) 以(檻)〔楹〕爲摶……說在意 : 《墨子今注今譯》에서는 "단순하게 楹柱(기둥)를 摶(圓柱形)이라고만 생각하면(以爲) 이러한 종류의 생각은 知識이라고 할 수 없으니, 논증의 이유는 이것이 단지 일종의 臆測이라는 데 있다."라고 하였다.

'意'는 바로 意度(헤아림)이다. 헤아리면서도 楹과 搏의 크기가 상대되지 않음을 알지 못하는 것이 無知라는 말이다.

41-37-1 (在)〔任〕諸其所然(未者)〔諸未〕然은

이미 그러한 일들과 아직 그러하지 않은 일들을 거론함은

說云 在堯善治는 自今在諸古也니 自古在之今이면 則堯不能治也라 在疑當作任이라 所然謂所已然이니 卽謂自今任諸古也라 未者然疑當作諸未然이니 卽所謂自古任諸今也라 古書諸或作者하니 聲之省也라 者未然上亦尙有脫字로되 今無從校補라

〈經說 下〉에 "堯의 잘 다스림을 들어서 말하는 것은 지금으로부터 옛날을 들어서 말하는 것이니, 옛날로부터 지금을 들어서 말한다면 堯는 잘 다스리지 못할 것이다.〔在堯善治自今在諸古也 自古在之今 則堯不能治也〕"라고 하였다. '在'는 '任'이 되어야 할 듯하다. '所然'은 所已然(이미 그러한 바)을 이르니 바로 지금의 기준에서 옛날을 거론함〔自今任諸古也〕을 이른다. '未者然'은 '諸未然'이 되어야 할 듯하니 바로 이른바 '옛날의 기준에서 지금을 거론함〔自古任諸今也〕'이다. 古書에서 '諸'는 더러 '者'로 쓰니, 부수는 생략하고 聲部만 남은 것이다. '者未然' 앞에 또한 여전히 빠진 글자가 있지만 지금 校勘해 보충할 길이 없다.

41-37-2 說在於是推之[77]라

이것에서 유추하는 것으로 설명할 수 있다.

說無推義라 末二字或當在上文하여 作推之諸未然이라 又疑當屬下讀이면 則推爲椎之誤라 下章說云 段椎錐俱事於履가 可用也가 是也라 但椎之意義亦難通하니 疑未能明일새 不敢肊(억)定이라

---

77) (在)〔任〕諸其所然(未者)〔諸未〕然 說在於是推之 : ≪墨子今注今譯≫에서는 '在'를 '察'로, '未者然'을 '未然者'로 보고 "어떤 일이 이러하거나 이러하지 않은 원인을 살피는 일은 '요임금이 잘 다스렸다〔堯善治〕'는 명제를 옛날에 적용하고 지금에 적용하지 않는 사례를 통해 類推해 알 수 있다."라고 하였는데, 孫詒讓이 이 대목의 뜻을 확정하지 않았으므로 일단 ≪墨子今注今譯≫을 따른다.

〈經說〉에는 '推'의 뜻이 없다. 마지막의 두 글자(推之)는 혹 앞 句에 두어 '推之諸未然'이 되어야 할 듯도 하다. 〈아니면〉 또 아마도 아래로 붙여 읽어야 할 듯도 하니, 그러면 '推'는 '椎'의 誤字이다. 아래 章의 〈經說〉에 "숫돌, 망치, 송곳을 신발 만들 때 함께 쓰는 것이 可用이다.〔段椎錐俱事於履 可用也〕"라고 한 것이 이것이다. 다만 '椎'의 의미 역시 통하기 어려우니 의문을 아직 능히 밝히지 못하기에 감히 억측해 정하지 못한다.

41-38-1 **意未可知**니

意(헤아림)는 아직 알 수 없으니

此與下文不相屬하고 **說亦無此義**라 **或當別爲一經而脫其半**하고 **下經又脫其發端語**하여 **遂并爲一與**아

이 대목은 아래 글과 서로 이어지지 않고 〈經說〉에도 이 대목에 대한 뜻이 없다. 혹 별도로 하나의 經文이 되어야 하는데 그 반이 빠지고 아래 經文에도 그 서두의 말이 빠져서 결국 합쳐져 하나가 된 것인 듯도 하다.

41-38-2 **說在可用**(過)〔**遇**〕仵[78)]라

可用(쓸 만함)과 遇仵(만남)로 설명할 수 있다.

畢云 卽午字異文이라 **玉篇云** 仵는 **古吳切**이니 **偶敵也**라하니 **非此義**라 **案 過當爲遇**니 **形近而誤**라 **莊子天下篇**에 **觭偶不仵**라한대 **釋文**에 **仵音誤**라 **徐音五**니 **同也**라하다 **集韻十姥**에 **云** 仵는 **偶也**라하다 **此仵當卽啎之異文**이라 **說文午部**에 **云** 午는 **啎也**요 啎는 **逆也**라하다 **廣雅釋言**에 **云** 午는 **仵也**라하다 **漢書天文志**에 **云** 逻(악)**布於午**라하니 **仵啎與逻義并同**이라 **遇仵**는 **猶言遇逻也**라 **可用遇仵**는 **并見說**하니 **義詳彼**라 **畢孫王楊皆讀過仵**

---

78) 意未可知 說在可用(過)〔遇〕仵 : ≪墨子今注今譯≫에서는 '過'는 교감하지 않고 '仵'는 忤逆(거스름)으로 보고 "한 가지 일을 할 때 만일 다양한 방법과 순서가 있다면 客體를 조작할 때 결국 무엇을 먼저 할 것이고 무엇을 나중에 할 것인지의 意圖는 미리 알기 어려우니, 논증의 이유는 매우 다양한 공구를 쓸 수 있고 工藝 공정이 선후로 交錯되어 있을 수 있다는 데 있다."라고 하였다.

屬下景不徙爲句하여 與說不合하니 不可從이라

畢沅 : 〈'仵'는〉 바로 '午'자의 異體字이다. ≪玉篇≫에 "'仵'는 '古'와 '吳'의 反切이니 偶敵(대등한 상대)이다."라고 하였으니, 이 대목의 뜻은 아니다.

案 : '過'는 마땅히 '遇'가 되어야 하니 字形이 비슷해 잘못 된 것이다. ≪莊子≫ 〈天下〉편에 "奇數와 偶數처럼 짝이 맞지 않고 어긋나다〔觭偶不仵〕"라고 하였는데, ≪經典釋文≫에 "'仵'는 音이 誤이다. 徐爰은 音이 '五'라고 하였는데 같다."라고 하였다. ≪集韻≫ 10 姥韻에 "'仵'는 偶(짝)이다."라고 하였다. 이 대목의 '仵'는 응당 바로 '牾'의 이체자여야 한다. ≪說文解字≫ 午部에 "'午'는 牾이고 牾는 逆(만남)이다."라고 하였다. ≪廣雅≫ 〈釋言〉에 "'午'는 仵(짝)이다."라고 하였다. ≪漢書≫ 〈天文志〉에 "〈陰陽의 氣가〉 午에서 교차해 흩어진다.〔逻布於午〕"라고 하였으니, '仵'・'牾'와 '逻'은 뜻이 모두 같다. '遇仵'는 '遇逻(만남)'이라 말하는 것과 같다. '可用'과 '遇仵'는 모두 〈經說 下〉에 보이니 뜻은 거기서 자세히 설명하였다. 畢沅, 孫星衍, 王念孫, 楊葆彝는 모두 '過仵'를 아래 '景不徙'에 붙여 句를 만들어 읽어서 〈經說〉과 부합하지 않으니 따를 수 없다.

41-39-1 景(영)不徙니 說在改爲[79]라

그림자는 이동하지 않으니, 改爲(바뀜)로 설명할 수 있다.

徙는 舊本譌從이라 王引之云 從當爲徙라 徙는 移也라 列子仲尼篇에 景不移者는 說在改也라한대 張湛注云 景改而更生하면 非向之景이라하고 引墨子曰 景不移니 說在改爲也라하니 是其證이라 案 王校是也니 今據正이라 此景謂日光所照光蔽成陰이라 莊子天下篇에 云 飛鳥之景은 未嘗動也라한대 釋文引司馬彪云 鳥動影生하고 影生光亡하니 亡非往이요 生非來라 墨子曰 影不徙也라하여 正作徙하니 可以據校라 以此經及莊列張馬諸說綜合論之하면 大意蓋謂景必亡而更生하고 始有更改니 若其不亡이면 則景常在라 後景卽前景이요 無所改易이라 故說云 光至景亡이니 若在면 盡古息이라한대 息은 卽不徙之義也라

---

79) 景(영)不徙 說在改爲 : ≪墨子今注今譯≫에서는 "물체의 그림자 자체는 옮겨갈 수 없으니, 논증의 이유는 통상적으로 보게 되는 그림자의 이동은 光源과 물체의 상대적인 위치가 바뀐 결과라는 데 있다."라고 하였다.

'徙'는 舊本에 '從'으로 잘못 되어 있다.

王引之 : '從'은 마땅히 '徙'가 되어야 한다. '徙'는 移(이동)이다. ≪列子≫ 〈仲尼〉편에 "그림자가 이동하지 않는 것은 改(바뀜)로 설명할 수 있다.〔景不移者 說在改也〕"라고 하였는데, 張湛의 注에 "그림자가 바뀌어 다시 생겨나면 이전의 그림자가 아니다.〔景改而更生非向之景〕"라고 하면서 ≪墨子≫를 인용하여 '景不移 說在改爲也'라고 하였으니, 이것이 그 증거이다.

案 : 王引之의 校勘이 맞으니 지금 이에 의거하여 바로잡는다. 이 대목의 景은 햇빛이 비추어 빛이 가리워 그림자가 생김을 이른다. ≪莊子≫ 〈天下〉편에 "나는 새의 그림자는 움직인 적이 없다.〔飛鳥之景未嘗動也〕"라고 하였는데, ≪經典釋文≫에 司馬彪를 인용하여 "새가 움직이면 그림자가 생겨나고 그림자가 생기면 빛이 사라진다. 사라진다고 가버린 것이 아니고 생겨난다고 온 것이 아니다. ≪묵자≫에서 '影不徙也'라고 하였다."라고 하여 바로 '徙'로 되어 있으니 이에 의거하여 校勘할 수 있다. 이 대목의 經文 및 ≪장자≫, ≪열자≫, 장담, 사마표 등의 설들을 종합하여 논해 본다면, 大意는 대체로 그림자는 반드시 사라졌다 다시 생겨나고 처음에 있다가 다시 바뀌니 만약 사라지지 않는다면 그림자가 늘 있는지라 뒤의 그림자가 바로 앞의 그림자이고 바뀌는 바가 없는 것이라는 말인 듯하다. 그래서 〈經說〉에서 "빛이 이르면 그림자는 없어지니 만약 〈그림자가〉 있다면 〈빛이〉 끝내 멈춘 것이다.〔光至景亡 若在 盡古息〕"라고 하였는데, '息'은 바로 '不徙'의 뜻이다.

41-40-1 一少於二나 而多於五니

1은 2보다는 적지만 5보다는 많으니,

兪云 數至於十則復爲一이라 故多於五라 經說下篇曰 一은 五有一焉이요 一有五焉이라하니 五有一者는 一二三四之一也요 一有五者는 一十一百之一也라

兪樾 : 수는 10에 이르면 다시 1이 되므로 5보다 많다. 〈經說 下〉편에 "1은, 5에는 1이 있고 1에는 5가 있다."라고 하였는데, '5에는 1이 있다'는 것은 1, 2, 3, 4의 1(일의 자리의 1)이고, '1에는 5가 있다'는 것은 10, 100의 1(십, 백의 자리의 1)이다.

41-40-2 說在(建)〔進〕[80]이라

進(자릿수가 올라감)으로 설명할 수 있다.

張云 建一爲端이면 則一爲十이니 是多於五라 詒讓案 說無建義하니 疑當作進이니 卽算位之二五進一十也라

張惠言 : 1을 세워 시초로 하면 1이 10이 되니 이는 5보다 많다.

詒讓案 : 〈經說〉에는 '建'에 대한 뜻이 없으니 아마도 '進'이 되어야 할 듯하다. 바로 算位의 2, 5가 10으로 나아가는 것이다.

41-41-1 (住)〔位〕景二니

서면 그림자가 둘이니,

住疑當作位니 與立字同이라 見上文이라

'住'는 '位'가 되어야 할 듯하니, '立'자와 같다. 위의 글(41-30-1)에 보인다.

41-41-2 說在重[81)]이라

重(반사)으로 설명할 수 있다.

張云 住는 止也라 一止而二景은 以鑑之重也라하다 案 張說未塙(확)이라 說云 二光夾一光이라하니 則當爲回光之義라 或謂重指二景重累니 卽光學家所謂光複淺深義라하니 亦通이나 而與說不相應하니 恐非라

張惠言 : '住'는 止(멈춤)이다. 하나가 멈춤에 그림자가 두 개가 되는 것은 거울이 중복

---

80) 一少於二……說在(建)〔進〕 : ≪墨子今注今譯≫에서는 '建'자는 교감하지 않고 아래 41-41-1의 '住'자를 이 대목에 붙여 '建'과 '住'를 2개의 개념으로 보아 "1은 2보다 적지만 5보다 많을 수 있으니, 논증의 이유는 元素 혹은 集合을 建立하는 것과 集合 안에 元素 혹은 集合을 집어넣는 것이 같지 않다는 데 있다."라고 하였다.

81) (住)〔位〕景二 說在重 : ≪墨子今注今譯≫에서는 '住'를 앞부분에 붙이고 "두 개의 光源이 비추는 동일한 물체는 두 개의 그림자를 형성하는데 이 두 개의 그림자는 重疊 현상을 낳아 本影과 半影의 두 부분을 형성하니, 논증의 이유는 두 개의 光源이 중복하여 비출 때 두 개의 그림자가 상호 중첩되는 현상을 형성할 수 있다는 데 있다."라고 하였다.

되어서이다.

案 : 張惠言의 說은 확실하지 않다. 〈經說〉에 "두 빛이 한 빛을 끼고 있다〔二光夾一光〕"라고 하였으니 마땅히 빛을 반사한다는 뜻이 되어야 한다. 어떤 이는 "'重'이 두 그림자가 중첩된 것을 가리키니 바로 光學家들이 이른바 빛의 중복의 두께라는 뜻이다."라고 하였다. 이 또한 뜻이 통하지만 〈經說〉과 상응하지 않으니 잘못 본 것인 듯하다.

41-42-1 **非半弗新**(작)하면

半이 아니어서 더 이상 자르지 못하면

畢云 玉篇云 新은 **知略切**이니 **破也**라한대 **盧云 非此義**라 **此當與斫斮**(착)**義同**이라하니 **沅案 新卽斮字異文耳**라하다 **楊云 新同櫡**(작)이라하다 **案 楊說是也**라 **集韻十八藥**에 **云 櫡**은 **說文斫謂之櫡**이라하고 **或從斤作新**(착)이라하다 **此新卽新之變體**니 **舊本作斱譌**라 **新斫同詁**하고 **與斮音義亦略同**호되 **而字則異**라 **畢說未審**이라

畢沅 : ≪玉篇≫에 "'新'은 '知'와 '略'의 反切로, 破(깨뜨림)이다."라고 하였는데, 盧文弨는 "이 뜻이 아니다. 이것은 마땅히 '斫'·'斮'과 뜻이 같다."라고 하였다. 내가 살펴보건대, '新'은 바로 '斮'자의 異體字일 뿐이다.

楊葆彝 : '新'은 '櫡'과 같다.

案 : 楊葆彝의 說이 맞다. ≪集韻≫ 18 藥韻에 "'櫡'은, ≪說文解字≫에 '斫을 櫡이라고 한다.'라고 하였고, '斤'을 부수로 하여 '新'으로 쓰기도 한다."라고 하였으니, 이 '新'은 바로 '新'의 변형된 字體이니 舊本에 '斱'으로 되어 있는 것은 잘못이다. '新'과 '斫'은 訓詁가 같고 '斮'과 音義가 역시 대략 비슷하되 字形은 다르다. 畢沅의 說은 정확하지 않다.

41-42-2 **則不動**이니 **說在端**[82]이라

---

82) 非半弗新……說在端 : ≪墨子今注今譯≫에서는 端을 기하학에서의 點이나 물리학에서 이른바 더 나눌 수 없는 原子의 뜻으로 보고 "주어진 일정한 길이의 막대기를 두고 연속하여 절반을 취하는 조작을 가하여 더 이상 절반을 취할 수 없는 때에 이르면 칼로 자를 수가 없게 되는데 이때에 움직이지 않는 端點이 출현하게 되니, 논증의 이유는 '端'에 대한 정의에 있다."라고 하였다.

움직이지 않으니, 端(끝)으로 설명할 수 있다.

若盡其端이면 則無半可言이니 是終古不能斱也라 故云不動이라

만일 그 端(끝)을 다하면 말할 만한 半이 없으니 이는 끝내 자를 수가 없는 것이므로 '不動'이라고 한 것이다.

41-43-1 **景到**는 **在午有端與景長**이니 **說在端**[83)]이라

그림자가 뒤집어짐은 교차하는 곳에 端(점)이 있어 그림자 선을 막아서이니, 端으로 설명할 수 있다.

說云 足敝下光이라 故成景於上하고 首敝上光이라 故成景於下라 在遠近有端與於光이라 故景庫內也[84)]라하다 此卽光學所謂約行線由侈而斂하여 交聚成點이니 端卽點也라 張云 午는 交午也라하다 劉云 古者橫直交互謂之午니 儀禮에 度(탁)而午[85)]라한대 注云一縱一橫曰午是也라 其形爲乂니 乂者光線之交點이라하다 案 張劉訓午爲交點하니 是也라 凡約行線中有物隔하면 則光線必交하고 穿交而過하면 則成倒景이라 在午有端與景長은 長謂線이니 對端爲點而言이라 謂凡光在交聚成點之時에 則有碍於光線之行이라 故穿交而景到也라 鄒伯奇格術補에 云 密室小孔에 漏光必成倒景이라 雲鳥東飛에 其影西逝라하고 又云 日無數光點俱射入小孔中하니 是爲光線交요 過孔則侈而至地하여 遂成日體之影이라하니 皆可證此書之義라

〈經說〉에 "발이 아래의 빛을 가리기 때문에 위에서 그림자를 이루고 머리가 위의 빛을 가리기 때문에 아래에서 그림자를 이룬다. 떨어진 거리에 상관없이 점이 있어 빛을 막으므로 그림자가 안에 갇힌다.〔足敝下光 故成景於上 首敝上光 故成景於下 在遠近有端與於光 故

---

83) 景到……說在端 : ≪墨子今注今譯≫에서는 "뒤집어진 그림자를 형성하는 조건은 광선이 교차하고, 하나의 작은 구멍이 있고, 일정한 길이의 그림자가 있는 것이니, 논증의 관건은 작은 구멍의 존재에 있다."라고 하였다.

84) 說云……故景庫內也 : '在遠近有端與於光' 앞은 本篇 41-28-1~5에 대한 經說이고, '在遠近有端與於光' 뒤는 본 經文에 대한 經說이다.

85) 儀禮 度而午 : ≪儀禮≫ 〈大射儀〉에 보이는 말로, 거기에는 '度尺而午'로 되어 있다.

景障內也]"라고 하였다. 이것은 바로 光學에서 이른바 約行線이 넓게 퍼져 있다가 수렴되어 서로 모여 點을 이루는 것이니 端은 바로 點이다.

張惠言 : '午'는 交午(교차)이다.

劉嶽雲 : 옛날에 가로세로가 교차하는 것을 午라고 하였으니, ≪儀禮≫에 '度而午(자를 재어서 교차한다)'라고 한 말의 注에 "세로와 가로 하나씩 교차함을 午라고 한다."라고 한 것이 이것이다. 그 字形은 乂이니 乂는 光線의 交點이다.

案 : 張惠言, 劉嶽雲은 午를 交點이라고 풀이하였는데 맞다. 무릇 約行線은 중간에 어떤 물체가 막으면 光線이 반드시 교차하고 交點을 뚫고 지나가면 뒤집어진 그림자를 이룬다. '在午有端與景長'에서 '長'은 線을 말하니, '端'이 點이 되는 데 대비하여 말한 것이다. 무릇 빛이 교차해 모여 점을 이룰 때에 光線의 진행에 막힘이 있으므로 交點을 뚫고 가서 그림자가 뒤집어진다는 말이다. 鄒伯奇의 ≪格術補≫에 "密室의 작은 구멍에 빛이 새어 들어가면 반드시 뒤집어진 그림자를 이룬다. 구름과 새가 동쪽으로 날 때 그 그림자는 서쪽으로 간다."라고 하고, 또 "해의 무수한 光點이 모두 작은 구멍 속으로 비춰들어가니 이것이 光線의 交點이고 구멍을 지나면 빛이 넓게 퍼져 바닥에 이르러 결국 해 자체의 그림자를 이루게 된다."라고 하였으니 모두 이 글의 뜻에 대한 증거가 될 만하다.

41-44-1 可無也나

〈있던 것은〉 없어질 수 있지만

言凡有者必可無라

무릇 있던 것은 반드시 없어질 수 있다는 말이다.

41-44-2 有之而不可去니 說在嘗然[86]이라

그것이 있었기에 〈있었다는 사실을〉 제거할 수 없으니 嘗然(일찍이 그러했음)으로 설명할 수 있다.

---

86) 可無也……說在嘗然 : ≪墨子今注今譯≫에서는 "어떤 하나의 事情은 從來에 없었을 수는 있지만 어느날 있게 되면 그것을 제거해 버릴 수 없으니, 논증의 이유는 그것이 일찍이 이와 같았다는 데 있다."라고 하였다.

嘗然者는 今雖無而實爲昔之所有라 故云不可去라 張云 本可無也나 嘗有之하면 則不可去라하다

'嘗然'이라는 것은 지금은 비록 없지만 실제로 옛날에 있던 것이므로 '不可去(제거할 수 없다)'라고 말하는 것이다.

張惠言 : 본래 없을 수는 있지만 일찍이 그것이 있었다면 제거할 수 없다.

41-45-1 景迎日은 說在(摶)〔轉〕[87)]이라

景(그림자)이 해를 맞이함은 轉(반사)으로 설명할 수 있다.

說云 景은 日之光이 反燭人하면 則景在日與人之間이라하니 迎日은 卽回光反燭之義라 但說無摶義라 上云鑑團에 景一[88)]이라한대 與此義異라 摶은 道藏本作慱하고 吳鈔本作博한대 亦幷難通이라 以形聲校之하면 疑當作轉이라 謂鑑受日之光하고 轉以射人成景이니 亦卽反燭之義也라 今本涉下而誤耳[89)]라

〈經說 下〉에 "그림자에 대한 설명은 다음과 같다. 햇빛이 반사하여 사람을 비추면, 그림자가 해와 사람의 사이에 있다.〔景 日之光反燭人 則景在日與人之間〕"라고 하였으니, '迎日'은 바로 빛을 반사해 비춘다는 뜻이다. 다만 〈經說 下〉에는 '摶'에 대한 뜻이 없다. 위에서 "거울이 둥글 때 像은 하나이다.〔鑑團 景一〕"라고 하였는데, 이 대목과 뜻이 다르다. '摶'은 道藏本에 '慱'으로 되어 있고, 吳鈔本에 '博'으로 되어 있는데, 역시 모두 뜻이 통하기 어렵다. 모양과 소리로 校勘해 보면, '轉'이 되어야 할 듯하다. 거울이 햇빛을 받고 反轉하여 사람을 비추어 그림자를 이룬다는 말이니 역시 바로 반사해 비춘다는 뜻이다. 지금의 本은 아래 대목과 관련하여 잘못 된 것일 뿐이다.

41-46-1 缶而不可(擔)〔搖(요)〕는 說在摶(단)[90)]이라

87) 景迎日 說在(摶)〔轉〕 : ≪墨子今注今譯≫에서는 "그림자가 태양을 맞이하니(태양과 사람의 사이에 있으니), 논증의 이유는 햇빛이 반사된다는 데 있다."라고 하였다.

88) 上云鑑團 景一 : 앞의 41-32-1에 나온다.

89) 今本涉下而誤耳 : 아래 41-46-1의 '說在摶'의 '摶'자 때문이라는 말이다.

〈언제나〉 바르므로 흔들리게 할 수 없음은 摶(둥긂)으로 설명할 수 있다.

擔當作摇라 **周禮矢人**에 **夾而搖之**라한대 **釋文云 搖**는 **本又作**摇라하니 摇**即搖之變體**라 **漢隸凡以從**䍃(요)**之字**는 **或變從**𦈢라 **漢書天文志亦云 元光中天星盡**摇라하다 摇**與擔形近而誤**라 **史記建元以來王子侯表**에 **千鍾侯劉搖**라한대 **漢書王子侯表作劉擔**하니 **是其證**이라 **說文手部**에 **云 摶**은 **圜也**라하다 **圜者隨所置而正**이라 **故云不可搖**라하니 **義詳經說下**라 **道藏本摶作搏**하고 **吳鈔本作博**한대 **幷形之誤**라

'擔'은 마땅히 '摇'가 되어야 한다. ≪周禮≫ 〈矢人〉에 "〈손가락으로 화살을〉 끼고 흔든다.〔夾而搖之〕"라고 하였는데, ≪經典釋文≫에 "'搖'는 본래 또 '摇'로도 쓴다."라고 하니 '摇'는 바로 '搖'의 변형된 字體이다. 漢代 隸書에 '䍃'로 구성된 글자들은 모두 더러 바뀌어 '𦈢'로 구성되기도 한다. ≪漢書≫ 〈天文志〉에도 "元光 연간에 하늘의 별들이 다 흔들렸다.〔元光中天星盡摇〕"라고 하였다. '摇'와 '擔'은 字形이 비슷하여 잘못 된 것이다. ≪史記≫ 〈建元以來王子侯表〉에 '千鍾侯 劉搖'라 하였는데, ≪漢書≫ 〈王子侯表〉에는 '劉擔'으로 되어 있으니 이것이 그 증거이다. ≪說文解字≫ 手部에 "'摶'은 圜(원)이다."라고 하였다. 圜은 놓여진 곳 어디서나 바르므로 '흔들리게 할 수 없다.〔不可搖〕'라고 한 것이니 뜻은 〈經說 下〉에 자세히 설명하였다. 道藏本에 '摶'은 '搏'으로 되어 있고 吳鈔本에 '博'으로 되어 있는데, 모두 字形이 잘못 된 것이다.

41-47-1 **景之小大**는 **說在**(**地**)〔杝(이)〕**由遠近**[91]이라

그림자의 작고 큰은 〈사물의〉 기울거나 바름, 멀거나 가까움으로 설명할 수 있다.

地當爲杝니 杝**即**迤(이)**之假字**라 杝**正文正相對**니 **言景隨地面易也**라 **說亦云 遠近**杝**正**이라하니 **是其證**이라 **張云 遠則小**요 **近則大**라하다 **劉云 謂人與鑑相去遠近也**라 **依光學理**하면 **發光點與受光處**는 **距遠其景必小**하고 **較近其景必巨**니 **書與此款合也**라

---

90) 由而不可(擔)〔摇(요)〕 說在摶(단) : ≪墨子今注今譯≫에서는 '擔'을 '倚'로 보고 "垂直의 물체는 기울어질 수 없으니, 논증의 이유는 圓球形의 물체를 분석하는 데 있다."라고 하였다.

91) 景之小大 說在(地)〔杝(이)〕由遠近 : ≪墨子今注今譯≫에서는 高亨을 따라 '地'를 '斜'로 교감하고 "光源이 물체를 비추어 형성된 그림자는 크고 작은 차이가 있으니, 논증의 이유는 물체가 놓여 있는 斜正과 光源에서 물체까지의 遠近 등에 있다."라고 하였다.

'地'는 마땅히 '杝'가 되어야 하니 '杝'는 바로 '迤'의 假借字이다. '杝', '正'은 글자가 정확히 서로 對가 되니 그림자는 지면에 따라 형태가 바뀐다는 말이다. 〈經說〉에도 '遠近杝正'이라고 하였으니, 이것이 그 증거이다.

張惠言 : 멀면 작아지고 가까우면 커진다.

劉嶽雲 : 사람과 거울이 서로 떨어져 있는 遠近을 이른다. 光學 理論에 의거하면, 發光點(빛을 내는 점)과 受光處(빛을 받는 곳)는 거리가 멀면 그 그림자가 반드시 작아지고 상대적으로 가까우면 그 그림자가 반드시 커지니 光學 책의 내용은 이 대목과 부합한다.

41-48-1 宇進無近하니 說在敷[92]라

宇宙에 나아가면 가까운 데는 없어지니 敷(퍼져 나감)로 설명할 수 있다.

說云 進行者先敷近하고 後敷遠이라하다 說文攴部에 云 敷(부)는 㪶也라하고 寸部에 云 尃는 布也라하니 敷卽敷之俗이요 義則與尃近하니 蓋分布履步之謂라 書禹貢云 禹敷土라하니 義亦同이라 言宇宙雖大나 而人行履步면 由近可以及遠이라 張云 敷는 至也니 以近敷遠이라한대 亦通이라

〈經說 下〉에 "나아가는 자는 먼저 가까운 곳으로부터 펼치고 뒤에 먼 곳으로 펼쳐 간다.〔進行者先敷近 後敷遠〕"라고 하였다. ≪說文解字≫ 攴部에 "'敷'는 㪶(폄)이다."라고 하고 寸部에 "'尃'는 布(폄)이다."라고 하였다. '敷'는 바로 '敷'의 俗字이고 뜻은 '尃'와 가까우니 대체로 발걸음을 나누어 편다는 말인 듯하다. ≪書經≫ 〈禹貢〉에 "우임금이 땅을 펴다.〔禹敷土〕"라고 하였는데, 뜻이 역시 같다. 宇宙가 비록 크지만 사람이 걸음을 걸어가면 가까운 데서 시작하여 먼 데로 이를 수 있다는 말이다. 張惠言이 "'敷'는 至(이름)이니, 가까운 데서 먼 데로 퍼져가는 것이다."라고 하였는데, 역시 뜻이 통한다.

41-49-1 (天)〔大〕而必**甾**하니

---

92) 宇進無近 說在敷 : ≪墨子今注今譯≫에서는 '敷'는 '步'와 통용되는 글자로 보고 高亨의 校勘을 따라 '近' 뒤에 '遠'을 보충하여 "宇宙는 끝없이 크기 때문에 우주 안에서 위치를 옮겨가는 운동은 이른바 절대적 遠近은 없고 단지 상대적 원근만 있으니, 논증의 사례는 사람이 걸어가는 길을 분석하는 데 있다."라고 하였다.

〈像이〉 크면서 반드시 바로 서 있으니,

天은 **依說當作大**니 **卽上文一大而正之義**라

'天'은 〈經說 下〉에 의거하여 마땅히 '大'가 되어야 하니, 바로 위의 글(41-30-2)인 '一大而正(하나는 크면서 바로 서 있다.)'의 뜻이다.

41-49-2 **說在得**[93)]이라

得으로 설명할 수 있다.

說無得義라 **未詳**이라

〈經說 下〉에는 '得'에 대한 뜻이 없다. 〈이 대목은〉 알 수 없다.

41-50-1 **行(循)〔脩〕以久**니

길게 갈 때에는 오랜 지속으로 하니,

楊云 循은 **經說作脩**라하다 **張云 循當爲脩**라하다 **案 張校是也**라

楊葆彝 : '循'은 〈經說 下〉에 '脩'로 되어 있다.
張惠言 : '循'은 마땅히 '脩'가 되어야 한다.
案 : 張惠言의 校勘이 맞다.

41-50-2 **說在先後**[94)]라

---

93) (天)〔大〕而必正 說在得 : ≪墨子今注今譯≫에서는 譚戒甫를 따라 '天'을 〈經說〉의 校勘에 의거하여 '衡'으로 고치고 "저울질을 할 때 반드시 평형을 유지해야 하니, 논증의 이유는 저울 끝에 마음대로 조절하고 미끄러지게 할 수 있는 저울추를 얻는 데 있다."라고 하였다. 해당 經說은 孫詒讓에 따르면 本篇 41-51-1의 經文에 대한 經說인데 ≪墨子今注今譯≫에서 이 대목에 붙인 것으로, 원문을 들면 다음과 같다. "衡 相衡則本短標長 加重於其一旁 必捶 權重相若也 兩加焉 重相若 則標必下 標得權也"

94) 行(循)〔脩〕以久 說在先後 : ≪墨子今注今譯≫에서는 "일정한 길이의 路程을 가려면 일정한 길이의 시간을 점유해야 하니, 논증의 이유는 사람이 일정한 길이의 노정을 갈 때 선후의

先後로 설명할 수 있다.

句라

여기에서 句를 뗀다.

41-51-1 (貞)〔負〕而不撓니 說在勝[95]이라

걸쳐놓아(짊어지고)도 구부러지지 않으니 勝(견딤)으로 설명할 수 있다.

楊云 貞은 經說作負라하다 詒讓案 當爲負라 說云 招負衡木是也라 說文木部에 云 橈는 曲木也라하니 撓卽橈之俗이라

楊葆彝 : '貞'은 〈經說 下〉에 '負'로 되어 있다.

詒讓案 : 마땅히 '負'가 되어야 한다. 〈經說 下〉에 "곧은 나무 위에 橫木을 걸쳐놓는다.〔招負衡木〕"라고 한 것이 이것이다. ≪說文解字≫ 木部에 "'橈'는 曲木(굽은 나무)이다."라고 하였으니, '撓'는 '橈'의 俗字이다.

41-52-1 一法者之相與也가 盡〔類〕라

하나의 법도에 따르는 것들이 다 같다.

王云 畢以一字屬上句한대 非라하다 案 張讀亦與畢同誤라 說云 一方盡類라하니 則此盡下當脫類字라

王念孫 : 畢沅은 '一'자를 앞 句에 소속시켰는데, 잘못 본 것이다.

案 : 張惠言의 讀法 역시 畢沅과 같은 오류를 범하였다. 〈經說 下〉에 "하나의 네모는 다 같다.〔一方盡類〕"라고 하였으니, 여기서 '盡' 뒤에 마땅히 '類'자가 빠진 것이다.

구별이 있다는 데 있다."라고 하였다.

95) (貞)〔負〕而不撓 說在勝 : ≪墨子今注今譯≫에서는 '貞'을 '負'로 보고, 欒調甫(1889~1972)의 교감에 의거하여 '撓'를 '翹'로 고치고 "桔槹機(起重機)를 사용해 무거운 물건을 들 때 本端(중심부분)에 무거운 물건을 얹으면 標端(끝부분)에서 들어올릴 수 없으니 논증의 이유는 標端의 중력 토크(torque)가 本端과 무거운 물건의 중력의 합력 토크를 넘는다는 데 있다."라고 하였다.

41-52-2 **若方之相合也**하니

마치 네모가 서로 들어맞는 것과 같으니

合은 **舊本譌召**라 **王引之云 召當作合**이라 **經說下云 或木或石**이 **不害其方之相台也**라한대 **台亦合之誤**라 **一**은 **同也**니 **一法**은 **同法也**라 **廣雅**에 **與**는 **如也**라 **盡猶皆也**라 **言同法者之彼此相如也**는 **皆若物之方者之彼此相合也**라 **案 王校是也**니 **今據正**이라

'合'은 舊本에 '召'로 잘못 되어 있다.

王引之 : '召'는 마땅히 '合'이 되어야 한다. 〈經說 下〉에 "나무로 되었거나 돌로 되었거나 네모들이 서로 합치하는 데는 문제될 게 없다.〔或木或石 不害其方之相台也〕"라고 하였는데, 그 '台' 역시 '合'의 잘못이다. '一'은 同(같음)이니 '一法'은 同法(같은 법)이다. ≪廣雅≫에 "'與'는 如(같음)이다."라고 하였다. '盡'은 皆(모두)와 같다. 같은 법도를 따르는 것들이 피차 서로 같음은 모두 마치 사물 중에 네모난 것들이 피차 서로 들어맞음과 같다는 말이다.

案 : 王引之의 校勘이 맞으니 지금 이에 의거하여 바로잡는다.

41-52-3 **說在方**[96)]이라

方(네모)으로 설명할 수 있다.

句라

여기에서 句를 뗀다.

41-53-1 (**契**)〔**挈**〕**與**(**枝**)〔**收**〕(**板**)〔**仮**〕하니 **說在**(**薄**)〔**權**〕[97)]이라

끌어올리는 것과 당겨 내리는 것은 상반되니, 權(저울)으로 설명할 수 있다.

---

96) 一法者之相與也……說在方 : ≪墨子今注今譯≫에서는 "하나의 공동 표준과 서로 부합하는 물건은 모두 한 부류에 속하니 이는 바로 마치 표준이 되는 方形과 서로 부합하는 물건이 모두 方形에 같이 속하는 것과 같다. 논증의 사례는 방형의 같고 다름을 분석하는 데 있다."라고 하였다.

97) (契)〔挈〕與(枝)〔收〕(板)〔仮〕 說在(薄)〔權〕 : ≪墨子今注今譯≫에서는 孫詒讓의 교감을 따라 "도르래를 사용하여 무거운 물건을 들어올리고 내려놓는 방향은 상반되니, 논증의 관건은 하나의 견인, 완충, 평형 작용을 하는 표준적 重物인 權을 사용하는 데 있다."라고 하였다.

張云 契當爲挈이요 枝當爲收요 板字亦誤라하다 案 張說是也라 說云 挈은 有力也라하고 又云 挈은 上者愈得에 下者愈亡이라 收는 上者愈喪에 下者愈得이라하니 可證이라 契挈은 同聲假借字라 說文手部에 云 挈은 縣持也라하니 挈與提義同이라 板疑當作仮이요 仮은 反同이니 謂挈與收二力相反也라 或云涉上收字而衍이라하니 亦通이라 又說無薄義하니 疑當爲權之誤라

張惠言 : '契'는 마땅히 '挈'이 되어야 하고 '枝'는 마땅히 '收'가 되어야 하며 '板'자 역시 誤字이다.

案 : 張惠言의 說이 맞다. 〈經說 下〉에 "끌어올릴 때는 힘이 있다.〔挈 有力也〕"라고 하고, 또 "끌어올릴 경우 위로 올라가는 것이 힘이 증가하면 아래로 내려가는 것은 힘이 더욱 없어진다. 아래로 당기는 것은 올라가는 것이 무게를 잃을수록 내려가는 것은 무게를 얻는다.〔挈 上者愈得 下者愈亡 收 上者愈喪 下者愈得〕"라고 하였으니, 증거로 삼을 만하다. '契'과 '挈'은 소리가 같은 假借字이다. ≪說文解字≫ 手部에 "'挈'은 縣持(매달아 잡음)이다."라고 하였으니, '挈'은 提(들다)와 뜻이 같다. '板'은 마땅히 '仮'이 되어야 할 듯하고 '仮'은 '反'과 같으니 '挈(끌어올림)'과 '收(당겨 내림)' 두 힘이 상반된다는 말이다. 어떤 이는 "앞의 '收'자와 관련하여 잘못 들어간 것이다."라고 하였는데, 역시 뜻이 통한다. 또 〈經說 下〉에는 '薄'에 대한 뜻이 없으니 마땅히 '權'의 誤字가 되어야 할 듯하다.

41-54-1 狂擧不可以知異니

혼란스러운 列擧로는 〈사물의〉 차이를 알 수 없으니

張云 狂은 妄也라하다 案 張說是也라 狂擧猶言妄說이라 亦見公孫龍子[98]라 詳經說下라

張惠言 : '狂'은 妄(함부로)이다.

案 : 張惠言의 說이 맞다 '狂擧'는 妄說이라는 말과 같다. ≪公孫龍子≫에도 보인다. 〈經說 下〉에 자세히 설명하였다.

---

98) 亦見公孫龍子 : ≪公孫龍子≫ 〈通變論〉에 "이를 들어 名을 어지럽히면 이를 일러 狂擧라고 한다.〔擧是亂名 謂是狂擧〕"라고 하였다.

41-54-2 **說在有不可**[99]라

不可함이 있는 것으로 설명할 수 있다.

張云 如非牛不可之類라

張惠言 : 이를테면 소가 아니면 안 된다는 따위 같은 것이다.

41-55-1 **牛馬之非牛**는 **與**(可之)〔**不可**〕**同**이니 **說在兼**[100]이라

牛馬가 牛가 아니라는 것은 不可(성립하지 않음)와 같으니, 兼(집합 개념)으로 설명할 수 있다.

張云 牛馬非牛는 **或可或不可**하니 **專則不可**요 **兼則可也**라하다 **詒讓案 兼**은 **謂兼擧牛馬也**라 **荀子正名篇**에 **云 單足以喩則單**이요 **單不足以喩則兼**이라하니 **卽其義**라 **可之疑當作不可**니 **卽承上經爲文**이라 **言兼擧牛馬**하면 **則非牛亦非馬**니 **卽不可謂之牛謂之馬也**라

張惠言 : 牛馬가 牛가 아니라는 것은 성립할 수 있기도 하고 성립할 수 없기도 하니, 〈牛馬 중에〉 하나만 들면 성립할 수 없고 겸하여 들면 성립할 수 있다.

詒讓案 : '兼'은 牛馬를 겸하여 드는 것을 이른다. ≪荀子≫ 〈正名〉편에 "하나만 들어 족히 깨우칠 수 있으면 하나만 들고 하나만 들어 족히 깨우칠 수 없으면 겸하여 든다."라고 하였으니 바로 그 뜻이다. '可之'는 마땅히 '不可'가 되어야 할 듯하니, 바로 위의 經文의 맥락을 이어 글을 만든 것이다. 牛馬를 겸하여 들면 牛도 아니고 馬도 아니니 바로 牛라 해서도 안 되고 馬라 해서도 안 된다는 말이다.

41-56-1 **倚者不可**(正)〔**止**〕하니

---

99) 狂擧不可以知異 說在有不可 : ≪墨子今注今譯≫에서는 "하나의 성질을 혼란스럽게 열거하는 것으로는 사물의 구별을 설명할 수 없으니, 논증의 이유는 이러한 성질로 사물을 구별해 낼 수 없다는 데 있다."라고 하였다.

100) 牛馬之非牛……說在兼 : ≪墨子今注今譯≫에서는 "'牛馬非牛'와 '牛馬牛也'의 실제 상황이 서로 같다는, 이 하나의 辯論의 문제를 해결하는 데 있어, 논증의 이유는 牛馬가 하나의 兼名(집합 개념)이라는 데 있다."라고 하였다.

기울어진 것은 멈출 수 없으니,

說云 邪倚則不正이라하다 又疑此論轉重法하니 則正或當爲止라 說又云 梯者不得流라하니 流與止文相對라

〈經說 下〉에 "비스듬하게 기울어지면 바르지 않게 된다.〔邪倚則不正〕"라고 하였다. 또 아마도 여기서는 '轉重法(무거운 것을 옮기는 방법)'을 논한 듯하니 '正'은 혹 '止'가 되어야 할 듯도 하다. 〈經說〉에 또 "사다리는 흘러내리지 못한다.〔梯者不得流〕"라고 하였으니, '流'와 '止'는 글이 서로 對가 된다.

41-56-2 說在(剃(체))〔梯〕[101)]라

梯(車梯)로 설명할 수 있다.

說云 車梯[102)]라하니 則剃當作梯니 蓋聲之誤라

〈經說 下〉에 '車梯'라고 하였으니 '剃'는 마땅히 '梯'가 되어야 한다. 소리가 비슷해 잘못된 듯하다.

41-57-1 (循)此(循)此與彼此同하니 說在異[103)]라

이 이것과 저 이것은 같으니, 異(다름)로 설명할 수 있다.

說無循義라 張云 兩循字皆衍이라 此此는 此之此也요 彼此는 彼之此也라 各此其此는 同也요 其所以彼此異라하다 案 張說未知是否라

---

101) 倚者不可(正)〔止〕 說在(剃(체))〔梯〕 : ≪墨子今注今譯≫에서는 '剃'는 '梯'로 교감하고 41-46-1의 '㐀而不可擔'을 '正而不可倚'로 교감한 것과 이 대목의 '倚者不可正'을 비슷한 의미로 보면서 "기울어진 물건은 충분히 垂直이 될 수 없으니, 예를 들면 車梯와 같다."라고 하였다.

102) 車梯 : 높은 곳에 오르기 위한 목적으로 만든 일종의 수레를 가리킨다.

103) (循)此(循)此與彼此同 說在異 : 孫詒讓은 별도의 해석을 제시하지 않아, 張惠言의 해석에 따라 번역하였다. ≪墨子今注今譯≫에서는 梁啓超의 校勘에 의거하여 '循'을 衍文이 아니라 '彼'의 誤字로 보고 "'彼'와 '此'라는 비집합 개념과 '彼此'의 집합 개념이라는 이 두 가지 측면은 모두 동일한 규칙을 준수해야 하는 이 하나의 조건에서 서로 같은 것이니, 논증의 이유는 이 두 가지 측면이 또한 같지 않은 점이 있다는 데 있다."라고 하였다.

〈經說 下〉에는 '循'에 대한 뜻이 없다.

張惠言 : 두 '循'자는 모두 잘못 들어간 것이다. '此此'는 이 이것이고 '彼此'는 저 이것이다. 각각 이것을 이것이라 함은 같고 저와 이인 까닭은 다르다.

案 : 張惠言의 說은 맞는지 틀리는지 모르겠다.

41-58-1 (推)〔柱〕之必(往)〔住〕니

기둥을 세우면 반드시 고정되니,

推는 依說當作柱라 往疑當作住라 蓋謂凡物楮(지)柱之면 則住而不動이라 說云 方石去地尺이니 關石於其下하고 縣絲於其上하여 使適至方石하면 不下는 柱也라하니 住卽不下之義라

'推'는 〈經說 下〉에 의거하면 마땅히 '柱'가 되어야 한다. '往'은 마땅히 '住'가 되어야 할 듯하다. 대체로 모든 물건은 주춧돌을 놓고 기둥을 세워 지탱하면 고정되어 움직이지 않는다는 것을 말한다. 〈經說 下〉에 "네모난 주춧돌은 지면에서 높이가 1척인데 그 아래 돌을 놓고 그 위에서 〈돌에〉 줄을 매달아 내려가서 주춧돌에까지 이르게 하면, 내려가지 않는 것은 기둥의 줄 때문이다.〔方石去地尺 關石於其下 縣絲於其上 使適至方石 不下 柱也〕"라고 하였으니, '住'는 바로 '不下(내려가지 않음)'의 뜻이다.

41-58-2 說在廢材[104]라

재료를 놓는 일로 설명할 수 있다.

廢亦置也니 謂置材於地라 若說所云方石이라 說下又云 廢石於平地[105]라하니 此義與彼同이라

---

104) (推)〔柱〕之必(往)〔住〕 說在廢材 : ≪墨子今注今譯≫에서는 譚戒甫의 校勘에 의거하여 '推'를 '堆'로 고치고, 徐克明의 校勘에 의거하여 '往'을 '拄'로 고치고 "쌓는 일은 반드시 지탱하는 바가 있어야 하니 논증의 이유는 건축 재료를 놓아두는 일이 일정한 법칙을 따라야 한다는 데 있다."라고 하였다.

105) 說下又云 廢石於平地 : 앞의 41-56-1~2에 대한 〈經說〉에 나오는데, 孫詒讓은 '廢尺於平地'로 되어 있는 원문에 대해 문맥에 의거하여 '尺'을 '石'으로 교감하였다.

'廢' 역시 置(놓음)이니 땅에 재료를 놓는다는 말이다. 이를테면 〈經說 下〉에서 말한 方石 같은 것이다. 〈經說 下〉에 또 "평지에 돌을 놓아두다.〔廢石於平地〕"라고 하였으니, 이 대목의 뜻은 그것과 같다.

41-59-1 **唱和同患**이니

先唱하는 일과 和答하는 일은 문제가 같으니,

言唱而不和와 **和而不唱**은 **其患同**이라 **詳經說下**라

先唱하려 해도 和答하지 않는 것과 和答하려 해도 先唱하지 않는 것은 그 문제가 같다. 〈經說 下〉에 자세히 설명하였다.

41-59-2 **說在功**[106]이라

功效로 설명할 수 있다.

張云 不唱不和俱無功이라하다

張惠言 : 先唱하지 않는 것과 和答하지 않는 것이 모두 功效가 없다.

41-60-1 **買無貴**하니

〈물건을〉 사는 데 있어 비싼 것은 없으니

說云 刀輕則糴(적)不貴라하다

〈經說 下〉에 "돈의 가치가 가벼우면 곡식의 값이 비싸지 않다.〔刀輕則糴不貴〕"라고 하였다.

41-60-2 **說在仮其賈**[107]라

---

106) 唱和同患 說在功 : ≪墨子今注今譯≫에서는 "범죄 과정 중의 사주한 자와 사주를 받은 자는 모두 같은 罪가 있으니, 논증의 이유는 그들 쌍방의 행위가 모두 실제적 功效(효과)를 발생시킨다는 데 있다."라고 하였다.

107) 買無貴 說在仮其賈 : ≪墨子今注今譯≫에서는 "상품의 가격에 절대적 貴賤은 없으니, 논증

그 값이 변하는 사실로 설명할 수 있다.

畢云 仮은 反字異文이니 下仿此라하다 詒讓案 集韻二十阮에 反은 或作仮이라하다 說文 辵部에 返重文作彶이라하고 云 春秋傳返從彳(척)이라하다 仮蓋彶之異文이어늘 假借爲反字라 張云 反은 變也라하다

畢沅 : '仮'은 '反'자의 異體字이니 아래도 이와 같다.

詒讓案 : ≪集韻≫ 20 阮韻에 "'反'은 '仮'으로 쓰기도 한다."라고 하였다. ≪說文解字≫ 辵部에 "'返'의 다른 異體字는 '彶'으로 쓴다."라고 하고 "≪春秋傳≫에 '返'은 '彳'을 부수로 한다."라고 하였다. '仮'은 대체로 '彶'의 이체자인데, 假借하여 '反'자가 된 듯하다.

張惠言 : '反'은 變(변함)이다.

41-61-1 **聞所不知若所知**하면 **則兩知之**니 **說在告**[108)]라

모르고 있는 것을 알고 있는 것처럼 듣게 된다면 둘을 다 알게 되니, 告(알려줌)로 설명할 수 있다.

張云 不知者를 人告之卽知라하다

張惠言 : 모르고 있는 것을 남이 알려 주면 바로 알게 된다.

41-62-1 **賈宜則讎**니

가격이 적절하면 팔리니,

謂議其賈直(치)所宜라 經說上云 賈宜에 貴賤也[109)]라 畢云 售(수)字古只作讎러니 後省(생)이라 前漢書高帝紀에 云 高祖每酤(고)留飮에 酒讎數倍라한대 如淳[110)]曰 讎亦

의 이유는 상품의 가격이 화폐의 가치를 통해 뒤집어 볼 수 있다는 데 있다."라고 하였다.

108) 聞所不知若所知……說在告 : ≪墨子今注今譯≫에서는 "다른 사람이 내가 모르고 있는 것과 알고 있는 것을 함께 말해 주는 것을 들으면 모르고 있는 것과 알고 있는 것 두 방면을 모두 알게 되니, 논증의 이유는 이것이 다른 사람이 알려준 지식을 중간의 고리로 삼아 추론해 낸 지식이라는 데 있다."라고 하였다.

109) 經說上云……貴賤也 : 〈經說 上〉 41-62-1~2에 나온다.

售也라하다

그 가격의 적절함을 따진다는 말이다. 〈經說 上〉에 "가격이 적절한 것에서 貴賤(높고 낮음)을 〈안다.〉〔賈宜貴賤也〕"라고 하였다.

畢沅 : '售'자는 옛날에는 단지 '讎'로만 썼는데 뒤에 생략되었다. ≪漢書≫ 〈高帝紀〉에 "高祖가 술을 사서 머물러 마실 때마다 술이 몇 배로 팔렸다.〔高祖每酤留飮 酒讎數倍〕"라고 하였는데, 如淳이 "'讎' 또한 '售'이다."라고 하였다.

漢 高祖

41-62-2 **說在盡**[111]이라

盡(물건을 다 파는 경우)으로 설명할 수 있다.

盡猶適足이라 言無所絀이라

'盡'은 適足(알맞게 충족함)과 같다. 손해나는 바가 없다는 말이다.

41-63-1 **以言爲盡誖**는

말을 모두 그르다고 여기는 것은

句라

여기에서 句를 뗀다.

41-63-2 **誖**니

그르니,

110) 如淳 : 생몰년 미상. 삼국시대 魏나라 馮翊 사람으로 陳郡丞을 역임하였으며, ≪漢書≫를 주석하였다.

111) 賈宜則讎 說在盡 : ≪墨子今注今譯≫에서는 "상품 가격이 적절하면 교역이 성공할 수 있으니, 논증의 이유는 구입자가 상품을 사고 싶어하지 않는 욕망이 완전히 제거되었는가의 여부에 있다."라고 하였다.

謂人言有是非하니 概斥(척)其非는 亦非也라

사람의 말에는 옳고 그름이 있으니 그것이 그릇되다고 일률적으로 배척하는 것 또한 그르다는 말이다.

41-63-3 說在其言[112)]이라

그 말로 설명할 수 있다.

在其二字舊本到한데 今據道藏本吳鈔本乙이라 言當辨其言之可否라 張云 言無盡誖者라하다

'在其' 2자는 舊本에 도치되어 있는데, 지금 道藏本, 吳鈔本에 의거하여 바로잡는다. 마땅히 그 말의 可否를 변별해야 한다는 말이다.

張惠言 : 말이 다 그릇된 것은 없다.

41-64-1 無說而懼는 說在弗(心)〔必〕[113)]이라

이유 없이 두려워하는 문제는 期必할 수 없음으로 설명할 수 있다.

張云 弗心은 不自信이라하다 案 張說非是라 心當作必이니 安危不可必이라 故懼라 說云 在軍不必其死生이요 聞戰亦不必其生이언만 前也不懼하고 今也懼[114)]라하니 是其證이라

張惠言 : '弗心'은 자신하지 못함이다.

案 : 張惠言의 說은 맞지 않다. '心'은 마땅히 '必'이 되어야 하니, 安危를 期必할 수 없으므로 두려워하는 것이다. 〈經說 下〉에 "군대에 있다고 해서 반드시 죽고 사는 것은 아

112) 以言爲盡誖……說在其言 : ≪墨子今注今譯≫에서는 "주어진 言論이 모두 거짓이라고 여기는 것은 스스로 모순되니, 논증의 이유는 주어진 言論이 모두 거짓이라고 여긴다는 이 命題 자체를 분석하는 데 있다."라고 하였다.

113) 無說而懼 說在弗(心)〔必〕 : ≪墨子今注今譯≫에서는 孫詒讓의 교감을 따라 "충분한 이유를 설명함이 없이 두려워하니, 논증의 이유는 必然性이 결여되어 있다는 데 있다."라고 하였다.

114) 聞戰亦不必其生……今也懼 : 孫詒讓은 〈經說 下〉에서 '其生'은 '其死生'으로, '今也懼'는 '今也必懼'로 교감하였다.

니며, 전투를 들었다고 해서 반드시 죽고 사는 것은 아니건만, 앞에서는 두려워하지 않고, 지금은 반드시 두려워한다.〔在軍不必其死生 聞戰亦不必其生 前也不懼 今也懼〕"라고 하였으니, 이것이 그 증거이다.

41-65-1 **唯吾謂**인댄

내가 말하는 것에 응낙하게 하려면

句라

여기에서 句를 뗀다.

41-65-2 **非名也則不可**하니 **說在仮**[115)]이라

正名이 아니면 안 되니, 仮(반대함)으로 설명할 수 있다.

唯는 **舊本作惟**한대 **今據吳鈔本正**이라 **說文口部**에 **云 唯**는 **諾也**라하고 **言部**에 **云 諾**은 **譍也**라하다 **禮記玉藻**에 **云 父命呼**어시든 **唯而不諾**이라한대 **孔疏云 唯恭於諾也**라하다 **呂氏春秋圜道篇**에 **云 唯而聽**에 **唯止**라하다 **唯吾謂**는 **言吾謂而彼應之**라 **若非其正名**이면 **則吾謂而彼將不唯**라 **故不可也**라 **與上文唯是**[116)]**文義正相對**라 **仮亦與反同**하니 **反謂卻之不應也**라 **莊子寓言篇**에 **云 與己同則應**하고 **不與己同則反**이라하다 **孟子公孫丑篇**에 **云 惡聲至必反之**라한대 **趙注云 以惡聲加己**어든 **己必惡聲報之**라하니 **亦此義**라 **詳經說下**라

'唯'는 舊本에는 '惟'로 되어 있는데, 지금 吳鈔本에 의거하여 바로잡는다. ≪說文解字≫ 口部에 "'唯'는 諾(응낙)이다."라고 하고 〈言部〉에 "'諾'은 譍(대답함)이다."라고 하였다. ≪禮記≫ 〈玉藻〉에 "아버지가 명하여 부르시거든 빨리 대답하고 느리게 대답하지 않는다〔父命呼 唯而不諾〕"라고 하였는데, 孔穎達의 疏에 "'唯'는 '諾'보다 공손하다."라고 하였다. ≪呂氏春秋≫ 〈圜道〉

---

115) 唯吾謂……說在仮 : ≪墨子今注今譯≫에서는 沈有鼎의 설을 따라 '名'을 '私名'으로 보고 "'단지 내가 설명하는 명칭은 내가 설명하는 실제를 지칭하는 것이라고만 승인해야 정확한 것이다.'라는 이러한 논점은 만약 私名만 가리키는 것이 아니라면 성립할 수 없으니, 논증의 이유는 명칭의 단일성과 보편성에 대해 양방면에서 고찰해야 한다는 데 있다."라고 하였다.

116) 上文唯是 : 本篇 41-24-2에서 '說在俱一惟是'라고 한 것을 말한다.

편에 "대답하고 나서 들을 때에는 대답이 그친다.〔唯而聽 唯止〕"라고 하였다. '唯吾謂'는 내가 말하면 그가 응답한다는 말이다. 만약 그 바른 이름이 아니면 내가 말하더라도 그가 장차 대답하지 않기 때문에 不可한 것이다. 위의 글의 '唯是'와 글뜻이 정확히 서로 대가 된다. '仮'은 역시 '反'과 같으니, 反은 물리치고 응하지 않는다는 말이다. ≪莊子≫ 〈寓言〉편에 "자신과 같으면 응하고 자신과 같지 않으면 반대한다.〔與己同則應 不與己同則反〕"라고 하고, ≪孟子≫ 〈公孫丑〉편에 "험담하는 소리가 이르면 반드시 갚았다.〔惡聲至 必反之〕"라고 하였는데, 趙技의 注에 "험담하는 소리가 자신에게 닥치면 자신이 반드시 험담하는 소리로 갚는다.〔以惡聲加己 己必惡聲報之〕"라고 하였으니 역시 이 뜻이다. 〈經說 下〉에 자세히 설명하였다.

41-66-1 **或**(역)은 **過名也**니 **說在實**[117]이라

或(역)은 지나간 뒤에 붙여진 名이니, 實로 설명할 수 있다.

或은 **域正字**라 **過名**은 **謂過之而成是名**이라 **若過北而成南**하고 **過南而成北**이니 **說云 然而謂此南北**하고 **過而以已**[118]**爲然是也**라 **實**은 **謂方域有定**이니 **與方名無定文相對**라 **莊子庚桑楚篇**에 **說宇爲有實而無乎處**라하니 **域與宇同**이라 **故經下又云 宇或徙**[119]라하다

'或'은 '域'의 正字이다. '過名'은 그곳을 지나가고서 이 名(이름)을 이룬다는 말이다. 이를테면 북쪽을 지나가고서 남쪽이라는 〈이름을〉 이루고 남쪽을 지나가고서 북쪽이라는 〈이름을〉 이루는 것과 같다. 〈經說 下〉에 "그런데도 이곳을 남쪽이라 하고 북쪽이라 하며 지나가고서 이미 지나온 곳을 그렇게 여긴다.〔然而謂此南北 過而以已爲然〕"라고 한 것이 이것이다. '實'은 '方域有定(方位의 공간은 일정함이 있음)'을 이르니, '方名無定(方位의 명칭은 일정함이 없음)'과 글이 서로 대가 된다. ≪莊子≫ 〈庚桑楚〉편에 宇를 '有實而無乎處(실제로 존재하지만 머무는 곳이 없음)'라고 설명하였으니, '域'과 '宇'는 같다. 그래서 〈經 下〉에 또 "宇或(공간, 구역)은 옮겨간다.〔宇或徙〕"라고 하였다.

---

117) 或(역)……說在實 : ≪墨子今注今譯≫에서는 '或'을 '域'으로 보지 않고 "간혹 명칭은 때가 지나버릴 수 있으니, 논증의 이유는 사물의 실제 상황이 이미 변화되기 시작하였다는 데 있다."라고 하였다.

118) 已 : 底本의 傍注에 "'已'는 원래 '此'로 잘못 되어 있으나, 本書 〈經說 下〉에 의거하여 고친다.〔已 原誤此 據本書經說下改〕"라고 하였다.

119) 經下又云 宇或徙 : 本篇 41-26-1에 보인다.

41-67-1 **無窮不害兼**하니

(공간의) 무궁함은 兼愛하는 데 문제되지 않으니,

張云 人雖無窮이나 不害兼愛라하다

張惠言 : 사람이 비록 무궁하더라도 兼愛하는 데 문제되지 않는다.

41-67-2 **說在盈否知**[120)]라

가득 차 있는지 여부를 아는 것으로 설명할 수 있다.

卽說人盈無窮不盈無窮之義라 張云 知人之盈與否라 盈은 多也라 否는 不盈이니 少也라

바로 사람들이 무궁한 곳을 가득 채우고 있거나 무궁한 곳을 가득 채우지 못하고 있다는 〈모순 논증의〉 뜻을 설명하였다.

張惠言 : 사람들이 가득 차 있는지 여부를 아는 것이다. '盈(가득 참)'은 많음이다. '否'는 '不盈'이니 적음이다.

41-68-1 **知之否之**가 **足用也**는 (諄)〔誖〕이니

아는 것을 부정하는 것이 족히 쓸 만하다고 하는 것은 잘못이니,

張云 諄宜爲誖라 知之否之는 不知也라 不知則無以論이어늘 乃以爲足用이면 是誖也라하다

張惠言 : '諄'은 의당 '誖'가 되어야 한다. '知之否之'는 알지 못함이다. 알지 못하면 논할 것이 없는데도 도리어 족히 쓸 만하다고 여기면 이는 잘못이다.

41-68-2 **說在無以也**[121)]라

---

120) 無窮不害兼 說在盈否知 : 《墨子今注今譯》에서는 '知'를 떼어 아래 41-68-1에 붙이고 "공간과 사람 숫자의 무궁함은 모두 兼愛를 방해하지 않으니, 논증의 이유는 사람들이 공간에 가득 차 있는지 여부에 있다."라고 하였다.

121) 知之否之……說在無以也 : 《墨子今注今譯》에서는 위의 41-67-2의 '知'자를 이곳에 붙이고 "'자신이 알고 있음과 자신이 모르고 있음을 아는 것, 이것이면 충분히 쓸 만하다.'는 논

〈논할〉 방법이 없다는 것으로 설명할 수 있다.

吳鈔本以作已라 案說作以하니 已以字同이라

吳鈔本에는 '以'가 '已'로 되어 있다.

案 : 〈經說 下〉에는 '以'로 되어 있으니, '已'와 '以'자는 같다.

41-69-1 不知其數而知其盡也니 說在(明)〔問〕者[122]라

그 수를 알지 못하면서도 지극히 다할 줄 아니, 묻는 자로 설명할 수 있다.

張云 不知天下人之數로되 而可以知愛之盡은 以其明之라하다 案 張說未塙이라 此明疑當作問이라 說云 盡問人이면 則盡愛其所問이라하니 卽其義라

張惠言 : 천하 사람의 수를 알지 못하면서도 사랑을 다할 줄 알 수 있음은 그것을 밝혔기 때문이다.

案 : 張惠言의 說은 확실하지 않다. 이 대목의 '明'은 아마도 '問'이 되어야 할 듯하다. 〈經說 下〉에 "사람을 다 물으면 그 물은 바를 다 사랑할 수 있다.〔盡問人 則盡愛其所問〕"라고 하였으니 바로 그 뜻이다.

41-70-1 謂辯無勝은 必不當이니

論辯에 이김이 없다고 하는 것은 반드시 타당하지 않으니,

張云 辯必有勝하니 謂辯無勝者必其辯不當이라 故當反求其辯也라하다

張惠言 : 論辯에는 반드시 이김이 있으니, '논변에 이김이 없다고 하는 것〔謂辯無勝〕'의 경우 반드시 그 논변이 타당하지 않다. 그러므로 마땅히 그 논변의 〈성격을〉 돌이켜 찾아야 한다.

점은 스스로 모순되니, 논증의 이유는 이러한 설명이 意義가 없는 것이라는 데 있다."라고 하였다.

122) 不知其數而知其盡也 說在(明)〔問〕者 : ≪墨子今注今譯≫에서는 孫詒讓의 校勘을 따라 "사람의 수량을 알지 못하더라도 또한 주어진 사람을 충분히 다 사랑할 줄 알 수 있으니, 논증의 관건은 상대방의 문제 자체를 분석하는 데 있다."라고 하였다.

41-70-2 **說在辯**[123)]이라

辯論 자체로 설명할 수 있다.

41-71-1 **不知其所處**라도 **不害愛之**니 **說在喪子者**라

그 있는 곳을 알지 못하더라도 사랑하는 데 문제되지 않으니, 자식을 잃은 자의 경우로 설명할 수 있다.

吳鈔本作有한대 非라 經說下無說이라 張云 不知天下民之所處라도 而愛可及之라 喪은 失也니 失子者不知子之所在라도 不害愛子라하다

〈'者'는〉 吳鈔本에 '有'로 되어 있는데, 잘못이다. 〈經說 下〉에는 〈이 대목에 대한〉 說이 없다.

張惠言 : 천하 백성들이 있는 곳을 알지 못하더라도 사랑이 미칠 수 있다. '喪'은 失(잃음)이니 자식을 잃은 자는 자식이 있는 곳을 알지 못하더라도 자식을 사랑하는 데 문제되지 않는다.

41-72-1 **無不讓也**는 **不可**하니 **說在(始)〔殆〕**[124)]라

사양하지 않음이 없는 것은 不可하니, 殆(서로 엇비슷한 경우)로 설명할 수 있다.

張云 辯不必讓이요 當審其始라하다 案 說無辯義하니 張說不足據라 始疑當作殆라 詳經說下라

張惠言 : 論辯은 굳이 양보할 필요가 없고 마땅히 그 처음〔始〕을 살펴야 한다.

---

123) 謂辯無勝……說在辯 : ≪墨子今注今譯≫에서는 "論辯에는 말할 만한 승부가 없다고 말하는 것은 분명히 합당하지 않은 것이니, 논증의 이유는 결국 무엇을 論辯이라 부르는지에 있다."라고 하였다.

124) 無不讓也……說在(始)〔殆〕 : 孫詒讓은 〈經說〉의 注에서 "무릇 서로 가까워 사양하지 않는 것을 殆라고 한다.〔凡相近而不讓謂之殆〕"라고 하였다. 한편, ≪墨子今注今譯≫에서는 高亨의 校勘에 의거하여 '始'를 '酟'로 고치고 "사양하지 않는 일이 없다는 논제는 성립할 수 없으니, 논증의 이유는 손님을 청하여 식사할 때 술을 사는 일은 양보할 수 없다는 데 있다."라고 하였다.

案 : 〈經說〉에는 '辯'에 대한 뜻이 없으니, 張惠言의 說은 족히 의거할 것이 못 된다. '始'는 아마도 '殆'가 되어야 할 듯하다. 〈經說 下〉에 자세히 설명하였다.

41-73-1 **仁義之爲內外也**는 (內)〔非〕니

仁과 義가 안팎을 이룬다는 것은 잘못이니,

內外舊本到한대 **今據吳鈔本乙**이라 **末內字誤**니 **疑當爲非**라 **張云 此與告子之徒辯義外也**[125)]라하다

'內外'는 舊本에 도치되어 있는데, 지금 吳鈔本에 의거하여 바로잡는다. 끝의 '內'자는 잘못이니, 아마도 '非'가 되어야 할 듯하다.

張惠言 : 이 대목은 告子의 門徒들과 '義外'를 변론한 것이다.

41-73-2 **說在**(仵顏)〔詬侼〕[126)]라

詬侼(혼란스러운 列擧)로 설명할 수 있다.

說無此義라 **畢讀在**仵**句絕**하고 **云 此亦未詳其義**라하다 **張云 玉篇云** 仵는 **古吳切**이니 **偶敵也**라하다 **詒讓案** 仵**顏疑當作**詬侼라 **呂氏春秋明理篇**에 **云 其民**詬詐**百疾**이라한대 **高注云** 詬**猶大**요 詐는 **逆也**[127)]라하다 **作**詐**字通**하니 **詳前**[128)]이라 詬**顏形近而誤**요 **傳寫又到其文**하여 **遂不可通耳**라 詬侼는 **即說所云狂擧**[129)]**也**라 **又疑此當作**仵觭하니 **即莊**

---

125) 此與告子之徒辯義外也 : 告子는 孟子와 仁義의 원천을 놓고 논쟁하며 仁은 마음 속에 있고 義는 외부적인 작용에 따른다는 仁內義外說을 주장하였으므로 여기서 告子를 말한 것이다. 이에 대한 孟子의 주장은 〈公孫丑 上〉과 〈告子 上〉을 참고할 수 있다.

126) 仁義之爲內外也……說在(仵顏)〔詬侼〕 : ≪墨子今注今譯≫에서는 沈有鼎의 校勘에 의거하여 뒤의 '內'자를 '悖'자로 고치고 "仁을 내재적 사물이라 간주하고 義를 외재적 사물이라 간주하는 것은 모순되고 혼란스러운 것이니, 논증의 이유는 이것이 사람의 얼굴에 있는 器官들의 작용을 혼란스럽게 함에 상당하다는 데 있다."라고 하였다.

127) 呂氏春秋明理篇……逆也 : ≪呂氏春秋≫ 〈季夏紀 明理〉에는 "무릇 난세의 백성들은 節度가 없어 온갖 怪疾을 크게 만난다.〔夫亂世之民 長短詬詐百疾〕"로 되어 있고, 그 주에 나오는 '逆'은 '迎'으로 되어 있다.

128) 詳前 : 本篇 41-38-2에 보이는 '仵'에 대한 설명을 가리킨다.

子天下篇所謂觭偶不仵也니 觭誤作顔이라 經說下篇觭倍[130]之觭作觰(기)한대 與此正相類라 仵觭亦抵牾不合之意라

〈經說 下〉에는 이 대목에 대한 뜻이 없다. 畢沅은 '在仵'에서 句를 끊어 읽으면서 "이 대목 역시 그 뜻을 알 수 없다."라고 하였다.

張惠言 : ≪玉篇≫에 "'仵'는 '古'와 '吳'의 反切이니 偶敵(대등한 상대)이다."라고 하였다.

詒讓案 : '仵顔'은 아마도 '頡仵'가 되어야 할 듯하다. ≪呂氏春秋≫ 〈明理〉편에 "그 백성들은 온갖 怪疾을 크게 만나다.〔其民頡啎百疾〕"라고 하였는데, 高誘의 注에 "'頡'은 大(큼)이고, '啎'는 逆(맞이함)이다."라고 하였다. '仵'와 '啎'는 글자가 통용되니, 앞에 자세히 설명하였다. '頡'과 '顔'은 字形이 비슷하여 잘못 되고 옮겨 쓰다가 또 그 글자를 도치하여 마침내 통하지 못하게 되었을 뿐이다. '頡仵'는 바로 〈經說〉에서 말한 '狂擧'이다. 아니면 또 이 대목은 '仵觭'가 되어야 할 듯하니, 바로 ≪莊子≫ 〈天下〉편에 말한 '觭偶不仵(奇數와 偶數처럼 짝이 맞지 않고 어긋남)'로, '觭'가 잘못 되어 '顔'이 된 것이다. 〈經說 下〉편에 '觭倍'의 '觭'가 '觰'로 되어 있는데 이 대목과 정확히 서로 비슷하다. '仵觭'는 또한 어긋나서 부합하지 않는다〔抵牾不合〕는 뜻이다.

41-74-1 於一有知焉하고 有不知焉하니 說在存[131]이라

〈돌이라는 실체〉 하나에 대해 앎이 있기도 하고 알지 못함이 있기도 하니, 〈돌에〉 있는 속성들로 설명할 수 있다.

說云 於石一也요 堅白二也나 而在石이라하다 此云存은 卽在石之義라 謂堅白在石之中하여 視之知其白而不知其堅하고 拊之知其堅而不知其白이라 義具公孫龍子堅白論篇이요 說詳經說下라 或云 存疑當作石이라하니 亦通이라

---

129) 說所云狂擧 : 本篇 41-54-1에 보인다.

130) 經說下篇觭倍 : 〈經說 下〉에 '爲握者之觰倍 非智之任也'라고 하였는데, 그 주에 '觭'는 1이고 '倍'는 2로, '觭偶'와 뜻이 같다고 하였다.

131) 於一有知焉……說在存 : ≪墨子今注今譯≫에서는 "하나의 사물에는 여러 종류의 다른 성질이 있는데 사람은 어떤 상황 속에서 그 성질에 대해 아는 경우도 있고 모르는 경우도 있다. 하지만 이러한 성질은 사물 자체에 존재하고 있는 것이다."라고 하였다.

〈經說 下〉에 "돌이란 측면에서는 하나이고 단단함〔堅〕과 흰색〔白〕이란 측면에서는 둘이지만 돌에 있다.〔於石一也 堅白二也 而在石〕"라고 하였다. 여기서 '存'이라고 한 것은 바로 '在石'의 뜻이다. 堅과 白이라는 속성은 돌 속에 있어 그것을 볼 때 희다는 것은 알지만 그 단단하다는 것은 모르고, 그것을 만질 때 단단하다는 것은 알지만 희다는 것은 모른다는 말이다. 이에 대한 뜻은 ≪公孫龍子≫ 〈堅白論〉편에 자세히 수록되어 있고 〈經說 下〉에 이에 대한 說이 자세하다. 어떤 이는 "'存'은 아마도 '石'이 되어야 할 듯하다."라고 하였는데, 역시 뜻이 통한다.

41-75-1 學之〔無〕益也하니 說在(誹)〔誖〕者[132]라

배우는 것이 무익하다고 하니, 誖(어그러짐, 모순)로 설명할 수 있다.

張云 誹는 非也니 誹學之人이라하다 案 說無誹義하니 張說未塙이라 此疑當作學之無益也니 說在誖者라 言庰(척)學爲無益은 於論爲誖也라 此脫一無字하고 而誖又涉下文而誤爲誹하여 遂不可通이라

張惠言 : '誹'는 非(그릇됨)이니, 학문을 비난하는 사람이다.

案 : 〈經說 下〉에는 '誹'에 대한 뜻이 없으니, 張惠言의 說은 확실하지 않다. 이 대목은 아마도 '學之無益也 說在誖者'로 되어야 할 듯하다. 학문을 배척하여 無益하다 하는 것은 논의에 있어 어그러진다는 말이다. 이 대목은 '無' 한 글자가 빠지고 '誖'도 아래 글과 연관되어 잘못 '誹'가 되어 마침내 뜻이 통하지 못하게 되었다.

41-76-1 有指於二하면 而不可逃니

둘에 대해 가리킴이 있으면 벗어나지 못하니,

謂指一得二하면 無所逃也라

하나를 가리켜 둘을 얻으면 벗어날 곳이 없다는 말이다.

---

132) 學之〔無〕益也 說在(誹)〔誖〕者 : ≪墨子今注今譯≫에서는 字句 校勘 없이 원문을 그대로 보면서 "학습은 유익한 점이 있다는 것, 이 命題를 논증하는 이유는 이 命題를 반대하는 사람이 필연적으로 스스로 모순에 빠진다는 데 있다."라고 하였다.

41-76-2 說在以二(絫(루))〔參〕[133]이라

둘과 셋으로 하는 것으로 설명할 수 있다.

畢云 說文云 絫는 **增也**니 **從厽**(루)**從糸**라 **絫**는 **十黍之重也**라하다 **漢書注**에 **孟康曰 絫音(累)絫**[134]라 **師古**[135]**曰 絫**는 **孟康音來戈反**한대 **此字讀亦音纍紲**(루설)**之纍**라하다 **楊云 絫**는 **經說作參**이라하다 **張云 絫當爲參**이라 **或兼指**하고 **或參指**라하다 **案 張說是也**라 **二參卽二三**이라 **廣雅釋言**에 **云 參**은 **三也**라하다 **說云 若智之**면 **則當指之智告我**니 **則我智之**라 **兼指之**는 **以二也**라 **衡指之**면 **參直之也**라하다

畢沅 : ≪說文解字≫에 "絫는 增(더함)이니 '厽'와 '糸'로 구성되었다. 絫는 黍(기장) 10개의 무게이다."라고 하였다. ≪漢書≫의 注에 "孟康이 '絫는 音이 絫(려)이다.'라고 하였고, 顔師古가 '絫는 孟康이 音이 「來」와 「戈」의 反切이라 하였는데, 이 글자는 읽을 때 역시 음이 「纍紲」의 「纍」이다.'라고 하였다."라고 하였다.

楊葆彝 : '絫'는 〈經說〉에 '參'으로 되어 있다.

張惠言 : '絫'는 마땅히 '參'이 되어야 한다. 혹 둘로 가리키기도 하고 혹 셋으로 가리키기도 한다.

案 : 張惠言의 說이 맞다. '二參'은 바로 '二三'이다. ≪廣雅≫ 〈釋言〉에 "'參'은 三이다."라고 하였다. 〈經說 下〉에 "만약 알면 응당 아는 것을 가리켜 나에게 말해 주어야 할 것이니, 그러면 내가 알 것이다. 겸하여 가리키는 것은 둘로써 하는 것이고 종횡으로 가리키면 셋이 만나게 된다.〔若智之 則當指之智告我 則我智之 兼指之 以二也 衡指之 參直之也〕"라

---

133) 有指於二……說在以二(絫(루))〔參〕 : ≪墨子今注今譯≫에서는 〈經說〉을 따라 '絫'를 '參'으로 고치되, 參與·參加의 뜻으로 보고 "두 사람이 있다고 가정하여 사물의 두 가지 다른 성질을 동시에 가리킨다고 하자. 그러면 이 두 가지 다른 성질은 동시에 사람에게 파악될 수 있어 도망갈 곳이 없으니, 논증의 이유는 두 사람이 있음을 가정하여 동시에 인식활동에 참여하는 데 있다."라고 하였다.

134) (累)絫 : 底本의 傍注에 "살펴보건대, 畢沅이 인용한 ≪漢書≫의 注는 ≪漢書≫ 〈律曆志 上〉에 보인다. 宋代 景祐 연간 판본 ≪漢書≫의 이 注에는 '音絫'로 되어 있으니, 맞다. '累'자는 잘못 들어간 글자이다.〔按 畢引漢書注見漢書律曆志上 宋景祐本漢書此注作音絫 是 累字爲衍文〕"라고 하였다. 이에 의거하여 '累'를 衍字로 처리하였다.

135) 師古 : 顔師古(581~645)로, 唐나라 京兆 萬年 사람이다. 字는 師古, 名은 籀, 시호는 戴로, 經學과 文字學에 정통하였다. 저서에 ≪漢書序≫, ≪急就章注≫, ≪匡謬正俗≫이 있다.

고 하였다.

41-77-1 **誹之可否**는 **不以衆寡**니

비판이 옳은가 그른가는 많고 적음에 좌우되지 않으니,

卽說云多誹少誹라

바로 〈經說 下〉에서 '多誹(비판을 많이 함)', '少誹(비판을 적게 함)'라고 한 것이다.

41-77-2 **說在可非**[136]라

비판할 만함으로 설명할 수 있다.

句라

여기에서 句를 뗀다.

41-78-1 **所知而弗能指**는 **說在春也逃臣狗犬(貴)〔遺〕者**[137]라

알고 있는 바이면서도 가리켜 말할 수 없는 경우는 봄, 도망친 신하, 狗와 犬, 잃어버린 물건으로 설명할 수 있다.

春字誤니 **說同**이라 **未詳**이라 **楊云 貴**는 **經說作遺**라하다 **張云 貴當爲遺**라하다 **案 張校是也**니 **當據正**이라

'春'자는 誤字이니, 〈經說 下〉도 같다. 알 수 없다.
楊葆彝 : '貴'는 〈經說〉에 '遺'로 되어 있다.

---

136) 誹之可否……說在可非 : ≪墨子今注今譯≫에서는 "비평의 정확함 여부를 토론할 때 비평의 多少를 표준으로 삼지 않으니, 논증의 이유는 비평을 받는 자가 비평할 만한 점이 확실히 있는지 여부에 있다."라고 하였다.

137) 所知而弗能指 說在春也逃臣狗犬(貴)〔遺〕者 : ≪墨子今注今譯≫에서는 孫詒讓의 교감을 따르되 沈有鼎의 說을 따라 '春'을 계집종으로 보고, "우리들이 알고 있는 것들인데도 손가락을 써서 가리켜 말할 수 없는 것은, 예를 들면 죽어버린 계집종, 도망간 신하, 狗와 犬 두 語辭의 정의, 유실되어 볼 수 없는 보물 같은 것이다.

張惠言 : '貴'는 마땅히 '遺'가 되어야 한다.

案 : 張惠言의 校勘이 맞으니 이에 의거하여 바로잡아야 한다.

41-79-1 **非誹者(諄)〔誖〕**니 **說在弗非**[138]라

비판을 그르다고 하는 자는 모순되니, 그르지 않음으로 설명할 수 있다.

張云 諄當爲誖니 **誹皆當**이면 **則非誹者**誖라 **案 張說是也**라 **弗非**는 **卽當理之謂**라

張惠言 : '諄'은 마땅히 '誖'가 되어야 하니 비판이 모두 타당하면 비판을 그르다고 하는 자가 모순된다.

案 : 張惠言의 說이 맞다. '弗非'는 바로 이치에 타당하다는 말이다.

41-80-1 **知狗而自謂不知犬**하면

강아지는 알면서도 스스로 개는 알지 못한다고 한다면

句라

여기에서 句를 뗀다.

41-80-2 **過也**니 **說在重**[139]이라

잘못이니, 重(重同)으로 설명할 수 있다.

亦卽重同之義니 **詳前**[140]이라 **張云 知而又知**가 **是謂重知**라하다 **兪云 畢讀說在重物爲**

---

138) 非誹者(諄)〔誖〕 說在弗非 : ≪墨子今注今譯≫에서는 "'일체의 비평을 반대한다'는 이 하나의 논점을 제출하는 사람은 필연적으로 스스로 모순에 빠지게 되니, 논증의 이유는 비평이 반대해서는 안 되는 것이라는 데 있다."라고 하였다.

139) 知狗而自謂不知犬……說在重 : ≪墨子今注今譯≫에서는 "일정한 意義의 측면에서 말하자면, 狗를 알면서 자신이 犬을 알지 못한다고 하는 것은 잘못된 것이니, 논증의 이유는 狗와 犬이 重名(同名)이라는 데 있다."라고 하였다.

140) 亦卽重同之義 詳前 : 本篇 41-29-1~3에 보인다. '重同'은 〈經說 上〉에 "名이 둘인데 實이 하나인 것이 重同이다."라고 하였다.

句[141)]하니 非也라 上文云 狗는 犬也로되 而殺狗非殺犬也가 可하니 說在重이라한대 文義與此相近이라 然則此文亦當以說在重斷句矣라

또한 바로 重同의 뜻이니 앞에 자세히 설명하였다.

張惠言 : 알면서 다시 아는 것, 이것을 일러 重知라고 한다.

兪樾 : 畢沅은 '說在重物'로 句를 떼어 읽었는데, 잘못이다. 위의 글(41-29-1~3)에 "狗는 犬이지만 狗를 죽이는 것이 犬을 죽이는 것이 아니라는 것이 가능하니, 重(重同)으로 설명할 수 있다.〔狗 犬也 而殺狗非殺犬也 可 說在重〕"라고 하였는데, 글 뜻이 이 대목과 서로 비슷하다. 그렇다면 이 문장 역시 마땅히 '說在重'으로 句를 끊어야 한다.

41-81-1 物甚不甚하니

사물에는 심한 것과 심하지 않은 것이 있으니,

舊本作物箕不甚이라 張云 箕疑當爲莫이라하다 兪云 疑當作物甚不甚이니 言有甚有不甚也라 甚誤作其하고 又誤爲箕耳라하다 案 兪說是也요 楊校同하니 今據正이라 吳鈔本甚作順하니 尤誤라

舊本에는 '物箕不甚'으로 되어 있다.

張惠言 : '箕'는 아마도 '莫'이 되어야 할 듯하다.

兪樾 : 아마도 '物甚不甚'이 되어야 할 듯하니, 심한 것이 있고 심하지 않은 것이 있다는 말이다. '甚'이 잘못되어 '其'로 되고 다시 잘못되어 '箕'가 된 것일 뿐이다.

案 : 兪樾의 說이 맞고, 楊葆彝의 校勘이 같으니, 지금 이에 의거하여 바로잡는다. 吳鈔本에 '甚'은 '順'으로 되어 있는데 더욱 잘못이다.

41-81-2 說在若是[142)]라

141) 畢讀說在重物爲句 : 바로 아래 대목인 41-81-1의 '物甚不甚'의 '物'을 여기에 붙여 읽었다는 말이다.

142) 物甚不甚 說在若是 : ≪墨子今注今譯≫에서는 "일정한 論辯의 범위 안에서 어떤 사물이 '얼마나 심한가', '얼마나 심하지 않은가'를 말하는 것은 다른 사물과 이 사물을 서로 비교하는 意義의 측면에서 말할 수 있다."라고 하였다.

若是(이와 같음, 비교)로 설명할 수 있다.

說云 莫長於是하고 莫短於是라하다

〈經說〉에 "이것보다 긴 것이 없고, 이것보다 짧은 것이 없다.〔莫長於是 莫短於是〕"라고 하였다.

41-82-1 **通意後對**니

〈상대방의〉 뜻을 이해한 뒤에야 대답하니,

張云 先通彼意하고 後乃對之라

張惠言 : 상대방의 뜻을 먼저 이해하고 그 뒤에야 비로소 대답한다.

41-82-2 **說在不知其誰謂也**[143)]라

그가 무엇을 말하는지 알 수 없다는 점으로 설명할 수 있다.

張云 否則不知其何謂라하다

張惠言 : 그렇지 않으면 그가 무엇을 말하는지 알 수 없다.

41-83-1 **取下以求上也**니 **說在澤**[144)]이라

아래를 취하여 위를 구하니, 澤(못)의 비유로 설명할 수 있다.

顧云 澤字句라하다 案 顧讀是也라 說云 取高下以善不善爲度인댄 不若山澤이라하다

顧廣圻 : '澤'자에서 句를 뗀다.

---

143) 通意後對 說在不知其誰謂也 : ≪墨子今注今譯≫에서는 "상대방의 의사를 통달하고서 다시 대답해야 하니, 논증의 이유는 이렇게 하지 않으면 상대방이 끝내 무엇을 말하고 있는지 알 수 없다는 데 있다."라고 하였다.

144) 取下以求上也 說在澤 : ≪墨子今注今譯≫에서는 "어떤 이(老子)가 낮은 자리에 처하는 수단을 採取해 써서 높은 자리에 처하는 목적을 구하여 얻는다고 하니, 논증의 이유는 水澤으로 비교하는 데 있다."라고 하였다.

案 : 顧廣圻의 讀法이 맞다. 〈經說 下〉에 "高下를 취할 때 좋음과 좋지 않음으로 척도를 삼는다면 산과 못의 對比만한 것이 없다.〔取高下以善不善爲度 不若山澤〕"라고 하였다.

41-84-1 是是與是同하니 **說在不州**[145)]라

옳지 않음은 옳음과 같으니, 否之(부정함)로 설명할 수 있다.

此有譌字요 **說亦難通**이라 **畢云 疑云不同**이라 **張云 州**는 **說作文**이라 **楊云 疑文之譌**라하다 **案 說不文似非卽此字**니 **張楊說非**라 **莊子寓言篇**에 **云 同於己爲是**라하니 **是或卽此義**라

이 대목에는 誤字가 있고 〈經說〉 역시 뜻이 통하기 어렵다.

畢沅 : 〈'不州'는〉 아마도 '不同'을 말한 듯하다.

張惠言 : '州'는 〈經說〉에 '文'으로 되어 있다.

楊葆彝 : 〈'州'는〉 '文'의 誤字인 듯하다.

案 : 〈經說 下〉의 '不文'은 바로 이 글자가 아닌 듯하니, 張惠言과 楊葆彝의 說은 잘못 본 것이다. ≪莊子≫ 〈寓言〉편에 "자기와 같으면 맞다고 여긴다.〔同於己爲是〕"라고 하였으니, '是'는 혹 바로 이 뜻일 듯도 하다.

---

145) 是是與是同 說在不州 : 이 대목은 孫詒讓이 해석을 확정하지 않았는데 해당 〈經說〉 원문과 孫詒讓의 注에 의거하여 '是是'는 '不是'로, '不州'는 '否之'로 보고 번역하였으나, 뜻이 통하지는 않는다. 한편, ≪墨子今注今譯≫에서는 高亨의 교감에 의거하여 '是是〔之是〕與是〔不是之是〕同 說在不殊'(殊는 ≪廣雅≫ 〈釋言〉의 '州 殊也'에 의거함)로 고치고 "현재 다음과 같은 두 가지 상황이 있다. 첫 번째 상황은, 현재 '是'인 것이 장래에도 '是'라는 것이다. 두 번째 상황은 현재 '是'인 것이 장래에 '不是'로 변한다는 것이다. 이 두 가지 상황 아래 현재에는 모두가 '是'라는 이 한 가지 점은 서로 같은 것이니, 논증의 이유는 이 두 가지 상황 아래 현재 모두 '是'라는 이 한 가지 점은 어떤 차별도 없다는 데 있다."라고 하였다. 참고로, 李元燮 譯註 ≪墨子≫에서는 '州'를 '異'로 보고 "참으로 옳은 것과 임시로 옳은 것과는 같은 경우가 있다. 이유는 다르지 않은 데 있다."라고 하였다.

經說 上 第四十二* 제42편 經說 상

*本篇은 〈經 上〉의 條文을 부연 설명하는 注釋이라 할 수 있다. 그래서 중국과 우리나라를 비롯한 각국의 譯註本들은 〈經〉의 각 조문에 해당하는 〈經說〉을 해당 〈經〉의 조문 뒤에 오려붙여 독자들이 一目瞭然하게 파악할 수 있도록 體制를 바꾸어 譯註하였다. 하지만 畢沅과 孫詒讓은 ≪墨子≫의 본래 체제를 수정하지 않고 〈經〉과 〈經說〉을 분리한 채로 수록하였으므로, 본 譯註本 역시 이를 따른다.

〈經說〉을 살펴보면, 각 항목의 맨 앞에 〈經〉의 맨 앞의 한 글자에서 여러 글자에 이르는 글자를 뽑아 내어 각 항목의 標識로 삼고 있는 바, 이를 標題字 혹은 標牒字라고 한다. 그 의도는 해당 글자로 〈經〉의 조문을 가리키기 위한 것이다. 本篇의 두 번째 항목 '體 若二之一 尺之端也'를 예로 들면, 여기서 '體'자는 본서 3책 〈經 上〉 40-3-1에 보이는 '體 分於兼也'라는 조문에 대한 해설이라는 의미의 標題字이고, 이하의 내용은 그 부연 설명이 된다. 하지만 실제 〈經說〉을 보면, 標題字 없이 설명하는 경우도 있고, 標題字만 있는 경우도 있으며('臥', '夢'), 〈經〉은 있는데 〈經說〉이 없는 경우도 있고, 〈經〉의 무슨 조문에 대한 〈經說〉인지 학자에 따라 의견이 일치하지 않기도 하는 등 독자들에게 혼동을 초래할 수 있다. 이에 우선 孫詒讓의 說에 의거하여 〈經 上〉과 〈經說 上〉을 대비한 표를 수록하여 독자의 이해를 돕고자 한다.(표제자가 중복되어 나타나는 경우 비고란에 ☆, ★, ●을 표시하였다.)

旁行句讀	經上 連番	經上 條文	經說上 連番	標題字	비고
1	40-1-1	故는 所得而後成也라	42-1-1~7	故	
50	40-2-1~2	止는 以久也라	42-50-1~5	止	
2	40-3-1	體는 分於兼也라	42-2-1~2	體	
51	40-4-1~2	必은 不已也라	42-51-1~3	必	
3	40-5-1	知는 材也라	42-3-1~4	知材	
52	40-6-1	平은 同高也라	42-52-1~2 42-53-1	同, 心中	☆
4	40-7-1~2	慮는 求也라	42-4-1~3	慮	

旁行句讀	經上 連番	經上 條文	經說上 連番	標題字	비고
53	40-8-1	同은 長以正相盡也라	42-52-1~2 42-53-1	同, 心中	☆
5	40-9-1	知는 接也라	42-5-1~3	知	
54	40-10-1	中은 同長也라	42-52-1~2 42-53-1	同, 心中	☆
6	40-11-1	(恕)〔智〕는 明也라	42-6-1~3	恕	
55	40-12-1	厚는 有所大也라	42-54-1~2	厚	
7	40-13-1	仁은 體愛也라	42-7-1~3	仁	
56	40-14-1~2	日中은 正南也라			無經說
8	40-15-1	義는 利也라	42-8-1~2	義	
57	40-16-1	直은 參也라			無經說
9	40-17-1	禮는 敬也라	42-9-1~4	禮	
58	40-18-1~2	圜은 一中同長也라	42-55-1~2	圜	
10	40-19-1	行은 爲也라	42-10-1~4	行	
59	40-20-1~2	方은 柱隅四讙也라	42-56-1~2	方	
11	40-21-1	實은 榮也라	42-11-1~3	實	
60	40-22-1	倍는 爲二也라	42-57-1~2	倍	
12	40-23-1	忠은 以爲利而(低)〔君〕也라	42-12-1~3	忠	
61	40-24-1	端은 體之無序而最前者也라	42-58-1~2	端	
13	40-25-1	孝는 利親也라	42-13-1~2	孝	
62	40-26-1	有閒은 中也라	42-59-1~2	有閒	
14	40-27-1	信은 言合於意也라	42-14-1~3	信	
63	40-28-1	閒은 不及旁也라	42-60-1~6	閒	
15	40-29-1	佴는 自(作)〔伳〕也라	42-15-1~2	佴	
64	40-30-1	(纑)〔櫨〕는 閒虛也라	42-61-1~2	(纑)〔櫨〕	
16	40-31-1~2	詴은 作嗛也라	42-16-1~3	詴	
65	40-32-1	盈은 莫不有也라	42-62-1~3	盈	
17	40-33-1	廉은 作非也라	42-17-1~3	(廉)〔慊〕	
66	40-34-1	堅白은 不相外也라	42-63-1~3	得二	
18	40-35-1	令은 不爲所作也라	42-18-1	(所)令	
67	40-36-1	攖은 相得也라	42-64-1~7	攖	
19	40-37-1	任은 士損己而益所爲也라	42-19-1~3	任	

旁行句讀	經上 連番	經上 條文	經說 上 連番	標題字	비고
68	40-38-1	(似)〔仳〕는 有以相攖하고 有不相攖也라	42-65-1~2	仳	
20	40-39-1	勇은 志之所以敢也라	42-20-1~3	勇	
69	40-40-1	次는 無閒而不(攖)〔相〕攖也라	42-66-1~2	次	
21	40-41-1	力은 刑之所以奮也라	42-21-1~3	力	
70	40-42-1	法은 所若而然也라	42-67-1~2	法	
22	40-43-1	生은 刑與知處也라	42-22-1~3	生	
71	40-44-1	佴는 所然也라	42-68-1	佴	
23	40-45-1	臥는 知無知也라	42-23-1	臥	
72	40-46-1	說은 所以明也라			無經說
24	40-47-1	夢은 臥而以爲然也라	42-24-1	夢	
73	40-48-1~2	(攸)〔彼〕不可는 兩不可也라	42-69-1~2	彼	
25	40-49-1~2	平은 知無欲惡也라	42-25-1~2	平	
74	40-50-1~3	辯은 爭彼也라 辯勝은 當也라	42-70-1~3	辯	
26	40-51-1	利는 所得而喜也라	42-26-1~2	利	
75	40-52-1~2	爲는 窮知而縣於欲也라	42-71-1~14	爲	
27	40-53-1	害는 所得而惡也라	42-27-1~2	害	
76	40-54-1~2	已는 成亡이라	42-72-1~4	已	
28	40-55-1	治는 求得也라	42-28-1~2	治	
77	40-56-1~2	使는 謂故라	42-73-1~4	使	
29	40-57-1	譽는 明美也라	42-29-1~3	譽之	
78	40-58-1~2	名은 達類私라	42-74-1~10	名	
30	40-59-1	誹는 明惡也라	42-30-1~2	誹	
79	40-60-1~2	謂는 移擧加라	42-75-1~5	(灑)〔鹿〕謂狗犬	非標題字
31	40-61-1	擧는 擬實也라	42-31-1~2	擧	
80	40-62-1	知는 聞說親이라	42-76-1~5	知	
81	40-63-1	名實合爲라	42-77-1~5	所以謂	
32	40-64-1	言은 出擧也라	42-32-1~3	故言也者	非標題字
82	40-65-1~2	聞은 傳親이라	42-78-1~4	聞	
33	40-66-1~2	且는 言然也라	42-33-1~3	且	
83	40-67-1	見은 體盡이라	42-79-1~2	見	

旁行句讀	經上 連番	經上 條文	經說 上 連番	標題字	비고
34	40-68-1~2	君臣(萌)〔氓〕은 通約也라	42-34-1~2	君	
84	40-69-1~2	合은 㐀宜必이라	42-80-1~10	(古)〔合〕	
35	40-70-1	功은 利民也라	42-35-1	功	
85	40-71-1	欲㐀權利요 且惡㐀權害라	42-81-1	(仗)〔權〕者	
36	40-72-1	賞은 上報下之功也라	42-36-1 42-38-1	賞	
86	40-73-1~2	爲는 存亡易蕩治化라	42-82-1~12	爲	
37	40-74-1	罪는 犯禁也라	42-37-1	罪	
87	40-75-1~2	同은 重體合類라	42-83-1~8	同	
38	40-76-1	罰은 上報下之罪也라	42-39-1~2	罰	
88	40-77-1~2	異는 二不體不合不類라	42-84-1~7	異	
39	40-78-1~2	同은 異而俱於之一也라	42-40-1~3	侗	
89	40-79-1~2	同異交得이라야 (放)〔知〕有無라	42-85-1~26	同異交得	
40	40-80-1~4	久는 彌異時也라 宇는 彌異所也라	42-41-1~4	久, 宇	
90	40-81-1	聞은 耳之聰也라			無經說
41	40-82-1~2	窮은 或有前不容尺也라	42-42-1~3	窮	
91	40-83-1~2	循所聞而得其意는 心之察也라			無經說
42	40-84-1~2	盡은 莫不然也라	42-43-1~2	盡	
92	40-85-1	言은 口之利也라			無經說
43	40-86-1	始는 當時也라	42-44-1~2	始	
93	40-87-1	執所言而意得見은 心之辯也라			無經說
44	40-88-1~2	化는 徵易也라	42-45-1~2	化	
94	40-89-1	諾은 不一이니 利用이라	42-86-1~9	諾	●
45	40-90-1~2	損은 偏去也라	42-46-1~2	損	
95	40-91-1	服執說는 〔言利〕라	42-87-1~2	執服難成	非標題字
96	40-92-1	巧轉則求其故라	42-88-1~2	法	★
46	40-93-1	大益이라			無經說
47	40-94-1	(儇)〔環〕은 (積秪)〔俱柢〕라	42-47-1~2	(儇)〔環〕	
97	40-95-1	法同則觀其同이라	42-88-1~2	法	★
48	40-96-1~2	(庫)〔庳〕은 易也라	42-48-1~3	(庫)〔庳〕	
98	40-97-1	法異則觀其宜라	42-88-1~2	法	★

旁行句讀	經上 連番	經上 條文	經說 上 連番	標題字	비고
49	40-98-1~2	動은 或(從)〔徙〕也라	42-49-1~3	動	
99	40-99-1~2	止는 因以別道라	42-89-1~2	以人之有黑者有不黑者也	非標題字
100	40-100-1	讀此書旁行이라			校勘語(非經)
101	40-101-1	毋無非라	42-90-1	若聖人有非	非標題字
94	40-89-1	諾은 不一이니 利用이라	42-91-1~7	正五諾	●

42-1-1 故[1)]라

故(원인, 까닭)를 설명한다.

此目下文이라

이는 아래 글의 題目이 된다.

42-1-2 小故[2)]는

小故는

句라

여기에서 句를 뗀다.

42-1-3 有之不必然이나

있더라도 반드시 그렇게 되지는 않지만,

---

1) 故 : 〈經說〉의 각 대목의 맨 앞에는 일반적으로 한 글자 내지 몇 글자를 두어 표제어로 삼고 있는데 이를 이용해 본 대목의 〈經說〉이 어느 〈經〉을 해석하고 있는지 제시한 것이다. 일반적으로 표제어는 〈經說〉의 본문과 연속되지 않으므로 끊어서 번역한다. 이하 모두 같다.

2) 小故 : 《墨子今注今譯》에서는 어떤 結果를 형성하는 原因의 부분 요소, 즉 必要條件으로 보고, 뒤에 나오는 大故는 어떤 結果를 형성하는 原因, 즉 必要充分條件으로 보았다.

吳鈔本誤作必不然이라

吳鈔本에는 '必不然(반드시 그렇게 되지 않다)'으로 잘못 되어 있다.

42-1-4 無之必不然이라 體也는 若有端[3)]이라

없으면 반드시 그렇게 되지 않는다. 體(부분)는 이를테면 端(끝)이 있는 것과 같다.

五字與上下文義不相屬하니 張校移箸(착)下節體字上하여 云 物之有體가 若有其端이라하다 案 張校近是라

〈'體也若有端'〉 다섯 字는 위아래의 글 뜻과 서로 이어지지 않는데 張惠言의 校勘에 下節의 '體'자 앞에 옮겨 붙이면서 "사물에 體(부분)가 있는 것이 마치 그 端(끝)이 있는 것과 같다."라고 하였다.

案 : 張惠言의 校勘이 近理하다.

42-1-5 大故는

大故는

句라

여기에서 句를 뗀다.

42-1-6 有之必〔然〕하고 無〔之必不〕然이라

있으면 반드시 그렇게 되고, 없으면 반드시 그렇게 되지 않는다.

此疑當作大故有之必然無之必不然이라야 與上小故文正相對라 小故大故는 謂同一言故호되 而語有輕重하고 事有大小也라 今本上句脫然字하고 下句脫三字하여 遂不可通이라

3) 體也 若有端 : ≪墨子今注今譯≫에서는 伍非百의 校勘에 의거하여 '若'자 뒤에 '尺'자가 빠진 것으로 보고 "〈小故는〉 어떤 結果를 형성하는 부분 原因으로, 예를 들어 端(점)이 尺(선)을 형성하는 小故인 것과 같다.〔體也 若尺有端〕"라고 하였다.

이 부분은 마땅히 '大故有之必然無之必不然'이 되어야 위의 '小故'의 문장과 정확히 서로 대가 될 듯하다. 小故, 大故는 동일하게 故를 말하되 말에 輕重이 있고 일에 大小가 있음을 이른다. 지금 本에는 앞 구에 '然'자가 빠지고 뒤 구에 3자가 빠져 결국 뜻이 통하지 못하게 되었다.

42-1-7 若(見)〔得〕之成(見)〔是〕也[4)]라

이를테면 그것을 얻어야 이것을 이룰 수 있음과 같다.

義亦難通이라 張云 若者는 指事之詞라 目之見은 性也라 然不接物則不見이요 接物而不故欲見之면 亦不成見이라 是見之所以成其見者니 乃故也라하다 案 張說亦迂曲이라 以經校之하면 疑上見字當爲得之誤라 得正字作㝵이니 壞脫僅存上半하여 遂成見字라 故古書多互訛라 下見字當爲是字之誤라 言得彼乃能成此也라 顧云 此釋經上故所得而後成也[5)]라하다

뜻이 역시 통하기 어렵다.

張惠言 : '若'은 일을 가리키는〔指事〕 말이다. 눈이 보는 것은 본성이다. 그렇지만 사물을 접하지 않으면 보지 못하고 사물을 접하고서도 일부러 보려고 하지 않으면 또한 봄을 이루지 못한다. 이것이 보는 것이 그 봄을 이루는 까닭이니 바로 故이다.

案 : 張惠言의 說은 역시 牽强附會이다. 〈經〉으로 교정해 보면 앞의 '見'자는 마땅히 '得'의 誤字가 되어야 할 듯하다. '得'의 正字는 '㝵'인데 문드러지고 빠져 위의 반만 겨우 남아 결국 '見'자가 된 것이므로 古書에 〈'得'과 '見'이〉 서로 잘못된 것이 많다. 뒤의 '見'자는 마땅히 '是'자의 잘못이다. 저것을 얻어야 비로소 능히 이것을 이룰 수 있다는 말이다.

顧廣圻 : 이 대목은 〈經 上〉의 '故所得而後成也(故(원인, 까닭)는 얻는 것이 있은 후에야 이루어지는 것이다)'를 풀이한 것이다.

---

4) 若(見)〔得〕之成(見)〔是〕也 : ≪墨子今注今譯≫에서는 孫詒讓의 교감을 따르지 않고 그대로 풀이하여 "예를 들어 事物의 原因이 구비되어 있음을 보게 되면 보는 것이 바로 변하여 事實이 되는 것과 같다."라고 하였다.

5) 經上故所得而後成也 : 본서 3책 〈經 上〉 40-1-1에 보인다.

42-2-1 **體**라

體(부분)를 설명한다.

句라

여기에서 句를 뗀다.

42-2-2 **若二之一**과 **尺之端也**[6]라

이를테면 2(전체)에서의 1(부분), 尺幅에서의 端(끝)과 같다.

尺之端은 謂於尺幅中分之하여 其前爲端이라 經上에 云 端은 體之無序而最前者也라하고 此後文亦云 尺前於區穴而後於端이라하니 皆其義也라 此端與小爾雅廣度에 倍丈謂之端[7]義異라 凡數兼一成二라 故一爲二之分이요 幅兼端爲尺이라 故端爲尺之分이라 張云 一分二之體요 端分尺之體라하다 畢云 此釋經上體分於兼也[8]라하다

'尺之端'은 尺幅 중에서 나누어 그 앞이 端이 된다는 말이다. 〈經 上〉에 "端(끝)은 體(형태) 가운데 序(순서)가 없이 맨 앞에 있는 것이다.〔端體之無序而最前者也〕"라고 하였고 이 뒤의 본문에서도 "尺은 區穴(빈 틈)보다 앞이고 端보다 뒤이다.〔尺前於區穴而後於端〕"라고 하였으니 모두 그 뜻이다. 여기서의 '端'은 ≪小爾雅≫ 〈廣度〉에 "丈의 2배를 端이라 한다

---

6) 若二之一 尺之端也 : ≪墨子今注今譯≫에서는 "예를 들어 하나의 集合 2 가운데 元素 1, 尺(선) 가운데 端(점)과 같다."라고 하였다.

7) 小爾雅廣度 倍丈謂之端 : ≪小爾雅≫는 訓詁學 저작으로, ≪爾雅≫의 체제를 따라 古書에 나오는 詞語를 해석한 책이다. ≪漢書≫ 〈藝文志〉에 ≪小爾雅≫ 1편이 들어있지만 편찬자의 이름은 전하지 않으며, ≪隋書≫ 〈經籍志〉와 ≪唐書≫ 〈藝文志〉에는 李軌가 주석한 ≪小爾雅≫ 1권이 목록에 있지만 원본은 전하지 않는다. 오늘날 ≪小爾雅≫라고 하는 것은 漢나라 孔鮒가 지은 ≪孔叢子≫에 일부 수록된 것으로, 모두 13장으로 구성되어 있다. ≪孔叢子≫ 卷上의 11장 〈度〉에 '跬 一擧足也 倍跬謂之步 四尺謂之仞 倍仞謂之尋 尋舒兩肱也 倍尋謂之常 五尺謂之墨 倍墨謂之丈 倍丈謂之端 倍端謂之兩 倍兩謂之疋 疋有謂之束(跬는 발을 한 번 드는 것이니 跬의 2배를 步라 한다. 4尺을 仞이라 하고 仞의 2배를 尋이라 하니 尋은 두 팔뚝을 편 것이다. 尋의 2배를 常이라 한다. 5尺을 墨이라 하고 墨의 2배를 丈이라 하고 丈의 2배를 端이라 하고 端의 2배를 兩이라 하고 兩의 2배를 疋이라 하고 疋이 있는 것을 束이라 한다.)'라는 말이 보인다.

8) 經上體分於兼也 : 본서 3책 〈經 上〉 40-3-1에 보인다.

〔倍丈謂之端〕"라고 한 것과 뜻이 다르다. 무릇 數는 1을 겹치면 2가 되므로 1은 2를 나눈 것이고 幅은 端을 겹치면 尺이 되므로 端은 尺을 나눈 것이다.

張惠言 : 1은 2를 나눈 體(부분)이고 端은 尺을 나눈 體(부분)이다.

畢沅 : 이 대목은 〈經 上〉의 '體分於兼也(體(부분)는 兼(전체)에서 나뉘어진 것이다.)'를 풀이한 것이다.

42-3-1 **知材**라

知材를 설명한다.

句라

여기에서 句를 뗀다.

42-3-2 **知也者**는 **所以知也**이니

知라는 것은 인식하는 능력인데,

上二知字讀爲智니 **言知生於智**라 **荀子正名篇**에 **云 所以知之在人者謂之知**요 **知有所合謂之智**라하다

앞의 두 '知'자는 '智'로 읽으니 知가 智에서 생겨난다는 말이다. ≪荀子≫ 〈正名〉편에 "사람에게 있는 인식하는 능력을 知라고 하고 知가 〈실제와〉 부합하는 바가 있는 것을 智라고 한다.〔所以知之在人者謂之知 知有所合謂之智〕"라고 하였다.

42-3-3 **而必知**가

반드시 아는 것이

張云 智者必知라하다

張惠言 : 智者는 반드시 안다.

42-3-4 **若明**[9]이라

마치 〈눈이〉 밝음과 같다.

管子[10]宙合篇云 見察謂之明이라하니 此假目喩知也라 下文以睨(예)況慮하니 言不必見이요 以見況知하니 則必見矣어니와 此以明況智하니 則所見尤審焯(작)이라 取譬不同而義竝相貫이라 畢云 此釋經上知材也[11]라하다

≪管子≫ 〈宙合〉편에 "자세히 살피는 것을 明(밝음)이라 한다.〔見察謂之明〕"라고 하였으니 여기서는 눈을 빌려 知를 비유하였다. 아래 글에서는 睨(곁눈질)를 가지고 慮(사려)를 비유하였으니 반드시 보지는 못한다는 말이고 見(봄)을 가지고 知(인식능력)를 비유하였으니 반드시 보는 것이거니와, 여기서는 明(밝음)을 가지고 智를 비유하였으니 보는 것이 더욱 자세하고 밝다. 비유를 든 것이 같지 않지만 뜻은 모두 서로 관통한다.

畢沅 : 이 대목은 〈經 上〉의 '知材也(知(인식능력)는 재능이다.)'를 풀이한 것이다.

42-4-1 慮라

慮(思慮)를 설명한다.

此亦目下文也라 與下文知恕竝述經而後釋其義라 畢張皆誤屬上讀하고 兪又謂皆涉下而衍이라하니 竝未達其義라

이 또한 아래 글의 제목이다. 아래 글의 '知', '恕'와 함께 모두 〈經〉을 서술한 뒤에 그 뜻을 풀이하였다. 畢沅과 張惠言은 모두 잘못 위에 붙여 읽었고 兪樾은 또 모두 아래와 연관되어 잘못 들어갔다고 하였으니 모두 그 뜻을 알지 못한 것이다.

---

9) 知也者……若明 : ≪墨子今注今譯≫에서는 胡適의 校勘에 의거하여 '而'자 뒤에 '不'자가 빠진 것으로 보고 "인식능력은 사람이 이에 의지하여 사물을 인식하는 것인데 인식능력만 있더라도 반드시 지식을 잘 구할 수 있지는 못하니〔而不必知〕 예를 들어 사람이 단지 밝은 눈을 가지고 있어 시력이 좋더라도 반드시 사물을 잘 보지는 못하는 것과 같다."라고 하였다.

10) 管子 : 春秋時代 齊나라의 정치가 管仲(B.C. 723~B.C. 645)의 이름을 딴 저작으로, 관중의 영향을 받은 후대 稷下學派에 의해 작성된 것으로 알려져 있다. 四庫全書의 子部 法家類에 속해 있으며, 당대 법가사상을 대표하는 저작으로 평가받는다.

11) 經上知材也 : 본서 3책 〈經 上〉 40-5-1에 보인다.

42-4-2 慮也者는 以其知有求也로되 而不必得之가

慮라는 것은 그 知로써 찾음이 있지만 반드시 얻지는 못함이

言以知求索호되 而得否不可必이라

知로써 찾기는 하되 얻을지 여부는 기필하지 못한다는 말이다.

42-4-3 若睨[12)]라

마치 곁눈질하는 것과 같은 것이다.

說文目部云 睨는 衺(사)視也라하다 謂有求而不必得이 若睨而視之에 見不見未可必也라 楊云 莊子庚桑楚篇에 知者之所不知는 猶睨也라하다 畢云 此釋經上慮求也[13)]라하다

≪說文解字≫ 目部에 "'睨'는 衺視(斜視)이다."라고 하였다. 찾음이 있지만 반드시 얻지는 못함이 마치 곁눈질하여 볼 때에 볼 수 있을지 여부는 기필하지 못한다는 말이다.

楊葆彝 : ≪莊子≫ 〈庚桑楚〉편에 "知覺 행위에 알지 못하는 것이 있음은 마치 곁눈질하는 것과 같다.〔知者之所不知 猶睨也〕"라고 하였다.

畢沅 : 이 대목은 〈經 上〉의 '慮求也(慮(사려)는 앎을 구하는 활동이다.)'를 풀이한 것이다.

42-5-1 知라

知(知覺, 感性 지식)를 설명한다.

句라

여기에서 句를 뗀다.

42-5-2 知也者는 以其知(過)〔遇〕物而能貌之가

12) 慮也者……若睨 : ≪墨子今注今譯≫에서는 "思慮는 사람이 認識能力을 써서 探求하지만 반드시 知識을 얻지는 못하는 것이 예를 들어 사람이 눈을 써서 곁눈질할 때 반드시 사물을 잘 보지는 못하는 것과 같다."라고 하였다.

13) 經上慮求也 : 본서 3책 〈經 上〉 40-7-1~2에 보인다.

知라는 것은 그 知로써 사물을 만나 능히 묘사할 수 있음이

貌는 **吳鈔本作皃**(모)라 **過疑當爲遇**니 **與經云接同義**라 **說文皃部**에 **云 皃**는 **頌**(용)**儀也**라 **籀**(주)**文作貌**[14]라하다 **能貌之**는 **謂能知物之形容**이니 **與經說下貌能爲貌態**[15]**異**라

'貌'는 吳鈔本에 '皃'로 되어 있다. '過'는 '遇'가 되어야 할 듯하니 〈經 上〉에서 말한 '接'과 같은 뜻이다. ≪說文解字≫ 皃部에 "'皃'는 頌儀(容貌)이다. 籀文에는 '貌'로 되어 있다."라고 하였다. '能貌之'는 사물의 형용을 알 수 있다는 말이니 〈經說 下〉에서 '貌能'이 '貌態'가 되는 것과는 다르다.

42-5-3 **若見**[16]이라

마치 보는 것과 같은 것이다.

畢云 此釋經上知接也[17]라하다

畢沅 : 이 대목은 〈經 上〉의 '知接也(知(知覺)는 外界의 사물과 接觸하여 생기는 것이다.)'를 풀이한 것이다.

42-6-1 **恕**라

恕(理性 지식)를 설명한다.

舊本訛恕라 **顧云 當從經作恕**라하니 **是也**라 **今據正**하니 **下同**이라

---

14) 籀(주)文作貌 : ≪說文解字≫에는 '籀文皃從豸(籀文에는 皃에 豸가 붙는다.)'로 되어 있다. 籀文은 鐘鼎 문자로서 大篆이라고도 한다. 글자의 획이 복잡하고 수식을 주로 한 글씨체이다. 周 宣王 때 太史 籀가 만들었다고 전한다. 小篆에 대하여 大篆이라고 하지만, 古文大篆과는 차이가 있으므로 따로 籀文이라고 부른다.

15) 經說下貌能爲貌態 : 〈經說 下〉의 주석에서 張惠言이 '貌能'의 '能'자를 '態'자로 보았는데, 孫詒讓이 맞다고 하였다.

16) 知也者……若見 : ≪墨子今注今譯≫에서는 '過'를 校勘하지 않고 그대로 보고, "感性 知識은 사람의 認識能力을 써서 事物과 過從하여 능히 그 모양을 묘사해내는 것이 비유하자면 사람이 健全한 시각기관을 가지고 사물과 접촉하여 사물을 볼 수 있는 것과 같다."라고 하였다.

17) 經上知接也 : 본서 3책 〈經 上〉 40-9-1에 보인다.

舊本에는 '恕'로 잘못 되어 있다. 顧廣圻는 "마땅히 〈經〉을 따라 '恕'가 되어야 한다."고 했는데 맞다. 지금 이에 의거하여 바로잡으니 이하 동일하다.

42-6-2 **恕也者**는 **以其知論物**하여 **而其知之也著**가

恕라는 것은 그 知로써 사물을 논하여 그 알고 있음이 顯著함이

句라

여기에서 句를 뗀다.

42-6-3 **若明**[18)]이라

마치 명료한 것과 같은 것이다.

與上經知材也[19)]**義同**이로되 **而體用則微別**[20)]이라 **畢云 此釋經上恕明也**[21)]라한대 **案 恕當作恕**라

앞의 〈經 上〉의 "知(인식능력)는 재능이다.〔知 材也〕"라고 한 것과 뜻은 같지만 體用은 조금 다르다.

畢沅은 "이 대목은 〈經 上〉의 '恕明也(恕(理性 지식)는 명료한 인식이다.)'를 풀이한 것이다."라고 하였는데, 내가 생각하건대 '恕'는 마땅히 '恕'가 되어야 한다.

42-7-1 **仁**이라

仁을 설명한다.

---

18) 恕也者……若明 : ≪墨子今注今譯≫에서는 "理性 知識은 사람의 認識能力을 써서 事物을 分析整理하여 능히 顯著하고 透徹한 지식을 얻어내는 것이 비유하자면 사람이 마음을 써서 觀察하여 사물을 明白하게 볼 수 있는 것과 같다."라고 하였다.

19) 上經知材也 : 본서 3책 〈經 上〉 40-5-1에 보인다.

20) 體用則微別 : 體用은 本體와 作用으로, 이 대목의 '恕(理性 지식)'는 本體이고 '知材也'의 '知(인식능력)'는 作用이라는 말이다.

21) 經上恕明也 : 본서 3책 〈經 上〉 40-11-1에 보인다.

句라

여기에서 句를 뗀다.

42-7-2 愛(己)〔民〕者는 非爲用(己)〔民〕也니 不若愛馬

백성을 사랑하는 것은 백성을 쓰기 위해서가 아니니 말을 사랑하는

張云 愛己非爲用己也로되 愛馬爲用馬也라 愛所不用은 則非己無愛也니 未足明愛어니와 愛所用은 則非己亦愛也니 愛足明也라 言當觀仁於兼愛라하다 案 張說是也라 但疑己或當爲民이라 民은 唐人避諱闕筆하여 與己形近[22]이라 因而致誤라 淮南子精神訓에 云 聖王之養民은 非求用也요 性不能已라하니 此義或與彼同이라

張惠言 : 자기를 사랑함은 자기를 쓰기 위해서가 아니지만 말을 사랑함은 말을 쓰기 위해서이다. 쓰지 않는 것을 사랑함은 자기가 아니면 사랑함이 없으니 사랑을 밝히기에 부족하거니와, 쓰는 것을 사랑함은 자기가 아니라도 또한 사랑하니 사랑을 충분히 밝힐 수 있다. 마땅히 兼愛에서 仁을 보아야 한다는 말이다.

案 : 張惠言의 說이 맞다. 다만 '己'는 어쩌면 '民'이 되어야 할 듯도 하다. '民'은 唐나라 사람이 避諱하면서 필획을 빼서 '己'와 字形이 비슷해져 이로 인하여 잘못 되어 버린 것이다. ≪淮南子≫ 〈精神訓〉에 "聖王이 백성을 기르는 것은 쓰려고 해서가 아니라 본성상 그만둘 수 없어서이다.〔聖王之養民 非求用也 性不能已〕"라고 하였는데 이 뜻이 아마 저 뜻과 같다.

42-7-3 (著)〔者〕 (若明)[23]라

것과 같지 않다.

---

22) 民……與己形近 : 唐代에 唐 太宗 李世民의 이름을 避諱하여 '民'자의 획을 줄여 쓴 것을 말한다.

23) 愛(己)〔民〕者……不若愛馬(著)〔者〕 (若明) : ≪墨子今注今譯≫에서는 孫詒讓과 高亨의 校勘에 의거하여 '己'자를 '民'자로 보고 '著若明'은 衍文으로 보고서 "백성을 사랑하는 것은 백성을 쓰려는 목적에서 나온 것이 아니니 말을 사랑함이 말을 쓰려는 목적에서 나온 것과 같지 않다."라고 하였다.

三字無義라 疑著當爲者하여 屬上讀이니 涉上文而誤作著하고 又幷衍若明二字라 畢云 此釋經上仁體愛也[24]라 言當觀仁於愛物이라하다

〈著若明〉 3字는 뜻이 없다. '著'는 마땅히 '者'가 되어 위에 붙여 읽어야 할 듯하니, 위의 글에 연관되어 '著'로 잘못 쓰고 다시 '若明' 2字를 아울러 잘못 넣은 것이다.

畢沅 : 이 대목은 〈經 上〉의 '仁體愛也(仁은 사랑을 體로 삼는다.)'를 풀이한 것이다. 사물을 사랑하는 데서 仁을 보아야 한다는 말이다.

42-8-1 義라

義를 설명한다.

句라

여기에서 句를 뗀다.

42-8-2 志以天下爲(芬)〔𦖒(애)〕하고 而能能利之로되 不必用[25]이라

뜻은 천하를 사랑할 대상으로 삼고 능히 선하고 이롭게 할 수 있지만 〈사람들이〉 반드시 〈그 뜻을〉 쓰지는 않는다.

畢云 此釋經上義利也[26]라 言意以爲美하고 而施之又忘其勞라하다 張云 芬은 美也요 而能은 才也라하다 兪云 志當作者니 草書相似而誤라 能能疊用無義하니 當作而能利之不能必用이라 下文孝以親爲芬而能能利親不必得도 亦當作而能利親不能必得이니 誤與此同이라하다 案 畢張兪說竝非라 此下能字는 當讀如詩書柔遠能邇[27]之能이라 漢

---

24) 經上仁體愛也 : 본서 3책 〈經 上〉 40-13-1에 보인다.

25) 志以天下爲(芬)〔𦖒(애)〕……不必用 : ≪墨子今注今譯≫에서는 王闓運과 高亨의 說에 의거하여 '芬'을 '分'으로 보고 '能能'의 앞의 '能'자는 張之銳, 高亨의 說에 의거하여 才能의 뜻으로 보고서 "心志는 天下를 이롭게 함을 職分으로 삼고 才能은 또 天下를 이롭게 할 수 있지만 반드시 세상에 쓰이지는 못한다."라고 하였다.

26) 經上義利也 : 본서 3책 〈經 上〉 40-15-1에 보인다.

27) 詩書柔遠能邇 : ≪尙書≫ 〈舜典〉과 ≪詩經≫ 〈民勞〉에 나오는 말이다.

書百官公卿表顔注에 云 能은 善也라하니 能能利之는 言能善利之也라 志字亦不誤라 惟芬義不可通하니 疑當爲炁之誤라 芬篆文作芬이니 與炁[28]形近이라 不必用은 言不必人之用其義也라

畢沅 : 이 대목은 〈經 上〉의 '義利也(義(의로움)는 이로움을 주는 것이다.)'를 풀이한 것이다. 뜻으로 아름다움을 삼고 시행함에 또 그 노고를 잊는다는 말이다.

張惠言 : '芬'은 美(아름다움)이고 '能'은 才(재능)이다.

兪樾 : '志'는 마땅히 '者'가 되어야 하니 草書가 서로 비슷하여 잘못 된 것이다. '能能'은 겹쳐 쓰면 뜻이 없으니 마땅히 '而能利之不能必用(능히 이롭게 할 수 있지만 반드시 쓰이지는 못한다.)'이 되어야 한다. 아래 글(42-13-2)의 '孝以親爲芬而能能利親不必得(효는 어버이를 사랑할 대상으로 삼고 능히 어버이를 이롭게 할 수 있지만 반드시 〈어버이의 뜻을〉 맞추지는 못한다.)' 역시 마땅히 '而能利親不能必得'이 되어야 하니, 오류가 이 대목과 같다.

案 : 畢沅, 張惠言, 兪樾의 說 모두 잘못 본 것이다. 여기서 뒤의 '能'자는 마땅히 詩書에서 '柔遠能邇(멀리 있는 이를 懷柔하고 가까이 있는 이를 慰撫한다.)'라고 할 때의 '能'으로 읽어야 한다. ≪漢書≫ 〈百官公卿表〉의 顔師古의 注에 "'能'은 善이다"라고 하였으니 '能能利之'는 능히 선하고 이롭게 할 수 있다는 말이다. '志'자도 잘못 되지 않았다. 다만 '芬'은 뜻이 통하지 못하니 아마도 '炁'의 誤字가 되어야 할 듯하다. '芬'은 篆文에 '芬'으로 되어 있으니 '炁'와 字形이 비슷하다. '不必用'은 반드시 사람들이 그 뜻을 쓰지는 않는다는 말이다.

42-9-1 禮라

禮를 설명한다.

句라

여기에서 句를 뗀다.

42-9-2 貴者公하고 賤者名호되

28) 炁 : 底本의 傍注에 "'炁'자는 원래 '炁'자로 잘못 되어 있었는데 글자가 되지 않으니 위의 글에 의거하여 고친다. '炁'자는 바로 '愛'의 본자이다.〔炁原誤炁 不成字 據上文改 炁卽愛之本字〕"라고 하였다.

尊貴한 자는 公으로 부르고 卑賤한 자는 名으로 부르는데

言賤者稱貴者爲公이요 **而自名也**라 **張云 公**은 **君也**라 **名當作民**이니 **古字通用**이라하다 **案 張說非是**라

卑賤한 자가 尊貴한 자를 일컬어 公이라고 하고 자신은 이름을 부른다는 말이다.
張惠言 : '公'은 君(임금)이다. '名'은 마땅히 '民'이 되어야 하니 古字에 通用하였다.
案 : 張惠言의 說은 맞지 않다.

42-9-3 **而俱有敬僈焉**하니

모두 공경함과 태만함이 있으니

言貴賤之中復有敬慢之別이라 **荀子不苟篇**에 **云 君子寬而不僈**이라한대 **楊注**에 **云 僈與慢同**하니 **怠惰也**라하다 **畢云 僈**은 **慢字異文**이라하다

貴賤 가운데 다시 공경함과 태만함의 구별이 있다는 말이다. ≪荀子≫ 〈不苟〉편에 "군자는 느긋하되 태만하지 않다〔君子寬而不僈〕"라고 하였는데, 楊倞의 注에 "'僈'은 '慢'자와 같으니 게으르다는 뜻이다."라고 하였다.
畢沅 : '僈'은 '慢'자의 異體字이다.

42-9-4 **等異(論)〔倫〕也**[29]라

〈貴賤과 尊卑의〉 다른 부류의 等差를 둔 것이다.

禮有貴賤尊卑等差之異라 **張云 論讀爲倫**이라하다 **畢云 此釋經上禮敬也**[30]라하다

禮에 貴賤과 尊卑의 等差의 다름이 있다.
張惠言 : '論'은 '倫'으로 읽어야 한다.

---

29) 貴者公……等異(論)〔倫〕也 : ≪墨子今注今譯≫에서는 高亨의 校勘에 의거하여 '名'을 '臺'로 고치고 "高貴한 것은 公의 등급이고 卑賤한 것은 臺의 등급인데 모두 恭敬과 怠慢의 구분이 있으니 이는 等級을 差別하는 데서 시작하는 禮에 관한 論點이다."라고 하였다.

30) 經上禮敬也 : 본서 3책 〈經 上〉 40-17-1에 보인다.

畢沅 : 이 대목은 〈經 上〉의 '禮敬也(禮는 공경을 표하는 것이다.)'를 풀이한 것이다.

42-10-1 **行**이라

行을 설명한다.

句라

여기에서 句를 뗀다.

42-10-2 **所爲不善名**은

하는 일이 이름을 선하게 하지 않는 것은

句라

여기에서 句를 뗀다.

42-10-3 **行也**요 **所爲善名**은

行이고, 하는 일이 이름을 선하게 하는 것은

句라

여기에서 句를 뗀다.

42-10-4 **(巧)〔竊〕也**니 **若爲盜**[31)]라

竊盜이니 마치 도둑이 되는 것과 같다.

王引之云 善疑當爲著니 形相似而誤也라 言所爲之事不著名은 是躬行也요 所爲之事著名은 是巧於盜名者也라하다 畢云 此釋經上行爲也[32)]라 言所爲之事無善名은 是躬

31) 所爲不善名……若爲盜 : ≪墨子今注今譯≫에서는 '巧'자를 校勘하지 않고 "행하는 바가 이름을 구하는 일을 잘하지 못하는 것을 '行'이라 하고, 행하는 바가 이름을 구하는 일을 잘하는 것을 '巧'라고 하니 이는 마치 도둑이 虛名을 교묘히 취하는 것과 같다."라고 하였다.

行也요 有善名은 是巧於盜名也라하다 張云 善名은 求善其名也라 所爲求善名은 其巧如爲盜라하다 案 畢張說近是라 巧疑當爲竊이니 竊與盜文義正相貫이라 竊俗書作爲竊하니 下半與巧相似라 故訛라 大戴禮記文王官人篇에 規諫而不類하고 道行而不平은 曰巧名者也라한대 逸周書[33]에 巧作竊[34]하니 是其證이라

王引之 : '善'은 마땅히 '著'가 되어야 할 듯하니 字形이 서로 비슷해 잘못 된 것이다. 행하는 일이 이름을 드러내지 않는 것은 躬行(몸소 행함)이고 행하는 일이 이름을 드러내는 것은 이름을 훔치는 데 교묘한 자라는 말이다.

畢沅 : 이 대목은 〈經 上〉의 '行爲也(行은 의식적으로 하는 것이다.)'를 풀이한 것이다. 하는 일을 두고 선하다는 이름이 없다면 躬行이고 선하다는 이름이 있으면 명성을 훔치는 데 교묘하다는 말이다.

張惠言 : '善名'은 그 이름을 선하게 하려 한다는 뜻이다. 하는 바가 이름을 선하게 하려는 것은 그 교묘함이 마치 도둑과 같다.

案 : 畢沅과 張惠言의 說이 近理하다. '巧'는 아마도 '竊'이 되어야 할 듯하니 '竊'과 '盜'는 글 뜻이 정확히 서로 연관된다. '竊'은 俗字로 '竊'이 되니 글자 아래 절반이 '巧'자와 서로 비슷하므로 訛傳된 것이다. ≪大戴禮記≫ 〈文王官人〉편에 "〈바른 도리로〉 충고를 해도 바르게 되지 않고, 도가 행해져도 불평을 하는 것을 일컬어 이름을 교묘히 구하는 자라고 한다.〔規諫而不類 道行而不平 曰巧名者也〕"라고 하였는데, ≪逸周書≫에는 〈이 구절의〉 '巧'자가 '竊'자로 되어 있으니 이것이 그 증거이다.

42-11-1 實이라

實(실질)을 설명한다.

---

32) 經上行爲也 : 본서 3책 〈經 上〉 40-19-1에 보인다.

33) 逸周書 : ≪周書≫ 혹은 ≪周志≫, ≪汲塚周書≫라고도 한다. '汲冢周書'라고 하는 것은 汲冢이란 곳에서 竹簡 형태로 발굴되었기 때문이다. 급총에서 발굴된 일체의 문건을 汲冢書라 하는데, 현전하는 ≪逸周書≫는 발굴하고 유전하는 과정에서 많은 부분 유실되었다. 현전하는 ≪逸周書≫는 총 10권이다. 正文 70편으로 구성되어 있는데, 周 文王・周 武王・周公・成王・康王・穆王・厲王・景王의 사적이 실려 있다.

34) 巧作竊 : ≪逸周書≫ 卷7 〈官人解〉에 보인다.

句라

여기에서 句를 뗀다.

42-11-2 其志氣之見(현)也하여 使人如己가

그 志氣가 겉으로 드러나 남으로 하여금 자신과 같게 함이

言待人以實에 與己身無異라 張云 見其外而知其內라하니 亦通이라

진실함으로 남을 대함에 자기 자신과 차이가 없다는 말이다. 張惠言은 "그 외면을 보고 그 내면을 안다."라고 하였는데 역시 뜻이 통한다.

42-11-3 (不)〔必〕若金聲玉服[35)]이라

반드시 경쇠 소리와 몸에 찬 옥이 〈드러나는〉 것과 같다.

不字疑當作必이라 玉服은 卽佩服之玉이라 周禮玉府에 共王之服玉이라한대 鄭衆[36)]注에 云 服玉은 冠飾十二玉이라하고 禮記月令에 春服蒼玉이요 夏服赤玉이요 中央土[37)]服黃玉이요 秋服白玉이요 冬服玄玉이라한대 鄭注에 云 凡所服玉은 謂冠飾及所佩者之衡璜也라하고 呂氏春秋孟春紀高注에 云 服은 佩也라하니 竝此玉服之義라 言其實充美則見於外者가 若金聲玉服之昭著니 卽所謂榮也라 文選西都賦李注에 引尙書大傳하여 云

35) 其志氣之見也……(不)〔必〕若金聲玉服 : ≪墨子今注今譯≫에서는 張之銳, 張其鍠, 高亨의 校勘에 의거하여 '如'를 '知'로 고치고, '己'는 '已'와 발음이 비슷한 '矣'로 보고, 高亨의 校勘에 의거하여 '不'은 衍文으로 보고서 "事物의 內在한 實質은 外面의 現象으로 표현되어 충분히 사람으로 하여금 인지하게 할 수 있으니, 이는 金屬의 聲音과 玉石의 文采가 사람들이 그것들의 실질을 인식하는 데 도움을 줄 수 있는 것과 같다.〔其志氣之見也 使人知矣 若金聲玉服〕"라고 하였다.

36) 鄭衆 : ?~83년. 字는 仲師. 後漢의 경학자이다. 후대에는 鄭玄과 구별하기 위해 '先鄭'이라 불렸고, 또한 환관이었던 鄭衆과 구별하기 위하여 鄭司農이라 불렸다. 저서에 ≪春秋難記條例≫가 있다.

37) 中央土 : 6월과 7월, 즉 여름과 가을 사이에 끼어 있는 기간으로, 〈月令〉은 1월부터 12월까지 孟春・仲春・季春・孟夏・仲夏・季夏・中央土・孟秋・仲秋・季秋・孟冬・仲冬・季冬 등의 순서로 서술한다.

皆莫不磬折玉音金聲玉色[38]이라하니 **玉服與玉色義亦相近**이라 **張云 金聲玉服**은 **宣於外也**라하다 **畢云 此釋經上實榮也**[39]라하다

'不'자는 마땅히 '必'이 되어야 할 듯하다. '玉服'은 바로 몸에 차는 玉이다. ≪周禮≫ 〈玉府〉에 "王의 服玉을 공급한다.〔共王之服玉〕'라고 하였는데, 鄭衆의 注에 "服玉은 冠 장식인 12가지 玉이다."라고 하고, ≪禮記≫ 〈月令〉에 "봄에는 蒼玉을 차고 여름에는 赤玉을 차고 中央土(6·7月)에는 黃玉을 차고 가을에는 白玉을 차고 겨울에는 玄玉을 찬다.〔春服蒼玉 夏服赤玉 中央土服黃玉 秋服白玉 冬服玄玉〕"라고 하였는데 鄭玄의 注에 "몸에 차는 玉은 冠 장식 및 몸에 차는 珩玉과 璜玉이다."라고 하고, ≪呂氏春秋≫ 〈孟春紀〉의 高誘의 注에 "服은 몸에 찬다는 뜻이다.〔服 佩也〕"라고 하였으니 모두 이 玉服의 뜻이다. 그 實(실질)이 가득 차 아름다우면 밖으로 드러나는 것이 마치 경쇠 소리와 몸에 찬 옥이 밝게 드러나는 것과 같으니 바로 이른바 '榮'이다. ≪文選≫ 〈西都賦〉의 李善의 注에 ≪尙書大傳≫을 인용하여 "모두 玉音, 金聲, 玉色을 굴리지 않음이 없다.〔皆莫不磬折玉音金聲玉色〕"라고 하였는데 '玉服'은 '玉色'과 뜻이 또한 서로 비슷하다.

雜佩

張惠言 : '金聲玉服'은 밖으로 퍼진다는 뜻이다.

畢沅 : 이 대목은 〈經 上〉의 '實榮也(實(실질)은 밖으로 드러나는 것이다.)'를 풀이한 것이다.

42-12-1 **忠**이라

忠(충성)을 설명한다.

句라

여기에서 句를 뗀다.

---

38) 文選西都賦李注……皆莫不磬折玉音金聲玉色 : 이 부분은 ≪文選≫ 卷1에 수록된 班固의 〈東都賦〉에 나오는 주석인데, 李善의 注에는 '玉色'이라는 말이 없다. 孫詒讓은 班固가 序文에서 〈兩都賦〉를 짓는다고 했으므로 한 편이 이어진 것으로 보고 앞에 나오는 〈西都賦〉를 전체 편명으로 여긴 듯하다.

39) 經上實榮也 : 본서 3책 〈經 上〉 40-21-1에 보인다.

42-12-2 **不利弱子(亥)〔孩〕**라도

微弱한 어린 임금에게 이롭지 못해 보이더라도

亥疑當爲孩라 **說文口部**에 **云 咳**는 **小兒笑也**라 **古文作孩**[40)]라하다 **明鬼下篇**에 **云 賊誅孩子**라하니 **子亥猶云孩子**라 **弱子孩**는 **謂小主也**라 **言忠臣之强君**은 **其跡若不利於小主**니 **卽書金縢管叔流言**이 **謂周公將不利於孺子之意**[41)]라

'亥'는 마땅히 '孩'가 되어야 할 듯하다. ≪說文解字≫ 口部에 "'咳'는 小兒(어린아이)가 웃는 것이다. 古文에는 '孩'로 되어 있다."라고 하였다. 〈明鬼 下〉편에 "孩子(어린아이)를 誅殺한다."라고 하였으니 '子亥'는 孩子(어린아이)라고 하는 것과 같다. '弱子孩'는 小主(어린 임금)를 이른다. 忠臣이 임금을 강하게 권면하는 것은 그 자취가 마치 小主에게 이롭지 못한 듯하다는 말이니, 바로 ≪尙書≫ 〈金縢〉에서 管叔의 流言(유언비어)이 周公이 장차 孺子(周 成王)에게 이롭지 못할 것이라고 말한 뜻이다.

周公

42-12-3 **足將入(止)〔正〕容**[42)]이라

족히 장차 들어가 태도를 바르게 할 수 있는 것이다.

40) 古文作孩 : ≪說文解字≫에는 '古文咳從子(古文에는 咳에 子가 붙는다.)'로 되어 있다.

41) 書金縢管叔流言 謂周公將不利於孺子之意 : 周 武王이 죽고 무왕의 아들 成王이 어린 나이에 즉위하자 성왕의 숙부인 周公이 성왕을 도와 攝政하고 있었는데 성왕의 다른 숙부들인 管叔과 蔡叔이 殷나라 武庚에게 붙어서, 주공이 장차 孺子에게 이롭지 못할 것〔將不利於孺子〕이라는 유언비어를 퍼뜨렸다가 끝내 관숙은 주공에게 잡혀 죽고 채숙은 갇히게 된 일로, ≪書經≫ 〈金縢〉과 ≪史記≫ 〈管蔡世家〉에 보인다.

42) 不利弱子(亥)〔孩〕 足將入(止)〔正〕容 : ≪墨子今注今譯≫에서는 曹耀湘, 張之銳, 高亨의 說에 의거하여 '子亥'를 '孩'로 고치고, 高亨의 校勘에 의거하여 '止'는 '之'의 잘못으로, '入' 뒤에 '井'이 빠진 것으로 보고서, "國家에 不利한 事情을 만났을 때 그 위험의 정도가 마치 아이의 발이 장차 우물에 들어가려는 상태와 같다면 이때에는 강력하게 임금에게 피할 것을 설득해야 한다.〔忠 不利 弱孩足將入井之容〕"라고 하였다.

止疑當爲正이라 此言雖强君이라도 而事君必以敬이니 此其所以爲忠也라 畢云 此釋經上忠以爲利而强低也[43]라하다 案 低는 君之誤라

'止'는 마땅히 '正'이 되어야 할 듯하다. 이 대목에서는 비록 임금을 강하게 설득하더라도 반드시 임금을 恭敬하는 자세로 섬겨야 하니 이것이 忠이 되는 까닭이라고 말한 것이다.

畢沅 : 이 대목은 〈經 上〉의 '忠以爲利而强低也(忠(충성)은 임금을 이롭게 하기 위하여 임금을 강하게 설득하는 것이다.)'를 풀이한 것이다.

案 : '低'는 '君'의 誤字이다.

42-13-1 孝라

孝(효도)를 설명한다.

句라

여기에서 句를 뗀다.

42-13-2 以親爲(芬)〔恚(애)〕하고 而能能利親이로되 不必得[44]이라

어버이를 사랑할 대상으로 삼고 능히 어버이를 선하고 이롭게 할 수 있지만 〈어버이의 뜻에〉 반드시 맞게 하지는 못한다.

畢云 此釋經上孝利親也[45]라 言不以爲德이라하다 張云 孝有不可必得者라하다 案 芬疑亦恚之誤라 能能利親은 亦謂能善而利之也라 不必得은 謂不必中親之意라 莊子外物篇에 云 人親莫不欲子之孝이언마는 而孝未必愛라하다 畢張說非라

畢沅 : 이 대목은 〈經 上〉의 '孝利親也(孝(효도)는 어버이를 이롭게 하는 것이다.)'를 풀이

43) 經上忠以爲利而强低也 : 본서 3책 〈經 上〉 40-23-1에 보인다.

44) 以親爲(芬)〔恚(애)〕……不必得 : ≪墨子今注今譯≫에서는 위아래 문맥에 의거하여 앞의 '親' 앞에 '利'를 넣고 王闓運과 高亨의 說에 의거하여 '芬'을 '分'으로 보고서 "부모에게 유리한 일을 하려는 것을 자기의 職分으로 삼고〔以利親爲分〕 才能은 또 부모에게 유리한 일을 할 수 있지만 반드시 부모가 즐거워하는 마음을 얻지는 못한다."라고 하였다.

45) 經上孝利親也 : 본서 3책 〈經 上〉 40-25-1에 보인다.

한 것이다. 〈孝를〉 德으로 삼지 않는다는 말이다.

張惠言 : 孝에는 〈어버이의 뜻을〉 반드시 얻지는 못하는 것이 있다.

案 : '芬'은 역시 '芀'의 誤字인 듯하다. '能能利親'은 역시 능히 선하고 이롭게 한다는 말이다. '不必得'은 어버이의 뜻에 반드시 맞게 하지는 못한다는 말이다. ≪莊子≫ 〈外物〉편에 "어버이는 자식이 효도하기를 바라지 않는 사람이 없지만, 효도가 반드시 〈어버이의〉 사랑을 받지는 못한다.〔人親莫不欲子之孝 而孝未必愛〕"라고 하였다. 畢沅과 張惠言의 說은 잘못 본 것이다.

42-14-1 **信**이라

信(신의)을 설명한다.

句라

여기에서 句를 뗀다.

42-14-2 (不)〔必〕**以其言之當也**로

반드시 그 말의 합당함을 가지고

不은 **亦當爲必之訛**라

'不'은 또한 '必'의 誤字가 되어야 한다.

42-14-3 **使人視城得金**[46]이라

어떤 이에게 城에 〈가서〉 보고 金을 얻게 하는 것이다.

言告人以城上有金에 **視而果得之**니 **明言必信也**라 **畢云 此釋經上信言合於意也**[47]라하다

---

46) (不)〔必〕以其言之當也 使人視城得金 : ≪墨子今注今譯≫에서는 '不'자를 校勘하지 않고 "信(말과 생각의 부합)은 그 말이 實際와 부합함을 必要條件으로 하지 않는다. 어떤 때 말이 비록 생각과 부합하지 않더라도 事實과 교묘하게 부합할 때가 있다. 이를테면 어떤 이가 일부러 다른 사람에게 城門에 金이 있다고 말했는데 그가 가서 한번 보고 과연 金을 얻었다면 이는 말이 생각과 부합하지는 못하지만 事實과 교묘하게 부합하는 사례이다."라고 하였다.

어떤 이에게 城 위에 金이 있다고 알려 주면 〈가서〉 보고 과연 金을 얻는다는 말이니 말은 반드시 믿을 수 있어야 함을 밝힌 것이다.

畢沅 : 이 대목은 〈經 上〉의 '信言合於意也(信(신의)은 말이 뜻에 부합하는 것이다.)'를 풀이한 것이다.

42-15-1 **佴**라

佴를 설명한다.

句라

여기에서 句를 뗀다.

42-15-2 **與人遇人**하여 **衆(循(둔))〔揗(순)〕**[48]이라

사람들과 어울리고 사람들을 만나서 무리가 부대낀다.

漢書司馬遷傳에 云 僕又佴之蠶室이라한대 如淳[49]云 佴는 次也라 若人相次也라하니 此與說文佴佽之訓正合이라 言人相與相遇가 皆相佽比之意라 衆循은 未詳이니 疑循當爲揗이니 同聲假借字라 說文手部에 云 揗은 摩也라하니 言人衆相摩切이라 畢云 此釋經上佴自作也[50]라 字書無循字라하다 案 經作疑是仳之誤라

≪漢書≫ 〈司馬遷傳〉에 "제가 또 다음 차례로 宮刑을 당하였다.〔僕又佴之蠶室〕"라고 하였는데, 如淳이 "佴는 차례이다. 이를테면 사람들이 서로 차례 짓는 것과 같다."라고 하였으니 이는 ≪說文解字≫의 '佴佽(佴는 佽(차례 지음)이다.)'의 訓詁와 정확히 부합한다. 사람들이 서로 어울리고 서로 만남이 모두 서로 차례 짓는다는 뜻이라는 말이다. '衆循'은 알

---

47) 經上信言合於意也 : 본서 3책 〈經 上〉 40-27-1에 보인다.

48) 與人遇人 衆(循(둔))〔揗(순)〕 : ≪墨子今注今譯≫에서는 譚戒甫와 高亨의 校勘에 의거하여 '循'을 '遁'으로 고치고, "남과 서로 만날 때 상대방에게 사람이 많고 세력이 크면 달아나려는 마음이 쉽게 생긴다.〔佴 與人遇 人衆 遁〕"라고 하였다.

49) 如淳 : 생몰년 미상. 三國시대 魏나라 사람으로 陳郡丞을 역임하였으며, ≪漢書≫를 주석하였다.

50) 經上佴自作也 : 본서 3책 〈經 上〉 40-29-1에 보인다.

수 없으니 '循'은 마땅히 '揗'이 되어야 할 듯하다. 발음이 같은 假借字이다. ≪說文解字≫ 手部에 "'揗'은 摩(문지름)이다."라고 하였으니, 사람 무리가 서로 부대낀다는 말이다.

畢沅 : 이 대목은 〈經 上〉의 '佴自作也(佴는 저절로 차례 짓는 것이다.)'를 풀이한 것이다. 字書에는 '循'자가 없다.

案 : 〈經 上〉의 '作'은 '佌'의 誤字인 듯하다.

42-16-1 諂이라

諂(獧)을 설명한다.

當讀爲獧(견)이니 **說詳經上**이라

마땅히 '獧'으로 읽어야 하니 〈經 上〉에 이에 대한 說이 자세하다.

42-16-2 **爲是(爲是)之台彼也**일새

이를 하는 것이 남을 속이는 것이므로

畢云 台는 **一本作治**라하다 **顧云 台讀當爲詒**라 **季本作治**라하다 **案 顧說是也**라 **說文言部**에 **云 詒**는 **相欺詒也**라하니 **謂獧者不爲欺人之言**이라 **下爲是二字**는 **蓋誤衍**이라

畢沅 : '台'는 어떤 本에는 '治'로 되어 있다.

顧廣圻 : '台'는 마땅히 '詒'로 읽어야 한다. 季本에는 '治'로 되어 있다.

案 : 顧廣圻의 說이 맞다. ≪說文解字≫ 言部에 "詒는 서로 속이는 것이다."라고 하였으니 獧者(狷者, 절조가 있고 행동을 조심하는 자)는 남을 속이는 말을 하지 않는다는 말이다. 아래의 '爲是' 2字는 잘못 더 들어간 것인 듯하다.

42-16-3 **弗爲也**[51]라

하지 않는다.

---

51) 爲是(爲是)之台彼也 弗爲也 : ≪墨子今注今譯≫에서는 高亨의 校勘에 의거하여 '台'를 '害'로 고치고 "자기 몸을 깨끗이 하고 아끼는 자는 이것을 행하여 저것을 해치거나 자신을 위하고 남을 해치는 일에 대해 하고 싶어하지 않는다.〔狷 爲是之害彼也 弗爲也〕"라고 하였다.

畢云 此釋經上詣作嗛也[52]라하다

畢沅 : 이 대목은 〈經 上〉의 '詣作嗛也(詣(猥)은 마음에 만족하는 것이다.)'를 풀이한 것이다.

42-17-1 (廉)〔慊〕이라

慊(한스러움)을 설명한다.

疑當爲慊이라

아마도 '慊'이 되어야 할 듯하다.

42-17-2 己[53](惟)〔雖〕爲之라도

자신이 비록 하더라도

惟當作雖니 同聲假借字라

'惟'는 마땅히 '雖'가 되어야 하니 발음이 같은 假借字이다.

42-17-3 知其(䫜)〔諰〕也[54]라

일의 결과를 두려워할 줄 아는 것이다.

舊本䫜上有也字라 畢云 一本作知其思耳也하니 是라 此釋經上廉作非也[55]라하다 詒讓案 經廉亦疑當爲慊이라 禮記坊記注에 云 慊은 恨不滿之貌也라하고 孟子公孫丑篇에 吾何慊乎哉라한대 趙注에 云 慊은 少也라하고 淮南子齊俗訓高注에 云 慊은 恨也라하다

---

52) 經上詣作嗛也 : 본서 3책 〈經 上〉 40-31-1~2에 보인다.

53) 己 : 底本의 傍注에 "'己'는 원래 '已'로 잘못 되어 있었는데 畢沅의 刻本에 의거하여 고쳤다.〔己 原誤已 據畢沅刻本改〕"라고 하였다.

54) 己(惟)〔雖〕爲之 知其(䫜)〔諰〕也 : ≪墨子今注今譯≫에서는 高亨의 校勘에 의거하여 '䫜'를 '恥'로 고치고 "廉恥가 있는 자는 자기가 비록 잘못을 저질렀더라도 잘못을 저질렀다는 부끄러움을 안다.〔廉 己雖爲之 知其恥也〕"라고 하였다.

55) 經上廉作非也 : 본서 3책 〈經 上〉 40-33-1에 보인다.

𥅃上別本無也字하니 是라 今據刪이라 字書無𥅃字라 別本作思耳요 顧校季本同하니 亦非라 以文義校之하면 當爲諰(시)之訛라 荀子彊國篇에 云 雖然이나 則有其諰矣라한대 楊注에 云 諰는 懼也라하니 此其𥅃卽荀子之其諰니 與論語愼而無禮則葸之葸로 聲義亦相近이라 此(冢)〔家〕56)上爲文하여 言狷(견)者則有所不爲하고 慊者已雖或爲非라도 而心常自恨하여 猶知懼也라

舊本에는 '𥅃' 앞에 '也'자가 있다.

畢沅 : 어떤 本에는 '知其思耳也(그 생각을 알 뿐이다.)'로 되어 있는데 맞다. 이 대목은 〈經 上〉의 '廉作非也(廉(한스러움)은 잘못을 저질러 그러한 것이다.)'를 풀이한 것이다.

詒讓案 : 〈經 上〉의 '廉' 또한 아마도 '慊'이 되어야 할 듯하다. ≪禮記≫ 〈坊記〉의 注에 "慊은 한스러워 불만족스러운 모양이다.〔慊 恨不滿之貌也〕"라고 하고, ≪孟子≫ 〈公孫丑〉편에 "내가 어찌 한스럽겠는가.〔吾何慊乎哉〕"라고 하였는데 趙技의 注에 "慊은 적다는 뜻이다.〔慊 少也〕"라고 하고, ≪淮南子≫ 〈齊俗訓〉의 高誘의 注에 "慊은 한스럽다는 뜻이다.〔慊 恨也〕"라고 하였다. '𥅃' 앞에 다른 本에는 '也'자가 없는데 맞다. 지금 이에 의거하여 삭제한다. 字書에는 '𥅃'자가 없다. 다른 本에는 '思耳'로 되어 있고 顧廣圻가 校正한 季本도 같은데 또한 잘못 본 것이다. 글 뜻으로 교정하면 마땅히 '諰'의 誤字이다. ≪荀子≫ 〈彊國〉편에 "비록 그렇지만 두려워할 점이 있다.〔雖然 則有其諰矣〕"라고 하였는데 楊倞의 注에 "諰는 두려워한다는 뜻이다.〔諰 懼也〕"라고 하였으니 이 대목의 '其𥅃'는 바로 ≪荀子≫의 '其諰'로, ≪論語≫ 〈泰伯〉편의 "신중하되 예가 없으면 두려워한다.〔愼而無禮則葸〕"의 '葸'와 발음과 의미가 또한 서로 비슷하다. 이 대목은 앞 대목을 이어받아 글을 만들어 狷者(절도가 있고 행동을 조심하는 자)는 하지 않는 바가 있고 慊者(스스로 부족하게 여기는 자)는 자신이 비록 혹 잘못을 하더라도 마음에 늘 스스로 한스러워하면서 오히려 두려워할 줄 안다고 말한 것이다.

42-18-1 (所)令이라 非身(弗)〔所〕行57)이라

令(명령)을 설명한다. 몸소 행하는 바가 아니다.

---

56) (冢)〔家〕: 저본에는 '冢'으로 되어 있으나, 문맥상 '家(몽)'의 오자로 보고 바로잡았다.

57) (所)令 非身(弗)〔所〕行 : ≪墨子今注今譯≫에서는 '所'자를 '非'자 앞으로 붙이고 "內心에 잘못된 일임을 안다면 자신이 하려고 하지 않는다.〔令 所非 身弗行〕"라고 하였다.

弗은 **吳鈔本作不**하니 **疑當依經作所行**이라 **言使他人作之**요 **非身所親行也**라 **畢云 此釋經上令不爲所作也**[58)]라하다

'弗'은 吳鈔本에는 '不'로 되어 있는데 아마도 〈經 上〉에 의거하여 '所行'이 되어야 할 듯하다. 타인으로 하여금 하게 하고 몸소 직접 행하는 바가 아니라는 말이다.

畢沅 : 이 대목은 〈經 上〉의 '令不爲所作也(令(명령)은 자기가 할 일을 스스로 하지 않는 것이다.)'를 풀이한 것이다.

42-19-1 **任**이라

任(任俠)을 설명한다.

句라

여기에서 句를 뗀다.

42-19-2 **爲身之所惡**(오)하여

자신이 싫어하는 일을 하여

卽經所謂損己라

바로 〈經 上〉에서 말한 '損己(자신이 손해를 보다)'이다.

42-19-3 **以成人之所急**이라

남이 급하게 여기는 일을 이루어준다.

卽經所謂益所爲라 **畢云 此釋經上任士損己而益所爲也**[59)]라 **言任俠輕財**라하다

바로 〈經 上〉에서 말한 '益所爲(하는 일에 도움이 되다)'이다.

畢沅 : 이 대목은 〈經 上〉의 '任士損己而益所爲也(任(임협)은 선비가 자신을 손해보게 하면서

58) 經上令不爲所作也 : 본서 3책 〈經 上〉 40-35-1에 보인다.

59) 經上任士損己而益所爲也 : 본서 3책 〈經 上〉 40-37-1에 보인다.

하는 일에 도움이 되는 것이다.)'를 풀이한 것이다. 任俠이 재물을 가볍게 여긴다는 말이다.

42-20-1 **勇**이라

勇(용기)을 설명한다.

句라

여기에서 句를 뗀다.

42-20-2 **以其敢於是也**로 **命之**어든

이 일에서 과감하다는 것으로 이름이 나면

命猶名也니 **言因敢得名**이라 **張云 人有敢亦有不敢**하니 **就其敢於此**하면 **則命之勇矣**라하다

'命'은 '名'과 같으니 과감함을 통해 이름을 얻었다는 말이다.

張惠言 : 사람 가운데 과감한 이가 있고 또한 과감하지 못한 이가 있으니 이 일에서 과감함에 나아간다면 勇이라 명명한다.

42-20-3 **不以其不敢於彼也**로 **害之**라

저 일에서 과감하지 못하다는 것으로 문제가 되지 않는다.

畢云 此釋經上勇志之所以敢也[60]니 **言勇懺**이라

畢沅 : 이 대목은 〈經 上〉의 '勇志之所以敢也(勇(용기)은 의지가 과감히 행할 수 있는 원인이다.)'를 풀이한 것이니 勇懺을 말한 것이다.

42-21-1 **力**이라

力(힘)을 설명한다.

---

60) 經上勇志之所以敢也 : 본서 3책 〈經 上〉 40-39-1에 보인다.

句라

여기에서 句를 뗀다.

42-21-2 重之謂下에

무거운 것이 아래로 내려간다고 할 때에

句라

여기에서 句를 뗀다.

42-21-3 (與)〔擧〕重하여 奮也[61)]라

무거운 것을 들어 움직인다.

與는 疑當作擧라 言凡重者必就下니 有力則能擧重以奮也라 楊云 以重力激之하여 使其下奮出하여 而至高遠이라 故曰下與重奮이라하다 案 楊讀非是라 畢云 此釋經上力刑之所以奮也[62)]라하다 案 刑形同이라

'與'는 아마도 '擧'가 되어야 할 듯하다. 모든 무거운 것은 반드시 아래로 향하는데 힘이 있으면 무거운 것을 들어 움직일 수 있다는 말이다.

楊葆彝 : 무거운 힘으로 쳐서 그 아래에서 움직여 나와 높은 곳에 이르게 하므로 아래에서 무거운 것과 함께 움직인다고 말하였다.

案 : 楊葆彝의 구두는 맞지 않다.

畢沅 : 이 대목은 〈經 上〉의 '力刑之所以奮也(力(힘)은 形體를 움직이는 원인이다.)'를 풀이한 것이다.

案 : '刑'과 '形'은 같다.

---

61) 重之謂下……奮也 : ≪墨子今注今譯≫에서는 '下'자를 뒷구에 붙이고 "重量도 力(힘)이라고 부를 수 있다. 아래에서 위로 무거운 물체를 들어올리는 것은 力이 물체의 運動 變化를 일으키는 한 사례이다."라고 하였다.

62) 經上力刑之所以奮也 : 본서 3책 〈經 上〉 40-41-1에 보인다.

42-22-1 **生**이라

生(생명)을 설명한다.

句라

여기에서 句를 뗀다.

42-22-2 **(楹)〔形〕之生**에

形體가 탄생하고 나면

楹은 **吳鈔本作盈**이라 **畢云 楹當爲形**이라하다

'楹'은 吳鈔本에는 '盈'으로 되어 있다.

畢沅 : '楹'은 마땅히 '形'이 되어야 한다.

42-22-3 **(商)〔常〕不可必也**[63]라

늘 그러함을 기필할 수 없다.

畢云 此釋經上生刑與知處也[64]라 **商不可必**은 **言不可知量**이라하다 **詒讓案 商疑當爲常**이니 **聲近而誤**라 **言生無常**하여 **形與知合則生**하고 **離則死也**라 **經刑亦與形同**이라

畢沅 : 이 대목은 〈經 上〉의 '生刑與知處也(生(생명)은 形體와 知識(知覺)이 함께 있는 것이다.)'를 풀이한 것이다. '商不可必'은 헤아려 알 수 없다는 말이다.

詒讓案 : '商'은 아마도 '常'이 되어야 할 듯하니 발음이 비슷해 잘못 된 것이다. 생명은 無常하여 형체와 지각이 합쳐지면 탄생하고 분리되면 죽는다는 말이다. 〈經 上〉의 '刑'자 역시 '形'과 같다.

---

63) (楹)〔形〕之生 (商)〔常〕不可必也 : ≪墨子今注今譯≫에서는 '楹'을 '盈(兼有)'으로 보고 "形體와 精神 두 가지를 兼有하면 바로 生命現象이 있다. 다만 형체와 정신은 항상 필연적으로 兼有하는 것은 아니다.〔盈之生 常不可必也〕"라고 하였다.

64) 經上生刑與知處也 : 본서 3책 〈經 上〉 40-43-1에 보인다.

42-23-1 臥[65]라

臥(수면)를 설명한다.

句라

여기에서 句를 뗀다.

42-24-1 夢이라

夢(꿈)을 설명한다.

張云 卽以夢說臥어나 或有闕文이라하다 案 此疑以臥夢義易明이라 故述而不說이라 依張說컨대 此釋經上臥知無知也夢臥而以爲然也[66]라

張惠言 : 바로 夢(꿈)으로 臥(수면)를 설명한 것이거나 혹은 빠진 글자가 있다.

案 : 이 대목은 아마도 臥와 夢의 뜻이 밝히기 쉬우므로 적기만 하고 설명하지 않은 듯하다. 張惠言의 說에 의거하면 이 대목은 〈經 上〉의 '臥知無知也 夢臥而以爲然也(臥(수면)는 知覺能力은 있지만 知覺活動이 없는 것이다. 夢(꿈)은 누워 자면서 그러하다고 여기는 것이다.)'를 풀이한 것이다.

42-25-1 平이라

平(바름)을 설명한다.

句라

여기에서 句를 뗀다.

42-25-2 惔(담)然이라

---

65) 臥 : 이 대목은 아래 대목의 '夢'과 함께 제목만 있고 설명이 없다. 아래 42-24-1의 孫詒讓의 案說 참조.

66) 經上臥知無知也夢臥而以爲然也 : 본서 3책 〈經 上〉 40-45-1, 40-46-1에 보인다.

편안함이다.

張云 惔疑當爲憺이라하다 **案 張說是也**요 **楊說同**이라 **集韻四十九敢**에 **云 憺或作惔**이라하고 **說文心部**에 **云 憺**은 **安也**라하니 **即經所謂無欲惡**(오)라 **依張說**컨대 **此釋經上平知無欲惡也**[67]라

張惠言 : '惔'은 아마도 '憺'이 되어야 할 듯하다.

案 : 張惠言의 說이 맞고 楊葆彝의 說도 같다. ≪集韻≫ 49 敢韻에 "'憺'은 혹은 '惔'으로 쓰기도 한다."라고 하고 ≪說文解字≫ 心部에 "'憺'은 安(편안함)이다."라고 하였으니, 바로 〈經 上〉에 이른바 '無欲惡(욕망과 증오가 없음)'이다. 張惠言의 說에 의거하면 이 대목은 〈經 上〉의 '平知無欲惡也(平(바름)은 知識에 욕망과 증오가 없는 것이다.)'를 풀이한 것이다.

42-26-1 **利**라

利(이익)를 설명한다.

句라

여기에서 句를 뗀다.

42-26-2 **得是而喜**면 **則是利也**라 **其害也**에 **非是也**라

이것을 얻어 기쁘다면 이것은 利이다. 害가 될 때 이것(利)이 아니다.

42-27-1 **害**라

害(재해)를 설명한다.

句라

여기에서 句를 뗀다.

---

67) 經上平知無欲惡也 : 본서 3책 〈經 上〉 40-49-1~2에 보인다.

42-27-2 **得是而惡**(오)면 **則是害也**라 **其利也**에 **非是也**라

이것을 얻어 싫다면 이것은 害이다. 利가 될 때 이것(害)이 아니다.

畢云 此釋經上利所得而喜也害所得而惡也[68)]라하다

畢沅 : 이 대목들은 〈經 上〉의 '利所得而喜也 害所得而惡也(利(이익)는 얻는 바가 있음에 기뻐하는 것이다. 害(재해)는 얻는 바가 있음에 싫어하는 것이다.)'를 풀이한 것이다.

42-28-1 **治**라

治(다스림)를 설명한다.

句라

여기에서 句를 뗀다.

42-28-2 **吾事治矣**요 **人有治南北**[69)]이라

내 일을 다스리고 남을 다스릴 때에는 또 南北으로 한다.

有는 **疑當讀爲又**라 **或當作人治有南北**이라 **言吾事治則自治其身**하고 **人治則當廣求之四方**이니 **亦求得之意**라 **畢云 此釋經上治求得也**[70)]라하다

'有'는 아마도 '又'로 읽어야 할 듯하다. 혹은 마땅히 '人治有南北'이 되어야 한다. 내 일을 다스릴 때에는 스스로 자신을 다스리고 남을 다스릴 때에는 마땅히 四方에서 널리 구해야 한다는 말이니 또한 求得(구하여 얻음)의 뜻이다.

畢沅 : 이 대목은 〈經 上〉의 '治求得也(治(다스림)는 구하여 얻는 것이다.)'를 풀이한 것이다.

---

68) 經上利所得而喜也害所得而惡也 : 본서 3책 〈經 上〉 40-51-1, 40-53-1에 보인다.

69) 吾事治矣 人有治南北 : ≪墨子今注今譯≫에서는 뒤의 '治'자를 衍文으로 보아 삭제하고, 高亨의 校勘에 의거하여 '南北'을 '向背'로 고치고 "우리가 다스림에 종사할 때에는 人心의 向背를 注意해야 한다.〔人有向背〕"라고 하였다.

70) 經上治求得也 : 본서 3책 〈經 上〉 40-55-1에 보인다.

42-29-1 **譽之**라

譽(칭찬)를 설명한다.

句라

여기에서 句를 뗀다.

42-29-2 **必其行也**니 **其言之**忻(흔)이요

반드시 그 행실을 따르니 〈칭찬을〉 말하면 〈善行을〉 열고

說文心部에 **云** 忻은 闓(개)**也**라하고 **司馬法**[71]에 **曰 善者**忻**民之善**하고 **閉民之惡**이라하니 **卽此義**라 **張云 若是者**는 **其言可**忻**悅也**라하다

《說文解字》 心部에 "忻은 闓(엶)이다."라고 하고, 《司馬法》에 "善한 자는 백성의 善을 열고 백성의 惡을 닫는다.〔善者忻民之善 閉民之惡〕"라고 하였으니, 바로 이 뜻이다.

張惠言 : 이와 같은 자는 그 말이 기뻐할 만하다.

42-29-3 **使人督之**[72]라

사람으로 하여금 善行을 篤實히 하도록 한다.

督은 **篤之借字**라 **書微子之命**에 **云 曰篤不忘**이라하고 **左僖十二年傳**에 **云 謂督不忘**이라하니 **督卽篤也**라 **爾雅釋詁**에 **云 篤**은 **厚也**라하니 **言使人厚於爲善行**이라 **張以此句屬下說誹**하고 **云 督**은 **正也**니 **人有惡**이어든 **使人自正之**라하니 **恐非**라 **畢云 此釋經上譽明美也**[73]라하다

'督'은 '篤'의 假借字이다. 《尙書》 〈微子之命〉에 "篤實히 여겨 잊지 않는다〔曰篤不忘〕"

---

71) 司馬法 : 春秋時代의 兵法書이다. 唐나라 재상 李靖에 의하면, 《司馬法》은 원래 周나라 文王의 大司馬였던 姜太公이 쓴 것으로 후대의 司馬穰苴가 쓴 《司馬穰苴書》와는 다른 것이라 한다. 〈仁本〉, 〈天子之義〉, 〈定爵〉, 〈嚴位〉, 〈用衆〉 5편으로 이루어져 있다.

72) 譽之……使人督之 : 《墨子今注今譯》에서는 高亨의 校勘에 의거하여 '譽之'의 '之'자는 衍文으로 보아 삭제하고 "讚譽는 반드시 사람들의 행위의 아름다운 곳을 지목하니 이러한 讚譽의 말은 기쁨을 느끼게 하고 督促할 수 있게 한다."라고 하였다.

73) 經上譽明美也 : 본서 3책 〈經 上〉 40-57-1에 보인다.

라고 하고, ≪春秋左氏傳≫ 僖公 12年에 "독실히 기억해 잊지 않는다〔謂督不忘〕"라고 하였으니, '督'은 바로 '篤'이다. ≪爾雅≫ 〈釋詁〉에 "'篤'은 厚(두터움)이다."라고 하였으니, 사람들로 하여금 善行을 하는 데 독실히 하도록 한다는 말이다. 張惠言은 이 句를 가지고 아래로 붙여 誹를 설명하면서 "督은 正(바로잡음)이니 사람에게 惡이 있으면 사람으로 하여금 스스로 바로잡게 한다."라고 하였는데 잘못 본 듯하다.

畢沅 : 이 대목은 〈經 上〉의 '譽明美也(譽(칭찬)는 善을 밝게 드러내는 것이다.)'를 풀이한 것이다.

42-30-1 **誹**라

誹(비난)를 설명한다.

句라

여기에서 句를 뗀다.

42-30-2 **必其行也**니 **其言之**忻[74]이라

반드시 그 행실을 따르니 〈비난을〉 말하면 〈惡行을〉 연다.

誹譽義相反하니 **說不宜同**이라 **疑皆涉上而誤**요 **下亦有脫文**이라 **畢云 此釋經上誹明惡也**[75]라하다

誹와 譽는 뜻이 相反되니 說이 같아서는 안 된다. 모두 앞 대목과 연관되어 잘못 된 것이고 아래에도 빠진 글이 있는 듯하다.

畢沅 : 이 대목은 〈經 上〉의 '誹明惡也(誹(비난)는 惡을 밝게 드러내는 것이다.)'를 풀이한 것이다.

---

74) 必其行也 其言之忻 : ≪墨子今注今譯≫에서는 高亨의 校勘에 의거하여 '忻'을 '怍'으로 고치고 "批評은 반드시 사람들의 행위의 부끄러운 곳을 지목하니 이러한 批評의 말은 부끄럽게 한다."라고 하였다.

75) 經上誹明惡也 : 본서 3책 〈經 上〉 40-59-1에 보인다.

42-31-1 **擧**라

擧(列擧)를 설명한다.

道藏本吳鈔本作譽하니 **涉上而誤**라

道藏本, 吳鈔本에는 '譽'로 되어 있는데 앞 대목과 연관되어 잘못 된 것이다.

42-31-2 **告以(文)〔之〕名**은 **擧彼實也**라

이 名(개념)을 고해 주는 것은 저 實(실제)을 들기 위해서이다.

春秋文八年에 **宋〔人〕**[76]**殺其大夫司馬**하니 **宋司城來奔**이라한대 **公羊傳**에 **云 司馬者何**며 **司城者何**오 **皆官擧也**라하고 **何休注**에 **云 皆以官名擧言之**라하다 **荀子儒效篇**에 **亦云 繆學雜擧**라하다 **案 此擧與公羊荀子義正同**이라 **文名**은 **言以文飾爲名**이라 **又疑此篇之字多誤爲文**하니 **此文名亦當作之名**이라 **之名**은 **猶言是名**이니 **與彼實文相對**하니 **亦通**이라 **畢云 此釋經上擧擬實也**[77]라하다

≪春秋≫ 文公 8年에 "宋人이 그 大夫 司馬를 죽이니, 宋나라 司城이 魯나라로 도망해 왔다.〔宋人殺其大夫司馬 宋司城來奔〕"라고 하였는데, ≪春秋公羊傳≫에 "司馬는 누구이며 司城은 누구인가. 모두 官名으로 든 것이다.〔司馬者何 司城者何 皆官擧也〕"라고 하고 何休의 注에 "모두 官名을 가지고 들어 말한 것이다.〔皆以官名擧言之〕"라고 하였다. ≪荀子≫ 〈儒效〉편에도 "잘못 배우고 난잡하게 들다.〔繆學雜擧〕"라고 하였다.

案 : 이 대목의 '擧'는 ≪春秋公羊傳≫, ≪荀子≫의 뜻과 정확히 같다. '文名'은 文飾으로 이름을 삼았다는 말이다. 또는 이 篇에서 '之'자가 잘못 '文'자가 된 경우가 많으니 이 대목의 '文名' 역시 아마도 '之名'이 되어야 할 듯하다. '之名'은 '是名'이라고 하는 말과 같으니 '彼實'이라는 글과 서로 對가 되는데 역시 뜻이 통한다.

畢沅 : 이 대목은 〈經 上〉의 '擧擬實也(擧(列擧)는 실제를 模擬하여 말하는 것이다.)'를 풀이한 것이다.

76) 〔人〕 : 저본에는 '人'이 없으나, ≪春秋≫ 文公 8年 經文에 의거하여 보충하였다.

77) 經上擧擬實也 : 본서 3책 〈經 上〉 40-61-1에 보인다.

42-32-1 故言也者는 諸口能之出(民)〔名〕者也라

그러므로 言(말)이라는 것은 소리를 내어 名(개념)을 갖게 하는 입의 功能이다.

王引之云 當作故言也者出諸口能之民者也니 出字誤倒在下하고 能下又脫一字라 能與而通하니 謂言出諸口而加之民也라 繫辭傳에 曰 言出乎身하여 加乎民이라하다 案 王說移易太多하니 似未塙이라 竊疑口能은 卽謂口之所能이니 猶經上云 言은 口之利也[78]라 民當爲名之誤니 後文云 聲出口에 俱有名이라하다 出名은 亦謂言出而有名이니 猶經云 出擧也라

王引之 : 마땅히 "故言也者 出諸口能之民者也(그러므로 말이라는 것은 입으로 내어 백성에게 더해지는 것이다.)"가 되어야 하니 '出'자가 잘못 도치되어 아래에 있고 '能' 아래 다시 〈'加'〉 1자가 빠졌다. '能'은 '而'와 통하니 말이 입에서 나와 백성에게 더해진다는 말이다. ≪周易≫ 〈繫辭傳〉에 "말은 몸에서 나와 백성에게 더해진다.〔言出乎身 加乎民〕"라고 하였다.

案 : 王引之의 說은 옮기고 바꾼 것이 너무 많으니 확실하지 않은 듯하다. 내 생각에 아마도 '口能'은 바로 입이 할 수 있는 것〔口之所能〕을 이르니 〈經 上〉에서 "言(言說)은 입의 이로운 작용이다.〔言口之利也〕"라고 한 것과 같은 듯하다. '民'은 마땅히 '名'의 誤字가 되어야 하니 뒷글에서 "소리가 입에서 나옴에 모두 名(개념)을 갖는다.〔聲出口俱有名〕"라고 하였다. '出名' 역시 말이 나와 名(개념)을 갖게 됨을 말하니 〈經 上〉에서 "〈입으로〉 내어 거론하는 것이다.〔出擧也〕"라고 한 것과 같다.

42-32-2 (民)〔名〕若畫俿(호)也라

名(개념)은 마치 범을 그리는 것과 같다.

民은 疑亦名之誤라 蓋言名與實不同이라 字書無俿字라 太玄經[79] 止次七車纍其俿(치)에 范望注에 云 俿는 輪也라하다 案 非此義라 畢云 俿는 虎字異文이라하다

---

78) 經上云……口之利也 : 본서 3책 〈經 上〉 40-85-1에 보인다.

79) 太玄經 : 前漢 末의 楊雄(B.C. 53~A.D. 18)이 ≪周易≫을 모방하여 저술한 것이다. ≪漢書≫ 〈藝文志〉에는 총 19권이라고 하였으나, ≪文獻通考≫에는 총 10권이라 하였다. 현전하는 판본은 총 10권이다. 晉의 范望이 注를 달았다.

'民'은 아마도 역시 '名'의 誤字인 듯하다. 이는 名(개념)과 實(실제)이 같지 않음을 말한 것이다. 字書에는 '俿'자가 없다. ≪太玄經≫ '止'에 "다음 일곱 번째는 수레에 그 바퀴를 매다는 것이다.〔次七 車纍其俿〕"라고 한 데 대해 范望의 注에 "'俿'는 輪(바퀴)이다."라고 하였다. 살펴보건대, 이 뜻이 아니다.

畢沅 : '俿'는 '虎'자의 異體字이다.

42-32-3 言也〔者〕는 謂言猶(石)〔名〕致也[80)]라

言(말)이라는 것은 말이 名(개념)을 말미암아 이루게 된다는 말이다.

此義難通이라 **言也下疑當有者字**라 **畢云 石當爲實**이라 **此釋經上言出擧也**[81)]라하다 **案實致亦無義**라 **石疑名之誤**요 **猶與由通**하니 **謂言因名以致之**라

이 부분의 뜻은 통하기 어렵다. '言也' 아래 마땅히 '者'자가 있어야 할 듯하다.

畢沅 : '石'은 마땅히 '實'이 되어야 한다. 이 대목은 〈經 上〉의 '言出擧也(言(말)은 〈입으로〉 내어 거론하는 것이다.)'를 풀이한 것이다.

案 : '實致' 역시 의미가 없다. '石'은 아마도 '名'의 誤字인 듯하고 '猶'는 '由'와 통하니, 말은 名(개념)을 인하여 이루게 된다는 말이다.

42-33-1 且라

且(장차)를 설명한다.

句라

여기에서 句를 뗀다.

---

80) 故言也者……謂言猶(石)〔名〕致也 : ≪墨子今注今譯≫에서는 梁啓超의 校勘에 의거하여 '故'자 앞에 '言'을 標題字로 보충하고, 高亨의 校勘에 의거하여 '言也謂'를 '言謂也'로 고치고 "그러므로 言辭와 語句를 말하는 것은 人類의 입의 功能이니 語辭의 槪念을 表出하기 위한 것이다. 語辭의 槪念과 事物의 관계는 범을 그려서 실제 범을 표현하는 것과 같다. 言辭와 語句는 事物을 일러 陳述하는 것이다. 言辭와 語句는 語辭의 槪念을 통해 연결하여 구성하는 것이다.〔言 故言也者 諸口能之 出名者也 名若畫虎也 言 謂也 言由名致也〕"라고 하였다.

81) 經上言出擧也 : 본서 3책 〈經 上〉 40-64-1에 보인다.

42-33-2 自前曰且요 自後曰已라 方然亦且라

〈일이 일어나기〉 전의 시점에서는 '且'라고 하고 〈일이 일어난〉 후의 시점에서는 '已(이미)'라고 한다. 바야흐로 일어나고 있을 때도 '且'이다.

呂氏春秋音律篇高注에 云 且는 將也라하다 兪云 此當讀且句自前曰且句自後曰已句方然亦且句라 蓋凡事는 從事前言之어나 或臨事言之에 皆可曰且라 如歲且更始[82]之且는 事前之且也라 如匪且有且[83]之且는 毛傳[84]曰此也라하니 此方然之且也라 惟從事後言之하면 則爲已然之事니 不得言且라 故云自後曰已라하다

≪呂氏春秋≫ 〈音律篇〉의 高誘의 注에 "'且'는 將(장차)이다."라고 하였다.

兪樾 : 이 대목은 마땅히 '且'에서 句를 떼고 '自前曰且'에서 句를 떼고 '自後曰已'에서 句를 떼고 '方然亦且'에서 句를 떼어 읽어야 한다. 대체로 모든 일은 일이 있기 전에 말하거나 혹은 일에 임하여 말할 때 모두 '且'라고 할 수 있다. 이를테면 '歲且更始(한 해가 장차 다시 시작한다.)'의 '且'는 일이 있기 전의 '且'이다. 이를테면 '匪且有且(이곳에만 이것이 있을 뿐 아니다.)'의 '且'는 毛傳에 "此(이것)이다."라고 하였으니 이는 바야흐로 일어나고 있을 때의 '且'이다. 다만 일이 일어난 뒤에 말하면 이미 벌어진 일이 되기에 '且'라고 말할 수 없다. 그래서 '自後曰已'라고 한 것이다.

42-33-3 (若石者也)〔臣民也者〕[85]라

臣民이다.

---

82) 歲且更始 : ≪禮記≫ 〈月令〉에 보이는 말로, "해는 次에 다하고, 달은 紀에 다한다. 별은 하늘을 돌아 數가 거의 마치게 되며, 한 해가 장차 다시 시작한다.〔日窮于次 月窮于紀 星回于天 數將幾終 歲且更始〕"라고 하였다.

83) 匪且有且 : ≪詩經≫ 〈周頌 載芟〉에 보이는 말로, "이곳에만 이것이 있을 뿐 아니며 지금에만 지금 같을 뿐 아니라 예로부터 이와 같았네.〔匪且有且 匪今斯今 振古如玆〕"라고 하였다.

84) 毛傳 : ≪毛詩故訓傳≫의 略稱이다. 漢나라 때 魯나라의 毛亨(大毛公을 말함)이 ≪詩故訓傳≫을 지어 趙나라의 毛萇(小毛公을 말함)에게 전수한 것이라고 한다. 毛亨은 經學에 정통하여 漢代 경학을 집대성하였다고 평가된다. 저서에 ≪毛詩傳≫, ≪周禮注≫ 등이 있다.

85) (若石者也)〔臣民也者〕 : ≪墨子今注今譯≫에서는 兪樾의 說에 의거하여 '若石者也'를 衍文으로 보았다.

畢云 此釋經上且言然也[86]라하다 兪云 若石者也는 涉下句君以若名者也而衍이요 又誤名爲石耳라하다 詒讓案 若石者也疑當作臣民也者니 乃約述經語以起下文이어늘 今本訛舛不可通일새 遂誤屬之上章耳라

畢沅 : 이 대목은 〈經 上〉의 '且言然也(且(장차)는 그렇게 될 것을 말하는 것이다.)'를 풀이한 것이다.

兪樾 : '若石者也'는 아래 句의 '君以若名者也'와 관련하여 잘못 들어갔고 또 '名'을 잘못 보아 '石'이 된 것일 뿐이다.

詒讓案 : '若石者也'는 아마도 '臣民也者'가 되어야 할 듯하니 바로 〈經 上〉의 말을 요약해 서술하면서 아래 글을 도입하려는 것인데 今本이 잘못 되어 뜻이 통하지 못하기에 결국 앞 章에 잘못 붙인 것일 뿐이다.

42-34-1 君이라

君(임금)을 설명한다.

句라

여기에서 句를 뗀다.

42-34-2 以若名者也[87]라

이러한 〈臣民에 상대하여〉 이름한 것이다.

張云 謂以臣萌名이라하다 畢云 此釋經上君臣名通約也[88]라 名은 經上作萌하니 誤라하다 案 經云萌은 即氓字니 不誤라 此言君之名이 對臣民而立이라 故云以若名이라 若은 即

86) 經上且言然也 : 본서 3책 〈經 上〉 40-66-1~2에 보인다.

87) 君 以若名者也 : ≪墨子今注今譯≫에서는 魯大東의 校勘에 의거하여 '名'을 '民'으로 고치고 "임금은 民意를 따라야 할 기준으로 삼아야 한다."라고 하였다.

88) 經上君臣名通約也 : 본서 3책 〈經 上〉 40-68-1~2에 보인다. 畢沅의 校勘을 따르면, "임금과 신하는 이름을 總括한 것이다."라고 하고 孫詒讓의 校勘을 따르면, "임금과 신하와 백성은 總括한 것이다."라고 한다.

指臣民也니 **畢說非**라

張惠言 : 臣과 萌으로 이름하였다는 말이다.

畢沅 : 이 대목은 〈經 上〉의 '君臣名通約也'를 풀이한 것이다. '名'은 〈經 上〉에 '萌'으로 되어 있는데 誤字이다.

案 : 〈經 上〉에서 萌이라고 한 것은 바로 '氓'자이니 잘못 되지 않았다. 이 부분은 君이라는 명칭이 臣民에 상대하여 세워졌음을 말하였다. 그래서 '以若名'이라고 한 것이다. '若'은 바로 臣民을 가리키니 畢沅의 說은 잘못 본 것이다.

42-35-1 **功**이라 (不)〔**必**〕**待時**를 **若衣裘**[89]라

功을 설명한다. 마치 홑옷과 갖옷처럼 반드시 때에 맞춘다.

不疑當爲必이라 **言功之利民必合時宜**니 **若夏衣而冬裘也**라 **張云 冬資葛**하고 **夏資裘**하여 **不待時而利**라하다 **案 張說亦通**이라 **舊本重此七字**라 **畢云 疑衍**이라하고 **張說同**이라 **案 吳鈔本亦無**하니 **今據刪**이라 **畢云 此釋經上功利民也**[90]라하다

'不'은 마땅히 '必'이 되어야 할 듯하다. 功이 백성을 이롭게 하는 것은 반드시 時宜에 부합해야 하니 마치 여름에 홑옷을 입고 겨울에 갖옷을 입는 것과 같다는 말이다.

張惠言 : 겨울에는 칡베옷을 마련하고 여름에는 갖옷을 마련하여 때에 맞추지 않아도 이롭게 한다.

案 : 張惠言의 說도 뜻이 통한다. 舊本에는 이 7字가 중복되어 있다. 畢沅은 잘못 들어간 글자인 듯하다고 하였고 張惠言의 說도 같다. 생각건대 吳鈔本에도 〈중복된 7字가〉 없으니 지금 이에 의거하여 삭제한다.

畢沅 : 이 대목은 〈經 上〉의 '功利民也(공이란 백성들을 이롭게 하는 것이다.)'를 풀이한 것이다.

---

89) 功……若衣裘 : ≪墨子今注今譯≫에서는 '不'을 校勘하지 않고 "백성에게 이로운 일을 할 때에는 어쩔 수 없는 때까지 미루다가 마지못해 해서는 안 되니 이는 홑옷을 입고 갖옷을 입는 것과 같아 응당 미리 준비해야지 어쩔 수 없는 때까지 미루다가 마지못해 만들어서는 안 된다."라고 하였다.

90) 經上功利民也 : 본서 3책 〈經 上〉 40-70-1에 보인다.

42-36-1 (賞)이라

賞을 설명한다.

疑當在下文이어늘 誤箸(착)於此라

마땅히 아래 글(42-38-1)에 있어야 하는데 여기에 잘못 붙인 듯하다.

42-37-1 罪라 不在禁이요 惟害無罪면 (殆姑)〔隸(태)辜〕[91)]라

罪를 설명한다. 禁法을 〈어기는 데〉 달려 있지 않고 단지 罪 없는 이를 해치면 罪에 미친다.

殆는 疑當爲隸之假字라 說文隶部에 云 隸는 及也라하다 姑與辜通하니 言罪不必犯禁이요 惟害無罪면 則及罪也라

'殆'는 마땅히 '隸'의 假借字가 되어야 할 듯하다. ≪說文解字≫ 隶部에 "'隸'는 及(미침)이다."라고 하였다. '姑'는 '辜'와 通用하니, 罪는 꼭 禁法을 범해야 하는 것은 아니고 단지 罪 없는 이를 해치기만 하면 罪에 미친다는 말이다.

42-38-1 〔賞〕이라 上報下之功也라

賞을 설명한다. 윗사람이 아랫사람의 공로를 되갚는 것이다.

此句上當有賞字라

이 句의 앞에 마땅히 '賞'자가 있어야 한다.

42-39-1 罰이라

91) 罪……(殆姑)〔隸(태)辜〕: ≪墨子今注今譯≫에서는 '惟'는 '雖'의 通用字로 보고, 高亨의 校勘에 의거하여 '殆姑'를 '若詒'로 고치고 "어떤 사람의 行爲가 만일 國家 法律의 禁令에 포함되지 않는다면 그 行爲가 비록 害를 끼치더라도 罪가 있다고 치지 않으니 이를테면 詐欺가 비록 남에게 害를 끼치지만 만약 國家 法律의 禁令에 포함되지 않는다면 罪가 있다고 치지 않는 것과 같다.〔雖害無罪 若詒〕"라고 하였다.

罰을 설명한다.

句라

여기에서 句를 뗀다.

42-39-2 **上報下之罪也**라

윗사람이 아랫사람의 罪過를 되갚는 것이다.

上報下之功也六字當在罪不在禁上이니 **乃述經語**하고 **而未著說**이어늘 **今本貿**(무)**亂不可通**이라 **畢云 此釋經上賞上報下之功也罪犯禁也罰上報下之罪也**[92)]라하다

〈42-38-1〉의 '上報下之功也' 6字는 마땅히 '罪不在禁' 앞에 있어야 하니 바로 〈經 上〉의 말을 서술하고는 미처 說을 짓지 못하였는데, 지금 本이 뒤섞여 혼란해져서 뜻이 통하지 못하게 되었다.

畢沅 : 이 대목은 〈經 上〉의 '賞上報下之功也 罪犯禁也 罰上報下之罪也(賞은 윗사람이 아랫사람의 공로를 되갚는 것이다. 罪는 禁令을 범하는 것이다. 罰은 윗사람이 아랫사람의 罪過를 되갚는 것이다.)'를 풀이한 것이다.

42-40-1 侗이라

侗(같음)을 설명한다.

說文人部에 **云 侗**은 **大貌**라하고 **又言部**에 **云 詷**은 **共也**라하고 **引周書**하여 **云 在夏后之詷**이라하다 **今書顧命詷作侗**[93)]하고 **釋文引馬融本**[94)]하니 **字義竝與許**[95)]**同**이라 **禮記祭**

---

92) 經上賞上報下之功也罪犯禁也罰上報下之罪也 : 본서 3책 〈經 上〉 40-72-1, 40-74-1, 40-76-1에 보인다.

93) 書顧命詷作侗 : ≪尙書≫ 〈顧命〉에 "뒤의 어리석은 나에 있어 上天의 위엄을 공경히 맞이하여 文王과 武王의 큰 교훈을 이어 지켜서 감히 혼란하거나 법도를 넘음이 없었다.〔在後之侗 敬迓天威 嗣守文武大訓 無敢昏逾〕"라고 하였다.

94) 釋文引馬融本 : ≪經典釋文≫ 卷4 〈尙書音義 下 顧命 第24〉의 '侗'에 대한 小注에 "馬融本에는 '詷'으로 쓰고 '共'(함께)이라 하였다.〔馬本作詷 云共也〕"라고 하였다. 馬融(79~166)은 字

統에 云 同之言詷也라하다 是同侗詷三字竝通이라 故此經作同하고 說作侗也라 張云 侗當作同이라하다

≪說文解字≫ 人部에 "'侗'은 大貌(큰 모양)이다."라고 하고, 또 言部에 "詷은 共(함께함)이다."라고 하고서 ≪尙書≫ 〈周書〉를 인용하여 "在夏后之詷(夏后와 함께함에 있다.)"이라 하였다. 지금 ≪尙書≫ 〈周書 顧命〉에는 '詷'이 '侗'으로 되어 있고 ≪經典釋文≫에 馬融本을 인용하였는데 字義가 모두 許愼과 같다. ≪禮記≫ 〈祭統〉에 "'同'이라는 말은 詷이다."라고 하였다. 이는 '同', '侗', '詷' 3字가 모두 通하므로 이 대목의 〈經 上〉에 '同'으로 되어 있고 〈經說 上〉에 '侗'으로 되어 있는 것이다.

張惠言 : '侗'은 마땅히 '同'이 되어야 한다.

42-40-2 二人而俱見是(楹)〔形〕也니

두 사람인데 함께 이 형상을 보는 것이니

楹은 疑亦形之誤라 張云 一楹也어늘 二人俱見하고 俱謂之楹이 是同也라하다 案 張說亦通이라

'楹'은 또한 '形'의 誤字인 듯하다.

張惠言 : 하나의 기둥〔楹〕인데 두 사람이 함께 보고 모두 기둥〔楹〕이라고 하는 것이 바로 同(같음)이다.

가 季長으로, 後漢 때 經學家이다. 110년에 校書郎이 되어 南郡太守를 지냈다. 그는 경서를 주해할 적에 古文經學의 설을 위주로 하면서도 今文經學의 설을 아울러 취하였다. 이름난 제자로는 鄭玄・盧植 등이 있다. 三禮, ≪孝敬≫, ≪論語≫, ≪詩經≫, ≪周易≫, ≪尙書≫, ≪老子≫, ≪淮南子≫, ≪離騷≫, ≪烈女傳≫ 등에 주를 달았는데 지금은 전하지 않고, 일부가 ≪玉函山房輯佚書≫ 등에 수록되어 있다.

95) 許 : 58~147. 許愼을 가리킨다. 字는 叔重으로, 汝南 召陵 사람이다. 後漢 때 古文經學家・文字學家로, 太尉・南閣祭酒 등을 지냈다. 고문경학의 대가인 賈逵를 사사하였고, 馬融의 추앙을 받았다. 今文經學과 고문경학의 차이를 논설한 ≪五經異義≫를 지었는데, 후에 鄭玄이 ≪駁五經異義≫를 지어 논박하였다. 또한 문자학 연구를 중시하여 ≪說文解字≫를 저서하였는데, 현재 徐鉉의 校訂本과 段玉裁의 ≪說文解字注≫가 전한다. 그외 저서로 ≪玉函山房輯佚書續篇≫에 ≪春秋左氏傳許氏義≫・≪爾雅許氏注≫가, 皇淸經解에 ≪五經異義疏證≫이, 道藏에 ≪淮南鴻烈解≫가 들어 있다.

案：張惠言의 說도 뜻이 통한다.

42-40-3 **若事君**이라

마치 〈뭇사람이 한〉 임금을 섬기듯이 하는 것이다.

事는 **舊本作是**하니 **今據道藏本吳鈔本正**이라 **似言猶衆人同事一君**이라 **此釋經上同異而俱於之一也**[96]라

'事'는 舊本에 '是'로 되어 있는데 지금 道藏本, 吳鈔本에 의거하여 바로잡는다. 衆人이 한 임금을 함께 섬기는 것과 같다는 말인 듯하다. 이 대목은 〈經 上〉의 '同異而俱於之一也(同(같음)은 다른 것들이지만 이 하나에 함께 속한 것이다.)'를 풀이한 것이다.

42-41-1 **久**라

久(장구함)를 설명한다.

句라

여기에서 句를 뗀다.

42-41-2 **古今旦莫**(모)라

옛날과 지금, 아침과 저녁이다.

舊本久上衍今字하고 **旦訛且**라 **王引之云 上今字因下今字而衍**이요 **且當爲旦**이라 **言古今異時**요 **旦莫異時**니 **而徧歷古今旦莫則久矣**라 **故曰久古今旦莫**라 **故經上云久彌異時也**라하니 **彌**는 **徧也**라하다 **案 王校是也**요 **顧張校亦以且爲旦**하니 **今竝據刪正**이라

舊本에는 '久' 앞에 '今'자가 잘못 들어갔고 '旦'이 '且'로 잘못 되어 있다.

王引之：앞의 '今'자는 아래 '今'자로 인해 잘못 들어갔고 '且'는 마땅히 '旦'이 되어야 한다. 옛날과 지금이 때가 다르고 아침과 저녁이 때가 다르니 옛날과 지금, 아침과 저녁을 두루

---

96) 經上同異而俱於之一也：본서 3책 〈經 上〉 40-78-1～2에 보인다.

거치면 長久하다는 말이다. 그래서 '久古今旦莫'라고 하였으므로 〈經 上〉에 "久(장구함)는 다른 시간에 두루 미치는 것이다.〔久彌異時也〕"라고 하였으니, '彌'는 두루 미침〔徧〕이다.

案 : 王引之의 校勘이 맞고 顧廣圻와 張惠言의 校勘 역시 '且'를 '旦'으로 보았으니 지금 모두 이에 의거하여 삭제하고 바로잡는다.

42-41-3 宇라

宇(공간)를 설명한다.

句라

여기에서 句를 뗀다.

42-41-4 東西家南北[97]이라

家를 중심으로 東西와 南北이 있다.

顧云 家字衍이라하다 **王校同**이라 **案 家猶中也**니 **四方無定名**이요 **必以家所處爲中**이라 **故著家於方名之閒**이요 **非衍文也**니 **今不據刪**이라 **畢云 此釋經上久彌異時也守彌異所也**[98]라하다 **案 守**는 **宇之誤**라

顧廣圻는 "'家'자는 잘못 들어간 글자이다."라고 하였다. 王引之의 校勘은 같다.

案 : 家(집)는 中과 같으니 四方은 정해진 명칭이 없고 반드시 家가 처한 곳을 中으로 삼으므로 방위 명칭의 사이에 家를 쓴 것이고 잘못 들어간 글자가 아니니 지금 顧廣圻에 의거하여 삭제하지 않는다.

畢沅 : 이 대목은 〈經 上〉의 '久彌異時也守彌異所也(久(장구함)는 다른 시간에 두루 미치는 것이다. 宇(공간)는 다른 장소에 두루 미치는 것이다.)'를 풀이한 것이다.

案 : '守'는 '宇'의 誤字이다.

---

97) 東西家南北 : ≪墨子今注今譯≫에서는 顧廣圻의 校勘에 의거하여 '家'를 삭제하고 "이를테면 東方, 西方, 南方, 北方 같은 것이다."라고 하였다.

98) 經上久彌異時也守彌異所也 : 본서 3책 〈經 上〉 40-80-1~4에 보인다.

42-42-1 **窮**이라

窮(다함, 한계)을 설명한다.

句라

여기에서 句를 뗀다.

42-42-2 **或不容尺**이면 **有窮**이요

혹 尺을 받아들이지 못하면 窮이 있는 것이고

言前雖或有不容尺之餘地라도 **然此不容尺之外卽爲盡處**니 **是有窮也**라 **張云 或不容尺**은 **實也**니 **雖未窮而有窮**이라하다

앞의 끝단에 비록 혹 尺을 받아들이지 못하는 餘地가 있더라도 이 尺을 받아들이지 못하는 바깥은 바로 끝나는 곳이 되니 이것이 '有窮'이라는 말이다.

張惠言 : 혹 尺을 받아들이지 못한다는 것은 實이니 비록 아직 窮하지 않더라도 窮이 있는 것이다.

42-42-3 **莫不容尺**이면 **無窮也**[99)]라

尺을 받아들이지 못함이 없으면 窮이 없는 것이다.

張云 莫不容尺은 **虛也**니 **雖窮而無窮**이라하다 **畢云 此釋經上窮或有前不容尺也**[100)]라하다

張惠言 : 尺을 받아들이지 못함이 없다는 것은 虛이니 비록 窮하더라도 窮이 없는 것이다.

畢沅 : 이 대목은 〈經 上〉의 '窮或有前不容尺也(窮(다함, 한계)은 혹 끝이 있더라도 尺을 받아들이지 못하는 것이다.)'를 풀이한 것이다.

---

99) 或不容尺……無窮也 : ≪墨子今注今譯≫에서는 "자를 써서 하나의 空間을 재어 만약 그 공간의 앞면에 한 尺이 모자라는 곳에 이르면 그것은 窮이 있는 것이고 만약 한 尺이 모자라는 상태가 없는 곳에 이르면 그것은 窮이 없는 것이다."라고 하였다.

100) 經上窮或有前不容尺也 : 본서 3책 〈經 上〉 40-82-1~2에 보인다.

42-43-1 **盡**이라

盡(모두)을 설명한다.

吳鈔本作靜하니 **誤**라

吳鈔本에 '靜'으로 되어 있는데 誤字이다.

42-43-2 **(但)〔俱〕**니 **止動**[101)]이라

'모두'라는 뜻이니 動靜에 관계없다.

但疑當作俱니 **謂盡與俱義略同**이라 **止動**은 **謂事無動靜皆然**이니 **卽經所謂莫不然也**라 **畢云 此釋經上盡莫不然也**[102)]라하다

'但'은 아마도 '俱'가 되어야 할 듯하니 '盡'이 '俱'와 뜻이 대략 같다는 말이다. '止動'은 일이 動靜에 관계없이 모두 그러하다는 말이니 바로 〈經 上〉에서 이른바 "그렇지 않은 것이 없다.〔莫不然也〕"는 말이다.

畢沅 : 이 대목은 〈經 上〉의 '盡莫不然也(盡(모두)은 그렇지 않은 것이 없다는 것이다.)'를 풀이한 것이다.

42-44-1 **始**라

始(시작)를 설명한다.

句라

여기에서 句를 뗀다.

42-44-2 **時或有久**어나 **或無久**하니 **始當無久**[103)]라

---

101) (但)〔俱〕 止動 : ≪墨子今注今譯≫에서는 '俱'에서 句를 떼지 않고 '止動'과 붙이고 "이를테면 하나의 論議 範圍에서, 所有한 個體가 모두 靜止하고 있다거나 소유한 개체가 모두 運動하고 있다고 말하는 것과 같다.〔俱止動〕"라고 하였다.

102) 經上盡莫不然也 : 본서 3책 〈經 上〉 40-84-1~2에 보인다.

時(시간)는 혹 久(시간의 지속)가 있기도 하고 혹 久가 없기도 한데 始는 久가 없는 때에 해당한다.

張云 時有此二者하니 始則當其無久也라 無久는 久之始也라하다 案 張說是也라 此言始者는 或時已歷久에 而追泝(소)其本이어나 或時未歷久에 而甫發其端이니 二者皆謂之始라 但始必當無久時니 若已有久면 則不得爲始也라 列子釋文引始時作夫物하니 疑誤[104]요 無竝作无라 畢云 此釋經上始當時也[105]라하다

張惠言 : 時(시간)에는 이 두 가지가 있는데 始(시작)는 그 久(시간의 지속)가 없는 데 해당한다. 久가 없음은 久의 시작이다.

案 : 張惠言의 說이 맞다. 始라는 것은 혹 시간이 이미 오래 지났을 때 그 근본을 뒤미쳐 遡及하거나 혹은 시간이 아직 오래 지나지 않았을 때 그 端初를 막 여는 것임을 이 대목에서 말하였으니 두 가지를 모두 始라고 한다. 다만 始는 반드시 久가 없는 때에 해당하니 만약 이미 久가 있다면 始가 될 수 없다. ≪列子釋文≫에서 이 부분을 인용한 곳에는 '始時'가 '夫物'로 되어 있는데 誤字인 듯하고 '無'는 모두 '无'로 되어 있다.

畢沅 : 이 대목은 〈經 上〉의 '始當時也(始(시작)는 事物이 비롯한 時點이다.)'를 풀이한 것이다.

42-45-1 化라

化(변화)를 설명한다.

句라

여기에서 句를 뗀다.

---

103) 時或有久……始當無久 : ≪墨子今注今譯≫에서는 "時間은 有久(지속되는 시간의 양이 있음)하기도 하고 無久(지속됨이 없는 더 이상 작을 수 없는 시간의 양)하기도 하다. 시작은 無久에 상당하다."라고 하였다.

104) 列子釋文引始時作夫物 疑誤 : 列子釋文은 唐代 殷敬順이 편찬한 ≪沖虛至德眞經釋文≫을 말한다. 이 책의 〈天瑞〉편에 나오는 '若䵷爲鶉'이라는 말의 注에 "墨子曰夫物或有久 或无久 始當无久 化 若鼃爲鶉也"라고 하여, '始時'를 '夫物'로 잘못 인용한 것을 가리킨다.

105) 經上始當時也 : 본서 3책 〈經 上〉 40-86-1에 보인다.

42-45-2 若鼃(와)爲鶉(순)이라

이를테면 개구리가 메추리가 되는 것과 같다.

列子天瑞篇에 亦有此文하니 釋文引此末有也字[106]라 畢云 此釋經上化徵易(역)也라하다 孫星衍云 淮南齊俗訓에 云 夫蝦蟆(하마)爲鶉에 生非其類니 唯聖人知其化라하다 詒讓案 說文黽部에 云 鼃는 蝦蟆屬이라하니 淮南書卽本此라 荀子正名篇에 云 狀變而實無別而爲異者를 謂之化니 有化而無別일새 謂之一實이라하다

≪列子≫ 〈天瑞〉편에도 이 문장이 있는데 ≪列子釋文≫에서는 이를 인용하면서 마지막에 '也'자를 두었다.

畢沅 : 이 대목은 〈經 上〉의 '化 徵易也(化(변화)는 상태가 바뀌는 것이다.)'를 풀이한 것이다.

孫星衍 : ≪淮南子≫ 〈齊俗訓〉에 "무릇 蝦蟆(개구리와 두꺼비)가 메추리가 될 때 태생은 자기 종류가 아니니 오직 聖人만 그 변화를 안다〔夫蝦蟆爲鶉 生非其類 唯聖人知其化〕"라고 하였다.

詒讓案 : ≪說文解字≫ 黽部에 "'鼃'는 蝦蟆의 종류이다."라고 하였으니 ≪淮南子≫ 책은 바로 여기에 근거하였다. ≪荀子≫ 〈正名〉편에 "형상은 변화하면서도 실질은 구별이 없이 달라진 것을 변화라고 하니 변화가 있으면서도 구별이 없기에 똑같은 실체라고 한다.〔狀變而實無別而爲異者 謂之化 有化而無別 謂之一實〕"라고 하였다.

鶉

42-46-1 損이라 偏去也者는 兼之體也라

損(감소)을 설명한다. 偏去(한편을 없앰)라는 것은 兼(전체)에서의 體(부분)이다.

舊本無去字한대 今依王校補라 兼之體는 卽上文一之二尺之端之義[107]라 兼者는 合衆

---

106) 釋文引此末有也字 : 앞의 주 104) 참조.

107) 上文一之二尺之端之義 : 本篇 42-2-1~2에 보이는 말로, 거기에는 '一之二'가 '二之一'로 되어 있다.

體니 **偏去**는 **言於衆體中**에 **損去其一體也**라 **經上云 體**는 **分於兼也**[108)]라하니 **亦卽此義**라

舊本에 '去'자가 없는데 지금 王引之의 校勘에 의거하여 보충한다. '兼之體'는 곧 위의 글의 '1(부분)의 2(전체), 尺幅에서의 끝〔一之二尺之端〕'의 뜻이다. '兼'이라는 것은 여러 體를 합함이니 偏去는 여러 體 중에서 그 한 體(부분)를 덜어낸다는 말이다. 〈經 上〉에서 "體(부분)는 兼(전체)에서 나뉘어진 것이다〔體 分於兼也〕"라고 하였는데 또한 바로 이 뜻이다.

42-46-2 **其體或去或存**하니 **謂其存者損**[109)]이라

그 體는 혹 없애기도 하고 혹 남기도 하니 그 남는 것을 일러 損이라 한다.

存上舊本脫或字라 **王引之云 經上云損偏去也**라하니 **則此當云 損 偏去也者 兼之體也 其體或去或存 謂其去者損**이어늘 **寫者脫誤耳**라하다 **張云 一物兼二體**에 **體一去一存**이라 **就其存者言則損矣**라하다 **案 王校增或字**하니 **是也**라 **今據補**라 **謂其存者損**은 **當如張說**이니 **存字非誤**라 **今不據改**라 **畢云 此釋經上損偏去也**[110)]라하다

'存' 앞에 舊本에는 '或'자가 빠져 있다.

王引之 : 〈經 上〉에 "損(감소)은 한편을 없애는 것이다.〔損 偏去也〕"라고 하였으니 이 대목은 마땅히 '損偏去也者兼之體也其體或去或存謂其去者損'이라고 해야 하는데 필사한 자가 빠뜨리고 잘못 쓴 것일 뿐이다.

張惠言 : 한 物이 두 體를 兼할 때 體에서 하나가 없어지면 하나가 남는다. 그 남은 것을 가지고 말하면 損이다.

案 : 王引之의 校勘에서 '存' 앞에 '或'자를 넣었는데 맞다. 지금 이에 의거하여 보충한다. '謂其存者損'은 마땅히 張惠言의 說처럼 이해해야 하니 '存'자는 誤字가 아니다. 지금 王引之에 의거하여 고치지 않는다.

畢沅 : 이 대목은 〈經 上〉의 '損偏去也'를 풀이한 것이다.

---

108) 經上云……分於兼也 : 본서 3책 〈經 上〉 40-3-1에 보인다.

109) 偏去也者……謂其存者損 : ≪墨子今注今譯≫에서는 '去'자를 보충하지 않고서 "偏이라는 것은 兼에서의 體이니 事物의 部分을 가리킨다. 사물의 부분은 없어지기도 하고 존재하기도 하는데 사물의 양의 감소는 존재하는 부분을 두고 말한 것이다."라고 하였다.

110) 經上損偏去也 : 본서 3책 〈經 上〉 40-90-1~2에 보인다.

42-47-1 (儇)〔環〕이라

環(고리)을 설명한다.

當爲環이니 詳經上이라

마땅히 '環'이 되어야 하니 〈經 上〉에 자세하다.

42-47-2 (昫民)〔俱氐〕也[111]라

모두가 뿌리가 되는 것이다.

畢云 昫는 經作秖라 此釋經上儇秖秪(지)[112]라하다 詒讓案 昫當爲俱요 民當爲氐니 經作儇秖秪는 亦誤라 說詳經上이라

畢沅 : '昫'는 〈經 上〉에 '秖'로 되어 있다. 이 대목은 〈經 上〉의 '儇秖秪(環(고리)은 모두가 뿌리가 되는 것이다.)'를 풀이한 것이다.

詒讓案 : '昫'는 마땅히 '俱'가 되어야 하고 '民'은 마땅히 '氐'가 되어야 하니 〈經 上〉에 '儇秖秪'로 되어 있는 것 역시 잘못이다. 〈經 上〉에서 자세히 설명하였다.

42-48-1 (庫)〔㢓〕이라

㢓(막힘)을 설명한다.

當作㢓이니 詳經上이라

마땅히 '㢓'이 되어야 하니 〈經 上〉에 자세하다.

42-48-2 (區穴若)〔若區穴〕에

이를테면 區穴(빈 틈)에서

111) (昫民)〔俱氐〕也 : ≪墨子今注今譯≫에서는 '昫'를 '詢'으로 고치고 "이는 民衆에게 詢問하는 방법을 써서 해결할 수 있다."라고 하였다.

112) 經上儇秖秪 : 본서 3책 〈經 上〉 40-94-1~2에 보인다.

句라

여기에서 句를 뗀다.

42-48-3 (斯貌常)〔所視㢓〕[113]이라

보는 바가 막힌 것과 같다.

貌는 吳鈔本作皃(모)라 管子宙合篇에 云 區者는 虛也라하다 區穴猶云空穴이라 區穴若은 猶言若區穴이니 文偶到耳라 斯貌常疑當作所視㢓이라 備城門篇에 時令人行視封이라한대 視는 今本亦誤作貌하니 可證이라 常㢓音近而誤라 言雖有區穴이라도 視之則㢓而不見也라 畢云 此釋經上㢓易也[114]라하다 案 庫亦㢓之誤라

'貌'는 吳鈔本에 '皃'로 되어 있다. ≪管子≫ 〈宙合〉편에 "區는 虛(비어 있음)이다."라고 하였다. '區穴'은 空穴(빈 구멍)이라 하는 말과 같다. '區穴若'은 '若區穴'이라 하는 것과 같으니 글자가 우연히 도치되었을 뿐이다. '斯貌常'은 아마도 '所視㢓'이라 써야 할 듯하다. 〈備城門〉편에 "이때 사람으로 하여금 가서 언덕을 보게 하다.〔時令人行視封〕"라고 하였는데, '視'는 지금 本에 역시 '貌'로 잘못되어 있으니 증거로 삼을 만하다. '常'과 '㢓'은 발음이 비슷해 잘못된 것이다. 비록 區穴이 있더라도 그것을 보면 막혀서 보지 못한다는 말이다.

畢沅 : 이 대목은 〈經 上〉의 '庫易也(㢓(막힘)은 바뀌는 것이다.)'를 풀이한 것이다.

案 : '庫'는 역시 '㢓'의 誤字이다.

42-49-1 動이라

動(움직임)을 설명한다.

---

113) (庫)〔㢓〕……(斯貌常)〔所視㢓〕 : ≪墨子今注今譯≫에서는 譚戒甫의 說에 의거하여 '庫'를 '窟'로 보고 高亨의 校勘에 의거하여 '若斯貌常'은 '常若斯貌'로 고치고 "〈한 물체를〉 꺼낸 실제 面은 원래 그것을 들여놓았던 빈 면과 늘 이처럼 비슷한 모양이다.〔窟 區穴常若斯貌〕"라고 하였다.

114) 經上庫易也 : 본서 3책 〈經 上〉 40-96-1~2에 보인다.

句라

여기에서 句를 뗀다.

42-49-2 (偏祭從)〔遍際徙〕者니

접하는 곳을 두루 돌아 옮겨가는 것이니

此義難通이라 從亦當作徙라 經云 動或(역)(徒)〔徙〕[115]라한대 與經下宇或徙[116]로 二文正同하니 則是遷地之義라 疑偏祭當作遍際니 謂動則周遍所接之域이라 經說下云 區宇不可偏擧[117]라하니 偏遍字亦通이라 詳非攻下篇이라

이 부분의 뜻은 통하기 어렵다. '從'은 역시 마땅히 '徙'가 되어야 한다. 〈經 上〉에 '動或徙(動(움직임)은 지역을 옮기는 것이다)'라고 하였는데, 〈經 下〉의 '宇或徙(宇或(공간)은 옮겨간다)'와 두 글자가 정확히 같으니 이는 지역을 옮긴다〔遷地〕는 뜻이다. '偏祭'는 '遍際'가 되어야 할 듯하니 움직이면 접하는 지역을 두루 돈다는 말이다. 〈經說 下〉에 '區宇不可偏擧(區宇(공간)를 두루 다 들 수 없다)'라고 하였으니 '偏', '遍'자는 또한 通用한다. 〈非攻 下〉편에 자세하다.

42-49-3 戶樞(免瑟)〔它(사)蠶〕[118]이라

문 지도리, 뱀과 누에가 〈늘 움직이는 것과 같다.〉

呂氏春秋盡數篇에 云 戶樞不螻는 動也라하다 張云 瑟은 蝨(슬)同이라 戶樞不蠹(두)는 動

---

115) 經云 動或(역)(徒)〔徙〕 : 본서 3책 〈經 上〉 40-98-1~2에 보인다. '徙'는 저본에는 '徒'로 되어 있으나, 續修四庫全書本 및 漢文大系本에 의거하여 '徙'로 바로잡았다. 〈經 上〉에는 본래 '或從也'로 되어 있는데 孫詒讓이 '從'을 '徙'로 校勘하였다.

116) 經下宇或徙 : 본서 3책 〈經 下〉 41-26-1에 보인다.

117) 經說下云 區宇不可偏擧 : 〈經說 下〉에는 '傴宇不可偏擧'로 되어 있다.

118) (偏祭從)〔遍際徙〕者 戶樞(免瑟)〔它(사)蠶〕 : ≪墨子今注今譯≫에서는 '偏'을 '遍'으로 교감하지 않고 本篇 42-46-1에 나오는 '兼之體也'의 뜻으로 보고, "物體에는 최소한으로 一部分을 움직이는 예가 있으니 이를테면 문의 지도리가 스스로 도는 것, 뱀과 누에가 꿈틀거려 움직이는 것과 같은 것이다.〔動 偏際徙者 戶樞蛇蠶〕"라고 하였다.

故也라하다 **案 依張說**컨대 **免蝨謂免於蠹**니 **義未塙**이라 **竊疑免瑟當作它蠶**이니 **它卽蛇正字**라 **說文它部**에 **云 它**는 **虫也**라 **上古艸居患它**라 **故相問無它乎**라 **或作蛇**하니 **從虫**이라하다 **干祿字書**[119]에 **蠶俗作蚕**이라하다 **它蚕與免瑟**은 **形近而訛**라 **下文免蚋**의 **免亦卽它字**라 **耕柱篇**에 **白若之龜**라한대 **龜**는 **今本訛作𪓰**(참)하니 **龜亦從它也**니 **皆可以互證**이라 **戶樞與它蠶**은 **皆常動之物**이라 **畢云 此釋經上動或從也**라하다 **案 從亦徙之誤**라

≪呂氏春秋≫ 〈盡數〉편에 "문 지도리가 개미에 삭지 않는 것은 움직이기 때문이다.〔戶樞不螻 動也〕"라고 하였다.

張惠言 : '瑟'은 '蝨'과 같다. 문 지도리가 좀이 슬지 않는 것은 움직이기 때문이다.〔戶樞不蠹 動故也〕

案 : 張惠言의 說에 의거하면, '免蝨'은 좀이 스는 것을 免한다는 말인데 뜻이 확실하지 않다. 내 생각에 '免瑟'은 마땅히 '它蠶'이 되어야 할 듯하니 '它'는 바로 '蛇'의 正字이다. ≪說文解字≫ 它部에 "'它'는 虫(독사)이다. 上古 시대에는 풀숲에 살면서 它를 근심하므로 它가 없냐고 서로 문안하곤 하였다. '蛇'로 쓰기도 하니 虫이 붙는 글자이다."라고 하였다. ≪干祿字書≫에 "'蠶'은 俗字로 '蚕'으로 쓴다."라고 하였다. '它蚕'과 '免瑟'은 字形이 비슷하여 잘못된 것이다. 아래 글(42-85-5)의 '免蚋'에서 '免' 역시 바로 '它'자이다. 〈耕柱〉편에 '白若之龜'라고 하였는데, '龜'는 지금 本에 '𪓰'으로 잘못되어 있다. '龜' 또한 '它'가 붙는 글자이니 모두 상호간에 증거로 삼을 수 있다. '戶樞(문 지도리)'와 '它蠶(뱀과 누에)'은 모두 늘 움직이는 사물이다.

畢沅 : 이 대목은 〈經 上〉의 '動或從也'를 풀이한 것이다.

案 : '從' 또한 '徙'의 誤字이다.

42-50-1 **止**라

止(靜止)를 설명한다.

句라

여기에서 句를 뗀다.

---

119) 干祿字書 : 唐代의 字書이다. 顔元孫이 撰寫한 것으로, 모두 1卷이다.

42-50-2 **無久之不止**는 **當牛非馬**니

久(시간의 지속)가 없는 상태의 靜止하지 않음은 소가 말이 아니라는 명제에 해당하니

當猶言是也라 **經上云 辯勝**은 **當**[120]이라하니 **即謂是者勝也**라 **淮南子齊俗訓**에 **云 從牛非馬**[121]라하니 **疑卽此義**라 **張云 無久之不止**는 **以不止爲不止也**니 **其理易見**이라 **故當牛非馬**라하니 **亦通**이라

'當'은 '是(옳음)'라는 말과 같다. 〈經 上〉에 "논변에 이김은 뜻에 타당하기 때문이다.〔辯勝 當〕"라고 하였으니 바로 옳은 것〔是者〕이 이긴다는 말이다. ≪淮南子≫ 〈齊俗訓〉에 "소의 입장에서 말을 비판하다.〔從牛非馬〕"라고 하였는데 바로 이 뜻인 듯하다. 張惠言은 "久(시간의 지속)가 없는 상태의 정지하지 않음은 정지하지 않음을 정지하지 않음으로 여기는 것이니, 그 이치가 쉽게 드러나므로 소가 말이 아니라는 명제에 해당한다."라고 하였는데 역시 뜻이 통한다.

42-50-3 **若矢過楹**이라

마치 화살이 기둥을 지나가는 것과 같다.

矢는 **舊本訛夫**라 **張云 疑亦當爲人**이라하다 **王引之云 夫當作矢**니 **矢之過楹**에 **久則止而不行**이라 **故曰 無久之不止**는 **若矢過楹**이라하다 **鄕射禮記**에 **曰 射自楹間**이라 **故以矢過楹爲喩**라 **案 王校是也**니 **今據正**이라 **莊子天下篇**에 **云 鏃矢之疾**에 **而有不行不止之時**[122]라하니 **疑此義與彼略同**이라

---

120) 經上云 辯勝當 : 본서 3책 〈經 上〉 40-50-1~3에 보인다.

121) 淮南子齊俗訓……從牛非馬 : ≪淮南子≫ 〈齊俗訓〉에 "지금 干戚을 들고 추는 文舞를 힘쓰면서 괭이와 가래를 들고 추는 춤을 비웃고, 三年喪만 알 뿐 하루로 끝내는 喪을 비판하는 것은 소의 입장에서 말을 비판하고 徵音의 기준으로 羽音을 비웃는 것이다.〔今之修干戚而笑钁插 知三年非一日 是從牛非馬 以徵笑羽也〕"라고 하였다.

122) 莊子天下篇……而有不行不止之時 : 鏃矢의 입장에서 한 순간 한 순간은 날아간다〔行〕고도 정지한다〔止〕고도 할 수 없으니, 가는 것은 분명하지만 鏃矢의 이동을 더 이상 나눌 수 없을 때까지 나누면 動이라고도 靜이라고도 할 수 없는 때가 있다는 말이다.

'矢'는 舊本에 '夫'로 잘못되어 있다.

張惠言 : 〈'矢'는〉 역시 '人'이 되어야 할 듯하다."라고 하였다.

王引之 : '夫'는 '矢'가 되어야 하니 화살〔矢〕이 기둥을 지나갈 때에 시간이 오래 지속되면 정지하고 날아가지 않는다. 그러므로 '無久之不止若矢過楹'이라 한 것이다. ≪儀禮≫ 〈鄕射禮〉의 기록에 "기둥 사이에서 쏜다.〔射自楹閒〕"라고 하였다. 그래서 "화살이 기둥을 지나간다.〔矢過楹〕"는 말로 비유한 것이다.

案 : 王引之의 校勘이 맞으니 지금 이에 의거하여 바로잡는다. ≪莊子≫ 〈天下〉편에 "살촉이 붙은 화살이 빨리 날아갈 때에 날아가지도 정지하지도 않을 때가 있다.〔鏃矢之疾 而有不行不止之時〕"라고 하였으니 이 부분의 뜻이 저 ≪莊子≫의 말과 대략 비슷할 듯하다.

42-50-4 有久之不止는 當馬非馬니

久(시간의 지속)가 있는 상태의 靜止하지 않음은 말이 말이 아니라는 명제에 해당하니

莊子齊物論篇에 云 以馬喩馬之非馬는 不若以非馬喩馬之非馬也라하니 疑卽此義라 或謂當作當馬非牛라한대 亦無義可說이라 此與上云當牛非馬二句로 竝與上下文不相(冡)〔冢〕[123]이요 而與後彼凡牛樞非牛章[124]文相近하니 或有錯誤라 張云 有久之不止는 以不止爲止也니 其理難見이라 故當馬非馬라하니 亦通이라

≪莊子≫ 〈齊物論〉편에 "말을 가지고 말이 말 아님을 밝히는 것은 말이 아닌 것을 가지고 말이 말 아님을 밝히는 것만 못하다.〔以馬喩馬之非馬 不若以非馬喩馬之非馬也〕"라고 하였으니 바로 이 부분의 뜻인 듯하다. 어떤 이는 마땅히 '當馬非牛'가 되어야 한다고 하였는데 역시 설명할 만한 의미가 없다. 이 부분은 앞에서 말한 '當牛非馬' 2句와 함께 위아래 글과 서로 이어지지 않고 뒤의 '彼凡牛樞非牛(彼(저편)를 설명한다. 무릇 牛樞는 牛가 아니다)' 章과 글이 서로 비슷하니 어쩌면 錯誤가 있는 듯하다. 張惠言은 "久(시간의 지속)가 있는 상태의 정지하지 않음은 정지하지 않음을 정지함으로 여기는 것이니, 그 이치가 드러나기 어려우므로 말이 말이 아니라는 명제에 해당한다."라고 하였는데 역시 뜻이 통한다.

---

123) (冡)〔冢〕 : 저본에는 '冡'으로 되어 있으나, 문맥상 '冢(몽)'의 오자로 보고 바로잡았다.

124) 後彼凡牛樞非牛章 : 本篇 42-69-1에 보인다.

42-50-5 若人過梁[125)]이라

마치 사람이 橋梁을 지나는 것과 같다.

梁謂橋梁이라 若人過橋梁에 不過不止也라 張云 人過梁에 不止以求止也라하다 畢云 此釋經上止以久也[126)]라하다

'梁'은 橋梁을 말한다. 마치 사람이 橋梁을 지나갈 때 지나가지도 않고 정지하지도 않은 것과 같다.

張惠言 : 사람이 橋梁을 지나갈 때 정지하지 않음으로써 정지함을 구하는 것이다.

畢沅 : 이 대목은 〈經 上〉의 '止以久也(止(靜止)는 이미 오래된 것이다.)'를 풀이한 것이다.

42-51-1 必이라

必(必然)을 설명한다.

句라

여기에서 句를 뗀다.

42-51-2 謂(臺)〔握〕執者也라

잡아 지키는 것을 이른다.

執은 道藏本吳鈔本作孰하니 非라 畢云 臺疑握字니 說文에 云 𡎢는 古文握이라하다 握執은 言執持必然者也라하다 案 畢說是也라 握古文又見淮南子詮言訓이어늘 今本亦

125) 無久之不止……若人過梁 : ≪墨子今注今譯≫에서는 沈有鼎의 校勘에 의거하여 '當馬非馬'의 '當' 뒤에 '牛'를 보충하고 "無久(더 이상 작을 수 없는 시간의 양)가 靜止가 아니라는 것은 牛가 馬가 아니라는 명제에 상당하다. 이를테면 날아가는 화살이 기둥을 뚫고 지나가는 것과 같다. 有久(일단의 시간의 연속을 경과함)가 靜止가 아니라는 것은 牛馬가 馬가 아니라는 명제에 상당하다. 이를테면 사람이 다리를 건너는 것과 같다."라고 하였다. 참고로, '牛非馬'는 '牛'와 '馬'라는 두 개념의 外延이 다르다는 뜻이고, '牛馬非馬'는 '牛馬'와 '馬'의 두 개념의 包含 관계가 다르다는 뜻이다.

126) 經上止以久也 : 본서 3책 〈經 上〉 40-2-1~2에 보인다.

誤臺라 又俶眞訓에 云 臺簡以游太淸이라한대 高注云 臺猶持也라하다 釋名釋宮室에 云 臺는 持也니 築土堅高하여 能自勝持也라하다 莊子庚桑楚篇에 云 靈臺者有持로되 而不知其所持라 而不可持者也라한대 釋文에 云 靈臺는 謂心有靈智하여 能任持也라하니 則臺似本有持訓하여 不破字亦可通이라

'執'은 道藏本, 吳鈔本에 '孰'으로 되어 있는데 잘못이다.

畢沅 : '臺'는 '握'자인 듯하다. ≪說文解字≫에 "'𡈼'는 古文의 '握'이다."라고 하였다. 握執은 잡아 지킴이 반드시 그러한 것을 말한다.

案 : 畢沅의 說이 맞다. '握'의 古文은 ≪淮南子≫ 〈詮言訓〉에도 보이는데, 지금 本에도 '臺'로 잘못되어 있다. 또 〈俶眞訓〉에 "簡約함을 잡고서 太淸에 노닌다〔臺簡以游太淸〕"라고 하였는데, 高誘의 注에 "'臺'는 持(잡아 지킴)와 같다."라고 하였다. ≪釋名≫ 〈釋宮室〉에 "'臺'는 持(잡아 지킴)이니 견고하고 높게 흙을 다져 스스로 지켜낼 수 있음이다."라고 하였다. ≪莊子≫ 〈庚桑楚〉편에 "마음은 지키는 것이 있지만 무엇을 지키는지 알 수 없는지라 억지로 지킬 수 없는 것이다.〔靈臺者有持 而不知其所持 而不可持者也〕"라고 하였는데, ≪經典釋文≫에 "靈臺는 마음에 신령한 지혜가 있어 능히 맡아 지킬 수 있음을 이른다." 라고 하였으니 '臺'는 본래 持(잡아 지킴)의 뜻이 있어 破字하지 않아도 뜻이 통할 수 있을 듯하다.

42-51-3 **若弟兄一然者一不然者**면 **必不必也**니 **是非必也**[127)]라

만약 兄弟가 한 명은 그렇다고 여기고 한 명은 그렇지 않다고 여기면 반드시 期必하지 못하는 것이니 이는 必이 아니다.

張云 弟兄一然一不然이면 是必不能必者也니 若是者非必也라 言必者는 是絶無不然者也라하다 畢云 此釋經上必不已也[128)]라하다

---

127) 必……是非必也 : ≪墨子今注今譯≫에서는 高亨의 校勘에 의거하여 '謂臺執者也'의 '臺'자를 '壹'의 誤字로 보고 "必然은 하나의 事物의 상태가 한결같이 이러한 채 變改하지 않음을 말하니 이를테면 아우가 있으면 必然으로 형이 있는 것과 같다. 〈必然은 盡然(全稱)을 포함하니 이를테면 하나의 論辯의 범위에서〉 이러한 것이 있고 이러하지 않은 것이 있다면 반드시 必然이라고 하지는 못하고 必然이 아니라고만 할 수 있다.〔必 謂一執者也 若弟兄 一然者一不然者 必不必也 是非必也〕"라고 하였다.

張惠言 : 兄弟가 한 명은 그렇다고 여기고 한 명은 그렇지 않다고 여기면 이는 반드시 期必하지 못하는 것이니 이와 같은 경우는 必이 아니다. 必이라고 말하는 것은 그렇지 않음이 전혀 없는 것이다.

畢沅 : 이 대목은 〈經 上〉의 '必不已也(必然은 어떤 상태가 停止하지 않는 것이다.)'를 풀이한 것이다.

42-52-1 同이라

同(동일함)을 설명한다.

句라

여기에서 句를 뗀다.

42-52-2 捷(삽)與(狂)〔往〕之同長也[129]라

〈중심에〉 꽂은 곳에서 나아간 선들이 길이가 같음이다.

捷은 吳鈔本作捷이라 畢云 一本作楗이라하다 案 顧校季本同이라

'捷'은 吳鈔本에 '捷'으로 되어 있다.

畢沅 : 어떤 本에는 '楗'으로 되어 있다.

案 : 顧廣圻가 校正한 季本은 같다.

42-53-1 心中이라 自是往相若也[130]라

心中(원의 中心)을 설명한다. 그곳에서 〈圓周까지〉 나가는 선들의 길이가 서로 같다.

---

128) 經上必不已也 : 본서 3책 〈經 上〉 40-4-1～2에 보인다.

129) 捷(삽)與(狂)〔往〕之同長也 : ≪墨子今注今譯≫에서는 '捷'을 '楗'으로, '狂'을 '框'으로 보고, "문빗장과 문기둥이 길이가 같음이다."라고 번역하였다.

130) 心中 自是往相若也 : ≪墨子今注今譯≫에서는 '心中'을 '中心'으로 보고 '中'과 '心' 사이에 구두를 끊고, "中을 설명한다. 圓心에서 圓周까지 半徑이 모두 같은 것이다."라고 하였다.

捷은 讀爲揷이라 詩小雅鴛鴦篇에 戢其左翼이라한대 釋文引韓詩하여 云 戢은 捷也니 捷其噣於左也라하다 儀禮鄕射禮注에 云 搢은 揷也라한대 釋文에 揷作捷이라하니 是其證이라 狂當爲往之誤라 所揷者는 卽重差[131]之立表[132]니 亦卽考工記匠人之置槷(얼)是也니 謂揷表於地라 同長은 卽同高也라 揷一表於中하여 以測日出入之景(영)하여 而規畫其端하고 更於景東西南北端에 各立一表하여 而以中一表爲心하고 外四表爲邊하여 規畫其邊하여 周匝(잡)成圜形하면 則自圜邊爲多線以往湊中點에 其長諸線必正相等이라 此卽同長相若之義라 亦詳經上[133]이라 畢云 此釋經上平同高也同長以正相盡也中同長也[134]라하다

'捷'은 '揷'(꽂음)으로 읽는다. ≪詩經≫ 〈小雅 鴛鴦〉편에 "그 왼쪽 날개에 부리를 꽂는다.〔戢其左翼〕"라고 하였는데 ≪經典釋文≫에서 ≪韓詩≫를 인용하여 "'戢'은 捷이니 그 부리를 왼쪽에 꽂음이다."라고 하였다. ≪儀禮≫ 〈鄕射禮〉의 注에 "'搢'은 揷(꽂음)이다." 라고 하였는데 ≪경전석문≫에 '揷'이 '捷'으로 되어 있으니 이것이 그 증거이다. '狂'은 마땅히 '往'의 誤字가 되어야 한다. 꽂는 것〔所揷者〕은 바로 重差法에 따라 세운 表로, 또한 바로 ≪周禮≫ 〈考工記 匠人〉에 나오는 置槷이 이것이니 땅에 表를 꽂음을 이른다. '同長'은 바로 높이가 같음〔同高〕이다. 가운데에 表 하나를 꽂아 해가 뜨고 질 때의 그림자를 측정하여 그 끝을 그림쇠로 그리고 다시 그림자의 東西南北 끝에 表 하나를 각각 세워서 가운데 表 하나를 中心으로 삼고 바깥의 表 네 개를 둘레〔邊〕로 삼아 그 둘레를

131) 重差 : 漢나라 때 천문학자들이 圭表를 사용하여 해 그림자를 복수로 측정하여 해의 고도와 거리를 측정하던 방법이다. 魏晉시대 劉徽가 글을 지어 이 方法을 講述하면서 역시 '重差'라는 篇名을 사용하여 그가 注를 낸 ≪九章算術≫의 뒤에 붙였다. ≪구장산술≫은 唐代에 ≪海島算經≫으로 冊名을 고쳤다.

132) 表 : 古代의 天文學에서 해 그림자의 길이를 측정하기 위해 세우는 나무 막대이다. ≪漢書≫ 〈天文志〉에 "夏至 日至東井 去極近 故晷短 立八尺之表 而晷長一尺五寸八分(夏至에 해가 東井에 이르면 북극과 거리가 가깝다. 그러므로 해 그림자가 짧아지니, 8척 길이의 表를 세우는데 해 그림자의 길이는 1척 5촌 8분이다.)"이라 하였다. 東井은 井宿(수)로 28宿 중에 南方 朱雀에 속한 별자리이다.

133) 亦詳經上 : 본서 3책 〈經 上〉 40-10-1에 보인다.

134) 經上平同高也同長以正相盡也中同長也 : 본서 3책 〈經 上〉 40-6-1, 40-8-1, 40-10-1에 보인다.

그림쇠로 그려서 빙 둘러 동그라미 모양을 이루면, 동그라미 둘레에서 많은 직선을 그려 中點에 모여들게 할 때 그 길이는 모든 선들이 정확히 서로 같다. 이것이 바로 '同長'과 '相若'의 뜻이다. 또한 〈經 上〉에 자세히 설명하였다.

畢沅 : 이 대목은 〈經 上〉의 '平同高也 同長以正相盡也 中同長也(平(평행)은 높이가 같은 것이다. 同(동일함)은 길이가 바르게 서로 꼭 들어맞는 것이다. 中(원의 中心)은 〈圓周까지 半徑의〉 길이가 모두 같다.)'를 풀이한 것이다.

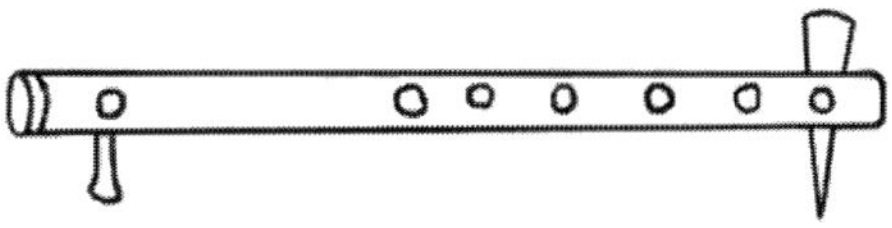

그림쇠〔規〕

42-54-1 **厚**라

厚(부피)를 설명한다.

句라

여기에서 句를 뗀다.

42-54-2 **惟無所大**[135]라

오직 부풀리는 바가 없다.

畢云 此釋經上厚有所大也[136]라 **言唯其大無所加**가 **是所謂大也**라하다 **案 畢說未允**이라 **此謂積無成有**에 **其厚不可極也**라 **與經文相反**이나 **而實相成**이라 **詳經**(下)〔上〕[137]이라

畢沅 : 이 대목은 〈經 上〉의 '厚有所大也(厚(부피)는 부풀리는 바가 있다.)'를 풀이한 것이다. 오직 그 크기에 더할 바가 없는 것이 바로 이른바 大이다.

案 : 畢沅의 說은 타당하지 않다. 이 대목은 없는 것을 쌓아서 있는 것을 이루어나감에 그 부피를 한계 짓지 못한다는 말이다. 〈經 上〉의 글과 상반되지만 실제로는 서로 뜻을

135) 惟無所大 : ≪墨子今注今譯≫에서는 高亨의 校勘에 의거하여 '惟'자 뒤에 '無厚'를 보충하고, "無厚(점)만 있을 때에야 空間의 길이, 너비, 높이에 있어 모두 크기가 없는 것이다."라고 하였다.

136) 經上厚有所大也 : 본서 3책 〈經 上〉 40-12-1에 보인다.

137) (下)〔上〕 : 저본에는 '下'로 되어 있으나, 〈經 下〉에는 厚에 대한 설명이 보이지 않고 〈經 上〉 40-12-1의 孫詒讓의 案說에 자세한 설명이 나오는 것에 의거하여 '上'으로 바로잡았다.

보완한다. 〈經 上〉에 자세히 설명하였다

42-55-1 **圜**이라

圜(원)을 설명한다.

句라

여기에서 句를 뗀다.

42-55-2 **規寫**(支(복))〔**交**〕**也**[138]라

그림쇠로 그려 〈선들이〉 만나게 한 것이다.

寫는 謂圖畫其象이라 周髀算經[139]에 云 笠以寫天이라한대 趙爽注에 云 寫猶象也라하다 攴은 吳鈔本作支하니 下同[140]이라 攴支義竝未詳하니 疑當爲交之誤라 後備城門篇에 薪食足以支三月以上이라한대 支는 今本誤交라 此交誤作攴은 猶彼支誤作交也라 凡以規寫圜形에 其邊線周帀相湊를 謂之交라 或爲直線以湊圜心하여 中交午成十字形을 亦謂之交라 考工記匠人에 云 爲規하여 識(지)日出之景(영)與日入之景이라한대 鄭注에 云 日出日入之景은 其端則東西正也라 又爲規以識之者는 爲其難審也라 自日出而畫其景端以至日入旣하면 則爲規하여 測景兩端之內하여 規之니 規之交乃審也라 度(탁)兩交

---

138) 圜 規寫(攴(복))〔交〕也 : ≪墨子今注今譯≫에서는 孫詒讓의 校勘을 그대로 따르고 "圓은 그림쇠를 써서 그린, 서로 교차하는 닫힌 圖形이다."라고 하였다.

139) 周髀算經 : 周髀의 周는 周公이 만들었다는 전설에 의거한 명칭이고 髀는 '股', 즉 넓적다리 뼈라는 뜻인데 8척 길이의 막대기를 세워 그 그림자를 통해 시간을 가늠한 데서 따온 말이다. 중국에서 가장 오래된 天文書이자 算學書로 저자는 미상이다. 대략 기원전 1세기경 漢代에 지어진 것이라고 한다. 三國시대 趙爽, 南北朝시대 甄鸞, 그리고 唐代 李淳風의 주석서가 있는데, 당나라 때 國子監 算學 諸生이 반드시 공부해야만 하는 '十部算經'의 하나였다. 이 책에는 당시의 우주론인 蓋天說이 주장되었고, 윤달을 네 계절에 적절히 배치하는 四分曆法이 소개되었다. 특히 태양의 고도를 측정하고, 表의 그림자로 거리를 측량하는 방법 등이 제시되었는데, 그중 句股法은 피타고라스의 정리와 동일한 방식이다.

140) 攴……下同 : 本篇 42-56-2의 "矩見攴也"의 '攴'을 가리킨다.

之閒中屈之以指臬(얼)하면 則南北正이라하니 鄭說可證此規寫交之義라 張云 說文에 攴은 小擊也라하니 疑攴爲法度之義라 或攴爲及字之誤니 下同이라하다 案張說竝非是라 畢云 此釋經上圜一中同長也[141)]라하다

'寫'는 그 象을 그린다는 말이다. ≪周髀算經≫에 "삿갓으로 하늘을 본뜬다〔笠以寫天〕"라고 하였는데, 趙爽의 注에 "'寫'는 象(본뜸)과 같다."라고 하였다. '攴'은 吳鈔本에 '攴'로 되어 있는데 아래도 같다. '攴'과 '攴'는 뜻이 모두 자세하지 않은데 아마도 '交'의 誤字인 듯하다. 뒤의 〈備城門〉편에 "땔감과 양식이 족히 3개월 이상 버틸 수 있다.〔薪食足以支三月以上〕"라고 하였는데, '支'가 지금 本에 '交'로 잘못되어 있다. 이 대목의 '交'가 '攴'으로 잘못되어 있는 것은 저 대목의 '支'가 '交'로 잘못되어 있는 것과 같다. 무릇 그림쇠로 圜形을 그릴 때 그 둘레 선〔邊線〕이 빙 둘러서 서로 모이는 것을 '交'라고 한다. 혹은 直線을 그어서 원의 중심에 모여 가운데서 교차하여 十字 모양을 이루는 것 역시 '交'라고 한다. ≪周禮≫ 〈考工記 匠人〉에 "그림쇠로 원을 그리고서 해가 뜰 때의 그림자와 해가 질 때의 그림자를 표지한다.〔爲規識日出之景與日入之景〕"라고 하였는데, 鄭玄의 注에 "해가 뜰 때와 해가 질 때의 그림자는 그 끝이 東西로 正 방향이다. 또 그림쇠로 원을 그려 표지하는 것은 위치를 알기 어렵기 때문이다. 해가 뜰 때부터 그 그림자 끝을 그려서 해가 질 때까지 다 그리고 나면 그림쇠로 원을 그려 그림자의 양 끝의 안을 재어 원을 표시하니 그렇게 하면 원을 표시한 교차점을 바로 알 수 있다. 두 교차점의 사이를 재어 가운데를 구부려 막대기를 가리키면 南北의 正 방향이다."라고 하였으니, 鄭玄의 說이 이 대목의 '規寫交'의 뜻을 증명할 수 있다.

張惠言 : ≪說文解字≫에 "'攴'은 小擊(가볍게 침)이다."라고 하였으니, 아마도 '攴'은 法度의 뜻인 듯하다. 어쩌면 '攴'은 '及'자의 誤字일 수도 있으니 아래도 같다.

案 : 張惠言의 說은 모두 맞지 않다.

畢沅 : 이 대목은 〈經 上〉의 '圜一中同長也(圜(원)은 한 중심에서 半徑의 길이가 같은 것이다.)'를 풀이한 것이다.

42-56-1 方이라

方(사각형)을 설명한다.

141) 經上圜一中同長也 : 본서 3책 〈經 上〉 40-18-1~2에 보인다.

句라

여기에서 句를 뗀다.

42-56-2 矩(見攴)〔寫交〕也[142]라

곱자로 그려 〈선들이〉 만나게 한 것이다.

見攴은 疑亦當爲寫交라 矩寫交者는 以矩寫方形에 其邊線周帀相湊와 及隅線相午貫을 亦皆謂之交也라 張云 見寫大同이라하니 非是라 畢云 此釋經上方柱隅四讙也[143]라하다 案 讙當爲雜之誤라

'見攴'은 역시 '寫交'가 되어야 할 듯하다. '矩寫交'라는 것은 곱자로 方形을 그릴 때 그 둘레 선〔邊線〕이 빙 둘러서 서로 모이는 것 및 모서리와 선이 서로 만나 관통하는 것을 또한 모두 '交'라고 한다. 張惠言이 '見'(보는 것)과 '寫'(그리는 것)는 대동소이하다고 했는데 맞지 않다.

畢沅 : 이 대목은 〈經 上〉의 '方柱隅四讙也(方(사각형)은 변과 모서리가 四面에 두르고 있는 것이다.)'를 풀이한 것이다.

案 : '讙'은 마땅히 '雜'의 誤字가 되어야 한다.

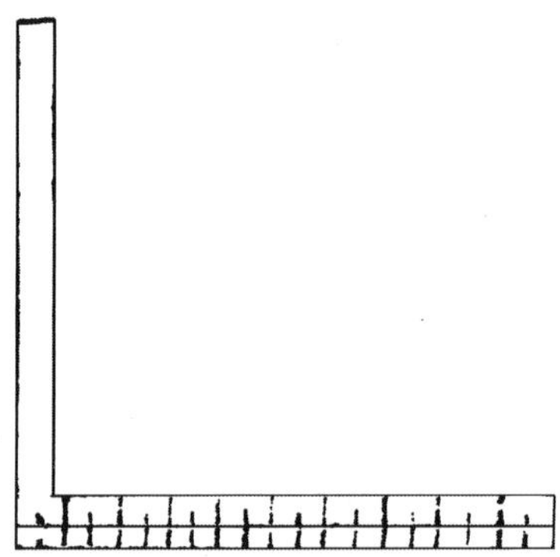

곱자〔矩〕

42-57-1 倍라

倍(갑절)를 설명한다.

句라

여기에서 句를 뗀다.

---

142) 方 矩(見攴)〔寫交〕也 : ≪墨子今注今譯≫에서는 孫詒讓의 校勘을 그대로 따르고 "方은 곱자를 써서 그린, 서로 교차하는 닫힌 圖形이다."라고 하였다.

143) 經上方柱隅四讙也 : 본서 3책 〈經 上〉 40-20-1~2에 보인다.

42-57-2 **二尺與尺但去一**이라

2尺은 1尺과 단지 1이 떨어져 있다.

張云 二尺與一尺으로 **但相較一也**라하다 **畢云 此釋經上倍爲二也**[144]라하다

張惠言 : 2尺은 1尺과 단지 서로 비교할 때 1이 차이 난다.

畢沅 : 이 대목은 〈經 上〉의 '倍爲二也(倍(갑절)는 둘로 곱하는 것이다.)'를 풀이한 것이다.

42-58-1 **端**이라

端(끝)을 설명한다.

句라

여기에서 句를 뗀다.

42-58-2 **是無同也**[145]라

이는 같음이 없는 것이다.

張云 若有同之면 **卽非最前**이라하다 **畢云 此釋經上端體之無序而最前者也**[146]라하다

張惠言 : 만약 같음이 있다면 맨 앞이 아니다.

畢沅 : 이 대목은 〈經 上〉의 '端體之無序而最前者也(端(끝)은 體(형태) 가운데 序(순서)가 없이 맨 앞에 있는 것이다.)'를 풀이한 것이다.

42-59-1 **有間**이라

有間(間隙을 둠)을 설명한다.

---

144) 經上倍爲二也 : 본서 3책 〈經 上〉 40-22-1에 보인다.

145) 是無同也 : ≪墨子今注今譯≫에서는 '同'을 '內'로 고치고, "이 端(점)은 그 內部를 다시 나누는 것을 생각하지 않는 것이다."라고 하였다.

146) 經上端體之無序而最前者也 : 본서 3책 〈經 上〉 40-24-1에 보인다.

畢云 此與下閒舊作聞한대 俱以意改라하다

畢沅 : 이 대목과 아래 대목의 '閒'은 舊本에 '聞'으로 되어 있는데 모두 의미에 따라 판단하여 고친다.

42-59-2 謂夾之者也[147]라

〈사물을〉 끼어 놓는 것을 이른다.

謂有物夾之라 畢云 此釋經上有閒中也[148]라하다

어떤 사물을 끼어 놓는다는 말이다.

畢沅 : 이 대목은 〈經 上〉의 '有閒中也(閒隙을 둠은 〈둘의〉 가운데를 말한다.)'를 풀이한 것이다.

42-60-1 閒이라

閒(閒隙)을 설명한다.

句라

여기에서 句를 뗀다.

42-60-2 謂夾者也라

끼어 있는 것을 이른다.

張云 就其夾之而言하면 則謂有閒이요 就其夾者而言하면 則謂之閒이라하다

張惠言 : 끼어 놓는다는 측면에서 말하면 '閒隙을 둔다〔有閒〕'고 하고 끼어 있다는 측면에서 말하면 '간극〔閒〕'이라고 한다.

---

147) 謂夾之者也 : ≪墨子今注今譯≫에서는 "두 물체에 閒隙이 있다는 것은 중간의 비어 있는 部分을 끼고 있는 두 물체를 가지고 名稱의 主體를 삼은 것이다."라고 하였다.

148) 經上有閒中也 : 본서 3책 〈經 上〉 40-26-1에 보인다.

42-60-3 尺前於區穴而後於端이로되

尺은 區穴(빈틈)보다 앞이고 端(끝)보다 뒤이지만

尺은 與上文前不容尺[149]之尺義同이라 謂凡物前盡處爲端이요 後距端一尺爲尺이요 更後盡處則爲區穴이라 區穴謂空隙이니 若布帛裁削之縫際皆是也라 此蓋以方制布幅爲況하니 凡古布幅은 皆廣二尺二寸이니 爲衣하면 則削其邊各一寸縫之라 儀禮喪服賈公彦疏에 云 整幅二尺二寸이니 凡用布爲衣物及射侯에 皆去邊幅一寸爲縫殺(쇄)是也라 蓋方制從衡(횡)正等하여 去邊縫各寸이면 則幅止二尺이요 中半適一尺矣라

尺은 위의 글의 '前不容尺'의 '尺'과 뜻이 같다. 무릇 사물은 앞에서 끝나는 곳이 端이고, 뒤로 端에서 1尺 떨어진 곳이 尺이고, 다시 뒤에서 끝나는 곳이 區穴이다. 區穴은 空隙(빈틈)을 이르니 이를테면 布帛(베와 비단)을 마름질하여 잘라 봉합한 솔기 같은 것이 모두 이것이다. 이 대목은 대개 사각형으로 만드는 베의 폭을 가지고 비유하였다. 무릇 옛날에 베의 폭은 모두 너비가 2尺 2寸이니 옷을 만들면 그 가장자리 각 1寸을 잘라 봉합한다. ≪儀禮≫ 〈喪服〉편의 賈公彦의 疏에 "整幅은 2尺 2寸이니, 무릇 베를 사용하여 옷감 및 과녁을 만들 때 모두 가장자리의 폭 1寸을 잘라내어 縫殺로 삼는다."라고 한 것이 이것이다. 대개 사각으로 만들 때 가로세로가 정확히 같아 가장자리 봉합처 각각 1寸을 잘라내면 폭은 단지 2尺이고 중간의 반은 딱 1尺이다.

42-60-4 不夾於端與區(內)〔穴〕이라

端과 區穴에 끼어 있지 않다.

畢云 內疑穴字라하다 張云 如有物尺에 前有區穴하고 後有端하여 端與區穴所夾非閒也요 閒乃是區穴之內라 但與區內[150]相及이라 故云不及旁이라하다 案 張讀內如字하니 不如畢校改穴之允이라 此似謂前有端하고 後有區穴하여 尺雖在其中이나 然與前後幅

149) 上文前不容尺 : 본서 3책 40-82-1~2에 보이는데, 孫詒讓은 '不容尺'이 절반에 미치지 못함을 이른다고 하였다. 참고로 本篇에는 42-42-2에 '或不容尺'이 보인다.

150) 內 : 底本의 傍注에 "'內'는 원래 '穴'로 잘못되어 있으나, 張惠言의 ≪墨子經說解≫에 의거하여 고친다."라고 하였다.

相連屬不絶하니 則不得爲二者所夾也라 或云 不當爲必이라하니 亦通이라

畢沅 : '內'는 아마도 '穴'자인 듯하다.

張惠言 : 이를테면 사물의 尺이 있을 때 앞에는 區穴이 있고 뒤에는 端이 있어 端과 區穴에 끼어 있는 바는 閒(間隙)이 아니고 閒은 바로 區穴의 안인지라 다만 區穴의 안과만 서로 닿으므로 "양편에 닿지 않는다.〔不及旁〕"고 한 것이다.

案 : 張惠言은 '內'를 本音으로 읽었는데 畢沅의 校勘에서 '穴'로 적합하게 고친 것만 못하다. 이 대목은 앞에는 端이 있고 뒤에는 區穴이 있어서 尺은 비록 그 가운데 있지만 앞뒤의 幅과 서로 연속하여 끊어지지 않으니 〈端과 區穴〉 둘 사이에 끼어 있는 것이 될 수 없음을 이르는 듯하다. 어떤 이는 "'不'은 '必'이 되어야 한다."라고 하였는데 역시 뜻이 통한다.

42-60-5 及은

及(닿음)은

如是者謂之及이라

이와 같은 것을 '及'이라고 한다.

42-60-6 及非齊之及也[151)]라

及이 가지런하다는 의미의 '及'이 아니다.

張云 齊는 等也라 此申說及字之義하니 若論齊等之及하면 則區穴與端之所夾爲中閒이니

151) 閒……及非齊之及也 : ≪墨子今注今譯≫에서는 尺은 선, 區는 면, 端은 점을 가리키는 것으로 보고, 梁啓超와 高亨의 校勘에 의거하여 '尺前於區穴'의 '穴'을 衍文으로 보아 삭제하고, "두 물체가 끼고 있는 비어 있는 부분을 가리킨다. 平面幾何에서 선은 면의 앞변에 있으면서 면을 끼고 면의 경계가 되는 것이고, 선은 또 점의 뒷변에 있으면서 점에 끼어 점을 경계로 삼는 것이니, 바로 선이 면을 끼고 또 점에 끼어 있는 것이다. 이렇게 점이 선을 끼고 선이 면을 끼고 있다고만 말할 수 있고 선이 점과 면의 안에 끼어 있다고는 말할 수 없으니 바로 점과 면이 선을 끼고 있다고 말할 수 없는 것이다. '閒不及旁也'의 '及'은 가지런히 미친다는 뜻의 '及'이 아니다.〔閒 謂夾者也 尺前於區而後於端 不夾於端與區內 及 及非齊及之及也〕"라고 하였다.

穴內宜爲旁이라 **惟不論齊等之及**이라야 **乃夾者**가 **但與區內相及也**라하다 **案 張說亦未析**이라 **此似言所謂不及旁者**는 **非不齊旁之謂及**이요 **止謂彼此相次**에 **齊則盡其邊際**니 **二者同而異也**라 **畢云 此釋經上閒不及旁也**[152]라하다

張惠言 : '齊'는 等(같음)이다. 이 대목은 '及'자의 뜻을 거듭 설명한 것이니 만약 齊等의 뜻으로 及을 논한다면 區穴과 端 사이의 끼어 있는 바가 中閒이 되니 穴內는 의당 旁이 되어야 한다. 오직 齊等의 뜻으로 及을 논하지 않아야 비로소 끼어 있는 것이 단지 區穴의 안과 서로 닿는 것이다.

案 : 張惠言의 說 역시 제대로 분석하지 못하였다. 이 대목은 이른바 '不及旁'이라는 것은 양편에 가지런하지 않음을 일러 '及'이라고 한다는 말이 아니고 단지 彼此 서로 차례 지을 때 가지런하면 그 가장자리까지 다하게 됨을 이르는 것일 뿐이라고 말한 듯하니 두 가지는 같으면서도 다르다.

畢沅 : 이 대목은 〈經 上〉의 '閒不及旁也(閒(閒隙)은 양편에 닿지 않는 것이다.)'를 풀이한 것이다.

42-61-1 (纑)〔櫨〕라 **閒虛也者**는

櫨(枓栱)를 설명한다. 사이가 비어 있다는 것은

舊本脫閒字한대 **王據經增**하니 **今從之**라 **纑與櫨同**하니 **詳經上**이라

舊本에 '閒'자가 빠져 있었는데 王引之가 〈經 上〉에 의거하여 보충하였으니 지금 이를 따른다. '纑'는 '櫨'와 같으니 〈經 上〉에 자세히 설명하였다

42-61-2 **兩木之閒**에 **謂其無木者也**[153]라

두 나무 사이에 나무가 없는 것을 말하는 것이다.

---

152) 經上閒不及旁也 : 본서 3책 〈經 上〉 40-28-1에 보인다.

153) (纑)〔櫨〕……謂其無木者也 : ≪墨子今注今譯≫에서는 陶鴻慶의 校勘에 의거하여 '纑'를 '離'로 보고 舊本을 따라 '閒虛'의 '閒'자가 없는 것으로 보고, "예를 들어 두 개의 木材 사이의 비어 있는 곳이라고 하는 것은〔離 虛也者〕 두 개의 목재 사이에 목재가 없는 부분을 말한다."라고 하였다.

櫨爲柱上小方木이니 兩櫨之閒空虛之處則無木이라 張云 與夾者相及하면 則謂之閒이요 但就其虛處하면 則謂之纑라하다 案 張依舊本爲釋하니 恐非라 畢云 此釋經上纑閒虛也[154]라하다

櫨는 기둥 위의 작은 方形의 나무인데 양 枓栱의 사이 비어 있는 곳에는 나무가 없다.

張惠言 : 끼어 있는 것과 서로 닿으면 閒이라고 하고 단지 그 빈 곳을 놓고 말하면 纑라고 한다.

案 : 張惠言은 舊本에 의거하여 풀이하였으니 잘못 본 듯하다.

畢沅 : 이 대목은 〈經 上〉의 '纑閒虛也(櫨는 사이가 비어 있는 것이다.)'를 풀이한 것이다.

42-62-1 盈이라

盈(채움)을 설명한다.

句라

여기에서 句를 뗀다.

42-62-2 無盈無厚[155]라

채움이 없으면 부피가 없다.

言物必有盈其中者라야 乃成厚之體요 無所盈則不成厚也라

사물은 반드시 그 안을 채우는 것이 있어야 비로소 부피의 體를 이루고 채우는 바가 없으면 부피를 이루지 못한다는 말이다.

42-62-3 於(尺)〔石〕無所往而不得이라

---

154) 經上纑閒虛也 : 본서 3책 〈經 上〉 40-30-1에 보인다.

155) 無盈無厚 : ≪墨子今注今譯≫에서는 아래 구의 '於(尺)〔石〕無所往而不得'은 그 뒤에 이어지는 '得二'에 붙는 말로 보고 "無盈(充滿하지 못함, 滲透하지 못함, 受容하지 못함)이라고 하면 오직 無厚(더 이상 작을 수 없는 空間點이나 質點)하여야 한다."라고 하였다.

돌에 있어 어느 곳이든 〈단단함과 흼을〉 얻지 못함이 없다.

此上下文雖多云尺이나 然此尺字實當作石이니 形近而誤라 經說下廢石於平地에 石亦訛尺하니 可證이라 此與下文으로 竝以堅白石[156)]爲釋이라 言堅白在石에 同體相盈이면 則彌滿全體하여 隨在皆有堅이요 亦隨在皆有白이라 故云 無所往而不得이라하니 亦卽所謂相盈也라 畢云 此釋經上盈莫不有也[157)]라하다

이 대목의 위아래 문장에서 비록 '尺'을 언급한 곳이 많지만 여기서 '尺'자는 실제로는 '石'이 되어야 하니 字形이 비슷하여 잘못된 것이다. 〈經說 下〉에 "平地에 돌을 놓는다.〔廢石於平地〕"라고 한 말에서 '石' 역시 '尺'으로 잘못되어 있으니 증거로 삼을 수 있다. 이 대목은 아래 글과 함께 모두 '堅白石(단단하고 흰 돌)'의 의미로 풀이한 것이다. 堅(단단함)과 白(흼)이 돌에 있을 때 體를 함께하여 서로 채우면 全體에 가득 차게 되어 있는 곳마다 모두 단단함이 있고 또한 있는 곳마다 모두 흼이 있으므로 "어느 곳이든 〈단단함과 흼을〉 얻지 못함이 없다〔無所往而不得〕"라고 하였으니 또한 바로 이른바 '相盈(서로 채움)'이라는 것이다.

畢沅 : 이 대목은 〈經 上〉의 '盈莫不有也(盈(가득함)은 있지 않은 곳이 없는 것이다.)'를 풀이한 것이다.

42-63-1 得二는

두 가지 속성을 얻음은

二는 卽謂堅白也라 公孫龍子堅白論篇에 云 無堅得白은 其擧也二요 無白得堅은 其擧也二라하니 此云得二는 亦謂得白得堅分爲二也라

'二'는 바로 堅白(단단함과 흼)을 이른다. ≪公孫龍子≫ 〈堅白論〉편에 "단단함이 없이 흼을 얻음은 두 가지 속성을 거론한 것이고 흼이 없이 단단함을 얻음은 두 가지 속성을 거

156) 堅白石 : 戰國시대 趙나라의 公孫龍은 "돌은 하나인 것 같으나 눈으로 돌을 볼 적에는 그 빛깔이 흰 것〔白〕은 알지만 그 돌이 단단한 것〔堅〕은 모르고, 손으로 돌을 만질 적에는 그 돌이 단단한 것은 아나 빛깔이 흰 것은 모른다. 따라서 단단하고 흰 돌의 존재는 동시에 성립할 수 없다."라고 주장하여, 옳은 것을 그르다고 하고 그른 것을 옳다고 하며, 같은 것을 다르다고 하고 다른 것을 같다고 하는 교묘한 변론을 하였다.

157) 經上盈莫不有也 : 본서 3책 〈經 上〉 40-32-1에 보인다.

론한 것이다."라고 하였는데 이 대목에서 '두 가지 속성을 얻음〔得二〕'이라 한 것 역시 흼을 얻고 단단함을 얻어 나뉘어 두 가지 속성이 된다는 말이다.

42-63-2 **堅〔白〕異處不相盈**이니

堅(단단함)과 〈白(흼)이〉 다른 곳에 놓여 서로 채우지 못함이니

堅下當有白字라

'堅' 아래 마땅히 '白'자가 있어야 한다.

42-63-3 **相非**는 **是相外也**[158)]라

서로 아닌 것은 서로 배척하는 것이다.

經說下云 於石一也요 **堅白二也**라하니 **故云得二**라 **蓋離堅白爲二而異處**면 **則堅非白**이요 **白亦非堅**이니 **是爲不相盈**이요 **亦卽爲相外**라 **若合而同體**면 **則堅內含有白**하고 **白內亦含有堅**이니 **是爲不相外**라 **此義亦見公孫龍子**요 **互詳經說下**라 **畢云 此釋經上堅白不相外也**[159)]라하다

〈經說 下〉에 "돌로 보면 하나의 실체이고 堅(단단함)과 白(흼)은 두 가지 속성이다〔於石一也 堅白二也〕"라고 하였으므로 '두 가지 속성을 얻음〔得二〕'이라고 한 것이다. 대개 堅(단단함)과 白(흼)을 떼어 두 가지로 삼아 다른 곳에 놓으면 堅은 白이 아니게 되고 白 역시 堅이 아니게 되니 이것이 '서로 채우지 못함〔不相盈〕'이고 또한 바로 '서로 배척함〔相外〕'이다. 만약 합하여 體를 함께하면 堅 안에 白을 포함하게 되고 白 안에도 堅을 포함하게

158) 於(尺)〔石〕無所往而不得……是相外也 : ≪墨子今注今譯≫에서는 譚戒甫의 說에 의거하여 위의 구의 '於(尺)〔石〕無所往而不得'를 이 대목에 붙이면서 '二'와 '異' 사이에 있는 '堅'을 맨 앞으로 옮겨 標題字로 삼고, 高亨의 校勘에 의거하여 두 개의 '得'자는 중복으로 보아 한 자를 삭제하고서, "한 개의 堅白石에서는 어디서나 모두 堅과 白 두 가지 性質을 發現할 수 있다. 예를 들어 堅과 白이 두 가지 다른 물체에 있어야지만 비로소 그것들이 서로 滲透하지 않는다고 할 수 있으니, 상호 排斥하는 것은 상호 除外하는 것이다.〔堅 於石無所往而不得二 異處不相盈 相非 是相外也〕"라고 하였다.

159) 經上堅白不相外也 : 본서 3책 〈經 上〉 40-34-1에 보인다.

되니 이것이 '서로 배척하지 않음〔不相外〕'이다. 이 뜻은 또한 ≪公孫龍子≫에 보이고 〈經說 下〉에 상호 자세히 설명하였다

畢沅 : 이 대목은 〈經 上〉의 '堅白不相外也(堅(단단함)과 白(흼)은 서로 배척하지 않는다.)'를 풀이한 것이다.

42-64-1 **攖**이라

攖(닿음)을 설명한다.

句라

여기에서 句를 뗀다.

42-64-2 **尺與尺俱不盡**이요

尺과 尺은 모두 들어맞지 않고,

言尺與尺相攖[160]이면 **則前尙有餘地**라 **故兩俱不盡**이라

尺과 尺이 서로 닿으면 앞에 아직 남은 곳이 있으므로 둘이 모두 들어맞지는 못한다는 말이다.

42-64-3 **端與端俱盡**이요

端(끝)과 端은 모두 들어맞고,

舊本與訛無하고 **俱訛但**이라 **張云 無疑當作與**요 **但當作俱**라하니 **是也**라 **今據改**라 **經上云 端體之無序而最前者也**라하니 **是端前更無〔餘〕**[161]**地**라 **故相攖則兩俱盡**이라

舊本에 '與'는 '無'로 잘못되어 있고 '俱'는 '但'으로 잘못되어 있다. 張惠言은 "'無'는 마땅히 '與'가 되고 '但'은 마땅히 '俱'가 되어야 할 듯하다"라고 했는데 맞다. 지금 이에 의거하여 고친다. 〈經 上〉에 "端(끝)은 體(형태) 가운데 序(순서)가 없이 맨 앞에 있는 것이

---

160) 尺與尺相攖 : '尺'의 의미는 本篇 42-60-3 참조.

161) 〔餘〕 : 저본에는 '餘'가 없으나, 續修四庫全書本 및 漢文大系本에 의거하여 보충하였다.

다.〔端 體之無序而最前者也〕"라고 했는데, 이는 端의 앞에 다시 남은 부분이 없는 것이다. 그러므로 서로 닿으면 둘이 모두 들어맞는 것이다.

42-64-4 **尺與〔端〕或盡或不盡**이요

尺과 端은 하나는 들어맞고 하나는 들어맞지 않고,

尺與下에 **張云疑脫尺字**라하다 **案 張校與上文歧**牾(기오)라 **此疑當有端字**어늘 **誤錯箸於後**라 **言尺與端相攖**이면 **則端盡尺不盡**이라

'尺與'의 뒤에 張惠言은 "'尺'자가 빠진 듯하다."라고 하였다.

案 : 張惠言의 校勘은 위의 글과 어긋난다. 이곳은 마땅히 '端'자가 있어야 하는데 잘못 혼동하여 뒤에 붙은 것이다. 尺과 端이 서로 닿으면 端은 들어맞지만 尺은 들어맞지 않다는 말이다.

42-64-5 **堅白之攖相盡**이라

堅(단단함)과 白(흼)의 닿음은 서로 들어맞는다.

此言堅白雖殊而同託於石하여 **性色相含**하여 **彌滿無閒**이라 **故其攖爲相盡**이니 **卽經說下堅白相盈之義**[162]라

이 부분은 堅과 白이 비록 다르지만 함께 石에 의탁하여 성질과 빛깔을 상호 포함하여 가득 채워 간극이 없으므로 그 닿음이 서로 들어맞음을 말하였으니 바로 〈經說 下〉의 '堅白相盈(단단함과 흼이 서로 채움)'의 뜻이다.

42-64-6 **體攖不相盡**이라

體(부분)들이 닿으면 서로 들어맞지 않는다.

言凡物兩體相攖이면 **雖攖而各自爲體**하여 **不能相含**이니 **是卽不相盡也**라

---

162) 經說下堅白相盈之義 : 〈經說 下〉에 "단단함이 없이 흼을 얻으면 반드시 서로 채우는 것이다.〔無堅得白 必相盈也〕"라고 한 것을 가리킨다.

대체로 사물은 두 體가 서로 닿으면 비록 닿더라도 각각 따로 體가 되어 서로 포함하지 못한다는 말이니 이것이 바로 '不相盡(서로 들어맞지 않음)'이다.

42-64-7 (端)[163]이라

端(끝).

此與上下文不相屬하니 疑卽上尺與端句[164]之脫字가 誤錯箸於此라 畢張楊竝讀端屬上爲句라 張云 尺與尺俱不盡은 則體相攖이라 端與端俱盡은 則端相攖이라 尺與尺或盡或不盡은 則端體竝相攖이라 體之攖可盡이로되 而端之攖不可盡이라하다 案 此讀恐非니 張說亦未析이라 王讀端仳爲句하니 尤誤라 畢云 此釋經上攖相得也[165]라하다

이 글자는 위아래 글과 서로 이어지지 않으니 아마도 위의 '尺與端' 句의 脫字가 잘못 혼동하여 여기에 붙은 것인 듯하다. 畢沅, 張惠言, 楊葆彝는 모두 '端'을 위에 붙여 句를 만들어 읽었다.

張惠言 : '尺與尺俱不盡(尺과 尺은 모두 들어맞지 않음)'은 體가 서로 닿는 것이다. '端與端俱盡(端과 端은 모두 들어맞음)'은 端이 서로 닿는 것이다. '尺與尺或盡或不盡(尺과 尺이 들어맞기도 하고 들어맞지 않기도 함)'은 端과 體가 모두 서로 닿는 것이다. 體가 닿는 것은 들어맞을 수 있지만 端이 닿는 것은 들어맞을 수 없다.

案 : 이러한 讀法은 잘못인 듯하니 張惠言의 說도 제대로 분석하지 못하였다. 王引之는 '端仳'로 句를 만들어 읽었는데 더 심한 오류이다.

畢沅 : 이 대목은 〈經 上〉의 '攖相得也(攖(닿음)은 서로 만난다는 것이다.)'를 풀이한 것이다.

---

163) 尺與尺俱不盡……(端) : ≪墨子今注今譯≫에서는 孫詒讓의 校勘을 그대로 따르고 "이 하나의 직선과 저 하나의 직선이 교차할 때 두 선은 모두 완전하게 합쳐지지 않는다. 이 한 점과 저 한 점이 겹칠 때 두 점은 완전하게 합쳐진다. 이 한 직선과 저 한 점이 번갈아 합칠 때 점의 측면에서는 완전하게 직선에 점유되었다고 하지만 직선의 측면에서는 점에 완전히 점유되지는 않았다고 말한다. 한 개의 堅白石에서 堅과 白이 滲透하는 것은 완전하게 꽉 합쳐진 것이다. 예를 들어 두 개의 원소가 단지 부분 접촉만 있다면 당연히 완전하게 합쳐질 수 없다."라고 하였다.

164) 上尺與端句 : 앞의 '尺與〔端〕或盡或不盡'을 가리킨다.

165) 經上攖相得也 : 본서 3책 〈經 上〉 40-36-1에 보인다.

42-65-1 仳라

仳(합하여 겹침)를 설명한다.

畢云 疑似字라하고 張校同이라 王引之云 仳與比通이라 比者는 并也라하다 案 王說是也라 集韻六至云 仳는 及也라하니 與比義亦相近이라

畢沅은 "〈'仳'자는〉 '似'자인 듯하다."라고 하였고, 張惠言의 校勘이 같다.

王引之 : '仳'는 '比'와 뜻이 通한다. '比'라는 것은 竝(나란함)이다.

案 : 王引之의 說이 맞다. ≪集韻≫ 6 至韻에 "'仳'는 及(미침)이다."라고 하였으니 '比'의 뜻과 역시 서로 비슷하다.

42-65-2 兩有端而后可[166]라

양쪽에 端(끝)이 있은 뒤에야 된다.

畢云 有는 一本作目이라 此釋經上似有以相攖有不相攖也[167]라하다 案 顧校季本에 有亦作目이라 后는 吳鈔本作後라 經似亦卽仳之誤라

畢沅 : '有'는 어떤 本에는 '目'으로 되어 있다. 이 대목은 〈經 上〉의 '似有以相攖有不相攖也(仳(합하여 겹침)는 둘이 서로 합치함이 있고 서로 합치하지 않음이 있다.)'를 풀이한 것이다.

案 : 顧廣圻가 校正한 季本에 '有'가 역시 '目'으로 되어 있다. '后'는 吳鈔本에 '後'로 되어 있다. 〈經 上〉의 '似'도 바로 '仳'의 誤字이다.

42-66-1 次라

次(나란히 겹침)를 설명한다.

句라

여기에서 句를 뗀다.

166) 兩有端而后可 : ≪墨子今注今譯≫에서는 "두 개의 圖形에 대해 비교를 진행하려면 그것들에 모두 端(점)의 境界가 있는 것이 必要條件이다."라고 하였다.

167) 經上似有以相攖有不相攖也 : 본서 3책 〈經 上〉 40-38-1에 보인다.

42-66-2 無厚而后可[168)]라

두께가 없은 뒤에야 된다.

后는 畢本作後라 吳鈔本作厚는 非라 無厚는 似謂體極薄而相次比라 或疑當作無序하니 見經上이라 言序次齊平하여 更無差等이로되 而其體終不合幷也하니 亦足備一義라 張云 無厚乃無閒이라하다 畢云 此釋經上次無閒而不攖攖也[169)]라하다 案 攖攖當作相攖이라

'后'는 畢沅本에 '後'로 되어 있다. 吳鈔本에 '厚'로 되어 있는 것은 잘못이다. '無厚'는 體가 지극히 얇아 서로 나란히 겹친다는 말인 듯하다. 어떤 이는 마땅히 '無序'가 되어야 할 듯하다고 하였는데 〈經 上〉에 보인다. 〈'無序'로 본다면〉 序次가 가지런하여 더는 差等이 없지만 그 體가 끝내 합쳐지지 않는다는 말이니 또한 족히 또 하나의 해석으로 갖추어 놓을 만하다.

張惠言 : 두께가 없어야 閒隙이 없다.

畢沅 : 이 대목은 〈經 上〉의 '次無閒而不攖攖也(次(나란히 겹침)는 閒隙은 없지만 서로 합치하지는 않는 것이다.)'를 풀이한 것이다.

案 : '攖攖'은 마땅히 '相攖'이 되어야 한다.

42-67-1 法이라

法을 설명한다.

句라

여기에서 句를 뗀다.

42-67-2 意規員三也俱라야 可以爲法[170)]이라

168) 無厚而后可 : ≪墨子今注今譯≫에서는 "이는 無厚(더 이상 작을 수 없는 空間點이나 質點)가 존재하는 상황 아래에서나 가능하다."라고 하였다.

169) 經上次無閒而不攖攖也 : 본서 3책 〈經 上〉 40-40-1에 보인다.

170) 意規員三也俱 可以爲法 : ≪墨子今注今譯≫에서는 "예를 들어 사람이 圓의 定義에 근거하거나 圓의 規則을 사용하거나 혹은 하나의 圓形을 가져다 模倣하는 것 모두 圓을 그리는 법칙으로 삼을 수 있다.〔法 意規員三也 俱可以爲法〕"라고 하였다.

意(뜻)와 規(자)와 員(수) 세 가지가 함께하여야 法이 될 수 있다.

說文(貝)〔員〕[171]部에 云 員은 物數也라하다 禮記少儀에 云 工依於法하고 游於說이라한대 鄭注에 云 法은 謂規矩尺寸之數라 說은 謂鴻殺(쇄)之意[172]라하다 張云 意若規而爲員이 是法也라하다 畢云 此釋經上法所若而然也[173]라하다

≪說文解字≫ 員部에 "'員'은 物數(사물의 수)이다."라고 하였다. ≪禮記≫ 〈少儀〉에 "장인은 法에 따르고 說에 노닌다.〔工依於法 游於說〕"라고 하였는데, 鄭玄의 注에 "法은 規矩(그림쇠와 곱자)로 재는 길이〔尺寸〕의 수를 이르고, 說은 大小의 뜻을 이른다."라고 하였다.

張惠言 : 뜻이 척도를 따라 수가 되는 것이 法이다.

畢沅 : 이 대목은 〈經 上〉의 '法所若而然也(法은 따를 바가 있어 그렇게 하는 것이다.)'를 풀이한 것이다.

42-68-1 佴라 然也者는 民若法也[174]라

佴를 설명한다. 然(따름)이라는 것은 백성이 法을 따른다는 것이다.

若은 猶順也라 畢云 此釋經上佴所然也[175]라하다

'若'은 順(따름)과 같다.

畢沅 : 이 대목은 〈經 上〉의 '佴所然也(佴는 따라야 하는 바이다.)'를 풀이한 것이다.

42-69-1 彼라 凡牛樞非牛니

171) (貝)〔員〕: 저본에는 '貝'로 되어 있으나, ≪說文解字≫ 卷12 第六篇下에 의거하여 '員'으로 바로잡았다.

172) 說 謂鴻殺(쇄)之意 : ≪禮記≫ 〈少儀〉의 鄭玄의 注에는 "說은 大小의 뜻에 적절한 것을 이른다.〔說謂鴻殺之意所宜也〕"라고 하였다.

173) 經上法所若而然也 : 본서 3책 〈經 上〉 40-42-1에 보인다.

174) 然也者 民若法也 : ≪墨子今注今譯≫에서는 高亨의 校勘에 의거하여 標題字 '佴'를 '循'으로 고치고, "사람의 行動이 예상 결과를 얻을 수 있는 원인은 사람들이 規律을 따라 일을 처리하기 때문이다."라고 하였다.

175) 經上佴所然也 : 본서 3책 〈經 上〉 40-44-1에 보인다.

彼(저편)를 설명한다. 무릇 牛樞는 牛(소)가 아니니

此義難通이라 **張云 可彼可此謂之樞**라하다 **案 張說肊定**하니 **不足據**라 **牛樞**는 **疑木名**이라 **爾雅釋木**에 **云 藲**(추)는 **荎**(치)라한대 **郭注**[176]에 **云 詩曰山有蓲**라하니 **今之刺榆**라하다 **今 毛詩唐風**에 **蓲作樞**라 **牛樞疑卽刺榆之大者**라 **古艸木大者**를 **多以牛爲名**하니 **若爾雅 茭牛蘄**(기)**終牛棘之屬是也**라 **牛樞假牛爲名**하니 **則非眞牛**라 **故曰非牛**라

이 대목의 뜻은 통하기 어렵다.

張惠言 : 저편으로도 되고 이편으로도 되는 것을 樞라고 한다.

案 : 張惠言의 說은 자기 뜻으로 斷定한 것이니 근거할 것이 못 된다. '牛樞'는 나무 이름인 듯하다. ≪爾雅≫ 〈釋木〉에 "藲는 荎이다."라고 하였는데, 郭璞의 注에 "≪詩經≫에 '山有蓲(산에는 느릅나무가 있다)'라고 하였으니, 지금의 刺榆이다."라고 하였다. 지금 ≪毛詩≫ 〈唐風〉에 '蓲'는 '樞'로 되어 있다. '牛樞'는 바로 刺榆 가운데 큰 것인 듯하다. 옛날에는 초목 가운데 큰 것을 牛로 명명하는 경우가 많았으니 이를테면 ≪爾雅≫에서 '茭'는 牛蘄, '終'은 牛棘이라고 한 등속이 이것이다. 牛樞는 牛를 빌려 명명한 것이니 진짜 소가 아니다. 그래서 소가 아니라고〔非牛〕 말한 것이다.

樞

42-69-2 **兩也**라 **無以非也**[177]라

176) 郭注 : 郭은 郭璞(276~324)으로, 東晉 河東 聞喜 사람. 字는 景純. 詩賦에 特長이 있었으며, 古文奇字・曆算・卜筮術에도 밝았다. ≪爾雅≫에 주석을 달아 ≪爾雅注≫를 저술하였다. 北宋 邢昺(932~1010)이 ≪爾雅注≫에 疏를 첨가하여 지은 ≪爾雅疏≫와 합칭하여 ≪爾雅注疏≫라고 부른다.

177) 凡牛樞非牛……無以非也 : ≪墨子今注今譯≫에서는 '凡'를 대명사 '之'로 보고, '樞'는 梁啓超의 校勘에 의거하여 '渠'로 보아 대명사 '其'와 발음이 같아 잘못된 것으로 보고 "예를 들어 '이것은 소이다'와 '저것은 소가 아니다'라는 두 가지 서로 관계되지 않는 論題는 모두 상호 否定을 구성하지 않는다고 말하는 것과 같다.〔彼 之牛 其非牛 兩也 無以非也〕"라고 하였다. 한편, 高亨은 '凡'을 '兕'로, '樞'는 '貙'로 校勘하고 "'외뿔소는 소이다'와 '貙虎는 소가 아니다'

〈서로 다른〉 두 가지이라 비판할 것이 없다.

謂牛樞與牛는 兩者實不同하니 則不足辯也라

牛樞와 牛는 두 가지가 실제로 같지 않으니 족히 변론할 것이 못 된다는 말이다.

42-70-1 辯이라 或謂之牛하고 〔或〕謂之非牛하니

辯(論辯)을 설명한다. 어떤 이는 소라고 하고 어떤 이는 소가 아니라고 하니

疑當作辯者或謂之牛或謂之非牛라

아마도 〈이 문장은〉 '辯者 或謂之牛 或謂之非牛(論辯이라는 것은 어떤 이는 소라고 하고 어떤 이는 소가 아니라고 하는 것이다.)'가 되어야 할 듯하다.

42-70-2 是爭彼也라 是不俱當이라 不俱當이면 必或不當이니

이는 저편과 다투는 것이라 이는 모두 타당하지는 못하다. 모두 타당하지는 못하다면 반드시 어떤 이는 타당하지 못하니

必上畢本有不字한대 今據道藏本吳鈔本刪이라 言兩辯相非하여 不能皆當이면 則必有一不當者也라

'必' 앞에 畢沅本에는 '不'자가 있는데 지금 道藏本, 吳鈔本에 의거하여 삭제한다. 양편의 논변이 서로 비판하여 모두 타당할 수는 없다면 반드시 한 편은 타당하지 못한 자가 있는 것이다.

42-70-3 不若當犬[178]이라

라는 것은 상호 否定하지 않는 두 命題이다."라고 하였다.

178) 或謂之牛……不若當犬 : ≪墨子今注今譯≫에서는 "예를 들어 동일한 대상을 견줄 때 어떤 이는 '이것은 소이다'라고 하고 어떤 이는 '이것은 소가 아니다'라고 한다면 이는 바로 한 쌍의 矛盾 命題의 是非를 爭論하는 것이다. 한 쌍의 모순 명제는 같이 참일 수가 없다. 같이 참일 수가 없으면 필연적으로 하나는 참이 아닌 것이 있으니 이는 다음의 의론에 해당하지 않는 것이다. 즉 한 사람이 '이것은 狗이다'라고 하고 다른 한 사람은 '이것은 犬이다'

〈狗를 일러〉 犬이〈라고 함이〉 타당함만 못하다.

當犬은 若上云當牛當馬[179]라 言辯牛之是非而不當으론 不若謂狗爲犬之當也라 經說下云 同則或謂之狗하고 其或謂之犬也요 異則或謂之牛하고 牛或謂之馬也라 俱無勝은 是不辯也라 辯也者는 或謂之是하고 或謂之非하여 當也者勝也[180]라하니 卽此章之義라 畢云 此釋經上攸不可兩不可也辯爭彼也辯勝當也[181]라하다 案 經攸卽彼之誤라

'當犬'은 이를테면 위에서 '當牛', '當馬'라고 한 것과 같다. 牛의 是非를 論辯하여 타당하지 못한 것은 狗를 일러 犬이라고 하는 것이 타당함만 못하다는 말이다. 〈經說 下〉에 "같은 경우에는 혹 '狗'라고도 하고 혹 '犬'이라고도 하며, 다른 경우에는 혹 소라고도 하고 혹 말이라고도 한다. 양쪽 모두 이기지 못하니 이는 논변할 필요가 없는 것이다. 논변이란 것은 한 사람은 옳다 하고 한 사람은 그르다 하여 맞는 사람이 이기는 것이다." 라고 하였으니 바로 이 章의 뜻이다.

畢沅 : 이 대목은 〈經 上〉의 '攸不可兩不可也 辯爭彼也 辯勝當也(彼(저편)가 불가함은 양편이 다 불가함이다. 辯(論辯)은 저편과 다투는 것이다. 논변에 이김은 뜻에 타당하기 때문이다.)'를 풀이한 것이다.

案 : 〈經 上〉의 '攸'는 바로 '彼'의 誤字이다.

42-71-1 爲라

爲(행위)를 설명한다.

句라

여기에서 句를 뗀다.

라고 하면 이러한 상황은 같이 참일 수 있고 필연적으로 하나가 참이 아닌 경우가 있는 것이 아니다."라고 하였다.

179) 上云當牛當馬 : 本篇 42-50-1~5에 보인다.

180) 經說下云……當也者勝也 : 〈經說 下〉의 43-34-3~7에 보인다.

181) 經上攸不可兩不可也辯爭彼也辯勝當也 : 본서 3책 〈經 上〉 40-48-1~2, 40-50-1~2에 보인다.

42-71-2 欲(䔲)〔斮(작)〕其指에

자기 손가락을 자르고자 할 때

畢云 䔲卽難異文이라하고 張從之라 案 字書無䔲字하니 畢說不知何據라 此云難指難脯하면 義亦竝不可通이라 竊疑竝當爲斮之訛라 耕柱篇備穴篇에 斮竝訛作難이라 經下篇斮舊本或訛從着이라 故又訛從養也라 斮與斫(작)義同하니 亦詳經下篇[182]이라 斮指謂斫手指요 斮脯謂斫乾脯也라

畢沅은 "'䔲'은 바로 '難'의 異體字이다."라고 하였는데 張惠言은 이를 따랐다.

案 : 字書에 '䔲'자가 없으니 畢沅의 說은 어디에 근거하고 있는지 모르겠다. 이 대목에서 '難指', '難脯'라고 한다면 뜻이 또한 모두 통하지 못한다. 내 생각에는 아마도 모두 '斮'의 誤謬가 되어야 할 듯하다. 〈耕柱〉편, 〈備穴〉편에 '斮'은 모두 '難'으로 잘못되어 있다. 〈經 下〉편에 '斮'자는 舊本에 〈'著' 대신에〉 혹 '着'을 잘못 붙이기도 하였기 때문에 더 나아가 '養'을 잘못 붙이게 되었다. '斮'은 '斫'과 뜻이 같으니 또한 〈經 下〉편에 자세히 설명하였다. '斮指'는 '손가락을 자른다〔斫手指〕'는 말이고 '斮脯'는 '마른 포를 자른다〔斫乾脯〕'는 말이다.

42-71-3 智不知其害면 是智之罪也라 若智之愼(文)〔之〕也면

智(지혜)가 그 해로움을 모르면 이는 智의 잘못이다. 만약 智가 그것을 삼가면

文當爲之之誤라

'文'은 마땅히 '之'의 誤字가 되어야 한다.

42-71-4 無遺於其害也로되 而猶欲(䔲)〔斮〕之하면 則離之라

그 해로움을 남김이 없을 것인데도 불구하고 그것을 자르고자 하면 〈해를〉 당할 것이다.

史記管蔡世家索隱에 云 離卽罹니 罹는 被也라하다 案 離는 俗作罹하니 同이라 詩王風兎

---

182) 斮與斫(작)義同 亦詳經下篇 : 〈經 下〉 41-42-1에 보인다.

爰에 逢此百罹라한대 釋文에 云 罹는 本亦作離라하다 離之는 謂因欲而離患也라 或疑離亦斱之誤니 上欲斱屬意요 下斱之屬事也한대 亦通이라

≪史記索隱≫ 〈管蔡世家〉에 "'離'는 바로 罹(걸림)이니 罹는 被(입음)이다."라고 하였다.

案 : '離'는 俗字로 '罹'로 쓰니, 같은 의미이다. ≪詩經≫ 〈王風 兎爰〉에 '逢此百罹(이 온갖 문제를 만나다)'라고 하였는데, ≪經典釋文≫에 "'罹'는 본래 '離'로도 쓴다."라고 하였다. '離之'는 욕구로 인하여 환난을 당한다는 말이다. 어떤 이는 '離' 또한 '斱'의 誤字이니 위의 '欲斱'은 의지에 속하고 아래의 '斱之'는 사건에 속한다고 의심하였는데 또한 뜻이 통한다.

42-71-5 是猶食脯也니 騷之利害는 未可知也어늘

이는 脯를 먹는 일과 같으니 냄새의 좋고 나쁨은 아직 알 수 없는데

畢云 騷는 臊字假音이니 讀如山海經云食之已騷라하다 詒讓案 騷之利害는 疑言臭之善惡이라 張云 味之美否也라하다

畢沅 : '騷'는 '臊'자를 音으로 假借한 글자이니 ≪山海經≫에서 '食之已騷(그것을 먹으니 누린내가 난다.)'라고 한 것처럼 읽는다.

詒讓案 : '騷之利害'는 냄새의 좋고 나쁨〔臭之善惡〕을 말하는 듯하다.

張惠言 : 맛의 좋고 나쁨이다〔味之美否〕.

42-71-6 欲而〔得〕騷면

냄새를 맡고자 하면

騷上疑脫得字라

'騷' 앞에 아마도 '得'자가 빠진 듯하다.

42-71-7 是不以所疑止所欲也라 廧(장)外之利害는 未可知也어늘

이는 의심하는 바로 욕구하는 바를 그치지 않는 것이다. 담장 밖의 좋고 나쁨은 알 수가 없는데

畢云 廧字는 牆俗寫라하다 詒讓案 左傳襄二十六年에 寺(시)人惠牆伊戾[183)]라한대 釋文에 牆作廧이라

畢沅 : '廧'자는 '牆'을 俗字로 쓴 것이다.

詒讓案 : ≪春秋左氏傳≫ 襄公 26年에 '寺人 惠牆伊戾(환관 혜장이려)'라고 하였는데, ≪經典釋文≫에는 '牆'이 '廧'으로 되어 있다.

42-71-8 **趨之而得(力)〔刀〕라도 則弗趨也**니

〈담장 밖에〉 달려 나가면 泉刀를 얻게 되더라도 〈믿지 않는 자는〉 달려나가지 않으니

兪云 力字無義하니 疑人字篆書之誤라 趨之而得爲句하고 人則弗趨也爲句라하다 案 力疑當爲刀라 經說下에 亦云 王刀[184)]라하니 皆謂泉刀[185)]也라 趨之而得刀句라 言若有人言牆外有泉刀하여 趨之卽得이라도 而不信者則弗趨也라 前說信云 不以其言之當也로 使人視城得金[186)]이라하니 此趨牆外得刀는 與視城得金으로 語意正同이라 兪說未塙이라

兪樾 : '力'자는 뜻이 없으니 아마도 '人'자 篆書의 誤字인 듯하다. '趨之而得'이 句가 되고 '人則弗趨也'가 句가 된다.

案 : '力'은 아마도 '刀'가 되어야 할 듯하다. 〈經說 下〉에서도 '王刀'라고 하였는데 모두 '泉刀'를 말한다. '趨之而得刀'로 句를 뗀다. 만약 어떤 이가 담장 밖에 泉刀가 있어서 달려 나가면 바로 얻을 수 있다고 말하더라도 믿지 않는 자는 달려 나가지 않는다는 말이다. 앞에서 信(신의)을 설명하면서 "반드시 그 말의 합당함을 가지고 어떤 이에게 城에 가서 보고 金을 얻게 하는 것이다.〔不以其言之當也 使人視城得金〕"라고 하였는데, 여기서 '趨牆外得刀(담장 밖에 달려 나가면 천도를 얻는다)'라는 말은 '視城得金(城에 가서 보고 金을

183) 寺(시)人惠牆伊戾 : 惠牆은 氏이고 伊戾는 이름이다.

184) 經說下……王刀 : 〈經說 下〉의 43-29-7에서 '王刀無變'이라고 하였다.

185) 泉刀 : 泉과 刀는 모두 古代의 錢幣의 명칭으로 泉은 샘물처럼 流行한다는 뜻이고 刀는 칼 모양으로 된 화폐이다. 후대에 錢幣의 범칭으로 쓰인다.

186) 前說信云……使人視城得金 : 本篇의 42-14-1~3에 나온다. 孫詒讓은 '不'을 '必'의 誤字로 보았다.

얻는다)'과 말뜻이 정확히 같다. 兪樾의 說은 확실하지 않다.

42-71-9 **是以所疑止所欲也**라

이는 의심하는 바로 욕구하는 바를 그친 것이다.

兪云 蓋趨之則得利어늘 **而人以爲利害未可知**하여 **止而弗趨**하니 **是以所疑止所欲也**라하다 **張云 譬如食脯**에 **不知其利害**라도 **則仍食之**요 **譬如趨廧外**에 **不知其利害**라도 **則弗趨**라 **所疑同**이로되 **而止不止異**하니 **則不在於知明矣**라하다

兪樾 : 대개 달려 나가면 이익을 얻는데도 사람이 利害를 아직 알 수 없다고 여기고서 그치고 달려 나가지 않으니 이는 의심하는 바로 욕구하는 바를 그친 것이다.

張惠言 : 비유하자면 포를 먹을 때 그 利害를 알지 못하더라도 그대로 먹는 것과 같고, 비유하자면 담장 밖에 달려 나갈 때 그 利害를 알지 못하더라도 달려 나가지 않는 것과 같다. 의심하는 바는 같은데 그치고 그치지 않는 결과는 다르니 知(지식)에 달려 있지 않음이 분명하다.

42-71-10 **觀爲窮知而縣於欲之理**컨대

'爲窮知而縣於欲(爲(행위)는 지식이 막혀 욕구에 매이는 것)'이라는 말의 이치를 살펴보자면

張云 指說經也라하다 **畢云 縣**은 **縣字異文**이니 **讀如縣挂之(類)〔縣〕**[187]이라하다 **詒讓案 縣**은 **與莊子寓言篇**의 **無所縣其罪之縣義同**하니 **郭象注**에 **云 縣**은 **係也**라하다 **言所爲爲欲所牽係**면 **則知或有時而窮**이라

張惠言 : 〈이 대목의〉 〈經〉을 가리켜 설명하였다.

畢沅 : '縣'은 '縣'자의 異體字이니 '縣挂'의 '縣'처럼 읽어야 한다.

詒讓案 : '縣'은 ≪莊子≫ 〈寓言〉편의 '無所縣其罪(그 죄에 관계될 바가 없다)'의 '縣'과 뜻

187) 縣挂之(類)〔縣〕: 底本의 傍注에 "'類'는 아마도 '縣'이 되어야 할 듯하다. '讀如縣挂之縣'은 '縣'이 바로 '懸'자라는 말이다. 살펴보건대, '縣'·'懸'은 각각 옛글자와 지금 글자이다.〔類疑當作縣 讀如縣挂之縣 謂縣卽懸字 按縣懸爲古今字〕"라고 하였다.

이 같으니 郭象의 注에 "'縣'은 係(관계함)이다."라고 하였다. 행위하는 바가 욕구에 얽매이게 되면 知(지식)가 혹 때로 막히는 경우가 있기도 하다는 말이다.

42-71-11 (䨇)〔斮(작)〕脯而非(𢙇)〔智〕也요

脯를 잘랐지만 智(지혜로움)가 아니고

畢云 𢙇는 悊(철)字異文이니 字書無此字라하다 張云 卽智字誤耳라하다 案 張說是也니 詳經上[188]이라 爾雅釋器에 云 魚曰斮(착)之라하니 卽此斮脯之義라

畢沅 : 𢙇는 '悊'자의 異體字이니 字書에는 이 글자가 없다.

張惠言 : 〈𢙇는〉 바로 '智'자의 誤字일 뿐이다.

案 : 張惠言의 說이 맞으니 〈經 上〉에 자세히 설명하였다. ≪爾雅≫ 〈釋器〉에 '魚曰斮之(물고기의 경우 〈자르는 것을〉 斮之라고 한다)'라고 하였으니 바로 여기서 말한 '斮脯(포를 자른다)'의 뜻이다.

42-71-12 (䨇)〔斮〕指而非愚也니 所爲與〔所〕不

손가락을 잘랐지만 愚(어리석음)가 아니니, 행위하는 바와

讀爲否라

〈'不'은〉 '否'로 읽어야 한다.

42-71-13 (所與)爲[189]를 相疑也는

행위하지 않는 바를 상호 의심하는 것은

張讀作所爲與所不爲相疑也하고 云 不所疑當作所不이요 與疑衍이라하다 案 張校亦通이라

188) 張說是也 詳經上 : 본서 3책 〈經 上〉 40-11-1에 보인다.

189) 所爲與〔所〕不 (所與)爲 : 이 구는 張惠言의 교감에 따라 번역하였다.

張惠言은 '所爲與所不爲相疑也'로 읽으면서 "'不所'는 아마도 '所不'이 되어야 할 듯하고 〈뒤의〉 '與'는 잘못 들어간 듯하다."라고 하였다.

案 : 張惠言의 校勘 역시 뜻이 통한다.

42-71-14 非謀也[190]라

計謀가 아니다.

謂不暇審計而爲之가 **所謂縣於欲也**라 **畢云 此釋經上爲窮知而縣於欲也**[191]라 **大指言所知一事**는 **必待爲之而信**이어니와 **其利害否則懸於欲**이니 **不以疑而自止**라하다

살피고 계획할 겨를 없이 행하는 것이 이른바 욕구에 매인다는 것이라는 말이다.

畢沅 : 이 대목은 〈經 上〉의 '爲窮知而縣於欲也(爲(행위)는 지식이 막혀 욕구에 매이는 것

190) 欲(雚)〔新〕其指……非謀也 : ≪墨子今注今譯≫에서는 高亨의 校勘에 의거하여 '雚'은 '飮'으로, '指'는 '鴆'으로, '離之'의 '離'는 '飮'으로, '騷'는 '搔'로, '爲'는 '譌'로 고치고, 孫詒讓을 따라 '文'은 '之'로, '力'은 '刀'로 보고, 張惠言의 校勘을 따라 '所爲與不所與爲相疑也'의 '不所'는 '所不'로 고치고 "예를 들어 어떤 이가 毒酒를 마시고 싶을 때 理智가 毒酒의 害를 모르면 이는 理智의 죄이다. 이를테면 理智의 측면에서 愼重하게 하고 아울러 毒酒의 害를 가볍게 보지 않으면서도 여전히 毒酒를 마시려고 하면 그가 毒酒를 마시는 것은 肉脯를 먹는 것과 같다. 다른 이가 말털을 빗질하는 利害에 대해 事前에 확실히 알지 못하고 그가 단지 빗질하고 싶어서 빗질한다면 이는 그가 理智의 측면에서 가지고 있는 懷疑로 그가 말을 빗질하려고 하는 慾望을 制止하지 못하는 것이다. 또 다른 이가 담장 밖으로 가는 利害에 대해 事前에 확실히 알지 못하면 바로 그에게 가서 돈을 주울 수 있게 하더라도 무턱대고 가지 않으니 이는 그가 理智의 측면에서 가지고 있는 懷疑로 그가 돈을 주우려고 하는 慾望을 制止하는 것이다. '사람의 言行이 錯誤를 저지르게 되는 까닭이 理智의 지배를 받지 못하고 慾望의 지배를 받은 결과에서 연유한다'는 道理를 우리가 살펴보면, 어떤 이가 肉脯를 먹는 것은 慾望에서 연유하지 理智의 총명함에 연유하는 것이 아니고, 毒酒를 마시는 것은 慾望에 연유하지 理智의 愚鈍함에 연유하는 것이 아니다. 다른 이가 하는 일(말을 빗질하는 일)과 또 다른 이가 하지 않는 일(담장 밖으로 가지 않는 일)은 모두 단지 理智의 측면에서 자신의 행위의 結果와 利害에 대해 疑問이 있어서인데, 그렇다고 깊은 智謀 때문이라 할 수는 없다.〔欲飮其鴆 智不知其害 是智之罪也 若智之愼之也 無遺於其害也 而猶欲飮之 則飮之是猶食脯也 搔之利害 未可知也 欲而搔 是不以所疑止所欲也 牆外之利害 未可知也 趨之而得刀 則弗趨也 是以所疑止所欲也 觀詭窮知而縣於欲之理 食脯而非智也 飮雚鴆而非愚也 所爲與所不爲相疑也 非謀也〕"라고 하였다.

191) 經上爲窮知而縣於欲也 : 본서 3책 〈經 上〉 40-52-1~2에 보인다.

이다.)'를 풀이한 것이다. 大指(요지)는 알고 있는 하나의 일은 반드시 행위하기를 기다려야 믿을 수 있거니와, 그 利害의 여부는 욕구에 매인 것이니 의심함을 통해 스스로 그치지 못한다는 말이다.

42-72-1 已라

已(이미 그침)를 설명한다.

句라

여기에서 句를 뗀다.

42-72-2 爲衣는

옷을 만들 때는

句라

여기에서 句를 뗀다.

42-72-3 成也요 治病은

이루어짐이 〈已이고〉, 병을 치료할 때는

句라

여기에서 句를 뗀다.

42-72-4 亡也라

없어짐이 〈已이다〉.

張云 爲衣以成爲已요 治病以亡爲已라 詒讓案 亡猶言無病也라 漢書郊祀志에 云 病良已라한대 注에 孟康云 已는 謂病愈也라하다 畢云 此釋經上已成亡[192]이라하다

張惠言 : 옷을 만들 때는 이루어져야 끝났다고 여기는 것이고 병을 치료할 때는 없어

져야 끝났다고 여기는 것이다.

詒讓案 : '亡'은 病이 없어진다고 말하는 것과 같다. ≪漢書≫ 〈郊祀志〉에 "병이 잘 나았다〔病良已〕"라고 하였는데, 그 注에 "孟康이 이르기를, '已는 병이 나았다는 말이다.'라고 하였다."라고 하였다.

畢沅 : 이 대목은 〈經 上〉의 '已成亡(已(이미)는 이루어짐과 없어짐의 두 뜻이 있다.)'을 풀이한 것이다.

42-73-1 **使**라

使(부림)를 설명한다.

句라

여기에서 句를 뗀다.

42-73-2 **令謂**가

말하게 하는 것이

句라

여기에서 句를 뗀다.

42-73-3 **謂也**니 **不必成濕**이라

'謂'이니 成敗를 기필할 수 없다.

張云 以令謂人을 **是之謂謂**라 **方謂之**면 **成不可必**이라하다 **盧云 方言**[193]**自關而西**[194]와

---

192) 經上已成亡 : 본서 3책 〈經 上〉 40-54-1~2에 보인다.

193) 方言 : 각 지방의 言語, 物名의 同異를 수록한 책으로 모두 13권이다. 漢나라 揚雄의 저술이라 한다. 그러나 ≪漢書≫ 〈揚雄傳〉에 양웅의 저술을 언급한 부분에도 보이지 않고, 許愼의 ≪說文解字≫에 양웅의 말을 인용한 것이 ≪방언≫에 보이지 않는다는 사실로 보아 양웅의 저술이라 할 근거가 희박하다.

194) 自關而西 : 關은 長安으로 들어가는 關門인 函谷關과 潼關을 가리키는바, 長安과 그 서북쪽

秦晉之間에 凡志而不得하고 欲而不獲하고 高而有墜하고 得而中亡을 謂之溼(습)이라한대 楊倞注荀子引作濕[195]이라 此濕字與方言義同하니 他合反이라하다 案 方言雖有此義나 然古書罕見이라 盧援以釋此하고 畢張楊竝從之로되 似不甚塙이라 荀子不(茍)〔苟〕[196] 篇에 云 窮則棄而儑이라한대 楊注引方言濕爲釋하고 韓詩外傳儑作累라 洪頤煊謂荀子之儑은 即說文人部에 云 儽는 垂皃니 一曰嬾解라하다 (乘覆也)라[197] 案 洪說甚是라 說文人部에 又有儡字하니 云 相敗也라하다 老子儽儽兮其不足하여 以無所歸라한대 釋文云 儽는 一本作儡하니 敗也요 欺也라하다 淮南子俶眞訓에 云 孔墨之弟子는 皆以仁義之術教導於世로되 而不免於儡其身이라하다 蓋儡儽聲義竝相近이라 此書之濕當作㶟요 荀子之儑當作儽라 經典凡從畾纍與從㬎字多相掍이라 㶟即說文儡儽之假字라 不必成儡는 言雖使爲之라도 而其事之成敗則未可必이라 儡與成義正相對也라

張惠言：命으로 남에게 이르는 것, 이를 일러 '謂'라고 한다. 바야흐로 말하고 있다면 이루어짐은 期必할 수 없다.

盧文弨：≪方言≫에 "關에서 서쪽, 秦나라와 晉나라 지역에서는 대체로 뜻하였는데도 얻지 못하고 하려고 하였는데도 잡지 못하고 높이 있다가도 떨어지는 일이 생기고 얻다가도 중간에 없어지는 것을 '溼'이라고 한다."라고 하였는데, 楊倞은 ≪荀子≫에 注를 낼 때 이 부분을 인용하면서 〈'溼'을〉 '濕'으로 썼다. 여기의 '濕'자는 ≪방언≫ 〈의 '溼'자〉와 뜻이 같으니 '他'와 '合'의 反切이다.

案：≪방언≫에는 비록 이런 뜻이 있지만 古書에는 잘 보이지 않는다. 盧文弨가 ≪방언≫을 끌어다 이 대목을 풀이하고, 畢沅, 張惠言, 楊葆彝가 모두 그것을 따랐는데 그리 확실하지는 않은 듯하다. ≪荀子≫ 〈不苟〉편에 "〈小人은〉 궁해지면 포기하고 패배한다.〔窮則棄而儑〕"라고 하였는데, 楊倞의 注에 ≪방언≫의 '濕'을 인용해 풀이하였고 ≪韓詩外

의 변방을 말하는 듯하다.

195) 楊倞注荀子引作濕：≪荀子≫ 〈脩身〉에 "謙下하고 遲鈍하고 貪利하면 高遠한 志向으로 그를 激勵한다.〔卑濕重遲貪利 則抗之以高志〕"라고 한 부분에 대한 楊倞의 注를 가리킨다.

196) (茍)〔苟〕：저본에는 '茍'으로 되어 있으나, 續修四庫全書本 및 漢文大系本에 의거하여 '苟'로 바로잡았다.

197) (乘覆也)：底本의 傍注에 "'乘覆也' 3자는 說文解字의 '儽'자의 주석이 아닌 데다 글뜻과 관련되지 않으니 잘못 들어간 글자인 듯하다.〔乘覆也三字非說文儽字注 且與文義無涉 疑衍文〕"라고 하였다.

傳≫에는 '儽'이 '累'로 되어 있다. 洪頤煊은 "≪순자≫의 '儽'은 바로 ≪說文解字≫ 人部에 「儽」는 垂皃(늘어뜨린 모양)이니 嬾解(게으름)라고도 한다.'라고 하였다.

案 : 洪頤煊의 說이 매우 맞다. ≪설문해자≫ 人部에 또 '儡'자가 있는데 "패함〔相敗〕이다."라고 하였다. ≪老子≫에 "패하여 곤궁하기에 돌아갈 곳이 없다.〔儽儽兮其不足 以無所歸〕"라고 하였는데 ≪經典釋文≫에 "'儽'는 어느 本에는 '儡'로 되어 있으니 패함〔敗〕이고 속임〔欺〕이다."라고 하였다. ≪淮南子≫ 〈俶眞訓〉에 "孔子와 墨子의 제자들은 모두 仁義의 法術로 세상 사람들을 敎導하였지만 자기 몸을 패하게 함을 면치 못하였다.〔孔墨之弟子 皆以仁義之術敎導於世 而不免於儡其身〕"라고 하였다. 대개 '儡'와 '儽'는 발음과 의미가 모두 서로 비슷하다. 이 책의 '濕'은 '㶟'가 되어야 하고 ≪순자≫의 '儽'은 '儽'가 되어야 한다. 經典에서는 일반적으로 '畾'나 '纍'로 이루어진 글자는 '㬎'으로 이루어진 글자와 서로 혼동되는 경우가 많다. '㶟'는 바로 ≪설문해자≫의 '儡'·'儽'의 假借字이다. '不必成儡'는 비록 〈어떤 일을〉 하게 하더라도 그 일의 成敗는 기필할 수 없다는 말이다. '儡'와 '成'은 뜻이 정확히 서로 對가 된다.

42-73-4 **故也〔者〕**는 **必待所爲之成也**[198]라

故(하게 하는 것)는 반드시 하는 일의 이루어짐을 기대할 수 있다.

故也下當有者字라 **此與經上故所得而後成**[199]**義同**이라 **言因此故而致彼如是**니 **必所爲已成**이라야 **乃可爲使也**라 **張讀濕屬此句**하고 **云 志而不得**하고 **而故使之**를 **是之謂故**니 **其事必欲成**이라하다 **案 張說未塙**이라 **畢云 此釋經上使謂故**[200]라하다

'故也' 뒤에 '者'자가 있어야 한다. 이 조목은 〈經 上〉의 "故(원인, 까닭)는 얻는 것이 있은 후에야 이루어지는 것이다.〔故所得而後成〕"라는 구절과 뜻이 같다. 이 緣故를 인하여

198) 令謂……必待所爲之成也 : ≪墨子今注今譯≫에서는 孫詒讓의 校勘을 따르지 않고 '不必成濕'은 '不必成'에서 句를 떼고 "命令, 어떤 이를 불러 어떤 일을 하게 하는 것, 이는 단지 言語를 사용하여 시키는 것이니 어떤 이가 반드시 어떤 일을 이루지는 않는다. 마치 땅이 濕한 自然現象은 그것을 빚어내는 客觀的 原因이 있는 것과 같으니 반드시 이러한 원인이 작용하기를 기다려야 비로소 성립할 수 있다.〔使 令謂 謂也 不必成 濕 故也 必待所爲之成也〕"라고 하였다.

199) 故所得而後成 : 본서 3책 〈經 上〉 40-1-1에 보인다.

200) 經上使謂故 : 본서 3책 〈經 上〉 40-56-1~2에 보인다.

이처럼 저것을 이루니 반드시 하는 바가 이미 이루어져야 비로소 하게 할 수 있다는 말이다. 張惠言은 '濕'을 이 句에 붙여 읽고서 "뜻하였는데도 얻지 못하고 의도를 두어 하게 하는 것, 이를 일러 故라고 하니 그 일을 반드시 이루려고 하는 것이다."라고 하였다.

案 : 張惠言의 說은 확실하지 않다.

畢沅 : 이 대목은 〈經 上〉의 '使謂故(使(부림)는 말로 하게 하는 것과 〈어떤 일을〉 하게 하는 것의 두 뜻이 있다.)'를 풀이한 것이다.

42-74-1 名이라

名(개념)을 설명한다.

句라

여기에서 句를 뗀다.

42-74-2 物은

物은

句라

여기에서 句를 뗀다.

42-74-3 達也라

〈萬物의〉 達名(공통된 명칭)이다.

言物爲萬物之通名이라 荀子正名篇에 云 故萬物雖衆이나 有時而欲遍擧之라 故謂之物이라 物也者는 大共名也라하니 卽此義라

物은 萬物의 공통된 명칭이라는 말이다. ≪荀子≫ 〈正名〉편에 "그러므로 만물이 비록 많지만 때때로 두루 거론하려고 하므로 物이라고 한다. 物이라는 것은 큰 범위의 공통된 명칭이다.〔故萬物雖衆 有時而欲遍擧之 故謂之物 物也者 大共名也〕"라고 하였으니 바로 이 대목의 뜻이다.

42-74-4 **有實必待文(多)〔名〕也**라

實(실제)이 있으면 반드시 名(개념)으로 文飾하기를 기대한다.

張云 物有是實이면 **名以文之**라 **文者實之加**라 **故曰多**라하다 **案 依張說**컨대 **則經名達下當有多字**니 **恐非**라 **竊疑多當作名**이니 **言名爲實之文也**라 **上文云 擧**라 **告以文名**은 **擧彼實也**라하니 **可證**이라 **或謂此文多與前文名**은 **竝當作之名**이라하니 **亦通**이라

張惠言 : 物에 이 實이 있으면 名으로 文飾한다. 文飾은 實에 더하는 것이므로 '多'라고 한 것이다.

案 : 張惠言의 說에 의거하면, 〈經 上〉의 '名達' 뒤에 '多'자가 있어야 하니 잘못 본 듯하다. 내 생각에 아마도 '多'는 '名'이 되어야 할 듯하니 名은 實의 文飾이라는 말이다. 위의 글(42-31-1~2)에 "擧(列擧)를 설명한다. 이 名(개념)을 고해 주는 것은 저 實(실제)을 들기 위해서이다.〔擧 告以文名 擧彼實也〕"라고 하였으니 증거로 삼을 수 있다. 어떤 이는 여기의 '文多'와 앞의 '文名'은 모두 '之名'이 되어야 한다고 하였는데 또한 뜻이 통한다.

42-74-5 **命之馬**는

馬라고 命名하는 것은

句라

여기에서 句를 뗀다.

42-74-6 **類也**니 **若實也者必以是名也**라

類名이니 實이 있는 경우에는 반드시 이로써 이름한다.

張云 馬而命之馬가 **是類也**라 **凡馬之實**은 **皆得名之馬**라하다 **案 張說是也**라 **荀子正名篇**에 **云 有時而欲偏擧之**라 **故謂之鳥獸**라 **鳥獸也者**는 **大別名也**라하니 **卽此義**라

張惠言 : 馬의 〈實이 있어서〉 馬라고 命名하는 것이 類名이다. 대체로 馬의 實이 있으면 모두 馬라고 이름할 수 있다.

案 : 張惠言의 說이 맞다. ≪荀子≫ 〈正名〉편에 "때때로 특정하게 거론하려고 하므로

鳥獸라고 한다. 鳥獸라는 것은 큰 범위의 구별하는 명칭이다.〔有時而欲偏擧之 故謂之鳥獸 鳥獸也者 大別名也〕"라고 하였으니 바로 이 대목의 뜻이다.

42-74-7 **命之臧**은

臧(노예)이라고 命名하는 것은

句라

여기에서 句를 뗀다.

42-74-8 **私也**니

私名이니

臧卽臧獲之臧이니 **詳後大取篇**이라 **言於人之賤者而命爲臧**하니 **則臧非人之通名**이라 **故曰私**라 **張云 人而名之臧**이 **是私也**라하다

'臧'은 바로 臧獲(노예)의 臧이니 뒤의 〈大取〉편에 자세히 설명하였다. 사람 가운데 천한 자를 두고 臧이라고 命名하니, 臧은 사람을 일컫는 공통된 명칭이 아니므로 私名이라고 한다는 말이다.

張惠言 : 사람인데 臧이라고 이름하는 것, 이것이 私名이다.

42-74-9 **是名也止於是實也**라

이 名은 이 實에 한정되는 것이다.

張云 名止於是實하니 **凡人不得名之**라하다

張惠言 : 名이 이 實에 한정되니 일반 사람에 대해서는 이름할 수 없다.

42-74-10 **聲出口**에 **俱有名**이 **若姓**(宇)〔**字**〕[201]라

---

201) 物……若姓(宇)〔字〕 : ≪墨子今注今譯≫에서는 '文多'를 '之名'으로 보고 '命之馬', '命之臧'에

소리가 입에서 나옴에 마치 姓字처럼 모두 이름을 갖는다.

吳鈔本作與라 **畢云 疑字**라하다 **張云 當爲字**니 **物之有名如人之姓字**라하다 **案 畢張校是也**라 **姓字亦一人之私**니 **與臧相似**라 **依張說**컨대 **此釋經上名達類私**[202]라 **畢以若姓字三字屬下說**하니 **非**라

吳鈔本에 〈'宇'는〉 '與'로 되어 있다.

畢沅 : 〈'宇'는〉 '字'인 듯하다.

張惠言 : 〈'宇'는〉 마땅히 '字'가 되어야 하니 物에 名이 있는 것이 마치 사람의 姓字와 같다.

案 : 畢沅과 張惠言의 校勘이 맞다. '姓字' 역시 한 사람의 私名이니 '臧'과 서로 비슷하다. 張惠言의 說에 의거하면, 이 대목은 〈經 上〉의 '名達類私(名(개념)은 達名과 類名과 私名의 세 가지 뜻이 있다.)'를 풀이한 것이다. 畢沅은 '若姓字' 3字를 아래에 붙여 설명하였는데 잘못 보았다.

42-75-1 (灑)〔**鹿**〕**謂狗犬**은 (命)〔**移**〕**也**요

鹿(사슴)을 狗犬(개)이라 하는 것은 바꿔 말하는 것이고

灑는 **吳鈔本作洒**하니 **義竝難通**이라 **命也**는 **亦與經不相應**이라 **張云 灑卽移意**라 **移狗而謂之犬**이 **是猶其命也**라하다 **案 張說未塙**이라 **以經推之**하면 **疑當作鹿謂狗犬移也**니 **灑鹿形近而誤**라 **言移他名以謂此物**은 **猶言指鹿爲馬**[203]라 **楊讀灑屬上若姓字句**하니 **非是**라

서 '命之'는 앞구와 붙이고, 아래 대목의 '灑'를 '字'에 붙이면서 '麗'로 보고서, "예를 들어 物(물질)은 外延이 가장 넓은 普遍槪念이니 모든 존재하는 實體는 반드시 모두 이 하나의 개념을 기다리고 난 뒤 概括한다. 馬는 하나의 類槪念이니 이렇게 馬의 속성을 품고 있는 모든 實體는 반드시 이러한 개념을 가지고 概括한다. 臧은 하나의 單獨槪念이니 이러한 개념은 단지 한 개의 實體를 가리킬 때에만 사용한다. 무릇 말은 사람의 입에서 나오는데 裏面에 모두 반드시 말의 개념을 포함하고 있다. 말의 개념은 사물을 지칭하니 姓名이 사람에게 붙어다니는 것과 같다.〔名 物 達也 有實必待之名也命之 馬 類也 若實也者必以是名也命之 臧 私也 是名也止於是實也 聲出口 俱有名 若姓字麗〕"라고 하였다.

202) 經上名達類私 : 본서 3책 〈經 上〉 40-58-1~2에 보인다.

203) 指鹿爲馬 : 사슴을 가리켜 말이라고 한다는 뜻으로, 秦나라 二世皇帝 때 趙高가 亂을 일으

'灑'는 吳鈔本에 '洒'로 되어 있는데 〈'灑'와 '洒'의〉 뜻이 모두 통하기 어렵다. '命也' 역시 〈經 上〉의 내용과 서로 조응하지 않는다.

張惠言 : '灑'는 바로 移(바꿈)의 뜻이다. 狗를 바꿔 犬이라고 하는 것, 이는 命名하는 것과 같다.

案 : 張惠言의 說은 확실하지 않다. 〈經 上〉의 내용으로 미루어 보면, 아마도 '鹿謂狗犬移也'가 되어야 할 듯하니 '灑'와 '鹿'은 字形이 비슷하여 잘못된 것이다. 다른 명칭을 가져다 바꿔 이 物을 말하는 것은 指鹿爲馬(사슴을 가리켜 말이라고 하다)라고 말하는 것과 같다는 말이다. 楊葆彝는 '灑'를 위의 '若姓字' 句에 붙여 읽었는데 맞지 않다.

42-75-2 **狗犬**은

狗니 犬이니 하는 것은

句라

여기에서 句를 뗀다.

42-75-3 **擧也**요

열거해 말하는 것이고

謂正擧物名이라 **上文云 擧**라 **告以文名**은 **擧彼實也**라하다 **張云 或謂之狗**하고 **或謂之犬**은 **單擧之謂也**라하니 **未塙**이라

사물의 명칭을 바르게 드는 것을 이른다. 위의 글(42-31-1~2)에 "擧(列擧)를 설명한다. 이 名(개념)을 고해 주는 것은 저 實(실제)을 들기 위해서이다.〔擧 告以文名 擧彼實也〕"라고 하였다. 張惠言은 "혹은 狗라 하기도 하고 혹은 犬이라 하기도 함은 하나씩 열거함

키려고 하면서 다른 신하들이 자기의 말을 듣지 않을까 염려하여 먼저 신하들의 뜻을 시험해 보기 위하여 사슴을 바치면서 말이라고 하자, 二世가 웃으면서 "승상은 잘 모르는가? 사슴을 보고 말이라고 하다니." 하면서 좌우에 있던 신하들에게 물었다. 그러자 신하들이 아무 말도 하지 않거나 혹은 말이라고 하면서 조고의 뜻에 아부하는 자도 있었으며, 혹 사슴이라고 말을 한 자도 있었는데, 조고는 사슴이라고 말한 자들을 모두 법으로 얽어 죽였다. 그 뒤에는 여러 신하들이 모두 조고를 두려워하였다.(≪史記≫ 권6 〈秦始皇本紀〉)

을 이른다"라고 하였는데 확실하지 않다.

42-75-4 **叱狗**는

狗라고 꾸짖는 것은

說文言部에 **云 叱**은 **訶也**라하다 **漢書儒林傳**에 **王式**[204]**曰 何狗曲也**라한대 **顔注**에 **云 意怒故妄發言**이라 **言狗者**는 **輕賤之甚也**라

≪說文解字≫ 言部에 "'叱'은 訶(꾸짖음)이다."라고 하였다. ≪漢書≫ 〈儒林傳〉에 "王式이 말하기를, '어찌 이리도 〈曲禮〉를 업신여기는 것입니까.〔何狗曲也〕'"라고 하였는데, 顔師古의 注에 "생각건대, 성이 났으므로 함부로 말을 내뱉은 것이다. 狗라고 말한 것은 몹시 업신여긴 것이다."라고 하였다.

42-75-5 **加也**[205]라

감정을 보태 말하는 것이다.

謂以惡語相加라 **說文力部**에 **云 加**는 **語相增加也**라하다 **論語集解引馬融云 加**는 **陵也**라하다 **畢云 此釋經上謂移擧加**[206]라하다

〈'加'는 〉 나쁜 말로 보태 말하는 것을 이른다. ≪說文解字≫ 力部에 "'加'는 말을 서로 보태는 것이다."라고 하였다. ≪論語集解≫에 馬融을 인용하여 "'加'는 陵(능멸함)이다."라

204) 漢書儒林傳 王式 : 底本의 傍注에 "≪漢書≫ 〈儒林傳〉에는 원래 '王式이 말하기를 「〈曲禮〉에 있습니다.」라고 하자 江翁이 말하기를, 「어찌 이리도 〈曲禮〉를 업신여기는 것입니까?」라고 하였다.'로 되어 있다.〔漢書儒林傳原作王式曰在曲禮 江翁曰何狗曲也〕"라고 하였다. 〈儒林傳〉 원문에는 王式이 아닌 江翁의 말로 되어 있다.

205) (灑)〔鹿〕謂狗犬……加也 : ≪墨子今注今譯≫에서는 '灑'는 앞 대목의 '宇'에 붙이고 '命'은 그대로 두고, 高亨의 校勘에 의거하여 맨 앞에 '謂'를 標題字로 보충하고, 沈有鼎의 校勘에 의거하여 '謂狗犬'의 '狗犬'을 '犬狗'로 바꾸고, "犬을 狗라고 부르는 것, 이것은 命名이다. '狗가 犬이다'라고 말하는 것, 이것은 列擧이다. 비난하며 狗라고 말하는 것, 이것은 感情의 因素를 다시 덧붙인 것이다.〔謂 謂犬狗 命也 狗犬 擧也 叱狗 加也〕"라고 하였다.

206) 經上謂移擧加 : 본서 3책 〈經 上〉 40-60-1~2에 보인다.

고 하였다.

畢沅 : 이 대목은 〈經 上〉의 '謂移擧加(謂(말함)는 바꿔 말하는 것과 열거해 말하는 것과 감정을 보태 말하는 것의 세 가지 뜻이 있다.)'를 풀이한 것이다.

42-76-1 **知**라

知(知識)를 설명한다.

句라

여기에서 句를 뗀다.

42-76-2 **傳受之**는

전하여 받는 것은

句라

여기에서 句를 뗀다.

42-76-3 **聞也**요 **方不庳**은

전해 듣는 지식이고, 方土(지역)가 막지 않는 것은

集韻四十漾에 **云 障**은 **或作庳**이라하다

≪集韻≫ 40 漾韻에 "'障'자는 혹 '庳'으로 쓰기도 한다."라고 하였다.

42-76-4 **說也**요 **身觀焉**은

추론해내는 지식이고, 몸소 보는 것은

句라

여기에서 句를 뗀다.

42-76-5 **親也**[207]라

친히 관찰하는 지식이다.

畢云 此釋經上知聞說親[208]이라 **言所爲知者有三**하니 **得之傳受是耳所聞也**요 **非方土所阻是人所說也**요 **身自觀之則親見也**라하다

畢沅 : 이 대목은 〈經 上〉의 '知聞說親(知(知識)는 전해 듣는 지식, 추론해내는 지식, 친히 관찰하는 지식이 있다.)'을 풀이한 것이다. 知識이 되는 것이 세 가지가 있으니 傳受를 통해 터득하는 것은 귀로 듣는 것이고 方土(지역)에 의해 막히지 않는 것은 사람이 추론해내는 것이고 몸소 직접 보는 것은 친히 보는 것이다.

42-77-1 **所以謂**는

말하는 수단은

句라

여기에서 句를 뗀다.

42-77-2 **名也**요 **所謂**는

名(개념과 이론 지식)이고, 말하는 내용은

句라

여기에서 句를 뗀다.

42-77-3 **實也**요 **名實耦**는

---

207) 傳受之……親也 : ≪墨子今注今譯≫에서는 沈有鼎의 校勘에 의거하여 '庳'을 '彰'으로 고치고 "傳受한 知識은 聞知이고, 이미 아는 것을 통해 모르는 것을 推測하는 것은 說知이고〔方不彰 說也〕, 친히 觀察하여 얻은 것은 親知이다."라고 하였다. 참고로, ≪墨子今注今譯≫에서는 〈經 上〉의 '知聞說親'과 '名實合爲'를 합쳐 보아 〈經說 上〉에서도 두 대목을 합쳐 설명하였다.

208) 經上知聞說親 : 본서 3책 〈經 上〉 40-62-1에 보인다.

實(실제 정황에 대한 지식)이고, 名과 實이 짝하는 것은

句라

여기에서 句를 뗀다.

42-77-4 **合也**요 **志行**은

合(개념과 실제의 결합 지식)이고, 〈以上의〉 뜻을 행하는 것은

句라

여기에서 句를 뗀다.

42-77-5 **爲也**[209)]라

爲(실천 지식)이다.

畢云 此釋經上名實合爲[210)]라하다

畢沅 : 이 대목은 〈經 上〉의 '名實合爲(개념과 이론 지식, 실제 정황에 대한 지식, 개념과 실제의 결합 지식, 실천 지식이 있다.)'를 풀이한 것이다.

42-78-1 **聞**이라

聞(들음)을 설명한다.

句라

여기에서 句를 뗀다.

209) 所以謂……爲也 : ≪墨子今注今譯≫에서는 "事物을 呼稱하고 陳述하는 수단의 知識은 名知이고 호칭하고 진술하는 對象에 대한 지식은 實知이고 概念理論과 實際가 결합한 지식은 合知이고 자각하여 행동하는 지식은 爲知이다."라고 하였다.

210) 經上名實合爲 : 본서 3책 〈經 上〉 40-63-1에 보인다.

42-78-2 **或告之**는

어떤 이가 고해주는 것은

句라

여기에서 句를 뗀다.

42-78-3 **傳也**요 **身觀焉**은

전해 듣는 것이고, 몸소 보는 것은

句라

여기에서 句를 뗀다.

42-78-4 **親也**라

친히 듣는 것이다.

畢云 此釋經上聞傳親[211]이라하다

畢沅 : 이 대목은 〈經 上〉의 '聞傳親(聞(들음)은 전해 듣는 것, 친히 듣는 것이 있다.)'을 풀이한 것이다.

42-79-1 **見**이라

見(관찰)을 설명한다.

句라

여기에서 句를 뗀다.

42-79-2 (時)〔**特**〕**者**는 **體也**요 **二者**는 **盡也**[212]라

211) 經上聞傳親 : 본서 3책 〈經 上〉 40-65-1~2에 보인다.

외짝은 一體(한 부분)만 〈보고〉 짝은 衆體(모든 부분)를 〈본다.〉

體는 **卽經上體分於兼之義**[213)]라 **時疑當爲特**이라 **特者**는 **奇也**요 **二者**는 **耦也**라 **特者止見其一體**하고 **二者盡見其衆體**라 **特二文正相對**라 **畢云 此釋經上見體盡**[214)]이라하다

'體'는 바로 〈經 上〉의 '體(부분)는 兼(전체)에서 나누어진 것이다[體分於兼]'라고 한 뜻이다. '時'는 아마도 '特'이 되어야 할 듯하다. '特者'는 奇(외짝)이고 '二者'는 耦(짝)이다. '特者'는 一體(한 부분)만 보는 것이고, '二者'는 그 衆體(모든 부분)를 다 보는 것이다. '特'과 '二'는 글이 정확히 서로 對가 된다.

畢沅 : 이 대목은 〈經 上〉의 '見體盡(見(관찰)은 형체의 부분, 형체의 전체 두 가지가 있다.)'을 풀이한 것이다.

42-80-1 (古)〔合〕이라

合(부합)을 설명한다.

此與下文爲目이라 **楊依經校云 疑合之訛**라하다

이 글은 아래 글과 함께 조목이 된다. 楊葆彝는 〈이 조목에 해당하는〉 〈經 上〉의 校勘에 의거하여 "아마도 '合'의 오자인 듯하다."라고 하였다.

42-80-2 兵立은

병기가 세워짐은

兵은 **吳鈔本作力**하니 **竝未詳**이라

'兵'은 吳鈔本에 '力'으로 되어 있는데, 〈'兵'과 '力'〉 모두 알 수 없다.

---

212) (時)〔特〕者……盡也 : ≪墨子今注今譯≫에서는 孫詒讓의 校勘을 따라 "一面만 보는 것은 部分的 觀察이라고 하고 兩面을 볼 수 있는 것은 全面的 觀察이라고 한다."라고 하였다.

213) 經上體分於兼之義 : 본서 3책 〈經 上〉 40-3-1에 보인다.

214) 經上見體盡 : 본서 3책 〈經 上〉 40-67-1에 보인다.

42-80-3 反(中)〔也〕요

反合(상반하여 합함)이고

疑當作反也라 反與正은 上下文義相對라

아마도 '反也'가 되어야 할 듯하다. '反'과 '正'은 위아래의 글 뜻이 서로 對가 된다.

42-80-4 志(工)〔功〕은

志(동기)와 功(결과)은

工疑功之省이라 大取篇에 云 志功爲辯이라하고 又云 志功不可以相從也라하니 是其證이라

'工'은 아마도 '功'자를 생략한 글자인 듯하다. 〈大取〉편에 "志와 功을 변별한다.〔志功爲辯〕"라고 하고 또 "志와 功은 함께할 수 없다.〔志功不可以相從也〕"라고 하였으니, 그 증거이다.

42-80-5 正也라

正合(바르게 합함)이다.

志功相合이라야 爲得其正이라

志와 功이 서로 부합해야 그 正(바름)을 얻는다.

42-80-6 (臧)〔義〕之爲는

義를 행함은

臧疑當爲義라

'臧'은 아마도 '義'가 되어야 할 듯하다.

42-80-7 宜也라

宜合(마땅하게 합함)이다

張云 臧은 人臣也라 臧奉主命에 無不宜爲라하다 案 張說未知是否라

張惠言 : 臧은 人臣(신하)이다. 臧이 主君의 命을 받들 때 모두 의당 해야 할 일이다. 案 : 張惠言의 說은 맞는지 틀리는지 모르겠다.

42-80-8 **非彼必不有**는

저것이 아니면 반드시 있지 않는 경우는

句라

여기에서 句를 뗀다.

42-80-9 **必也**라 (聖)〔宜〕**者用而勿必**이니

必合(필연적인 합함)이다. 宜合을 추구하더라도 必合하지는 못하니

聖疑當爲宜어나 或當爲正이라 經上正無非를 說亦作聖[215]하니 可證이라

'聖'은 아마도 '宜'가 되어야 하거나 혹은 '正'이 되어야 할 듯하다. 〈經 上〉의 '正無非(𦔻(聖, 성인)은 비난함이 없다.)'에 대해 그 〈經說〉에 〈'正'이〉 역시 '聖'으로 되어 있으니, 증거로 삼을 수 있다.

42-80-10 **必也者可勿疑**[216]라

---

215) 經上正無非 說亦作聖 : 본서 3책 〈經 上〉 40-101-1의 '𦔻無非'에 대한 經說인 本篇 42-90-1에 '若聖人有非而不非(聖人의 경우에는 비난할 바가 있어도 비난하지 않는 것과 같다.)'라고 하였다.

216) 兵立……必也者可勿疑 : ≪墨子今注今譯≫에서는 高亨의 校勘에 의거하여 '兵立反中'은 '矢至侯中'으로 고치고 '工'은 孫詒讓의 校勘을 따라 '功'으로 고치되 '臧'은 그대로 두고 "예를 들어 화살을 쏠 때 과녁의 중앙을 맞추려고 하여 결과가 정말 중앙을 맞춘다면 이는 動機와 效果가 정확히 부합하는〔正合〕 것이다. 노예의 행위가 분수에 부합하는 것, 이것을 宜合이라고 한다. 저것이 없으면 必然的으로 이것이 없는 것, 이것이 必合이다. 聖明한 사람은 일을 할 때 경솔하게 必然일 것이라는 判斷을 하지 않는다. 만일 必然性이 있는 사물이라면 懷疑하지 않을 수 있다.〔合 矢至侯中 志功正也 臧之爲 宜也 非彼必不有 必也 聖者用而勿必 必也者可勿疑〕"라고 하였다.

必合하는 경우에는 의심하지 않아도 된다.

依楊說컨대 此釋經上合正宜必[217)]이라

楊葆彝의 說에 의거하면, 이 대목은 〈經 上〉의 '合正宜必(合(부합)은 맞아떨어지는 것, 합당하게 되는 것, 필연적인 것이 있다.)'을 풀이한 것이다.

42-81-1 (仗)〔權〕者는 兩而勿偏[218)]이라

權이라는 것은 양편을 〈저울질하면서〉 치우치지 말아야 한다.

張云 此申言兵立反中하니 言仗兵者皆兩比하고 而無獨立이라 故以解合也라하다 案 張以仗爲兵杖하고 楊說亦然하니 皆穿鑿不足馮이라 以經文推之하면 疑仗當作權이니 艸書形近而訛라 經說下右權交繩은 權今本誤校하니 與此相類라 言兩權利害無所偏主라 依楊說컨대 此釋經上欲正權利且惡(오)正權害[219)]라

張惠言 : 이 대목은 〈위의〉 '兵立反中'을 거듭 말하였으니, 병기를 든 자는 둘씩 나란히 서고 홀로 서 있는 경우가 없으므로 이를 가지고 合(부합)을 풀이한 것이라는 말이다.

案 : 張惠言은 '仗'을 兵杖으로 여겼고 楊葆彝의 說 역시 그러한데 모두 穿鑿하여 근거로 삼기에 부족하다. 〈이 조목에 대한〉 〈經 上〉의 글을 가지고 미루어 보면, '仗'은 '權'이 되어야 할 듯하니 草書로 字形이 비슷해 잘못된 것이다. 〈經說 下〉의 '右權交繩'에서 '權'은 지금 本에 '校'로 잘못되어 있으니 이 대목의 경우와 비슷하다. 양편으로 利害를 저울질하여 한편에 치우쳐 주장하는 바가 없다는 말이다. 楊葆彝의 說에 의거하면, 이 대목은 〈經 上〉의 '欲正權利且惡正權害(바라는 것이 바르면 이익을 저울질할 수 있고, 싫어하는 것이 바르면 손해를 저울질할 수 있다.)'를 풀이한 것이다.

---

217) 經上合正宜必 : 본서 3책 〈經 上〉 40-69-1~2에 보인다.

218) (仗)〔權〕者 兩而勿偏 : ≪墨子今注今譯≫에서는 이 앞에 '欲'을 標題字로 보충하고 '仗'은 孫詒讓의 校勘을 따라 '權'으로 고쳐 "생각을 저울질할 때에는 兩面을 고려하고 치우치지 않는다는 原則을 준수하여 事情의 兩面을 고려해야지 事情의 一面만 고려해서는 안 된다.〔欲權者兩而勿偏〕"라고 하였다.

219) 經上欲正權利且惡正權害 : 본서 3책 〈經 上〉 40-71-1에 보인다.

42-82-1 爲라

爲(행위)를 설명한다.

句라

여기에서 句를 뗀다.

42-82-2 (早)〔甲〕臺는

갑옷과 城臺는

張云 皁(조)는 古只作早라하다 詒讓案 早疑當爲甲이라 後文劍甲字亦訛早하니 可證이라 說詳後라 臺謂城臺門臺니 詩鄭風出其東門毛傳에 云 闍(도)는 城臺也라하고 禮記禮器에 云 天子諸侯臺門이라하다

張惠言 : '皁'는 옛날에 단지 '早'로만 썼다.

詒讓案 : '早'는 아마도 '甲'이 되어야 할 듯하다. 아래 글(42-85-9)의 '劍甲'의 '甲'자 역시 '早'로 잘못되어 있으니, 증거로 삼을 수 있다. 아래에 자세히 설명하였다. '臺'는 城臺, 門臺를 이르니, ≪詩經≫ 〈鄭風 出其東門〉의 毛傳에 "'闍'는 城臺이다."라고 하였고, ≪禮記≫ 〈禮器〉에 "천자와 제후는 臺門을 둔다.〔天子諸侯臺門〕"라고 하였다.

42-82-3 存也요

보존하는 것이고,

言爲甲以備戰於城及宮門하고 爲臺以備守는 皆以求存爲爲也라 張云 以爲而存이라하다

갑옷을 만들어 城 및 宮門에서 전투를 대비하고 城臺를 만들어 수비하는 것은 모두 보존할 방도를 찾는 일을 행위〔爲〕로 삼는 것이다.

張惠言 : 행함으로써 보존된다.

42-82-4 病은

疾病은

句라

여기에서 句를 뗀다.

42-82-5 亡也요

제거하는 것이고

言治病之爲는 求其亡이라 左成十年傳에 晉侯有疾하니 秦伯使醫緩爲之[220]라하다 呂氏春秋至忠篇에 文摯治齊王疾에 曰 請以死爲王이라한대 高注云 爲는 治也라하다 此卽上文已爲衣成也治病亡也之義라 張云 以爲而亡이라하다

病을 치료하는 행위는 그것이 없어지기를 구한다. ≪春秋左氏傳≫ 成公 10年에 "晉侯가 질병에 걸리니 秦伯이 醫員 緩을 보내어 治療하게 하였다.〔晉侯有疾 秦伯使醫緩爲之〕"라고 하였다. ≪呂氏春秋≫ 〈至忠〉편에 "文摯가 齊王의 질병을 치료할 때 아뢰기를, '죽음으로써 왕을 치료하기를 청합니다.'라고 하였다.〔文摯治齊王疾 曰請以死爲王〕"라고 하였는데, 高誘의 注에 "'爲'는 治(치료)이다."라고 하였다. 이 대목은 위의 글(42-72-1~4)에서 '已 爲衣成也 治病亡也(已(이미 그침)를 설명한다. 옷을 만들 때는 이루어짐이 〈已이고〉, 병을 치료할 때는 없어짐이 〈已이다〉.)"라고 한 뜻이다.

張惠言 : 행함으로써 없어진다.

42-82-6 買鬻(육)은

사고 파는 일은

兪云 說文貝部에 賣(매)는 衒(현)也라 讀若育이라하다 今經典通以鬻爲之라하다 張云 互相爲라하다

兪樾 : ≪說文解字≫ 貝部에 "'賣'는 衒(팖)이다. '育'처럼 발음한다."라고 하였다. 지금

220) 左成十年傳……秦伯使醫緩爲之 : ≪春秋左氏傳≫에는 "晉 景公이 병이 危重해져서 秦나라에 사람을 보내어 醫員을 보내주기를 要求하니, 秦伯이 醫員 緩을 보내어 治療하게 하였다.〔公疾病 求醫于秦 秦伯使醫緩爲之〕"라고 하였다.

經典에서는 모두 '鬻'으로 쓰고 있다.

張惠言 : 상호 행하는 것이다.

42-82-7 **易**(역)**也**요 **霄盡**은

교역하는 것이고, 소진함은

畢云 霄與消同이라하다 **詒讓案 爾雅釋天**에 **雨**(霓(예))〔霰(선)〕221)**爲霄雪**이라한대 **釋文**에 **霄**는 **本亦作消**라하다

畢沅 : '霄'는 '消'와 같다.

詒讓案 : ≪爾雅≫ 〈釋天〉에 "싸락눈이 내리는 것을 霄雪이라고 한다.〔雨霰爲霄雪〕"라고 하였는데, ≪經典釋文≫에 "'霄'는 어떤 판본에는 '消'로도 쓴다."라고 하였다.

42-82-8 **蕩也**요

탕진하는 것이고,

張云 莫之爲而爲라하다

張惠言 : 〈그렇게 되도록〉 하지 않는데도 〈그렇게〉 되는 것이다.

42-82-9 **順長**은

生長을 순조롭게 하는 일은

句라

여기에서 句를 뗀다.

42-82-10 **治也**요

---

221) (霓(예))〔霰(선)〕 : 저본에는 '霓'로 되어 있으나, 續修四庫全書本 및 漢文大系本에 의거하여 '霰'으로 바로잡았다. '霰'은 '霰'의 이체자이다.

다스리는 것이고,

張云 有爲而爲라하다

張惠言 : 목적이 있어서 하는 것이다.

42-82-11 鼃(와)(買)〔鼠〕는

개구리와 쥐는

句라

여기에서 句를 뗀다.

42-82-12 化也[222)]라

변화하는 것이다.

張云 鼃買未詳하니 或即鼃鶉이라 化亦爲也라하다 畢云 此釋經上爲存亡易(역)蕩治化[223)]라하다 俞云 上文雖有化若鼃爲鶉之文이나 然買鶉音義俱遠이요 形又不相似하니 鼃疑竇字之誤라 上文云 買鬻은 易也라하고 此云 竇買는 化也라하니 文異而義同이라하다 案 俞改鼃爲竇는 則與上文義複하니 不足據라 買疑當爲鼠라 列子天瑞篇에 云 田鼠之爲鶉이라하니 蓋古說鼃鼠二者는 皆能化爲鶉이라 故上文既以鼃(鼠)〔鶉〕[224)]釋化하고 此又兼擧鼃鼠二者하여 以盡其義라 兩文雖異나 而義實同也라 鼠는 漢隸或作𪕋하니 見

222) (早)〔甲〕臺……化也 : ≪墨子今注今譯≫에서는 '鼃買'를 '蛙鶉'으로 보고 "갑옷을 제작하고 城臺를 만드는 일은 保存하는 행위이고, 병을 치료하는 일은 消除하는 행위이고, 사고 파는 일은 交易하는 행위이고, 깨끗이 다 消除하는 일은 蕩平하는 행위이고, 規律을 따라 張大하게 하는 일은 다스리는 행위이고, 개구리와 메추리를 養殖하는 일은 生物의 變化를 이용하는 행위이다.〔蛙鶉 化也〕"라고 하였다.

223) 經上爲存亡易蕩治化 : 본서 3책 〈經 上〉 40-73-1~2에 보인다.

224) 鼃(鼠)〔鶉〕 : 底本의 傍注에 "위의 글에서 '化(변화)를 설명한다. 이를테면 개구리가 메추리가 되는 것과 같다.'라고 하였으니, '鼃鼠'는 분명 '鼃鶉'을 필사할 때의 잘못이다.〔上文云 化若鼃爲鶉 則鼃鼠當是鼃鶉之筆誤〕"라고 하였다.

仙人唐公房碑라 **與買形極相似**하여 **因而致誤**라 **或云 買當爲辜**니 **卽鶉之省**이라하니 **亦可備一義**라

張惠言 : '鼃買'는 자세하지 않으니 혹은 바로 '鼃鶉'일 수도 있다. 化 역시 爲(행위)이다.

畢沅 : 이 대목은 〈經 上〉의 '爲存亡易蕩治化(爲(행위)는 보존하는 것, 제거하는 것, 교역하는 것, 탕진하는 것, 다스리는 것, 변화하는 것이 있다.)'를 풀이한 것이다.

兪樾 : 위의 글(42-45-1~2)에 비록 '化若鼃爲鶉(化를 설명한다. 이를테면 개구리가 메추리가 되는 것과 같다.)'이라는 글이 있지만 '買'와 '鶉'은 音義가 모두 동떨어져 있고 字形도 서로 비슷하지 않으니 '鼃'는 아마도 '賣'자의 誤字인 듯하다. 위의 글에서 "사고 파는 일은 교역하는 것이다〔買鬻 易也〕"라고 하고, 여기서 "사고 파는 일은 변화하는 것이다.〔賣買 化也〕"라고 하였으니 글은 다르지만 뜻은 같다.

案 : 兪樾이 '鼃'를 '賣'로 고친 것은 위의 글과 뜻이 중복되니 근거할 것이 못 된다. '買'는 아마도 '鼠'가 되어야 할 듯하다. ≪列子≫ 〈天瑞〉편에 "두더쥐가 변하여 메추리가 된다〔田鼠之爲鶉〕"라고 하였으니, 대체로 옛 설에 '鼃'와 '鼠' 두 가지는 모두 능히 변화하여 메추리가 된다고 하였다. 그래서 위의 글(42-45-1~2)에서 이미 '鼃'와 '鶉'을 가지고 化(변화)를 풀이하였고 여기서 다시 '鼃'와 '鼠' 두 가지를 아울러 열거하여 그 뜻을 다한 것이다. 두 글이 비록 다르지만 뜻은 실제로 같다. '鼠'는 漢나라 隸書에 혹 '胃'로 쓰기도 하는데 〈仙人唐公房碑〉에 보인다. '買'와 字形이 매우 흡사하여 이로 인해 잘못된 것이다. 어떤 이는 "'買'는 '辜'이 되어야 하니 바로 '鶉'의 略字이다."라고 하였는데 역시 또 하나의 뜻으로 갖추어 놓을 만하다.

42-83-1 **同**이라

同(같음)을 설명한다.

句라

여기에서 句를 뗀다.

42-83-2 **二名一實**이

名(명칭)이 둘인데 實(실제)이 하나인 것이

句라

여기에서 句를 뗀다.

42-83-3 **重同也**요 **不外於兼**이

重同이고, 兼(전체)에서 벗어나지 않은 것이

句라

여기에서 句를 뗀다.

42-83-4 **體同也**요

體同이고,

亦與經云 體分於兼[225]義同이라 分體統含於兼體之內라 故云 不外於兼이라

〈이 부분〉 또한 〈經 上〉에서 "體(부분)는 兼(전체)에서 나뉘어진 것이다.〔體分於兼〕"라고 한 뜻과 같다. 分體(부분)가 兼體(전체)의 안에 포함되어 있으므로 兼에서 벗어나지 않는다.〔不外於兼〕라고 한 것이다.

42-83-5 **俱處於室**이

한 방에 함께 있는 것이

句라

여기에서 句를 뗀다.

42-83-6 **合同也**요

合同이고,

225) 經云 體分於兼 : 본서 3책 〈經 上〉 40-3-1에 보인다.

說文人部에 **云 俱**는 **偕也**라하다

≪說文解字≫ 人部에 "'俱'는 偕(함께)이다."라고 하였다.

42-83-7 **有以同**이

〈어떤 성질의〉 같음이 있는 것이

句라

여기에서 句를 뗀다.

42-83-8 **類同也**라

類同이다.

說文犬部에 **云 種類相似**는 **唯犬爲甚**이라하다 **楊云 大取篇**에 **云 重同具同連同同類之同同名之同丘同鮒同同是之同同然之同同根之同**이라하다 **畢云 此釋經上同重體合類**[226]라하다

≪說文解字≫ 犬部에 "種類가 서로 비슷한 것은 오직 犬이 제일 그렇다."라고 하였다.

楊葆彝 : 〈大取〉편에 "重同, 具同, 連同, 同類의 同, 同名의 同, 丘同, 鮒同, 同是의 同, 同然의 同, 同根의 同이 있다."라고 하였다.

畢沅 : 이 대목은 〈經 上〉의 '同重體合類(同(같음)은 두 명칭이 한 실체로 같은 것, 전체의 부분들로 같은 것, 한 공간에 모여 같은 것, 어떤 성질이 비슷하여 같은 것이 있다.)'를 풀이한 것이다.

42-84-1 **異**라

異(다름)를 설명한다.

句라

226) 經上同重體合類 : 본서 3책 〈經 上〉 40-75-1~2에 보인다.

여기에서 句를 뗀다.

42-84-2 **二必異**가

둘이면서 모두 다른 것이

必讀爲畢이니 **古通用**이라 **張云 名二而實又異**라하다

'必'은 '畢'로 읽으니 옛날에 通用하였다.

張惠言 : 名(명칭)이 둘이면서 實(실제)도 다르다.

42-84-3 **二也**요

二(둘)이고,

謂名實俱異는 **是較然爲二物也**라

名과 實이 모두 다른 것은 분명히 두 가지 사물이 된다는 말이다.

42-84-4 **不連屬**이

이어져 속하지 않음이

句라

여기에서 句를 뗀다.

42-84-5 **不體也**요 **不同所**가

不體이고, 장소를 같이 하지 않음이

句라

여기에서 句를 뗀다.

42-84-6 **不合也**요 **不有同**이

不合이고, 〈어떤 성질의〉 같음이 있지 않은 것이

句라

여기에서 句를 뗀다.

42-84-7 **不類也**라

不類이다.

畢云 此釋經上異二不體不合不類[227]라 **舊脫不體不字**라하다

畢沅 : 이 대목은 〈經 上〉의 '異二不體不合不類(異(다름)는 두 실체로 다른 것, 같은 전체에 속하지 않는 것, 한 공간에 모여 있지 않은 것, 어떤 성질이 비슷하지 않은 것이 있다.)'를 풀이한 것이다. 舊本에는 '不體'의 '不'자가 빠져 있다.

42-85-1 **同異交得**이라

同異(같고 다름)는 비교하여 얻는다는 말을 설명한다.

交는 **吳鈔本誤於**라 **言同異各得其義**하니 **若下文有無多少之類**라

'交'는 吳鈔本에는 '於'로 잘못되어 있다. 同異가 각각 그 뜻을 얻음을 말하니 이를테면 아래 글의 '有無'와 '多少' 따위 같은 것이다.

42-85-2 **於**(福家良)〔**富家食**〕에

부유한 집의 음식에서

疑當作於富家食이라 **楊以於當經文之放**[228]하니 **非是**라

아마도 '於富家食'이 되어야 할 듯하다. 楊葆彝는 '於'가 〈經 上〉의 글의 '放'에 해당한다고 하였는데, 맞지 않다.

---

227) 經上異二不體不合不類 : 본서 3책 〈經 上〉 40-77-1～2에 보인다.

228) 經文之放 : 본서 3책 〈經 上〉 40-79-2의 '放有無'의 '放'을 가리킨다.

42-85-3 (恕)〔恕〕有無也라

有無(있고 없음)를 안다.

恕當作恕니 與知通이라

'恕'는 '恕'가 되어야 하니 '知'와 통용한다.

42-85-4 比

周禮小胥鄭注에 云 比猶校也라하다

≪周禮≫ 〈小胥〉의 鄭玄의 注에 "'比'는 校와 같다."라고 하였다.

42-85-5 度에 多少也라 (免)〔它(사)〕蚓還(선)(園)〔圜〕에

비교하여 헤아림에 多少(많고 적음)를 〈안다.〉 뱀과 지렁이가 구불구불 지나가는 것에서

免當作它니 卽蛇之正字라 前它蠶訛作免瑟[229]하니 與此正同이라 蚓字亦見經說下하니 字書所無라 楊云 前文免瑟이라하고 此云免蚓이라하니 瑟蚓通用이라하다 又云 蚓疑蝨(슬)字之訛니 如韓咎與幾瑟爭立太子를 戰國策作幾瑟하고 史記作蟣蝨이라하다 案 楊說非是라 說下云 蚓與瑟孰瑟이라하니 則蝨與瑟不得爲一字라 彼瑟當亦蠶之訛라 此云它蚓이라하고 彼云蚓蠶이라하니 則蚓似當爲蛇蠶同類之蟲이라 竊疑蚓字卽螾之別體니 後漢書吳漢傳李注引十三州志하여 云 朐忍은 其地下溼(습)하여 多朐忍蟲이라하다 忍音閏이니 卽螾之音轉이라 蚓從刃爲聲하니 猶以忍爲螾也라 方言에 云 蚰蜒(유연)은 自關而東謂之螾𧊔(육연)이라하고 北燕謂之蚭蚭(육니)라한대 彼蚭字亦說文所無요 與此蚓字形相近하니 疑蚭蚭亦當爲蚓蚭라 蚓螾字同이요 蚭𧊔聲轉이라 傳寫訛作蚭하여 郭璞遂音爲奴六反矣라 園疑當作圜이니 亦形之誤라 還與旋同하니 蛇螾皆蜿蟺(완선)屈曲而行이라 故下云

---

229) 前它蠶訛作免瑟 : 本篇 42-49-3에서 孫詒讓이 '戶樞免瑟'의 '免瑟'을 '它蠶'으로 교감한 것을 가리킨다.

去就也라

'兎'은 '它'가 되어야 하니 바로 '蛇'의 正字이다. 앞에서 '它蠶'이 '兎瑟'으로 잘못되어 있었는데 이 부분과 정확히 같다. '蚵'자 역시 〈經說 下〉에 보이는데 字書에는 없는 글자이다. 楊葆彝가 이르기를 "앞 문장에서 '兎瑟'이라 하고 여기서 '兎蚵'이라 하였으니 '瑟'과 '蚵'은 通用한다."라고 하고, 또 이르기를, "'蚵'은 아마도 '蝨'자의 誤字인 듯하니 이를테면 '韓咎가 幾瑟과 太子 세우는 문제를 다투었다〔韓咎與幾瑟爭立太子〕'는 글의 〈'幾瑟'이〉 ≪戰國策≫에는 '幾瑟'로 되어 있고, ≪史記≫에는 '蟣蝨'로 되어 있다."라고 하였다.

案 : 楊葆彝의 說은 맞지 않다. 〈經說 下〉에 '蚵與瑟孰瑟'이라고 하였으니 '蝨'과 '瑟'은 동일한 글자가 될 수 없다. 그곳의 '瑟' 역시 '蠶'의 誤字이다. 여기서는 '它蚵'이라고 하고 그곳에서는 '蚵蠶'이라고 하였으니 '蚵'은 蛇蠶(뱀과 누에)과 같은 종류의 벌레가 되어야 할 듯하다. 내 생각에 아마도 '蚵'자는 '螾'의 異體字인 듯하니 ≪後漢書≫ 〈吳漢傳〉의 李賢의 注에서 ≪十三州志≫를 인용하여 "'朐忍'은 그 땅이 지대가 낮고 습하여 朐忍蟲이 많다〔朐忍 其地下溼 多朐忍蟲〕"라고 하였다. '忍'은 발음이 '閏(윤)'이니 바로 '螾'의 발음이 바뀐 것이다. '蚵'은 '刃'으로 구성되어 聲符가 되니 '忍'으로 '螾'을 삼은 것과 같다. ≪方言≫에 "蚰蜒은 關東에서는 蚰蜑(육연)이라고 하고 北燕에서는 蚰蚭(육니)라고 한다."라고 하였는데, 그곳의 '蚰'자 역시 ≪說文解字≫에 없는 글자이고 이곳의 '蚵'자와 字形이 서로 비슷하니 아마도 '蚰蚭' 역시 '蚵蚭'가 되어야 할 듯하다. '蚵'과 '螾'은 글자가 같고 '蚭'와 '蜑'은 소리가 바뀐 것이다. 傳寫하다가 '蚰'으로 잘못되어 郭璞이 결국 발음을 '奴'와 '六'의 反切로 삼은 것이다. '園'은 아마도 '圜'이 되어야 할 듯하니 역시 字形으로 인해 잘못된 것이다. '還'은 '旋'과 같으니 蛇螾(뱀과 지렁이)은 모두 구불구불 꿈틀거리면서 가므로 아래에 '去就也'라고 하였다.

42-85-6 **去就也**라

去就(가고 옮)를 〈안다.〉

彼此相背爲去요 **相還爲就**라

彼此가 서로 등지고 가는 것이 去이고 서로 돌아서 오는 것이 就이다.

42-85-7 (鳥)〔爲(상)〕(折)〔梗〕用桐에

나무인형을 오동나무로 만드는 것에서

此義難通하니 竊疑鳥當爲爲이요 折當爲梗이라 干祿字書에 云 象通作爲이라하고 北齊南陽寺碑에 象作爲하니 竝與鳥形相近이라 梗折偏旁亦略相類라 象謂象人[230]이니 即偶人也라 說文人部에 云 偶는 桐人也라하고 越絶書記吳王占夢에 云 桐不爲器用이요 但爲俑이니 當與人俱葬이라하고 淮南子繆稱訓에 云 魯以偶人葬이어늘 而孔子歎이라한대 宋本許注에 云 偶人은 桐人也라하고 周禮冢人에 言鸞車象人이라한대 鄭注引孔子謂爲俑者不仁하고 論衡感虛篇에 云 廚(中)〔門〕[231]木象生肉足이라한대 史記刺客傳索隱引象作烏하니 與此可互證이라 梗者는 戰國策齊策에 云 有土偶人與桃梗相與語러니 土偶曰 子東國之桃梗也니 刻削子以爲人이라하고 趙策又云 土梗木梗이라한대 史記孟嘗君傳에 桃梗作木偶人하니 是木偶人謂之象人이라 或謂之俑하고 亦謂之梗하고 以桐爲之하여 亦曰桐人이라 故云 象梗用桐이라하다

이 부분의 뜻은 통하기 어려우니, 내 생각에 아마도 '鳥'는 '爲'이 되고 '折'은 '梗'이 되어야 할 듯하다. ≪干祿字書≫에 "'象'은 '爲'으로 통용해 쓴다."라고 하고 北齊 〈南陽寺碑〉에 '象'이 '爲'으로 되어 있으니 모두 '鳥'와 字形이 서로 비슷하다. '梗'과 '折'의 偏旁 역시 대략 서로 유사하다. '象'은 象人(인형)을 말하니 바로 偶人이다. ≪說文解字≫ 人部에 "'偶'는 桐人(오동나무 인형)이다."라고 하고, ≪越絶書≫ 〈記吳王占夢〉에 "오동나무는 器用(그릇)이 되지 못하고 단지 俑(나무인형)이 될 뿐이니 마땅히 사람과 함께 매장될 것이다.〔桐不爲器用 但爲俑 當與人俱葬〕"라고 하고, ≪淮南子≫ 〈繆稱訓〉에 "魯나라에서 偶人

孔子

230) 象人 : 살아있는 사람을 닮은 인형을 말하는 것으로, ≪孟子≫ 〈梁惠王 上〉에 "중니(공자)께서 말씀하시기를 '처음으로 용(俑)을 만든 자는 그 후손이 없을 것이다.'라고 하셨으니, 이는 사람을 형상하여 장례에 사용하였기 때문이다.〔仲尼曰 始作俑者 其無後乎 爲其象人而用之也〕"라고 하였다.

231) (中)〔門〕 : 저본에는 '中'으로 되어 있으나, ≪論衡≫ 〈感虛篇〉에 의거하여 '門'으로 바로잡았다.

으로 장례를 치르자 孔子께서 탄식하셨다.〔魯以偶人葬 而孔子歎〕"라고 하였는데 宋本의 許愼의 注에 "偶人은 桐人이다."라고 하고, ≪周禮≫ 〈冢人〉에 "鸞車의 象人에게 〈이제 행진함을〉 고한다.〔言鸞車象人〕"라고 하였는데 鄭玄의 注에 '孔子謂爲俑者不仁(孔子께서 俑을 만든 자는 어질지 못하다고 하였다)'을 인용하였고, ≪論衡≫ 〈感虛篇〉에 "주방 문의 나무 인형에 살이 있는 발이 생긴다.〔廚門木象生肉足〕"라고 하였는데 ≪史記索隱≫ 〈刺客傳〉에서 그 말을 인용하면서 '象'을 '烏'로 썼으니 이 부분과 상호 증거로 삼을 수 있다. '梗'이라는 것은 ≪戰國策≫ 〈齊策〉에 "흙으로 빚은 偶人이 복숭아나무로 만든 偶人과 서로 대화하였는데, 흙으로 빚은 偶人이 '그대는 東國의 복숭아나무로 만든 偶人이니 그대를 깎아서 사람 모양으로 만든다.〔有土偶人與桃梗相與語 土偶曰 子東國之桃梗也 刻削子以爲人〕'라고 하였다."라고 하고 〈趙策〉에도 '土梗(흙 偶人)'과 '木梗(나무 偶人)'을 말하였는데, ≪史記≫ 〈孟嘗君傳〉에는 '桃梗'이 '木偶人'으로 되어 있으니 이는 木偶人을 일러 象人이라고 한 것이다. 혹은 俑이라고도 하고 또한 梗이라고도 하며, 오동나무로 만들어 桐人이라고도 하므로 〈여기서〉 '象梗用桐'이라고 말한 것이다.

42-85-8 **堅柔也**라

堅柔(딱딱함과 부드러움)를 〈안다.〉

此謂象人與生人不同者는 **一堅一柔也**라 **老子云 人之生也柔弱**이요 **其死也堅强**이라 **故堅强者死之徒**요 **柔弱者生之徒**라하니 **即此堅柔之義**라

이 부분은, 象人과 生人이 같지 않은 것은 하나는 딱딱하고 하나는 부드럽다는 말이다. ≪老子≫에 "사람이 살았을 때는 柔弱하고, 죽어서는 堅强해진다. 그러므로 견강함은 죽음의 무리이고, 유약함은 삶의 무리인 것이다.〔人之生也柔弱 其死也堅强 故堅强者死之徒 柔弱者生之徒〕"라고 하였으니, 바로 이 부분의 堅柔의 뜻이다.

42-85-9 **劍(尤)〔戈〕(早)〔甲〕**에

칼과 창, 방패에서

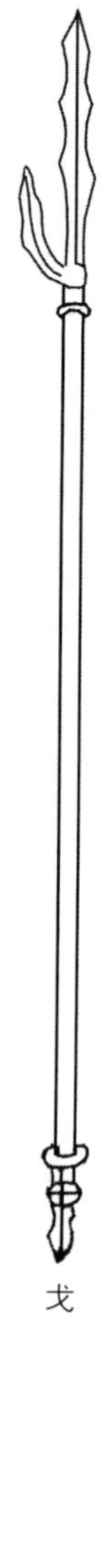
戈

吳鈔本作蚤하니 **此義未詳**이라 **以意求之**하면 **疑當作劍戈甲**이라 **戈尤形近而**

訛라 篆文早作㫚하니 從甲이라 故甲訛作早라 言劍戈以殺人求其死하고 甲以衛人求其生이라 故下云死生也라 此與孟子矢函[232)]韓子矛盾[233)]之喩로 語意略同이라

〈'早'가〉 吳鈔本에는 '蚤'로 되어 있는데 이 부분의 뜻은 알 수 없다. 문맥으로 파악하면 아마도 '劍戈甲'이 되어야 할 듯하다. '戈'와 '尤'는 字形이 비슷하여 잘못된 것이다. 篆文에서 '早'는 '㫚'로 되어 있으니 甲으로 구성되어 있으므로 '甲'이 '早'로 잘못된 것이다. 劍戈(칼과 창)로 사람을 죽일 때에는 그를 죽일 것을 목표로 하고 甲(방패)으로 사람을 지킬 때에는 그를 살릴 것을 목표로 한다는 말이다. 그래서 아래에서 '死生'을 말하였다. 이 부분은 ≪孟子≫의 矢函(화살과 갑옷), ≪韓非子≫의 矛盾(창과 방패)의 비유와 말뜻이 대략 같다.

42-85-10 死生也라 處室子와

死生(죽음과 삶)을 〈안다.〉 處女와

孟子告子趙注에 云 處子는 處女也라하고 莊子逍遙遊釋文에 云 處子는 在室女也라하다

≪孟子≫ 〈告子〉의 趙岐의 注에 "處子는 處女이다."라고 하고, ≪經典釋文≫ 〈莊子 逍遙遊〉에 "處子는 〈시집 안 가고〉 집에 있는 여자이다.〔在室女〕"라고 하였다.

42-85-11 子母에 長少也라

자식을 둔 어미에서 長少(어른과 젊은이)를 〈안다.〉

言子則有母니 長少相對爲名이라

자식은 어미가 있으니, 長少는 서로 대를 이루어 명명한 것이라는 말이다.

---

232) 孟子矢函 : 函人은 갑옷과 투구를 만드는 사람이고 矢人은 화살을 만드는 사람인데, 孟子가 이르기를, "시인이 어찌 함인보다 인하지 않으랴마는, 시인은 오직 사람을 상하지 못할까 걱정하고, 함인은 오직 사람을 상할까 걱정한다.〔矢人豈不仁於函人哉 矢人唯恐不傷人 函人唯恐傷人〕"라고 하였다.(≪孟子≫ 〈公孫丑 上〉)

233) 韓子矛盾 : ≪韓非子≫ 〈難勢〉에, "戰國시대 楚나라 사람이 창과 방패를 팔려는데 그 방패가 견고하다고 칭찬하면서 '이 물건은 무엇으로도 뚫리지 아니한다.' 하더니만, 이윽고 그 창을 칭찬하면서 '이 창은 어찌나 예리한지 무엇이고 다 뚫는다.' 하므로, 옆 사람이 '그대의 창으로 그대의 방패를 찌르면 어찌 되겠는가?'라고 물으니, 그 사람이 대답을 못했다."라고 하였다.

42-85-12 **兩絶勝**에

두 色이 어울리는 것에서

言二色相勝이라

두 色이 서로 어울린다는 말이다.

42-85-13 **白黑也**라 **中央**에

白黑(흰색과 검은색)을 〈안다.〉 中央에서

句라

여기에서 句를 뗀다.

42-85-14 **旁也**라

旁(사방)을 〈안다.〉

謂有四旁乃有中央이라 **此與經上有閒中也閒不及旁也**[234] **同義**라

四旁이 있어야 비로소 中央이 있다는 말이다. 이 부분은 〈經 上〉의 "閒隙을 둠은 둘의 가운데를 말한다. 閒隙은 양편에 닿지 않는 것이다.〔有閒中也 閒不及旁也〕"라고 한 것과 같은 뜻이다.

42-85-15 **論行(行行)學實**에

論說, 行爲, 學問, 名實에서

衍兩行字라

두 '行'자는 잘못 들어간 것이다.

234) 經上有閒中也閒不及旁也 : 본서 3책 〈經 上〉 40-26-1, 40-28-1에 보인다.

42-85-16 **是非也**라

是非(옳고 그름)를 〈안다.〉

言人之論說行爲學問名實의 **四者各有是非之異**라

사람의 論說, 行爲, 學問, 名實, 이 네 가지는 저마다 是非의 차이가 있다는 말이다.

42-85-17 **難宿**에

어려움과 편안함에서

未詳이라

알 수 없다.

42-85-18 **成未也**라

成未(완성과 미완성)를 〈안다.〉

謂成與未成이라

完成과 未完成을 말한다.

42-85-19 **兄弟**에

兄弟에서

句라

여기에서 句를 뗀다.

42-85-20 **俱適也**라

俱適(함께함과 대적함)을 〈안다.〉

適讀爲敵이니 **言相合俱相耦敵**이라 **此與上文若兄弟一然一不然者**[235]로 **義略同**이라

'適'은 '敵'으로 읽으니 서로 함께하고 서로 대적한다는 말이다. 이 부분은 위의 글의 "만약 兄弟가 한 명은 그렇다고 여기고 한 명은 그렇지 않다고 여기면〔若兄弟一然一不然者〕"이라고 한 것과 뜻이 대략 같다.

42-85-21 **身處志往**에

몸이 거처하고 뜻이 사라지는 것에서

句라

여기에서 句를 뗀다.

42-85-22 **存亡也**라

存亡(보존과 망각)을 〈안다.〉

身處爲存이요 **志往爲亡**이라 **亡與忘通**이라 **此與經上生形與知處也**[236]로 **義略同**이라

몸이 거처하는 것이 存이고 뜻이 사라지는 것이 亡이다. '亡'은 '忘'과 통용한다. 이 부분은 〈經 上〉의 "生(생명)은 形體와 知識(知覺)이 함께 있는 것이다.〔生 形與知處也〕"라고 한 것과 뜻이 대략 같다.

42-85-23 (霍(곽))〔**虎**〕**爲姓**에

虎를 姓으로 삼는 것에서

句라

여기에서 句를 뗀다.

42-85-24 (故)〔**叚**〕**也**라

---

235) 上文若兄弟一然一不然者 : 本篇 42-51-3에 보이는데, 그곳에는 '兄弟'가 '弟兄'으로 되어 있다.

236) 經上生形與知處也 : 본서 3책 〈經 上〉 40-43-1에 보인다.

叚(빌림)를 〈안다.〉

霍疑當爲虎라 **經說下**에 **霍字四見**한대 **竝同**하니 **說詳彼**라 **故疑當爲叚**니 **叚與假同**이라 **此與經說下狗假霍也猶氏霍也**로 **義略同**이라 **張云 姓疑當爲性**이라하니 **非是**라

'霍'은 아마도 '虎'가 되어야 할 듯하다. 〈經說 下〉에 '霍'자가 네 번 보이는데 모두 같으니 거기서 자세히 설명하였다. '故'는 아마도 '叚'가 되어야 할 듯하니 '叚'는 '假'와 같다. 이 부분은 〈經說 下〉의 "개가 범을 가차하는 것은 범을 氏로 삼는 셈이다.〔狗假霍也 猶氏霍也〕"와 뜻이 대략 같다. 張惠言은 "'姓'은 아마도 '性'이 되어야 할 듯하다."라고 하였는데 맞지 않다.

42-85-25 **賈宜**에

가격이 적절한 것에서

句라

여기에서 句를 뗀다.

42-85-26 **貴賤也**[237)]라

237) 於(福家良)〔富家食〕……貴賤也 : ≪墨子今注今譯≫에서는 孫詒讓의 校勘을 따르되 '鳥折'과 '行行'과 '適'은 본래대로 보고, '於福家良 恕有無也'는 '於富家良 知 有無也'로, '劍尤'는 '劍猶'로, '處室子 子母'는 '處室子母'로, '兩絶勝'은 '兩色交勝'으로, '難宿'은 '鷄宿'으로 보고, 張之銳, 高亨의 說에 의거하여 '霍'은 '鶴'과 통용하는 글자로 보고, 다음 대목의 '超城 員止也'를 이 대목으로 옮기고 '員'은 '運'의 뜻으로 보고서 "한 사람이 富家가 있으나 良知가 없거나 富家가 없으나 良知가 있으면 有無가 한 사람의 몸에 모여 있는 것이다. 한 숫자와 다른 숫자를 서로 비교하면 많기도 하고 적기도 하다. 뱀과 지렁이가 돌고 돌면 멀어지기도 하고 가까워지기도 한다. 새가 둥지를 지으려고 꺾은 오동나무 가지는 딱딱하고 부드러운 것이다. 칼을 써서 적을 죽이는 것은 동시에 자기 생명을 보존하는 것이니 이 때문에 칼은 갑옷과 마찬가지의 방어 작용이 있는 것이다. 출가하지 않은 딸의 모친은 딸이 보면 어른이고 모친이 보면 어리다. 한 물건의 색깔이 甲에 비해 옅고 乙에 비해 진하다면 희기도 하고 검기도 하다. 한 圓의 중심이 다른 圓의 주변일 수 있으면 中央이면서 旁이다. 言論과 行動, 行動과 行動, 學問과 實踐은 옳음이 있고 그름이 있다. 암탉이 알을 품은 일정한 시각으로 병아리가 되기도 하고 되지 않기도 한다. 兄弟 3명 가운데 둘째는 형이나 아우와 모두 사이가 좋다. 한 사람의 몸이 이곳에 있더라도 心志는 다른 곳으로 간다면 이는 있으

貴賤(비쌈과 쌈)을 〈안다.〉

楊云 經下有賈宜則讎[238]語라하다 詒讓案 已上竝辨言語之同異하니 釋經上同異交得放有無[239]라

楊葆彝 : 〈經 下〉에 '賈宜則讎(가격이 적절하면 팔린다)'라는 말이 있다.

詒讓案 : 이상은 모두 言語의 同異를 辯析한 것이니, 〈經 上〉의 '同異交得放有無(同異(같고 다름)는 비교하여 얻어야 있고 없음을 알게 된다.)'를 풀이한 것이다.

42-86-1 **諾**이라

諾(應諾)을 설명한다.

句라

여기에서 句를 뗀다.

42-86-2 (**超城**)(員止)〔**負正**〕**也**라

바르지 않은 것과 바른 것이 있다.

超城二字誤라 員止疑當爲負正이니 九章算術方程篇有正負라 負는 卽下云過五諾若負요 正은 卽下云正五諾也라

'超城' 2자는 誤字이다. '員止'는 아마도 '負正'이 되어야 할 듯하니 ≪九章算術≫ 〈方程〉편

면서도 없는 것이다. 霍은 본래 鶴을 가리키는데 또 사람의 姓氏를 가리킨다는 연고로 霍이 여러 뜻을 갖게 된다. 買賣하는 쌍방이 상의한 적절한 가격이 파는 쪽에서는 충분히 높아야 그가 팔려고 하고 사는 쪽에서는 충분히 낮아야 사려고 하니 이는 높고 낮음이 동일한 가격에 모여 있는 것이다. 성벽을 뛰어넘으려는 목표를 갖는 경기 활동은 이미 運動이 있고 停止가 있으니 이는 運, 止 두 가지 성질이 한 사람의 몸에 모여 있는 것이다.〔同異交得 於福家良知 有無也 比度 多少也 蛇蚓旋圓 去就也 鳥折用桐 堅柔也 劍猶甲 死生也 處室子母 長少也 兩色交勝 白黑也 中央 旁也 論行行行學實 是非也 鷄宿 成未也 兄弟 俱適也 身處志往 存亡也 霍 爲姓故也 賈宜 貴賤也 超城 運止也〕"라고 하였다.

238) 經下有賈宜則讎 : 〈經 下〉의 41-62-1에 보인다.

239) 經上同異交得放有無 : 본서 3책 〈經 上〉 40-79-1~2에 보인다.

에 '正負'라는 말이 있다. '負'는 바로 아래(42-91-3~4)에서 '過五諾若負(五諾(다섯 가지 응낙)을 잘못 하는 것은 이를테면 바르지 않다.)'라고 말한 것이고 '正'은 바로 아래(42-91-1)에서 '正五諾(五諾을 바르게 하는 것)'이라고 말한 것이다.

42-86-3 **相從**과

상대의 뜻을 따라 〈응낙하는 것〉,

謂彼謂而我從之라

저가 말하면 내가 따른다는 말이다.

42-86-4 **相去**와

상대의 뜻에서 떨어지면서 〈응낙하는 것〉,

說文去部에 **云 去**는 **人相違也**라하니 **謂口諾而意不從**이라

≪說文解字≫ 去部에 "'去'는 사람이 서로 떨어짐이다."라고 하였으니 입으로는 응낙하면서도 뜻으로는 따르지 않는다는 말이다.

42-86-5 **先知**와

미리 알고 있어 〈응낙하는 것〉,

先已知之라

먼저 이미 아는 것이다.

42-86-6 **是**와

옳다고 〈응낙하는 것〉,

句라

여기에서 句를 뗀다.

42-86-7 可가

괜찮다고 〈응낙하는 것〉,

相從一이요 相去二요 先知三이요 是四요 可五라 說文言部에 云 諾은 譍(응)也라하니 言人之譍諾에 其辭氣不同하여 隨所用而異가 有此五者라

'相從'이 첫 번째이고, '相去'가 두 번째이고, '先知'가 세 번째이고, '是'가 네 번째이고 '可'가 다섯 번째이다. ≪說文解字≫ 言部에 "'諾'은 譍(응낙함)이다."라고 하였으니 사람의 응낙에서 그 言辭의 氣勢가 같지 않아 활용하는 데 따라 달라지는 경우가 이 다섯 가지가 있다는 말이다.

42-86-8 五(色)〔也〕라

다섯 가지이다.

疑當作五也라 也色形近而誤니 卽所謂五諾也라 下文正五諾云云은 似當箸(착)此下라

〈'五色'〉은 아마도 '五也'가 되어야 할 듯하다. '也'와 '色'은 字形이 비슷하여 잘못된 것이니 바로 이른바 '五諾'이다. 아래 글(42-91-1~7)의 '正五諾' 운운한 부분은 의당 이 부분 아래 붙여야 할 듯하다.

42-86-9 長短前後輕重援[240]이라

長短(길고 짧음)과 前後(앞과 뒤)와 輕重(가벼움과 무거움)을 援用한다.

楊云 小取篇에 援也者는 曰子然이라하면 我奚獨不可以然也라하다 詒讓案 此疑亦論諾之不同이라 張讀援屬下句하니 恐非라 畢云 此釋經上諾不一利用[241]이라하다

---

240) 相從……長短前後輕重援 : ≪墨子今注今譯≫에서는 '五色'을 본래대로 보고 "이미 알고 있는 지식에서 따라나와 결론을 만들어 내는 것, 이미 알고 있는 선택 관계와 이미 있는 선택에서 출발하여 다른 선택을 排除하는 것, 앞서 이미 알고 있는 것을 단정하는 것, 개체를 確定하여 단정하는 것, 제기되는 문제에 대하여 긍정적 대답을 하는 것, 이는 다섯 종류의 常用하는 問答 方式이다. 五色, 長短, 前後, 輕重은 科學問題를 토론할 때 늘 援引하는 素材이다.〔諾 相從相去先知是可 五色長短前後輕重援〕"라고 하였다.

楊葆彝 : 〈小取〉편에 "援이라는 것은 그대가 그렇다고 한다면 내가 어찌 홀로 그렇다고 할 수 없겠는가라는 것이다.〔援也者 曰子然 我奚獨不可以然也〕"라고 하였다.

詒讓案 : 이 부분은 아마도 역시 諾(응낙)의 성격이 같지 않음을 논한 듯하다. 張惠言은 '援'을 아래 구에 붙여 읽었는데 잘못 본 듯하다.

畢沅 : 이 대목은 〈經 上〉의 '諾不一利用(諾(應諾)은 한두 가지가 아니니 목적에 맞게 사용해야 한다.)'을 풀이한 것이다.

42-87-1 **執服難成**은

고집하는 것, 복종하는 것, 〈是非를〉 論定하기 어려운 것은

執謂人各執持一說이라 **服謂服從人之說也**라 **周禮調人鄭注**에 **云 成**은 **平也**라하니 **難成謂平議其是非難論定也**라

'執'은 사람들이 저마다 하나의 說을 잡아 지킨다는 말이다. '服'은 다른 사람의 說에 服從한다는 말이다. ≪周禮≫ 〈調人〉의 鄭玄의 注에 "'成'은 平(고르게 함)이다."라고 하였으니, '難成'은 그 是非를 공평하게 의론할 때 論定하기 어렵다는 말이다.

42-87-2 **言務成之**요 **(九)〔說(나)〕則求執之**[242]라

말을 힘쓰는 데서 이루어지고, 떠보는 것은 서로 떠보고 엿봄이다.

此義難通이라 **經有說字**어늘 **說未見**하니 **疑九卽說之壞字**라 **說文說訓言相說伺**라하다 **求執**은 **卽相說伺之意**라 **此釋經上服執說音利**[243]라 **音疑言之誤**라

이 부분의 뜻은 통하기 어렵다. 〈經 上〉에는 '說'자가 있는데 이 〈經說〉에는 보이지 않

241) 經上諾不一利用 : 본서 3책 〈經 上〉 40-89-1에 보인다.

242) 執服難成……(九)〔說(나)〕則求執之 : ≪墨子今注今譯≫에서는 高亨의 校勘에 의거하여 '服'을 맨 앞으로 옮겨 標題字로 삼고 '執難, 成言務成之'로 句를 떼고 高亨의 說을 따라 '九'는 '宄'와 통용하여 '詭'의 뜻으로 보고서, "辯論 중에 상대방의 言論을 파악하는 것은 곤란한 사정이다. 상대방의 정확한 言論은 그를 도와 이루려고 힘써야 한다. 상대방의 詭辯이 담긴 언론은 그를 제지하려고 힘써야 한다.〔服 執難 成言務成之 詭則求執之〕"라고 하였다.

243) 經上服執說音利 : 본서 3책 〈經 上〉 40-91-1에 보인다.

으니 아마도 '九'가 바로 '說'의 뭉그러진 글자인 듯하다. ≪說文解字≫에서 '說'를 訓釋하면서 "말로 서로 뜻을 떠보고 엿봄이다.〔言相說伺〕"라고 하였다. '求執'은 바로 서로 떠보고 엿본다〔相說伺〕는 뜻이다. 이 대목은 〈經 上〉의 '服執說音利(복종하는 것, 고집하는 것, 엿보는 것은 말의 이로운 작용이다.)'를 풀이한 것이다. '音'은 아마도 '言'의 誤字인 듯하다.

42-88-1 **法**이라 **法取同**하니 **觀巧傳法**하고 **取此擇彼**에

法(法式)을 설명한다. 法은 같은 점을 취하니 技巧를 살펴 法을 전하고, 이 法을 취하고 저 法을 버릴 때

擇讀爲釋이라 **釋捨古通**하니 **見節葬下篇**이라 **言取此法則捨彼法也**라

'擇'은 '釋'으로 읽는다. '釋'과 '捨'는 옛날에 통용하였으니 〈節葬 下〉편에 보인다. 이 法을 취하면 저 法을 버린다는 말이다.

42-88-2 **問故觀宜**[244]라

원인을 따지고 적절함을 살핀다.

畢云 此釋經上巧轉則求其故法同則觀其同法異則觀其宜[245]라하다 **案 轉傳字通**이라

---

244) 法取同……問故觀宜 : ≪墨子今注今譯≫에서는 '觀巧傳'까지 구두를 끊어 〈經 上〉 40-95-1 '法同則觀其同'의 經說로 보고, '觀巧傳法'의 '法'은 〈經 上〉 40-97-1 '法異則觀其宜'의 標題字로 보고, 다음 대목의 42-89-1을 이 대목에 붙이면서 '心'을 '止'로 교감하고 '是孰宜(心)〔止〕'는 '是孰宜'로 句를 떼고 '止'자는 다음 대목의 標題字로 삼고서 "事物에 같이 적용되는 法則의 사례를 파악하는 것은 여러 대에 걸쳐 전수한 手工業 技巧와 技術 가운데에서 관찰할 수 있다. 하나의 추론이 적절한지 여부를 확정할 때 이것을 선택할지 저것을 선택할지 前提를 검사해야 비로소 그 적절한지 여부를 관찰할 수 있다. 예를 들어 '어떤 사람은 검다'와 '어떤 사람은 검지 않다'라는 말을 써서 '모든 사람이 검다'라는 말을 반박하고, '어떤 사람이 남에게 사랑을 받는다'와 '어떤 사람이 남에게 사랑을 받지 않는다'를 써서 '모든 사람이 모든 사람을 사랑해야 한다'라는 말을 반박한다면 이 두 개의 추론에서 어떤 것이 적절한 것이겠는가.(앞의 추론이 적절하다는 뜻.)〔法 法取同 觀巧傳 法 取此擇彼 問故觀宜 以人之有黑者有不黑者也 止黑人 與以有愛於人有不愛於人 止愛人 是孰宜〕"라고 하였다.

245) 經上巧轉則求其故法同則觀其同法異則觀其宜 : 본서 3책 〈經 上〉 40-92-1, 40-95-1, 40-97-1에 보인다.

畢沅 : 이 대목은 〈經 上〉의 '巧轉則求其故 法同則觀其同 法異則觀其宜(巧(技巧)가 전해지려면 그 원인을 찾는다. 法(法式)이 같을 경우에는 그 같은 점을 살펴본다. 法(法式)이 다를 경우에는 그 적절함을 살펴본다.)'를 풀이한 것이다.

案 : '轉'자와 '傳'자는 通用한다.

42-89-1 **以人之有黑者有不黑者也**로 **止黑人**과 **與以有愛於人有不愛於人**으로 **(心)〔止〕愛人**은 **是孰宜(心)〔止〕**오

사람 가운데 검은 자가 있고 검지 않은 자가 있는 것을 가지고 사람을 검다고 여기는 것을 금지하는 것과 사람에 대해 사랑하는 이가 있고 사람에 대해 사랑하지 않는 이가 있는 것을 가지고 사람을 사랑하는 것을 금지하는 것은 이 가운데 어느 것이 금지해야 할 일이겠는가.

張校兩心字云 疑當作止라하다 **案 張說是也**라 **此言因人有不黑者**하여 **而禁其㡿(척)人之黑**하고 **因人有不愛者**하여 **而禁其愛人**은 **二者皆不宜禁者也**라 **皆釋經止字之義**라

張惠言은 두 '心'자를 校勘하면서 "아마도 '止'자가 되어야 할 듯하다."라고 하였다.

案 : 張惠言의 說이 맞다. 이 부분은 사람 가운데 검지 않은 이가 있음으로 인하여 검은 사람을 배척하는 것을 금지하고 사람 가운데 사랑하지 않는 이가 있음으로 인하여 사람을 사랑하는 것을 금지하는 것은 두 경우 모두 금지해서는 안 되는 일이라는 말이다. 모두 〈經 上〉의 '止'자의 뜻을 풀이한 것이다.

42-89-2 **彼擧然者**하여 **以爲此其然也**하면 **則擧不然者而問之**[246)]라

상대가 사실이라고 여기는 것을 들어 이것이 사실이라고 주장하면 사실이 아니

---

246) 彼擧然者……則擧不然者而問之 : 《墨子今注今譯》에서는 다음 대목의 42-90-1을 이 대목에 붙여서 "상대방이 약간의 正面 事例를 列擧하여 '당연하게 모든 이 한 부류의 사물은 다 이러하다'는 一般 結論을 推出하려고 하면 나는 '어떤 사물은 이와 같지 않다'는 反對 事例를 列擧하여 비판한다. 예를 들어 '聖人이 他人에게 잘못이 있음을 보더라도 그 잘못을 드러내지 않는다'는 주장을 反駁하는 것과 같다.〔止 彼擧然者 以爲此其然也 則擧不然者而問之 若聖人有非 而不非〕"라고 하였다.

라고 여기는 것을 들어 묻는다.

經說下釋止云 彼以此其然也로 說是其然也어든 我以此其不然也로 疑是其然也로 義正同이라 依張楊說컨대 此釋經上止因以別道[247]라

〈經說 下〉에 '止'를 풀이하면서 "상대는 이것이 사실이라는 근거에서 이것이 사실이라고 주장하면, 나는 이것이 사실이 아니라는 근거에서 이것이 사실이라는 데 의문을 제기하는 것이다.〔彼以此其然也 說是其然也 我以此其不然也 疑是其然也〕"라고 한 것과 뜻이 정확히 같다. 張惠言, 楊葆彝의 說에 의거하건대, 이 대목은 〈經 上〉의 '止因以別道(止(멈춤)는 〈일을〉 인하여 道를 구별하는 것이다.)'를 풀이한 것이다.

42-90-1 若聖人有非라도 而不非라[248]

聖人의 경우에는 비난할 바가 있어도 비난하지 않는 것과 같다.

而不非의 而與如通이라 言聖人於人雖有所非라도 而非其所當非면 則與無所非同이라 此釋經上正無非[249]라

'而不非'의 '而'는 '如'와 통용한다. 聖人은 남에 대해 비록 비난할 바가 있더라도 그가 마땅히 비난해야 할 바가 아니라면 비난하는 바가 없는 것과 같다는 말이다. 이 대목은 〈經 上〉의 '正無非(丏(聖, 성인)은 비난함이 없다.)'를 풀이한 것이다.

42-91-1 正五諾은

五諾(다섯 가지 응낙)을 바르게 하는 것은

自此至篇末은 似皆釋五諾正負[250]之義니 以經校之하면 當屬上文五也之下로되 而傳寫貿亂하여 誤錯箸於末也라 楊以此下竝說經上正無非하니 非是라

---

247) 經上止因以別道 : 본서 3책 〈經 上〉 40-99-1~2에 보인다.

248) 若聖人有非 而不非 : ≪墨子今注今譯≫에서는 〈經 上〉 40-101-1의 '正無非'가 아니라 〈經 上〉 40-99-1~2의 '止 因以別道'를 설명하는 經說에 붙였다.

249) 經上正無非 : 본서 3책 〈經 上〉 40-101-1에 보인다.

250) 五諾正負 : 本篇 42-86-1~8의 내용을 가리킨다.

이 부분에서 이 편의 끝까지는 모두 '五諾正負'의 뜻을 풀이한 듯하니, 〈經 上〉으로 校勘해 보면 의당 위의 글의 '五也' 아래에 붙여야 하는데 옮겨 적으면서 혼동하여 마지막에 잘못 붙인 것이다. 楊葆彝는 이 아래가 모두 〈經 上〉의 '正無非'를 설명한 것이라고 하였는데 맞지 않다.

42-91-2 (皆)〔若〕人(於)〔先〕知有說이라

이를테면 사람이 미리 알고 있고 설명이 있어서이다.

皆疑當爲若이라 於知는 卽上五諾之先知也라

'皆'는 아마도 '若'이 되어야 할 듯하다. '於知'는 바로 위의 '五諾' 가운데 '先知(미리 알고 있어 〈응낙하는 것〉)'이다.

42-91-3 過五諾은

五諾을 잘못 하는 것은

句라

여기에서 句를 뗀다.

42-91-4 若負하여

이를테면 바르지 않아

舊本訛員하니 今據吳鈔本正이라 負者不正之謂라 列子仲尼篇에 樂正子輿㡿公孫龍說하여 云 其負類反倫有如此者라하니 負諾은 亦謂非正諾也라

〈'負'자는〉 舊本에 '員'으로 잘못되어 있는데 지금 吳鈔本에 의거하여 바로잡는다. '負'라는 것은 不正(바르지 않음)하다는 말이다. ≪列子≫ 〈仲尼〉편에 樂正子輿가 公孫龍의 說을 指斥하면서 "그 倫類(같은 부류)에 어긋남이 이와 같은 점이 있다."라고 하였으니 '負諾'은 또한 '正諾'이 아님을 말한다.

42-91-5 無(直)〔知〕無說이라

아는 것이 없고 설명이 없어서이다.

直疑當爲知니 聲轉而誤라 上正五諾云知하고 此過五諾云無知하니 文正相對라 此數句義難盡通이라 其大意似謂正者或已知어나 或有說이요 過者或未知어나 或無說이라 五諾은 卽上經所謂諾不一也[251]라

'直'은 아마도 '知'가 되어야 할 듯하니 소리가 바뀌어 잘못된 것이다. 위의 '正五諾'에서는 '知'를 말하고, 이 부분의 '過五諾'에서는 '無知'를 말하였으니 글이 정확히 서로 대가 된다. 이 부분의 몇 句는 뜻이 다 통하기는 어렵다. 그 大意는 바른 것은 혹 이미 알고 있거나 혹 설명이 있고, 잘못된 것은 혹 아직 알지 못하고 있거나 혹 설명이 없음을 말한 듯하다. '五諾'은 바로 위의 〈經 上〉에서 이른바 '諾不一(諾(應諾)은 한두 가지가 아니다.)'을 가리킨다.

42-91-6 用五諾은

五諾을 이용하는 것은

卽上經所謂利用이라

바로 위의 〈經 上〉에서 이른바 '利用(목적에 맞게 사용해야 한다.)'을 가리킨다.

42-91-7 若自然矣[252]라

---

251) 上經所謂諾不一也 : 본서 3책 〈經 上〉 40-89-1의 '諾不一利用'을 말한다.

252) 正五諾……若自然矣 : ≪墨子今注今譯≫에서는 孫詒讓의 校勘을 따르지 않고 〈經 上〉 40-101-1의 '正無非'의 經說로 보고서 '正'을 標題字로 삼고, '皆人於知'에 句를 떼고, '若負'의 '負'는 道藏本에 '員'으로 되어 있는 것을 따라 '圓'과 통용되는 것으로 보고 '無直'과 붙이고서 "科學問題를 討論할 때 다섯 가지 問答 方式을 거치면 사람들이 論題에 대해 모두 이미 알게 된다. 만약 논제가 다시 證明을 요구한다면 일일이 다섯 가지 문답 방식을 거칠 수 있으니 예를 들어 '하나의 圓周 상에 있는 어떠한 세 점도 모두 일직선 상에 있지 않다'는 定理에 대한 증명이 바로 이러하다. 만약 논제가 증명을 요구하지 않는다면 다섯 가지 문답 방식 중의 일부분만 사용하는데 특별히 두 가지 방식('是'와 '可')은 논제가 마치 자연

이를테면 저절로 그러한 것과 같아서이다.

言所譍(응)出於自然이라 顧云 此說五諾하니 當在經說下라하다 案 經下無五諾하고 但有五路하니 亦與五諾不同이라 顧說未塙이라

응낙하는 바가 저절로 그러함〔自然〕에서 나온다는 말이다.

顧廣圻 : 이 대목은 '五諾'을 설명하였으니 〈經說 下〉에 있어야 한다.

案 : 〈經 下〉에는 '五諾'이 없고 단지 '五路'가 있는데 또한 '五諾'과 같지 않다. 顧廣圻의 說은 확실하지 않다.

스럽게 명백한 것과 같다.〔正 五諾 皆人於知 有說 過五諾 若圓無直 無說 用五諾 若自然矣〕"라고 하였다.

經說 下 第四十三* 제43편 經說 하

* 本篇은 〈經 下〉의 註釋書라 할 수 있다. 그래서 기존 譯註本들은 대개 經과 經說을 합쳐서 편집하였는데 본서의 저본인 ≪墨子閒詁≫는 ≪墨子≫의 본래 체제에 따라 〈經〉과 〈經說〉을 분리한 채 두었다. 본 譯註도 이를 따른다. 이 편은 그림자와 거울의 관계, 무거운 물건을 들고 옮기는 기중기와 같은 도구의 원리 등 오늘날 서양 과학과 유사한 학설들이 들어 있고 그 밖의 글에도 誤脫이 많아 매우 난해하다.

此篇은 以經下校之컨대 文有闕佚이라 畢注疏繆殊甚하여 與經尤多不相應일새 今竝依張氏하여 別爲攷正하노라 畢本句讀는 亦多舛誤하니 今不悉論이라 篇中論景鑒及升重轉重諸法은 與今泰西光重學說略同이라 揅(연)涉未深하여 以俟達者하노라

이 편은 〈經 下〉로 교감해 보건대 글에 闕誤가 많다. 畢沅의 注는 엉성하고 틀린 곳이 매우 많아 經文과 맞지 않은 곳이 특히 많은데 이제 모두 張惠言의 설에 의거하여 따로 攷正한다. 畢沅本의 구두는 또한 틀린 곳이 많은데 지금 다 논하지 않는다. 이 편 가운데 景鑒과 升重·轉重 등의 방법을 논한 것은 오늘날 서양의 光重學說과 대략 같다. 나의 연구가 깊지 못해 아는 이를 기다린다.

43-1-1 止는

止(멈춤, 중단)는

句라

여기에서 句를 뗀다.

43-1-2 彼以此其然也로 說是其然也어든 我以此其不然也로 疑是其然也라

상대는 이것이 사실이라는 근거에서 이것이 사실이라고 주장하면 나는 이것이 사실이 아니라는 근거에서 이것이 사실이 아니라고 의문을 제기하는 것이다.

張云 彼以爲然而說之가 是一然也요 我以爲不然而疑之가 是又一然也니 不可止也라 故宜以類라하다 案 張說未塙이라 左傳哀十二年의 杜注云 止는 執也라하니 謂彼此然不하여 各執一辭하니 即經所謂行也라 依張楊說컨대 此釋經下止類以行人 說在同이라 人은 即之之訛라

張惠言 : 상대가 사실이라 여겨 말하는 것이 하나의 사실이고 내가 사실이 아니라고 여겨 의심하는 것이 또 하나의 사실이니, 그칠 수가 없다. 그러므로 의당 부류로써 해야 하는 것이다.

案 : 장혜언의 설은 확실하지 않다. ≪春秋左氏傳≫ 哀公 12년 條의 杜預 注에 "'止'는 잡는다는 뜻이다."라 하였으니, 이는 저쪽과 이쪽이 사실이라 하고 사실이 하니라 하여 각자 한 가지 말을 잡고 있는 것이니, 곧 〈經〉에서 말한 '진행한다'는 것이다. 장혜언과 楊葆彝의 說에 의하면, 이는 대목은 〈經 下〉의 "止類以行人 說在同('止'는 부류를 가지고 진행해 가니, 부류가 같다는 점으로 설명할 수 있다.)"을 풀이하였다. '人'은 '之'의 오자이다.

43-2-1 **謂四足獸**는

네발짐승이라 하는 것은

爾雅釋鳥에 云 四足而毛를 謂之獸라하니 此謂獸爲四足毛物之大名이라

≪爾雅≫ 〈釋鳥〉에 "네발 달리고 털이 난 짐승을 獸라 한다."라 하였으니, 이는 獸가 네발 달리고 털이 난 짐승의 總名임을 말한다.

43-2-2 **與**(生鳥與)〔**牛馬異**〕라

牛馬와 다르다.

畢張은 竝讀與生鳥句하니 義不可通이라 疑當作與牛馬異니 下三字竝形誤라 此謂牛馬爲四足獸之種別이니 下云若牛馬四足이라하니라

畢沅과 張惠言은 모두 '與生鳥'에 句를 떼었으니, 뜻이 통하지 않는다. 아마도 '與牛馬異'가 되어야 할 듯하다. 아래 세 글자 '生鳥與'는 모두 字形의 오류이다. 이는 소와 말은

네발짐승 중 종류가 다른 것이라는 말이니, 아래에 "牛馬과 四足(네발짐승) 같은 경우"라고 하였다.

43-2-3 物盡(與)〔異〕하니

物은 다 다르니,

句라

여기에서 句를 뗀다.

43-2-4 大小也일새니라

크고 작기 때문이다.

與는 亦當作異라 莊子天下篇에 惠施曰 大同而與小同異하니 此之謂小同異요 萬物畢同畢異하니 此之謂大同異라하니 此云 物盡異는 卽謂萬物畢異也라 蓋物은 爲總名이니 大也요 獸는 爲四足動物之專名이니 小也라 猶荀子正名篇에 以萬物爲大共名하고 鳥獸爲大別名이 是也라 然牛馬復爲獸類之種別하니 是又獸爲四足之大名이요 牛馬爲四足之小名이니 明大小無定하여 隨所言而物盡異也라 此與經下文物盡同名으로 亦正相對하니라 畢讀物盡句라 張云 與는 疑衍이라 或三與字는 竝音餘라하니 皆非是라 此釋經下騶異說 推類之難 說在之大小라 經騶異說은 當作四足牛馬異說이라 在下에 蓋脫名字라

'與'는 응당 '異'가 되어야 한다. ≪莊子≫ 〈天下〉에 惠施가 말하기를 "크게는 같으면서 작게는 다른 것을 조금 다르다〔小同異〕고 하고, 만물이 〈物이라는 점에서는〉 다 같고, 〈개별로는〉 다 다른 것을 일러 크게 다르다〔大同異〕고 한다."라 하였다. 여기서 '物은 다 다르다'고 한 것은 곧 '만물이 〈개별로는〉 다 다르다'는 점을 말한다. 대개 物은 總名이니 크고, 獸는 네발 달린 동물만을 지칭하는 專名이니 작다. ≪荀子≫ 〈正名〉篇에서 萬物을 '大共名(큰 공통적인 이름)'으로 삼고 鳥獸를 '大別名(큰 개별적인 이름)'으로 삼은 것과 같은 것이 이러한 경우이다. 그러나 소와 말은 다시 獸 부류 중에서 종류가 다른 것이니, 이는 또 獸는 四足(네발짐승)의 大名이 되고 牛馬는 四足의 小名이 되는 것이다. 이는 大·

小가 일정하지 않아 말하는 바에 따라 物이 다 달라짐을 밝힌 것이다. 이는 〈經 下〉의 "物盡同名(物은 다 같은 이름을 쓸 수 있다.)"의 대목과 또한 바로 對를 이룬다. 畢沅은 '物盡'에서 句를 떼어 읽었고, 張惠言은 "'與'는 아마도 衍字일 듯하다. 혹 세 '與' 자는 모두 독음이 '餘'일 것이다."라 하였으니, 모두 옳지 않다. 이 대목은 〈經 下〉의 "駟異說 推類之難 說在之大小(네발짐승과 소·말이 다르다고 말하는 것은 부류로 헤아릴 때의 어려움이니, 크고 작은 차이로 설명할 수 있다.)"를 풀이하였다. 經의 '駟異說'은 응당 '四足牛馬異說'이 되어야 한다. '在' 아래 아마도 '名' 자가 빠진 듯하다.

43-3-1 **此然是必然**이면 **則俱**니라

이 사실이 반드시 사실이면 〈이름이〉 함께 같다.

謂同物同名이니 **卽莊子所謂小同**이라 **經上**에 **云 同**은 **異而俱於之一也**라하니라

같은 物은 이름이 같음을 말한 것이니, 곧 ≪莊子≫에서 말한 '小同'이다. 〈經 上〉에 "同(같음)은 다른 것들이지만 이 하나에 함께 속한 것이다."라고 하였다.

43-3-2 (爲)〔如〕**麋**(미)**同名**이나

麋(큰사슴)라면 이름이 같지만,

爲는 **疑當爲如**니 **艸書相似而誤**라 **麋**는 **舊本誤糜**러니 **今據道藏本吳鈔本正**하노라 **謂若是麋**면 **則其名盡同**이라 **又疑爲**는 **當爲馬**니 **馬麋同爲四足獸也**하니 **亦足備一義**이라 **此釋經下物盡同名**이라 **張楊**은 **讀則俱爲糜句**하되 **張云 糜**는 **靡同**이라하고 **楊云 謂糜爛也**라하니 **竝非**라

麋

'爲'는 아마도 '如'가 되어야 할 듯하니, 艸書로는 모양이 비슷하여 오자가 된 것이다. '麋'는 舊本에는 잘못 변하여 '糜'로 되어 있는데, 지금 道藏本·吳鈔本에 의거하여 바로잡는다. 만약 麋(큰사슴)라면 그 이름이 다 같다는 말이다. 그리고 또 '爲'는 아마도 '馬'가 되어야 할 듯하니, 馬와 麋는 다 같이 네발짐승이다. 이 또한

일리 있는 하나의 설이 될 만하다. 이 대목은 〈經 下〉의 '物盡同名(물은 다 같은 이름을 쓸 수 있다.)'의 대목을 풀이하였다. 張惠言과 楊葆彝는 '則俱爲麋'에 句를 떼어 읽되, 장혜언은 "'麋'는 '靡'와 같다."라 하였고 양보이는 "麋爛(문드러지다)이라는 말이다."라 하였으니, 모두 옳지 않다.

43-3-3 俱鬥면

함께 싸운다면

顧讀句라

顧廣圻는 여기에 句를 떼어 읽었다.

43-3-4 不俱二니

함께하지 못하는 둘이니

張云 有二人然後鬥나 然可云俱鬥요 不可云俱二라

張惠言 : 두 사람이 있는 뒤에야 다툰다. 그러나 함께 싸운다고 할 수는 있고, 함께함이 둘이라고 할 수는 없다.

43-3-5 二與鬥也니라

둘과 싸움의 〈다름이다.〉

二는 舊本誤三이러니 顧改爲二하고 云 三字誤라하다 案 顧校是也라 張校同하니 今據正하노라 以下는 竝廣推物同名之說이라 經說上에 云 俱處於室이 合同也라하니 言二人相合이라야 斯謂之俱니 若俱鬥면 雖是二人이나 然是不相合之俱라 故云不俱二라하니 與下文云俱一로 義略同이라 此釋經下二與鬥라

'二'는 舊本에는 잘못 변하여 '三'으로 되어 있는데, 顧廣圻가 '二'로 고치고 "'三'자는 착오이다."라 하였다.

案 : 고광기의 교감이 옳다. 張惠言의 교감도 같으니, 지금 이에 의거하여 바로잡는다.

이하는 모두 '物同名(물은 이름이 같다.)'이란 說을 미루어 넓힌 것이다. 〈經說 上〉에 "한 방에 함께 있는 것이 合同이다."라 하였으니, 이는 두 사람이 서로 합동해야 비로소 '俱(함께함)'라 할 수 있다는 말이다. 만약 함께 싸운다면 비록 두 사람일지라도 서로 합동하지 못한 함께함이다. 그러므로 "함께하지 못하는 둘이다."라 하였으니, 아래 글에 "俱一(함께 다 하나)"이라 한 것과 뜻이 대략 같다. 이 대목은 〈經 下〉의 "二與鬥(둘과 싸움)'를 풀이한 것이다.

43-3-6 (包)〔色〕과

女色과

疑當作色이라

아마도 '色'이 되어야 할 듯하다.

43-3-7 肝과

肝과

句라

여기에서 句를 뗀다.

43-3-8 肺와

肺와

句라

여기에서 句를 뗀다.

43-3-9 子는

자식은

句라

여기에서 句를 뗀다.

43-3-10 **愛也**라

〈사람들이〉 사랑하는 것이다.

張云 四者는 俱人所愛나 而所以愛者異라하다

張惠言 : 이 네 가지는 모두 사람들이 사랑하는 것이지만 사랑하는 까닭은 다르다.

43-3-11 **(橘)〔楙(무)〕茅**는

木瓜와 띠풀은

吳鈔本에 作茆라

吳鈔本에는 '茆'로 되어 있다.

茅

43-3-12 **食與招也**라

하나는 먹는 것이고 하나는 神을 부르는 것이다.

張云 茅亦可食이나 而巫以茅招神하니 不與橘同食이라 周禮司巫에 云 旁招以茅라하다 案 張說亦通이로되 但此文與同名不相應하니 竊疑此橘은 當爲楙라 爾雅釋木에 云 楙는 木瓜라하니라 毛詩衛風木瓜傳에 云 木瓜는 楙木也니 可食之木이라하다 說文에 楙는 從林矛聲이니 與橘上半形相近이요 聲類與茅同이라 此謂二字同音이로되 而一以食이요 一以招니 同言異實也라 招는 道藏本에 作抬하니 誤라 畢云 已上은 釋經下愛食與招라하다

張惠言 : 띠풀도 먹을 수 있는 것이지만 무당은 띠풀을 사용하여 신을 부르니 귤과 먹는 것이 같지 않다. ≪周禮≫ 〈司巫〉에 "띠풀을 사용하여 사방의 神을 두루 부른다."라 하였다.

案 : 장혜언의 설도 뜻이 통하지만, 이 대목은 '同名(다 같은 이름을 쓸 수 있다.)'의 대목과 照應하지 않는다. 아마도 여기서 '橘'은 '楙'가 되어야 할 듯하다. ≪爾雅≫ 〈釋木〉에

“楙는 木瓜이다.”라 하였다. ≪毛詩≫ 〈衛風 木瓜〉의 傳에 “木瓜는 楙木이니, 먹을 수 있는 나무이다.”라 하였다. ≪說文解字≫에 ‘楙’는 “林을 따르고 聲類는 矛이다.”라 하였으니, ‘橘’자의 위 반쪽 부분과 字形이 비슷하고 聲類는 ‘茅’와 같다. 이는 이 두 글자(楙와 茅)가 독음은 같되 하나는 먹을 수 있고 하나는 신을 부르는 데 쓸 수 있으니 말만 같고 실질은 다르다는 말이다. ‘招’는 道藏本에는 ‘拾’로 되어 있으니, 잘못이다.

畢沅 : 이상은 〈經 下〉의 “愛食與招(사랑, 먹는 것과 부르는 것)”를 풀이하였다.

43-3-13 白馬는 多白이나

흰 말은 흰색이 많지만

句라

여기에서 句를 뗀다.

43-3-14 (視)〔眇〕[1]馬는 不多(視)〔眇〕니

애꾸눈이 말은 애꾸눈이 많지 않다.

視馬는 蓋言馬之善視者라 此謂白馬視馬는 語意異而辭例同이라 張云 視馬는 卽盼馬니 小取篇에 云 之馬之目盼 則爲[2]之馬盼이라하다 案 張說非是니 詳小取篇이라

‘視馬’는 대개 말 중에서 잘 보는 놈을 말한다. 여기서 白馬・視馬라 한 것은 語意는 다르나 辭例는 같은 것이다.

張惠言 : ‘視馬’는 곧 ‘盼馬’이니, 〈小取〉에 “之馬之目盼 則爲之馬盼(이 말이 애꾸눈이면 이 말의 눈은 애꾸눈이라고 한다.)”이라 하였다.

案 : 장혜언의 설은 옳지 않으니, 〈小取〉에 상세히 보인다.

1) (視)〔眇〕 : ‘視’를 〈小取〉에서는 孫詒讓이 顧廣圻의 교감에 따라 ‘眇’의 오자로 보았는데, 여기서는 다르게 보았다. 그러나 역자는 여기도 ‘眇’자로 보는 것이 문리에 맞다고 판단하여 ‘眇’로 바로잡았다. 아래도 같다.

2) 爲 : 〈小取〉에 있는 畢沅의 注에 따라 ‘謂’의 뜻으로 번역하였다.

43-3-15 **白與視也**니라

흰 것과 보는 것의 〈다름이다.〉

畢云：已上은 釋經下白與視라

畢沅：已上은 〈經 下〉의 '白與視(흰 석과 보는 것)'를 풀이하였다.

43-3-16 **爲麗不必麗**니 **(不必)麗與暴也**라

곱다고 하여 반드시 고운 것은 아니니, 고움과 추함의 〈다름이다.〉

此文難通하니 麗與暴也上에 疑衍不必二字라 張云 暴는 惡也라 爲麗者가 不必麗也요 雖不必麗나 然非暴也라하다 案 張讀下爲非二字屬此하니 非是요 其說亦恐未塙이라 楊云 公孫龍子通變論에 黃其馬也는 其與類乎인저 碧其鷄也는 其與暴乎인저 暴則君臣爭而兩明也라 兩明者는 昏不明이니 非正擧也라 非正擧者는 名實無當하여 驪色章焉[3]이라하다 案 楊據公孫龍書證此與暴之義나 亦未知當否로다 若然이면 麗亦或卽驪之訛文이로되 但彼書與類與暴가 義竝難通이요 而此上下文이 竝以某與某相對爲文하니 則與彼書又似不相應이라 疑未能明하니 姑從蓋闕하노라

이 글은 뜻이 통하기 어려우니, '麗與暴也' 위에 아마도 '不必' 두 글자가 잘못 더 들어간 듯하다.

張惠言：'暴'는 惡이다. 아름답다고 하는 것이 반드시 아름답지는 않으며, 비록 반드시 아름답지는 않지만 추악한 것은 아니다.

案：장혜언은 아래 '爲非' 두 글자를 이 구절과 붙여서 읽었으니 옳지 않으며, 그의 설

---

3) 公孫龍子…驪色章焉：≪公孫龍子≫는 전국시대 趙나라의 名家인 公孫龍의 저서이다. ≪漢書≫〈藝文志〉에 14권으로 기록되어 있다. 지금은 〈跡府篇〉·〈白馬篇〉·〈指物論〉·〈通變論〉·〈堅白論〉·〈名實論〉 6편이 전한다. 靑色은 五行의 木으로 신하를 상징하고 白色은 오행의 金으로 임금을 상징한다. 黃色은 中正한 색이고, 말은 국가에 유용한 재목이므로 서로 같은 부류가 된다. 청색이 백색과 섞여 백색을 물들인 것이 碧色이니, 이는 신하가 임금의 이목을 가리는 것이다. 닭은 재주가 없는 새이다. 따라서 벽색과 닭은 서로 포악한 부류가 된다. 벽색이 되어 백색과 청색이 둘 다 밝지 못하게 되면, 임금과 신하가 서로 다투어 혼란하게 되니, 정사가 바르게 될 수 없다.(≪公孫龍子≫〈通變論第四〉注)

도 확실하지 않다.

楊葆彝 : ≪公孫龍子≫ 〈通變論〉에 "황색과 말은 서로 같은 부류일 것이다. 碧色과 닭은 서로 포악한 부류〔與暴〕일 것이다. 포악하면 임금과 신하가 다투어 〈白色과 靑色이〉 둘 다 밝게 된다. 둘 다 밝으면 昏昧하여 밝지 못하니, 正擧(정확한 예시)가 아니다. 정거가 아닌 것은 명분과 실질이 합당하지 못하여 검은 색이 드러날 것이다."라 하였다.

案 : 양보이는 ≪공손룡자≫에 의거하여 '與暴'의 뜻을 증명하였으나 맞는지 알지 못하겠다. 만약 양보이의 설이 맞다면 '麗'도 혹 '驪'의 오자일 수도 있을 것이다. 그렇지만 저 ≪공손룡자≫의 '與類'와 '與暴'는 뜻을 알기 어렵다. 그리고 여기서는 위아래 글에서 모두 某와 某를 相對하여 글을 썼으니, 저 ≪공손룡자≫와 또 상응하지 않는 듯하다. 의심스러운 점을 알 수 없으니, 우선 闕略해 둔다.

43-3-17 爲非以人은 **是不爲非**니 **若爲夫〔以〕勇不爲夫**요 **爲屨**[4]**以買(衣)〔不〕爲屨**라

남 때문에 그릇된 일을 하는 경우는 그릇된 일이 아니니, 만약 용맹으로 夫(사내)라 일컬어진다면 夫(지아비)가 아니며, 屨(신발)라 하되 남에게서 산 것일 경우에는 자신이 만든 屨는 아니다.

吳鈔本首屨字上無爲字는 誤라 此疑當作若爲夫以勇不爲夫爲屨以買不爲屨니 蓋爲非以人是不爲非者는 凡己爲非理之事爲非요 議人所爲之非亦爲非어니와 今廁人之非면 則非其自爲非라 經下云非誹者誖가 卽此非字之義라 若爲夫以勇不爲夫者는 上夫爲勇夫之夫요 下夫爲夫婦之夫니 言以勇俑夫면 則非爲夫婦之夫라 爲屨以買不爲屨者는 言爲屨而買之於人이면 則非其所自爲也라 此竝論異意同辭니 三句文例略同하여 可以互校라 今本爲夫下에 脫一以字하고 不爲屨不은 又訛衣하여 遂不可通이라 楊云 韓非子詭使篇에 而輕刑法하여 不避刑戮死亡之罪者를 世謂之勇夫라하다 張云 勇은 當爲

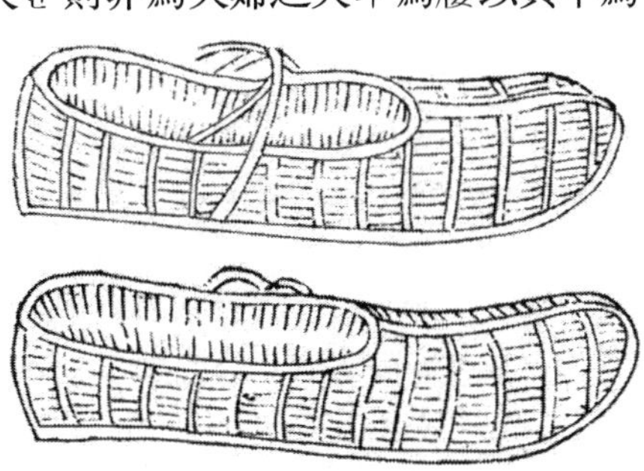
屨

4) 屨 : 삼으로 짠 신발로 우리나라의 미투리와 같은 것이다. 屨는 통상 밖에서 사지 않고 스스로 짜서 만들었다.

男이니 **若名爲夫**면 **則凡男子不得爲夫**라하다 **案 張說非是**라

吳鈔本에 앞의 '屨'자 앞에 '爲'자가 없는 것은 착오이다. 이 대목은 아마도 '若爲夫以勇不爲夫爲屨以買不爲屨'가 되어야 할 듯하다. 대개 남 때문에 그릇된 일을 하는 경우는 그릇된 것이 아니라는 것은, 자기가 非理의 일을 하는 것은 그릇된 것이고 남이 한 비리를 비난하는 것도 그릇된 것이지만 지금 남의 그릇된 점을 지적한 경우라면 자신이 그릇된 짓을 한 것은 아니라는 것이다. 〈經 下〉에 '非誹者誖(비판을 그르다고 하는 자는 모순된다)'라 한 것이 곧 이 '非'자의 뜻이다. '若爲夫以勇不爲夫(만약 용맹으로 사내노릇을 한다면 사내(남편)가 아니며)'에서 앞의 夫는 勇夫의 夫이고 뒤의 夫는 夫婦의 夫이다. 말하자면, 용맹으로 夫(사내)라 일컬어진다면 이 夫는 夫婦의 夫는 아니라는 것이다. '爲屨以買不爲屨'라는 것은, 屨를 만들되 남에게 사면 이는 스스로 만든 屨는 아니라는 말이다. 이는 모두 뜻은 다르고 말은 같은 경우를 논하였으니, 이 세 句는 文例가 대략 같아 서로 비교해 볼 수 있다. 今本에는 '爲夫' 다음에 '以' 한 자가 빠졌고, '不爲屨'의 '不'은 또 잘못 변하여 '衣'가 되어 결국 뜻이 통하지 않게 되었다.

楊葆彝 : 《韓非子》 〈詭使〉에 "刑法을 가벼이 여겨 刑戮을 받아 죽는 죄를 피하지 않는 자를 세상에서는 勇夫라 한다."라 하였다.

張惠言 : '勇'은 응당 '男'이 되어야 하니, 만약 夫라 호칭할 경우에는 모든 남자가 夫가 되지 못하는 것이다.[5)]

案 : 장혜언의 설은 옳지 않다.

43-3-18 夫與屨也니라

夫와 屨의 〈다름이다.〉

畢云 已上은 **釋經下麗與夫與履**라 **履**는 **同屨**라하다 **詒讓案 經麗與下**에 **疑脫暴字**라

畢沅 : 이상은 〈經 下〉의 "麗與〔暴〕(아름다움과 포악함)"와 "夫與履(남자와 신발)"를 풀이하였다. '履'는 '屨'와 같다.

詒讓案 : 經의 '麗與' 아래 '暴'자가 빠진 듯하다.

---

5) 만약…것이다 : 남자를 夫라 호칭할 수 있지만 夫는 남편에 대한 호칭이기 때문에 모든 남자가 다 남편인 것은 아니라는 말이다.

43-4-1 二與一亡하여

둘로 만들면 하나는 없어져

句라

여기에서 句를 뗀다.

43-4-2 不與一在하니

하나마저도 존재하지 않으니.

此言分一體爲二면 一旣化二에 卽爲無一이라 公孫龍子通變篇에 云 曰二有一乎아 曰二無一[6)]이라하니 卽此義라

이 대목은 하나의 體를 나누어 둘로 만들면 하나가 이미 둘로 변화함에 곧 하나는 없게 된다는 말이다. ≪公孫龍子≫ 〈通變論〉에 "'둘에는 하나가 있는가?' '둘에는 하나가 없다.'"라 하였으니, 바로 이 뜻이다.

43-4-3 偏去〔之〕라

한 쪽을 없앴 수 있기 때문이다.

下에 疑脫之字라 言分一體爲二偏이면 則可去其一偏也라 此釋經下一偏棄之라

이 대목 아래에 아마도 '之'자가 빠진 듯하다. 하나의 體를 나누어 두 쪽을 만들면 그 중 한 쪽을 없앨 수 있다는 말이다. 이 대목은 〈經 下〉의 '一偏棄之(하나는 한쪽을 버린 것이다.)'를 풀이하였다.

43-5-1 (未)

---

6) 曰二有一乎 曰二無一 : ≪公孫龍子注≫에 이 구절을 풀이하면서 "이를테면 흰 말의 흰색과 말은 둘이니, 이 둘을 합하여 하나로 만들고서 둘이라 할 수는 없다.〔如白與馬爲二物 不可合一以爲二〕"라 하였다.

此字는 疑衍이라 似卽上句之字之訛라 或云 當屬上句니 云偏去未는 謂或去어나 或未去也라 經說上에 云 難宿에 成未也라하니 亦通이라

이 글자는 衍字일 듯하다. 아마도 위 句에 붙어야 할 '之'의 오자일 듯하다. 혹자는 "응당 위 句에 이어져야 한다. '偏去未'는 혹 없애기도 하고 혹 없애지 않기도 한다는 말이니, 〈經說 上〉에 '難宿 成未也(어려움과 익숙함에서 완성과 미완성을 안다.)'라 하였다."라 하였으니, 또한 뜻이 통한다.

43-5-2 有文實也라

이름과 실질이 있는지라

張云 文實은 猶名實이라하다 案 張說是也라 經說上에 云 擧는 告以文名하고 擧彼實也라하니 是其證이라 或謂文은 竝當爲之니 之는 猶此也라하니 亦通이라

張惠言 : '文實'은 名實과 같다.

案 : 장혜언의 설이 옳다. 〈經說 上〉에 "'擧'는 고하여 名을 文飾하고 저 實을 열거함이다."라 하였으니, 이것이 그 증거이다. 혹자는 "'文'은 모두 '之'가 되어야 하니, '之'는 此와 같다."라 하였으니, 또한 뜻이 통한다.

43-5-3 而後謂之하니

그런 뒤에 말할 수 있는 것이니,

句라

여기에서 句를 뗀다.

43-5-4 無文實也면 則無謂也니라

이름과 실질이 없으면 말할 것도 없다.

謂有名實始有所謂이니 無名實則無所謂이니 大恉與公孫龍子名實篇所論略同이라

이름과 실질이 있어야 비로소 말할 것이 있는 법이니 이름과 실질이 없으면 말할 것이 없다는 말이니, 大意는 ≪公孫龍子≫ 〈名實論〉에서 논한 바와 대략 같다.

43-5-5 (不)若(數)〔假〕與(美)〔義〕하니

'假'와 '義'와 같으니,

張讀不若數與句하여 云 數與는 氾與也니 經所謂因이라하다 案 張說亦難通이라 不字는 疑衍이라 數與美는 疑當作假與義라 經下에 云 使殷美도 亦似當作使假義也라 漢衡方碑에 假作㑱하고 魏高湛碑에 假作㑵하니 與數殷으로 竝相似라 此言有名實可謂하면 則與類相比附하니 是謂之義요 無名實可謂하면 則當假借他物以謂之니 是謂之假니 卽後文假必非也之義라

張惠言은 '不若數與'에 句를 떼어 읽고서 "'數與'는 '氾與'이니, 經에서 말한 '因'이다."라 하였다.

案 : 장혜언의 설은 뜻이 통하기 어렵다. '不'은 衍字일 듯하다. '數與美'는 '假與義'가 되어야 할 듯하다. 〈經 下〉에 "使殷美(使(부림)은 假設과 의로움이다.)"라 한 대목도 '使假義'가 되어야 할 듯하다. 漢나라 〈衡方碑〉에는 '假'가 '㑱'로 되어 있고, 魏나라 〈高湛碑〉에는 '假'가 '㑵'로 되어 있으니, '數'・'殷'과 서로 비슷하다. 이는 말할 만한 이름과 실질이 있으면 部類와 부착하니 이를 '義'라 하고, 말할 만한 이름과 실질이 없으면 응당 다른 물건을 假借하여 말해야 하니 이를 '假'라 한다는 말이다. 곧 아랫글 '假必非也(빌리는 것은 반드시 틀린다.)'의 뜻이다.

43-5-6 謂是면

이것을 말하면,

句라

여기에서 句를 뗀다.

43-5-7 則是固(美)〔義〕也요

이것이 진실로 義이고,

美는 疑亦義之誤라

'美'는 역시 '義'의 오자일 것이다.

43-5-8 謂(也)〔他〕면

다른 것을 말하면,

疑當讀爲他라

'也'는 아마도 '他'로 읽어야 할 듯하다.

43-5-9 則是非(美)〔義〕요

이것은 義가 아닐 것이고,

疑亦當作義니 非義는 卽所謂假也라

〈'美'는〉 역시 '義'가 되어야 할 듯하니, '非義'는 곧 이른바 '假(假借)'이다.

43-5-10 無謂則(報)〔假〕也라

말할 것이 없으면 假이다.

報與美文相偶하니 疑卽上文之敷니 亦當爲假之訛라 或云 報與反義同이니 經下에 云 唯吾謂인댄 非名也則不可하니 說在仮이 是也라 又疑報는 或當作執이니 言我無謂면 則彼將堅執其說이니 經說上에 云 臺執이라하고 又云 執服難成이라하니 三說竝通하니 未知孰是로다 此釋經下謂而固是也 說在因이라

'報'는 '美'와 서로 對偶를 이루니 아마도 위 글의 '敷'자일 듯하다. 이 또한 '假'의 오자일 것이다. 혹자는 "'報'는 '反'과 뜻이 같으니, 〈經 下〉에 '唯吾謂 非名也則不可 說在仮(내가 말하는 것에 응낙하게 하려면 正名이 아니면 안 되니, 仮(반대함)으로 설명할 수 있다.)'이라 한 것이 이 경우이다."라 하였고, 또 "아마도 '報'는 '執'이 되어야 할 듯하니, 내가 할 말이 없으면 상대방은 장차 자기 설을 굳게 고집할 것이라는 말이니, 〈經說 上〉에 '臺執(잡아

지키는 것)'이라 하였고 또 '執服難成(고집하는 것, 복종하는 것, 〈是非를〉 論定하기 어려운 것)'이라 하였다."라 하였다. 세 설이 모두 뜻이 통하니, 어느 것이 옳은지 모르겠다. 이 대목은 〈經 下〉의 "謂而固是也 說在因(말하는 과정에서 이것을 말미암으니, 因으로 설명할 수 있다.)"을 풀이하였다.

43-6-1 見不見離하고 一二不相盈하니 廣脩堅白이니라

봄과 보지 못함은 분리되고 하나와 둘은 서로 포함하지 못하니, 너비와 길이, 단단함과 흰색과 같은 경우이다.

脩는 舊本訛循이러니 今據兪校正이라 此言若堅白在石이로되 見白이면 不見堅하며 見堅이면 不見白하니 白은 一也요 堅은 二也라 二者離則不能相盈하니 相盈猶相函(함)含也라 若離者合之면 則無不相盈이라 如廣脩는 本爲二어니와 而從衡相函則爲一이요 堅白亦爲二어니와 而色性相含則爲一이니 此皆二而一者也라 此釋經下不可偏去而二 說在見與俱 一與二 廣與循이라 循은 卽脩之訛라 公孫龍子堅白篇에 云 堅白石三이 可乎아 曰 不可하다 曰 二가 可乎아 曰 可하다 曰 何哉오 曰 無堅得白이면 其擧也二요 無白得堅이면 其擧也二라 曰 得其所白이면 不可謂無白이며 得其所堅이면 不可謂無堅이요 而之石也之於然也에 非三也아 曰 視不得其所堅하고 而得其所白者는 無堅也요 拊不得其所白하고 而得其所堅者는 無白也라 曰 天下無白이면 不可以視石이며 天下無堅이면 不可以謂石이라 堅白石不相外어니 藏三이 可乎아 曰 有自藏也니 非藏而藏也라 曰 其白也와 其堅也와 而石은 必得以相盈이어늘 其自藏은 柰何오 曰 得其白하고 得其堅이면 見與不見離하여 一一不相盈이라 故離니 離也者는 藏也라 曰 石之白이며 石之堅이요 見與不見이며 二與三이라 若廣脩而相盈也니 其非擧乎아 曰 循石이면 非彼無石이요 非石無所取乎白이니 石不相離者 固乎然其無已라 曰 於石에 一也요 堅白에 二也로되 而在於石이라 故有知焉하고 有不知焉하며 有見焉하고 有不見焉이라 故知與不知相與離하며 見與不見相與藏이라 藏故로 孰謂之不離리오라하니 卽此書之義라

'脩'는 舊本에는 잘못 변하여 '循'으로 되어 있었는데, 지금 兪越의 교감에 의거하여 바로잡았다. 이 대목은 "단단함과 흰색은 돌에 있지만, 흰색을 보면 단단하다는 측면을 보

지 못하며 단단하다는 측면을 보면 흰색을 보지 못하니, 흰색은 하나이고 단단하다는 측면은 둘이다. 이 둘은 분리하면 서로 포함하지〔相盈〕 못한다. '相盈'은 서로 포함한다는 말과 같다. 만약 분리된 것이 합할 수 있다면 서로 포함하지 못하는 것이 없을 것이다. 예컨대 너비와 길이는 본래 둘이지만 종횡으로 서로 포함하면 하나가 되고 단단함과 흰색 또한 둘이지만 색깔과 성질이 서로 포함하면 하나가 되니, 이는 모두 둘이면서 하나인 것이다."라는 말이다. 이 대목은 〈經 下〉의 "不可偏去而二. 說在見與俱一與二廣與循(한 편을 제거하여 둘이 될 수 없는 것은 見(봄)과 俱(함께함), 하나와 둘, 너비와 길이로 설명할 수 있다)"을 풀이하였다. '循'은 곧 '脩'의 오자이다.

≪公孫龍子≫ 〈堅白篇〉에 "'단단함・흰색・돌이 셋으로 되는 것이 가능한가?' '가능하지 않다.' '둘로 되는 것은 가능한가?' '가능하다.' '어째서인가?' '단단함은 보지 못하고 흰색만 보면 이는 들어 말한 것이 〈돌과 흰색〉 둘이며, 흰색은 알지 못하고 단단함만 만져서 알면 이는 들어 말한 것이 〈돌과 단단함〉 둘이다.' '희다는 점을 알면 흰색이 없다 할 수 없으며, 단단하다는 점을 알면 단단함이 없다 할 수 없다. 그리고 이 돌이 그러한 흰색과 단단함에 있어 셋이 아니겠는가?' '보아서 단단한 점은 알지 못하고 희다는 점만 아는 경우는 단단하다는 측면이 없는 것이며, 만져서 희다는 점은 알지 못하고 단단하다는 점만 아는 경우는 흰색이라는 측면이 없는 것이다.' '천하에 흰색이 없으면 돌을 볼 수 없으며, 천하에 단단함이 없으면 돌이라 할 수 없다. 단단함과 흰색과 돌은 서로 타인처럼 떨어진 것이 아닌데, 여기에 셋(단단함, 흰 색, 돌)이 감추어질 수 있는가?' '절로 감추어지는 것이니, 일부러 감추려고 해서 감추는 것이 아니다.' '흰색과 단단함과 돌은 반드시 서로를 포함하거늘, 절로 감추어지는 것은 어째서인가?' '흰색을 알고 단단함을 알았으면 본 것과 보지 못한 것이 분리되어 하나하나가 서로 포함하지 못하므로 분리되는 것이니, 분리된다는 것은 감추어진다는 것이다.' '돌이 흰색인 것이며 돌이 단단한 것이요, 보기도 하고 보지 못하기도 한 것이요, 둘이기도 하고 셋이기도 한 것이다. 이는 너비와 길이가 서로 포함하는 것과 같으니, 〈이 셋을〉 들어서 말하는 경우가 아니겠는가?' '그대로 돌을 가지고 말하면, 저 〈단단함이〉 아니면 돌이 없으며, 돌이 아니면 흰색을 취할 곳이 없으니, 단단함과 흰색과 돌이 서로 분리하지 않는다는 사실은 진실로 그러하여 끝이 없다.' '돌이라는 측면에서는 하나이고, 단단함과 흰색이라는 측면에서는 둘이지만 이 둘이 돌에 있다. 그러므로 아는 경우도 있고 알지 못하는 경우도 있으며, 보는 경우도 있고 보지 못하는 경우도 있다. 그러므로 〈손으로 만져서 단단함을〉 아는 것

과 〈흰색을〉 알지 못하는 것은 서로 분리되며, 〈눈으로 흰색을〉 보는 것과 〈단단함을〉 보지 못하는 것이 서로 감추어져 〈한 쪽을 알지 못하고 보지 못한다.〉 감추어진다면 누가 분리되지 않는다고 하리오.'"라 하였으니, 바로 이 글의 뜻이다.

43-7-1 擧不重하되

무게를 잴 수 없는 물건도 들지만

言無重不擧라

들지 못하는 무게가 없음을 말한다.

43-7-2 不(與)〔擧〕箴은

침을 들지 못하는 것은

畢云 疑當云 不擧箴이라하다 詒讓案 箴은 卽鍼의 假借字라 一切經音義에 引字詁云 鍼又針이니 箴二形이라 今作針이라하고 說文金部云 鍼은 所以縫也라하다

畢沅 : 아마도 '不擧箴'이 되어야 할 듯하다.

詒讓案 : '箴'은 곧 '鍼'의 가차자이다. ≪一切經音義≫[7]에 ≪字詁≫[8]를 인용하여 "'鍼' 또는 '針'으로 쓰니, 箴의 형상이 두 가지이다. 지금은 '針'으로 쓴다."라 하였고, ≪說文解字≫ 〈金部〉에 "'鍼'은 바느질을 하는 것이다."라 하였다.

---

7) 一切經音義 : 동일한 書名으로 3種이 있다. 첫째, 649년 玄應이 449부의 불교 전적에서 뽑은 字句에 주석한 것으로, ≪玄應音義≫라고도 한다. 인용된 자료가 매우 풍부하여 훈고학자들에게 매우 중시되는 자료이며, 反切 注音法을 이용하여 중국어의 中古音을 연구하는 자료가 되기도 한다. 둘째, 807년 慧琳이 三藏 즉, 經・律・論 1300부에서 가려 뽑은 자구에 주석한 것으로, 이를 ≪慧琳音義≫라고도 한다. 현응의 ≪일체경음의≫와 慧苑의 ≪華嚴音義≫를 함께 수록하였기 때문에 현응이 지은 것에 비하면 더욱 상세하다. 佛經音義의 집대성으로 일컬어진다. 셋째, 希麟이 지은 ≪續一切經音義≫이다. 대개 ≪衆經音義≫ 혹은 ≪일체경음의≫라 하면 혜림의 것을 지칭한다.

8) 字詁 : 魏나라 학자 張揖이 저술한 ≪古今字詁≫이다.

43-7-3 **非力之任也**라

힘으로 하는 것이 아니다.

言箴之擧與不擧는 於力無與니 卽下文擧之則輕이요 廢之則重이니 非有力也之義라

침을 드느냐 들지 못하느냐는 힘과는 상관이 없다는 말이니, 곧 아래 글에서 "들면 가볍고 놓아두고 들지 않으면 무거우니, 힘이 있느냐의 문제가 아니다."라고 한 뜻이다.

43-7-4 **爲握者之**(觭(기))〔觭〕**倍**는 **非智之任也**니

손에 움켜쥔 것이 홀수인지 짝수인지를 맞추는 것은 지혜로 하는 것이 아니니,

兪云 字書無觭字하니 疑觰(낙)字之誤라 玉篇角部에 觰은 女卓切이니 握也라하다 案 兪說非是라 觭는 當爲觭니 形近而誤라 其讀當爲奇라 周禮大卜杜子春注에 云 觭는 讀爲奇偶之奇라하고 說文角部에 云 觭는 角一俛一仰也라하고 莊子天下篇에 云 觭偶不仵라하고 經上에 云 倍는 爲二也라하니 觭倍者는 觭爲一이요 倍爲二니 與觭偶義同이라 或云 倍는 卽偶之訛라하니 亦通이라 此言握物하여 而使人射(석)其奇偶之數면 雖或億中이라도 不足以爲智라 故云 非智之任也라

兪越 : 字書에 '觭'가 없으니, 아마도 觰의 오자일 듯하다. ≪玉篇≫ 角部에 "觰은 女와 卓의 반절이니, 손으로 잡는다는 뜻이다."라 하였다.

案 : 유월의 설은 옳지 않다. '觭'는 응당 '觭'가 되어야 하니, 형상이 비슷하여 착오가 생긴 것이다. 따라서 '奇'로 읽어야 한다. ≪周禮≫ 〈大卜〉의 杜子春 注에 "'觭'는 奇偶의 '奇'로 읽는다."라 하였고, ≪說文解字≫ 〈角部〉에 "'觭'는 뿔이 하나는 아래로 구부러지고 하나는 위로 치켜 들린 것이다."라 하였고, ≪莊子≫ 〈天下〉에 "奇數와 偶數의 짝이 맞지 않다.〔觭偶不仵〕"라 하였고, 〈經 上〉에 "'倍'는 二이다."라 하였다. 따라서 '觭倍'란 '觭'는 一이고 '倍'는 二이니, '觭偶'와 뜻이 같다. 혹자는 "'倍'는 '偶'의 오자이다."라 하니, 또한 뜻이 통한다. 이는 손에 물건을 움켜쥐고서 남에게 홀수인지 짝수인지 맞추어 보게 할 경우에는 비록 억측으로 맞춘다 할지라도 지혜롭다 할 게 못 된다는 말이다. 그러므로 "지혜로 하는 것이 아니다."라 한 것이다.

43-7-5 **若耳目異**니라

마치 귀와 눈이 다른 것과 같다.

謂視聽殊用하여 **各有所不能**이라 **依張說**컨대 **此釋經下不能而不害 說在害**라

보는 것과 듣는 것은 쓰임이 달라 각각 못하는 바가 있다는 말이다. 張惠言의 설에 의거하면, 이 대목은 〈經 下〉의 "不能而不害 說在害(하지 못한다 하더라도 해가 되지는 않으니, 害로 설명할 수 있다.)"를 풀이하였다.

43-8-1 **木與夜孰長**가

나무와 밤 중 어느 것이 긴가?

張云 木長은 **非夜長**이라하다

張惠言 : 나무가 긴 것은 밤이 긴 것이 아니다.

43-8-2 **智與粟**은 **孰多**아

지혜와 조는 어느 것이 많은가?

張云 智多는 **非粟多**라하다

張惠言 : 지혜가 많은 것은 조가 많은 것이 아니다.

43-8-3 **爵**과

官爵과

謂貴爵이라

관작을 귀하게 여기는 것이다.

43-8-4 **親**과

친한 사람과

貴其所親者라

친한 사람을 귀하게 여기는 것이다.

43-8-5 行과

行과

德行之貴라

德行이 귀한 것이다.

43-8-6 賈는

값어치는

賈直(치)之貴라

값어치가 귀한 것이다.

43-8-7 四者孰貴아

이 네 가지 중에서 어느 것이 귀한가?

吳鈔本에 脫此字하니 非라 張云 各貴其貴也라하다

吳鈔本에는 이 글자(貴)가 빠져 있으니, 옳지 않다.
張惠言 : 저마다 자기가 귀하게 여기는 것을 귀하게 여기는 것이다.

43-8-8 麋與(霍(곽))〔虎〕는 孰高아

고라니와 범은 어느 것이 높이 뛰는가?

霍은 吳鈔本에 作藿이라 此字는 篇中四見이로되 此與麋同擧하고 下文又與狗同擧하니 則必爲獸名이라 以字形校之컨대 疑當作虎라 俗書虎霍二字에 上半形相近이라 旗幟篇에

虎旗訛作雩(우)旗하니 可以互證이라 史記楚世家에 西周武公曰 若使澤中之麋로 蒙虎之皮면 人之攻之가 必萬於虎矣라하다 張云 霍은 疑當爲雀(각)이니 麋는 獸之高者요 雀은 鳥之高者라하다 案 張說亦通이라

'霍'은 吳鈔本에는 '藿'으로 되어 있다. 이 글자는 이 편에서 네 번 보이는데, 여기서는 '麋(고라니)'와 같이 들어서 말했고, 아래 글에서는 '狗(개)'와 같이 들어서 말했으니, 반드시 짐승 이름일 것이다. 글자 형상으로 考校해 보면 아마도 '虎'가 되어야 할 듯하다. 俗子로 쓰면 '虎'와 '霍' 두 글자가 위쪽 반의 형상이 서로 비슷하다. 〈旗幟〉에서는 '虎旗'가 잘못 변하여 '雩旗'로 되어 있으니, 이 대목과 서로 비교해 고증할 수 있다. ≪史記≫ 〈楚世家〉에 西周의 武公이 말하기를 "만약 늪지대에 사는 麋에게 虎(범)의 가죽을 씌워 놓는다면 사람들이 공격하는 것이 필시 虎보다 만 배 더 많을 것이다."라 하였다.

張惠言 : '霍'은 아마도 '雀(두루미)'이 되어야 할 듯하니, 고라니는 길짐승 중에 높이 뛰는 놈이고, 두루미는 날짐승 중에 높이 나는 놈이다.

案 : 장혜언의 설도 뜻이 통한다.

43-8-9 麋與霍孰霍

此句는 疑涉上文衍이라

이 구절은 아마도 위 글과 연관하여 衍文이 생긴 듯하다.

43-8-10 蚓與(瑟)〔蠶〕은 孰(瑟)〔長〕가

지렁이와 누에는 어느 것이 더 긴가?

張云 蚓은 蓋蟲名이라 瑟은 蝨(슬)同이라 言麋不可以爲雀이요 蚓不可以爲瑟이니 各異類라하다 案 張說未塙이라 蚓은 卽蚓之異文이요 第一瑟字는 疑當作蠶이니 竝詳經說上篇이라 第二瑟字疑當爲長이니 涉上訛文而又訛라 或謂此當作蛇與龜孰長이니 莊子天下篇云 龜長於蛇라하니 於義得通이로되 但經說上云 免瑟이라하고 又云 免蚓이라하니 以文義校之컨대 免은 當爲它니 則蚓不得又爲蛇字라 或說은 不可通於彼也요 此皆言輕重多少長短貴賤之迥(형)異者니 不足相比라 依張說컨대 此釋經下異類不吡 說在量이라

呲는 仳同이라

張惠言 : '蚵'은 아마도 벌레 이름일 것이다. '瑟'은 '蝨(이)'과 같다. '虆(고라니)'는 '雀(두루미)'이 될 수 없고, '蚵'은 '瑟(이)'이 될 수 없으니 각각 종류가 다르다는 말이다.

案 : 장혜언의 설은 확실하지 않다. '蚵'은 곧 '蚓'의 이체자이고, 첫 번째 '瑟'자는 아마도 '蠶'이 되어야 할 듯하니, 모두 〈經說 上〉에 자세히 보인다. 두 번째 '瑟'자는 아마도 '長'이 되어야 할 듯하니, 위의 오자와 연관하여 또 오자가 생긴 듯하다. 혹자는 이 구절은 응당 '蛇與龜孰長(뱀과 거북은 어느 것이 더 오래 사는가?)'가 되어야 하니, ≪莊子≫ 〈天下〉에 "거북이 뱀보다 오래 산다."라고 했다고 하는데, 뜻이 통한다. 그렇지만 〈經說 上〉에 '免瑟(뱀과 누에)'이라 하였고, 또 '免蚓(뱀과 지렁이)'이라 하였으니, 글 뜻으로 考校해 보건데 '免'은 응당 '它'가 되어야 한다. 그렇다면 '蚵'은 또 '蛇'자가 될 수 없으니, 혹자의 설은 〈經說 上〉에서는 뜻이 통하지 않는다. 그리고 여기서는 모두 輕重·多少·長短·貴賤이 현저히 다른 경우를 말했으니, 〈뱀과 거북은〉 서로 비교가 되지 못한다. 장혜언의 설에 의거하면, 이 대목은 〈經 下〉의 "異類不呲 說在量(다른 부류는 비교하지 못하니 量으로 설명할 수 있다.)"을 풀이하였다. '呲'는 '仳'와 같다.

43-9-1 偏이라

偏에 대해 설명한다.

句라

여기에서 句를 뗀다.

43-9-2 俱一無變이라

함께 다 하나라 변함이 없다.

偏者는 一之分이니 分之則偏이요 合之則一이니 所謂俱一也라 然分合雖不同이나 而一은 全體요 二는 半體니 無增減이라 故云無變이니 卽經云無加少也라 張云 俱一은 各有其一也라 無變은 故也라하다 案 張未憭俱一之義니 說詳後라 依張說컨대 此釋經下偏去莫加少 說在故라

'偏'은 하나를 나눈 것이다. 나누면 각각 한편이 되고 합하면 하나가 되니, 이른바 '함께 다 하나'인 것이다. 그러나 나눔과 합함은 비록 같지 않으나 하나는 전체이고 둘은 半體라 결국 增減이 없다. 그러므로 '변함이 없다'라고 하였으니, 곧 經에서 "더 적어지지 않는다."라고 한 것이다.

張惠言 : '俱一'은 각각 하나씩 있는 것이다. '無變'은 '故(예전 그대로)'이다.

案 : 장혜언은 '俱一'의 뜻을 분명히 알지 못하였으니, 그 설명은 뒤에 상세히 보인다. 장혜언의 설에 의거하면, 이 대목은 〈經 下〉의 "偏去莫加少 說在故(한편을 분리해도 더 적어지지 않으니 故로 설명할 수 있다.)"를 풀이하였다.

43-10-1 假

吳鈔本에 此字不重이라

吳鈔本에는 이 글자가 중복되어 있지 않다.

43-10-2 假는 必非也而後에 假니

'假(假借)'는 반드시 진짜가 아닌 뒤에 가차하는 것이니,

說文人部에 云 假는 非眞也라하고 小取篇에 云 假者는 今不然也라하다

≪說文解字≫ 〈人部〉에 "'假'는 진짜가 아니다."라 하였고, 〈小取〉에는 "'假(가설)'란 것은 지금은 아직 그렇지 않은 것이다."라 하였다.

43-10-3 狗假(霍)〔虎〕也는 猶氏(霍)〔虎〕也라

개가 범을 假借하는 것은 범을 氏로 삼는 셈이다.

霍은 亦竝當爲虎라 張云 疑亦雀字라하니 非是라 此言狗假虎名이 猶以虎爲氏也라 古名禽獸草木을 亦通謂之氏하니 大戴禮記勸學篇云 蘭氏之根懷氏之苞가 是也라 依張說컨대 此釋經下假必誖 說在不然이라

'霍'은 역시 둘 다 '虎'가 되어야 한다. 張惠言은 "아마도 '雀'자가 되어야 할 듯하다."라

했는데, 옳지 않다. 이 대목은 개가 범의 이름을 가차하는 것은 범을 성씨로 삼는 셈이라는 말이다. 옛날에는 禽獸・草木의 이름을 부를 때에도 모두 氏라 하였으니, ≪大戴禮記≫ 〈勸學〉에 '蘭槐의 뿌리・茴香(방풍)의 봉오리〔蘭氏之根 懷氏之苞〕'라 한 것이 이 경우이다. 장혜언의 설에 의거하면 이 대목은 〈經 下〉의 "假必誖 說在不然(假는 반드시 어그러지니, 不然으로 설명할 수 있다.)"을 풀이하였다.

43-11-1 **物或傷之**하니

物은 혹 상처를 입으니

句라

여기에서 句를 뗀다.

43-11-2 **然也**라

그렇게 된 것이다.

卽經云 物之所以然也라

곧 經에서 말한 '物之所以然(사물이 그러한 소이)'이다.

43-11-3 **見之**는

이를 보는 것은

句라

여기에서 句를 뗀다.

43-11-4 **智也**요

아는 것이다.

卽經云 所以知之也라 張云 智는 讀爲知라하다

곧 經에서 말한 "所以知之(이를 아는 소이)"이다. 張惠言은 "'智'는 '知'로 읽어야 한다."라 하였다.

43-11-5 **告之**는

고해 주는 것은

句라

여기에서 句를 뗀다.

43-11-6 **使智也**라

알게 하는 것이다.

卽經云 所以使人知之也라 **告**는 **舊本訛吉**이라 **王引之云 吉**은 **當爲告**라 **智**는 **與知同**이라 **欲使知之**라 **故告之也**니 **下文曰 告我則我智之**라하다 **案 王校是也**요 **張校同**이라 **今據正**하노라 **物或傷之**는 **卽經所謂病也**라 **見之則知其病**이요 **告之則使人知其病**이라 **依張說**컨대 **此釋經下物之所以然 與所以知之 與所以使人知之 不必同 說在病**이라

곧 經에서 말한 '所以使人知之(남에게 알게 하는 소이)'이다. '告'는 舊本에는 '吉'로 잘못되어 있는데, 王引之는 "'吉'은 응당 '告'가 되어야 한다. '智'는 '知'와 같다. 남에게 알게 하고자 하기 때문에 告하는 것이다. 아래 글에 '나에게 고해주면 내가 알 것이다.'라 하였다."라 하였다.

案 : 王引之의 교감이 옳고, 張惠言의 교감도 같다. 지금 이에 의거하여 바로잡는다. '사물은 혹 상처를 입는다.'는 것은 곧 經에서 말한 '病'이다. 그것을 보면 병인 줄 알고, 남에게 고해 주면 남에게 병인 줄 알게 한다. 장혜언의 설에 의거하면, 이 대목은 〈經下〉의 "物之所以然 與所以知之 與所以使人知之 不必同 說在病(사물이 그러한 所以와 그러한 줄 알게 되는 소이와 남에게 알게 하는 소이는 반드시 같지는 않으니, 病으로 설명할 수 있다.)"을 풀이하였다.

43-12-1 **疑逢**이라

'疑(의심)'는 '逢(어떤 환경에 우연히 처하는 경우)' 등으로 설명할 수 있다.

此述經與下爲目[9)]이라 畢云 舊作蓬이니 下同이라 以意改라하다

이는 經의 '逢'과 그 아래 항목들을 그대로 기술한 것이다.
畢沅 : 舊本에는 '蓬'으로 되어 있으니, 아래도 같다. 뜻으로 판단하여 고쳤다.

43-12-2 爲(務)〔鍪(무)〕則(士)〔土〕요

鍪(솥)를 만들 경우에는 흙을 사용하고,

此語難通이라 以意求之컨대 疑務當讀爲鍪라 荀子哀公篇에 務而拘領이라하고 淮南子氾論訓에 務作鍪하니 是其例라 說文虛(희)部云에 䗂(호)는 土鍪也라하고 金部云 鍪는 鍑屬也라하고 禮記內則孔疏에 引隱義[10)]云 堥는 土釜也라하니 鍪는 堥字通이라 士는 當爲土니 形近而訛라 史記殷本紀相土[11)]가 周禮校人注引世本[12)]에 作相士라 言土壤至賤하여 而爲鍪者或用土爲之니 明物無貴賤이요 逢所便利也라

이 말은 알기 어렵다. 뜻으로 찾아본다면 아마도 '務'는 응당 '鍪'가 되어야 할 듯하다. ≪荀子≫〈哀公〉에 '투구 모양의 모자를 쓰고 목도리를 한 사람〔務而拘領〕'이라 하였고, ≪淮南子≫〈氾論訓〉에는 '務'가 '鍪'로 되어 있으니, 이것이 그 例이다. ≪설문해자≫ 虛部에는 "'䗂'는 흙을 구워서 만든 솥이다."라 하였고, 金部에는 "'鍪'는 솥의 일종이다."라 하였고, ≪禮記≫〈內則〉의 孔穎達 疏에서는 ≪隱義≫를 인용하여 "'堥'는 흙을 구워 만든 가마솥이다."라 하였다. '鍪'는 '堥'자와 통용된다. '士'는 응당 '土'가 되어야 하니, 형상이

9) 此述經與下爲目 : 〈經 下〉에 "疑 說在逢循遇過(疑는 우연히 처하는 경우, 순조롭게 되는 경우, 우연히 맞닥뜨리는 경우, 과거의 일의 경우로 설명할 수 있다.)라는 대목을 그대로 옮겨 기술하면서 '循' 이하는 생략하고 쓰지 않았다는 말이다.

10) 隱義 : 何胤가 편찬한 ≪禮記隱義≫이다.

11) 相土 : 舜의 신하이고 殷나라의 시조인 契(설)의 손자이다.(≪詩經≫〈商頌 長發〉)

12) 世本 : 世는 世系이고, 本은 기원이라는 뜻으로 上古의 帝王과 諸侯, 卿大夫의 世系를 적은 것이다. 先秦時代 史官이 편찬한 것으로 〈帝系〉·〈王侯世〉·〈卿大夫世〉·〈氏族〉·〈作篇〉·〈居篇〉·〈諡法〉 등 15편으로 구성되어 있다고 하며, ≪史記≫에도 인용된 책인데, 오늘날 전해지지 않는다.

비슷하여 오자가 된 것이다. ≪史記≫ 〈殷本紀〉의 '相土'가 ≪周禮≫ 〈校人〉의 注에 ≪世本≫을 인용한 곳에는 '相士'로 되어 있다. 말하자면 토양이 지극히 흔해서 鍪(쇠로 만든 솥)를 만드는 사람이 혹 흙을 써서 만들기도 한다는 것이니, 물건은 貴賤을 막론하고 편리한 바를 만나는 대로 이루어짐을 밝힌 것이다.

43-12-3 **爲牛廬者夏寒**이니

牛廬를 만드는 사람은 그것이 여름에 서늘하기 때문이니,

說文广(엄)**部云**에 **廬**는 **寄也**니 **秋冬去**하고 **春夏居**라하니 **此牛廬**는 **蓋以養牛若馬之庌**(아)라 **周禮圉師夏庌馬**의 **鄭注**에 **云 庌**는 **廡也**니 **廡**는 **所以庇馬涼**이라하고 **吳子治兵篇**에 **云 夏則涼廡**라하니 **蓋牧馬牛者竝有之**라 **凡爲廬者**는 **欲其暖**이나 **而庌則取其夏寒**하니 **此卽經逢字之義**라

≪설문해자≫ 广部에 "'廬'는 일시적으로 거처하는 곳이니, 가을·겨울에는 떠나고 봄·여름에는 거처한다."라 하였다. 이 대목의 '牛廬'는 대개 소나 말을 기르는 집〔庌〕이다. ≪周禮≫ 〈圉師〉의 "여름에는 말을 庌에서 기른다.〔夏庌馬〕"라는 대목에 대한 鄭玄 注에 "'庌'는 '廡'이니, 廡는 말을 서늘하게 보호하는 집이다."라 하였고, ≪吳子≫ 〈治兵〉에는 "여름에는 〈말을〉 서늘한 廡에서 기른다."라 하였으니, 대개 말과 소를 기르는 사람은 다 가지고 있는 것이다. 무릇 廬를 만드는 사람은 따뜻하게 해주고자 하는 것인데 庌를 만드는 사람은 여름에도 서늘하다는 점을 취하니, 이는 곧 經에서 말한 '逢'자의 뜻이다.

43-12-4 **逢也**라 **擧之則輕**하고 **廢之則重**하니 **非有力也**라

'逢'이다. 들면 가볍고 놓아두고 들지 않으면 무거우니, 힘이 있느냐의 문제가 아니다.

公羊宣八年傳에 **云 去其有聲者**하며 **廢其無聲者**라한대 **何注**에 **云 廢**는 **置也**라하다 **此與前擧箴之喩同**이라

≪春秋公羊傳≫ 宣公 8년 條의 傳에 "소리가 있는 것은 버리고 소리가 없는 것은 그대로 두었다.〔去其有聲者 廢其無聲者〕"라 하였는데, 何休의 注에 "'廢'는 그대로 두는 것이

다."라 하였다. 이 대목은 앞에 나온 침을 드는 비유와 같다.

43-12-5 (沛)〔柿〕從削하니 非巧也라

대패밥은 〈나무를〉 깎음에 따라 나오니 技巧가 아니다.

張云 沛는 當作柿라 木之見削而下者라 案 張校是也라 說文木部에 云 柿는 削木札樸也라하다 隷變作柹(폐)라 言木柹從所削하니 不足爲巧也라

張惠言 : '沛'는 응당 '柿'가 되어야 하니, 나무가 깎여서 떨어지는 것이다.

案 : 장혜언의 교감이 옳다. ≪설문해자≫ 木部에 "'柿'는 나무를 깎아서 나오는 대패밥이다."라 하였다. 隷書로는 字形이 변하여 '柹'가 되었다. 대패밥은 나무를 깎는 데 따라 나오는 것이니 기교가 될 것이 못 된다는 말이다.

43-12-6 若石羽는

맷돌과 깃털 같은 경우는

此未詳其說이라 莊子天下篇에 云 若羽之旋하며 若磨石之隧[13]라하니 此或與彼同이라 蓋亦循從自然之義라

이는 무슨 말인지 잘 알 수 없다. ≪莊子≫ 〈天下〉에 "'마치 깃털이 돌며 떨어지는 것도 같으며, 마치 맷돌이 회전하는 것도 같다.〔若羽之旋 若磨石之隧〕"라 하였으니, 이 대목이 혹 저 ≪장자≫의 말과 같을 듯도 하다. 역시 자연에 순종한다는 뜻일 것이다.

43-12-7 循也라

〈자연을〉 따르는 것이다.

循은 舊本訛楯이러니 今依經下改라 說文彳(척)部에 云 循은 行順이라하니 此亦當詁爲順이니 與柹從削之從으로 義同이라

13) 若羽之旋 若磨石之隧 : 지식이나 인위적인 행위를 버리고 自然의 道를 따르는 모습을 비유한 말이다. 여기서는 '石'과 '羽'가 ≪장자≫의 이 구절과 일치하기 때문에 인용한 것이다.

'循'은 舊本에는 잘못 변하여 '楯'으로 되어 있었는데 지금 〈經 下〉에 의거하여 고쳤다. ≪說文解字≫ 彳部에 "循은 행위가 順한 것이다."라 하였으니, 여기서도 응당 '循'의 字義를 '順'으로 새겨야 한다. 이는 '柿從削(대패밥은 나무를 깎음에 따라 나온다.)'의 '從'과 뜻이 같다.

43-12-8 鬥者之敝也는 以飮酒어나 若以日中일새라

싸우는 사람의 잘못은 술을 마셨기 때문이거나 시장에 있었기 때문이다.

日中은 謂市也라 易繫辭에 云 日中爲市라하니 市以日中時爲最盛이니 卽周禮司市所謂大市日(昃)〔仄(측)〕[14]而市라 故因謂市爲日中이니 猶嫁娶之禮用昏일새 因謂之昏也라 古市朝를 或謂之日中之朝라 晏子春秋外篇에 云 刑死之罪를 日中之朝에 君過之則赦라하니 卽司市之國君過市면 則刑人赦니 是其證也라 凡飮酒及市는 皆易啓爭鬭라 故下云不可知也라

'日中'은 시장을 말한다. ≪周易≫ 〈繫辭〉에 "한낮에 시장을 연다.〔日中爲市〕"라 하였으니, 시장은 日中(해가 중천에 떴을 때)일 때 가장 흥성하다. 이는 곧 ≪周禮≫ 〈司市〉에서 말한 "교역이 많은 큰 시장은 해가 중천을 지난 뒤에 시장을 연다.〔大市日仄而市〕"라 한 것이다. 그러므로 인하여 시장을 日中이라 한 것이니, 혼례를 날이 저물 때 거행하므로 인하여 '昏'이라 한 것과 같다. 옛날에는 市朝(시장)를 혹 '日中之朝'라 하였다. ≪晏子春秋≫ 〈外篇〉에 "사형을 받은 죄인을 日中之朝에 임금이 지나가면 사면해 준다."라 하였으니, 바로 ≪주례≫ 〈사시〉의 "임금이 시장을 지나가면 刑人을 용서한다."는 것이다. 이것이 바로 〈日中이 시장이 되는〉 증거이다. 무릇 술을 마셨을 때와 시장에 있을 때는 다 싸움이 일어나기 쉽다. 그러므로 아래에 "알 수 없다."라 한 것이다.

43-12-9 是不可智也니

이는 알 수 없는 일이니,

智는 知通이라 下同이라

---

14) (昊)〔仄(측)〕: 저본에는 '昊'로 되어 있으나, ≪周禮≫ 본문에 의거하여 '仄'으로 바로잡았다.

'智'는 '知'와 통용된다. 아래도 같다.

43-12-10 (愚)〔遇〕也라

'遇(우연히 맞닥뜨리는 경우)'이다.

依經컨대 當作遇也라 愚는 遇聲之誤라

經에 의거하건대 〈'愚'는〉 응당 '遇'가 되어야 한다. '愚'는 '遇'의 聲音으로 인해 생긴 착오이다.

43-12-11 智與아

알고 있는 것인가?

句라

여기에서 句를 뗀다.

43-12-12 以已爲然也與아

이미 지나간 일을 그렇다고 하는 것인가?

句라

여기에서 句를 뗀다.

43-12-13 (愚)〔過〕也라

'過(과거의 일)'이다.

依經컨대 當作過也라 蓋過涉上文而訛爲遇하고 又訛爲愚라 下文에 云 過而以已爲然이라하니 可證이라 過는 謂已過之事라 言或固知之어나 抑或本不知를 而以已然之事推之라 此釋經下疑說在逢循遇過라 張以擧之則輕下至此로 爲釋經合與一 或復否說在拒하니 非是라

經에 의거해 보건대 〈'愚'는〉 응당 '過'가 되어야 한다. '過'가 위 글과 연관하여 잘못 변하여 '遇'가 되었고 또 잘못 변하여 '愚'가 된 것일 터이다. 아래 글에 "지나오고서 이미 지나온 곳을 그렇다고 한다.〔過而以已爲然〕"라 하였으니, 증명할 수 있다. '過'는 이미 지나간 일을 말한다. 혹 본디 알고 있었는지, 아니면 본래 알지 못했는지는 이미 그러한 과거의 일로 미루어 안다는 말이다. 이는 〈經 下〉의 "疑 說在逢循遇過('疑'는 우연히 처하는 경우, 순조롭게 되는 경우, 우연히 맞닥뜨리는 경우, 과거의 일의 경우로 설명할 수 있다.)"를 풀이한 것이다. 張惠言은 '擧之則輕' 이하 이 대목까지를 經의 "合與一 或復否 說在拒(합하여 하나로 할 때 어떤 것은 합쳐지고 어떤 것은 합쳐지지 않으니, '拒'로 설명할 수 있다.)"를 풀이한 것으로 보았는데, 옳지 않다.

43-13-1 俱는

'俱(함께 하나로 봄)'는 다음과 같다.

句라

여기에서 句를 뗀다.

43-13-2 俱一은

俱一(함께 다 하나)은

經上에 云 同은 異而俱於之一也라하고 又經說上에 云 俱處於室이 合同也라하다 言合者則爲一이라

〈經 上〉에 "'同'은 다른 것들이지만 이 하나에 함께 속한 것이다."라 하였고, 또 〈經說 上〉에 "한 방에 함께 있는 것이 合同이다."라 하였다. 합한 것은 하나가 됨을 말한 것이다.

43-13-3 若牛馬四足이요

牛馬와 四足(네발짐승) 같은 경우이고,

牛馬는 散名而兼言之也요 四足者는 大名而通言之也라 兼與通言은 皆爲一이라 上文에

云 謂四足獸는 與牛馬異가 卽其義라 張云 牛馬四足이나 足各一也라하니 非是라

牛馬는 散名(각종 사물의 다양한 명칭)으로 겸하여 말한 것이고, 四足은 大名(總名)으로 통틀어 말한 것이다. 겸하여 말하는 것과 통틀어 말하는 것은 모두 하나이다. 위 글에 "四足獸라 하는 것은 牛馬와 다르다."고 한 것이 바로 그 뜻이다. 張惠言은 "'牛馬는 四足이나 발은 각각 하나이다."라 하였으니, 옳지 않다.

43-13-4 **惟是**는

응답하는 자가 그렇다고 할 경우는

句라

여기에서 句를 뗀다.

43-13-5 **當牛馬**라

牛馬에 해당한다.

惟는 經同이니 亦當作唯라 謝希深公孫龍子注에 云 唯는 應辭也라하다 案 唯是는 言應者則爲是라 或牛或馬가 名實相符하면 則此呼而彼應하니 是名當其物也라 經說上에 云 當牛非馬라하고 又云 當馬非馬라하고 公孫龍子名實篇에 亦有唯當之論하니 與此義同이라 詳後하다

'惟'는 〈經 上〉과 같으니, 역시 '唯'가 되어야 한다. 謝希深의 ≪公孫龍子≫ 注에 "'唯'는 응답하는 말이다."라 하였다.

案 : '唯是'는 응답하는 자가 그렇다고 한다는 말이다. 소이건 말이건 이름과 실상이 서로 부합하면 이쪽에서 부르고 저쪽에서 응답하니 이것이 이름이 그 대상에 해당하는 것이다. 〈經說 上〉에 "소가 말이 아니라는 명제처럼 타당하다.〔當牛非馬〕"라 하고, 또 "말이 말이 아니라는 명제처럼 타당하다.〔當馬非馬〕"라 하였으며, ≪公孫龍子≫ 〈名實論〉에도 '唯·當'에 관한 논의가 있으니, 이 뜻과 같다. 뒤에 상세히 보인다.

43-13-6 **數牛**하고 **數馬**하면

소를 세고 말을 세면

句라

여기에서 句를 뗀다.

43-13-7 **則牛馬二**요

소와 말은 둘이고

句라

여기에서 句를 뗀다.

43-13-8 **數牛馬**하면

牛馬를 세면

句라

여기에서 句를 뗀다.

43-13-9 **則牛馬一**이라

우마는 하나이다.

兪云 數牛하고 數馬하면 則牛馬二는 謂分牛馬而數之也요 數牛馬하면 則牛馬一은 謂合牛馬而數之也라 畢讀惟是當牛馬數爲句하니 失之라

兪越 : 소를 세고 말을 세면 소와 말은 둘이란 것은 소와 말을 나누어 센다는 말이다. 우마를 세면 우마는 하나라는 것은 소와 말을 합하여 세는 것을 말한다. 畢沅은 '惟是當牛馬數'로 句를 떼어 읽었으니, 잘못 본 것이다.

43-13-10 **若數指**면

만약 손가락을 센다면

句라

여기에서 句를 뗀다.

43-13-11 指五而五一이라

손가락은 다섯 개이고 五指는 하나이다.

張云 指有五하니 五而俱爲指하고 五還爲一이라 案 張說非是라 此言合數之爲五指요 分數之則爲一이라 指者五也니 亦俱一與牛馬二一之義라 依張說컨대 此釋經下物一體也 說在俱一惟是라

張惠言 : 손가락은 다섯 개가 있는데, 다섯 개가 다 각각 손가락이고 다섯 손가락이 다시 하나(五指)가 된다.

案 : 장혜언의 설은 옳지 않다. 이 대목은 합하여 세면 '五指'가 되고 나누어 세면 각각 하나가 되므로 손가락이란 것이 다섯 개가 된다는 말이니, 또한 '俱一(함께 다 하나)'과 "소와 말은 둘이고 牛馬는 하나이다."라는 뜻이다. 장혜언의 설에 의하면, 이 대목은 〈經 下〉의 '物一體也 說在俱一惟是(物은 하나의 체이니 俱一과 惟是로 설명할 수 있다.)'를 풀이하였다.

43-14-1 長宇는

長宇(공간을 길게 갈 때의 오랜 지속)는

此述經文이라 畢讀長屬上句는 非라

이 대목은 經文을 기술하였다. 畢沅이 '長'을 위 句에 붙여서 읽은 것은 옳지 않다.

43-14-2 徙而有處가 宇라

옮겨 가되 장소가 있는 것이 '宇'이다.

莊子庚桑楚篇에 云 有實而無乎處者가 宇也요 有長而無本剽者가 宙也라하고 文子自

然篇에 老子曰 往古來今을 謂之宙요 四方上下를 謂之宇라하다 淮南子齊俗訓과 莊子齊物論釋文에 引尸子하고 又庚桑楚釋文에 引三蒼[15]하니 說竝同이라 宇者는 彌亘(긍)諸方하여 其位不定하여 各視身所處而爲名하니 若處中者는 本以南爲南이로되 假令徙而處北하면 則復以中爲南하고 更益向北하면 則鄕所爲北者가 亦轉而成南矣라 四方隨所徙而易(역)하니 竝放此라 然方位雖屢徙不同이나 而必實有其處라 故云徙而有處라 莊子에 云 無乎處者라하니 則據其轉徙無常者言之니 與此文義不相硋(애)也라

≪莊子≫ 〈庚桑楚〉에 "실제가 있으나 머무는 곳이 없는 것이 '宇'이고 자라남이 있으나 근본과 枝末이 없는 것이 '宙'이다."라 하였고, ≪文子≫[16] 〈自然〉에 "老子가 말하기를, 과거와 지금을 '宙'라 하고, 四方과 上下를 '宇'라 한다고 하였다."라 하였고, ≪淮南子≫ 〈齊俗訓〉 및 ≪莊子≫ 〈齊物論〉에 대해 ≪經典釋文≫에서 ≪尸子≫를 인용한 대목과 ≪장자≫ 〈경상초〉에 대해 ≪經典釋文≫에서 ≪三蒼≫을 인용한 대목들도 說이 다 같다. '宇'는 동서남북・상하 모든 곳에 두루 뻗혀 있어 그 방위가 일정하지 않아 각각 자신이 현재 처해 있는 곳을 보아서 명칭을 정한다. 예컨대 자신이 중앙에 있을 경우에는 본래 남쪽을 남쪽이라 하지만, 가령 옮겨 가서 북쪽에 있으면 다시 중앙을 남쪽이라 하고, 다시 더 북쪽으로 가면 앞서 북쪽이 되었던 곳이 또한 옮겨 가서 남쪽이 된다. 사방이 자신이 옮겨가는 곳에 따라 방위가 바뀌니, 모두 이와 같다. 그러나 방위는 누차 옮겨가 같지 않으나 반드시 실제로 그 장소가 있다. 그러므로 "옮겨 가되 장소가 있다."라고 한 것이다. ≪장자≫에 "머무는 곳이 없다."라고 한 것은 옮겨 가서 일정한 장소가 없다는 사실에 의거하여 말한 것이니, 이 글의 뜻과 서로 통한다.

43-14-3 宇는 南北이요 在旦하고 有在莫하니 宇徙久라

'宇'는 남쪽도 되고 북쪽도 되며, 아침에 있고 또 저녁에도 있으니, '宇'는 옮겨 가서 시일이 오래 걸린다.

---

15) 三蒼 : 漢나라 초기의 字書로 ≪三倉≫이라고도 한다. ≪說文解字≫・≪爾雅≫ 등과 함께 중요한 字書로 꼽힌다.

16) 文子 : 道家의 祖師로 孔子와 같은 시대 사람인 文子의 저술이라 한다. 그는 姓은 辛氏이고 호는 計然이다.

旦은 舊本訛且라 王引之云 經說上에 云 宇는 東西南北이라하니 此不當言南北而不及東西니 蓋有脫文이라 且는 當爲旦이요 有는 讀爲又라 此言宇徙則自南而北하며 自東而西하여 歷時必久에 屢更旦莫라 故云 宇徙久라하고 又云 在旦又在莫라하니라 經說上에 云 久는 古今旦莫가 是也라 畢云 已上은 釋經下宇或(역)徙 說在長宇久라 案王說是也로되 但此云宇南北은 乃約擧之詞라 王疑其不當不及東西는 非也라 後文說或(역)云然而謂此南北이라하니 與此文例正同이라

'旦'은 舊本에는 잘못 변하여 '且'로 되어 있다.

王引之 : 〈經說 上〉에 "'宇'는 東西南北이다."라 하였으니, 여기서 응당 남북만 말하고 동서는 언급하지 않았을 리는 없다. 아마도 빠진 글자가 있는 듯하다. '且'는 '旦'이 되어야 하고, '有'는 '又'로 읽어야 한다. 이 대목은 '宇'가 옮겨 가면, 남쪽으로부터 북쪽으로 가고 동쪽으로부터 서쪽으로 가면서 시일이 반드시 오래 걸려 누차 아침과 저녁을 거칠 것이라 말이다. 그러므로 "'宇'는 옮겨 가서 시일이 오래 걸린다."라 하였고, 또 "아침에 있고 또 저녁에도 있다."라 하였으니, 〈경설 상〉에서 "'久'는 고금과 朝夕이다."라 한 것이 이 뜻이다.

畢沅 : 이상은 〈經 下〉의 '宇或徙 說在長宇久('宇或(공간, 구역)'은 옮겨가니 공간을 길게 갈 때의 오랜 지속으로 설명할 수 있다.)'를 풀이하였다.

案 : 王引之의 설이 옳다. 다만 여기서 '宇南北'이라고만 말한 것은 省約해서 말한 것이니, 왕인지가 "응당 동서는 언급하지 않았을 리는 없다."라고 의심한 것은 옳지 않다. 뒤 글에서 '或'을 설명하면서 '然而謂此南北(그런데도 이곳을 남쪽이다 북쪽이다 한다.)'라 하였으니, 이 대목과 文例가 꼭 같다.

43-15-1 無堅得白이니 必相盈也라

단단함이 없이도 흰색을 얻을 수 있으니, 이 두 가지는 반드시 서로 포함하기 때문이다.

此는 卽堅白石之論이니 謂視之에 但見石之白이요 不見石之堅이나 而堅之性이 自含於白之中이라 故云必相盈也라 又疑必은 當爲不이니 卽說上堅白異處不相盈[17]之義하니

17) 堅白異處 不相盈 : 〈經說 上〉의 42-63-2에 보인다.

亦通이라 此義皆見公孫龍子堅白論篇하니 竝詳上篇이라 此釋經下不堅白說在 無久與宇堅白說在因이로되 經及說이 似皆未全이라

이 대목은 곧 '堅·白·石'의 논리이다. 말하자면 눈으로 보아서는 단지 돌의 흰색만 볼 수 있고 돌의 단단함은 볼 수 없으나 단단한 성질은 절로 흰색 가운데 포함되어 있다는 것이다. 그러므로 "반드시 서로 포함하기 때문이다."라 한 것이다. 또 다른 설에 "'必'은 응당 '不'이 되어야 하니, 곧 〈經說 上〉의 '堅白異處 不相盈(단단함과 흰색은 각각 다른 곳에 있고 서로 포함하지 못한다.)'의 뜻이다."라 하니, 또한 뜻이 통한다. 이 논리는 모두 ≪公孫龍子≫ 〈堅白論〉에 보이니, 모두 위 편에 자세히 보인다. 이 대목은 〈經 下〉의 "不堅白 說在(不堅白은 (……)로 설명할 수 있다.)"와 "無久與宇 堅白 說在因('久' 없이 '宇'를 함께함은 '堅'과 '白'의 관계와 같으니 '因依'로 설명할 수 있다.)"을 풀이한 것인데 經과 說이 다 완전하지 못한 듯하다.

43-16-1 (在)〔任〕堯善治는

堯의 잘 다스림을 들어서 말하는 것은

在는 疑當作任이니 下同이라 任猶擧也라 張云 在는 察也라하니 亦通이라

'在'는 아마도 '任'이 되어야 할 듯하다. 아래도 같다. '任'은 '擧'와 같다. 張惠言은 "'在'는 살핀다는 뜻이다."라 하였으니, 역시 뜻이 통한다.

堯

43-16-2 自今(在)〔任〕諸古也니 自古(在)〔任〕之今이면 則堯不能治也라

지금으로부터 옛날을 들어서 말하는 것이니, 옛날로부터 지금을 들어서 말한다면 堯는 잘 다스리지 못할 것이다.

言堯不能治今世之天下라 下文云 堯之義也 是聲也於今 所義之實處於古라하니 亦卽此義라 此釋經下 在諸其所然未者然 說在於是推之라 在는 疑亦任之誤라 未者然三字는 疑當作諸未然이요 文亦有脫誤라

堯가 지금 세상의 천하를 잘 다스리지 못할 것이라는 말이다. 아래 글에 "堯의 의로움

은 지금에 명성이 알려진 것이고, 그 의로운 바의 실상은 옛날에 있다."라 한 것이 또한 바로 이 뜻이다. 이 대목은 〈經 下〉의 '在諸其所然未者然 說在於是推之(이미 그러한 일들과 아직 그러하지 않은 일들을 거론함은 이것에서 유추하는 것으로 설명할 수 있다.)'를 풀이하였다. '在'는 역시 '任'의 오자일 듯하다. '未者然' 세 자는 아마도 '諸未然'이 되어야 할 듯하고, 글에도 誤脫이 있다.

43-17-1 景(영)은

그림자는 다음과 같다.

兪讀句라

兪越은 여기에서 句를 떼어 읽었다.

43-17-2 光至景亡하니

빛이 이르면 그림자는 없어지니,

兪讀句라

유월은 여기에서 句를 떼어 읽었다.

43-17-3 若在면

그림자가 만약 실재한다면

兪讀句라

유월은 여기에서 句를 떼어 읽었다.

43-17-4 盡古息이라

오랜 옛날부터 〈한 곳에〉 그쳐 있을 것이다.

兪云 句首景字는 擧經文而說之라 光至景亡者는 謂所以有景由無光也니 下文曰 足

敝下光이라 故成景於上하며 首敝上光이라 故成景於下가 是也라 光之所至에는 則景亡矣라 若在盡古息은 又與上句로 反復相明이니 言景若在면 則光盡古息也라 盡古는 猶終古也라 考工記에는 則於馬終古登阤也[18]라하고 莊子大宗師篇에 終古不忒(특)이라하니 是終古爲古人恒言이라 釋名釋喪制에 曰 終은 盡也라하니 故終古亦曰盡古也라 畢讀皆誤라하다 案 若在盡古息의 息은 當訓爲止니 卽經不徙之義요 亦卽莊子天下篇所謂飛鳥之景未嘗動也라 司馬彪亦據此釋之라 大意蓋謂有光則景亡이요 有景則光蔽니 若其景在면 則後景卽前景이라 盡古常息止於是하여 形雖動而景若止而無改也라 畢讀景光至句하고 景亡若在句라 張云 光之所至를 謂之景이라하니 竝誤라 兪說得之나 而以息爲亡하니 則與經不合이라 殷家儁云 光至는 謂光複過物徑也라 至는 極也니 影止漸不見也라 案 殷訓至爲極은 亦非是라 此釋經下景不徙 說在改爲라

兪越 : 이 구절 첫머리의 '景'자는 經文을 들어서 말한 것이다. 빛이 이르면 그림자가 없어진다는 것은 그림자가 있게 되는 까닭이 빛이 없기 때문임을 말한다. 아래 글에 "발이 아래의 빛을 가리므로 위에 그림자가 이루어지며, 머리가 위의 빛을 가리므로 아래에 그림자가 이루어진다."라 한 것이 이 뜻이다. 빛이 이르는 곳에는 그림자가 없어진다. "그림자가 만약 실재한다면 오랜 옛날부터 한 곳에 그쳐 있을 것이다."라는 것은 또 위 구절과 반복하여 서로 뜻을 밝히는 것이니, 그림자가 만약 실재한다면 빛은 오랜 옛날부터 그쳤을 것이라는 말이다. '盡古'는 '終古'와 같다. ≪周禮≫ 〈考工記〉에 "말의 입장에서는 항상 비탈길을 오르는 것처럼 〈수레를 끌기 어려울 것이다.〉〔於馬終古登阤也〕"라 하였고, ≪莊子≫ 〈大宗師〉에 "항상 어긋나지 않는다.〔終古不忒〕"라 하였으니, 따라서 '終古'는 옛사람들이 늘 쓰는 말인 것이다. ≪釋名≫ 〈釋喪制〉에 "'終'은 盡(다함)과 같다."라 하였으니, 따라서 '終古'는 '盡古'라고도 한다. 畢沅이 句를 떼어 읽은 것은 다 틀렸다.

案 : '若在盡古息'의 '息'은 字訓이 '止'이니, 곧 經의 '不徙(이동하지 않는다)'의 뜻이다. 또한 ≪莊子≫ 〈天下〉에서 말한 "나는 새의 그림자는 이동한 적이 없다."는 것과 같은 뜻이니, 司馬彪는 ≪장자≫의 이 대목을 근거로 풀이하였다. 大意는 대개 빛이 있으면 그림

18) 於馬終古登阤也 : ≪周禮≫ 〈考工記〉에 "수레바퀴가 너무 높으면 사람이 수레에 오를 수 없고, 수레바퀴가 너무 낮으면 말의 입장에서는 항상 비탈길을 오르는 것처럼 〈수레를 끌기 어려울 것이다.〉〔輪已崇則人不能登也 輪已卑則於馬終古登阤也〕"라 했는데, 鄭玄의 注에 "齊나라 사람의 '終古'라는 말은 '常(항상)'이란 말과 같다."라 하였다.

자가 없어지고 그림자가 있으면 빛이 가려지니 만약 그림자가 실재한다면 뒤에 생긴 그림자가 바로 앞에 생긴 그림자로 항상 그 자리에 그쳐 있어 형체는 비록 움직여도 그림자는 늘 정지하여 바뀌지 않을 것이라는 말이다. 필원은 '景光至'에 句를 떼고, '景亡若在'에 句를 떼어 읽었으며, 張惠言은 "빛이 이르는 곳을 그림자라 한다."라 하였으니, 모두 잘못 보았다. 유월의 설이 맞으나 '息'을 '亡'으로 보았으니, 經과 부합하지 않는다.

殷家儁 : '光至'는 빛이 물체를 겹쳐 지나간다는 말이다. '至'는 '極(다다르다)'의 뜻이니, 〈빛이 다다르면〉 그림자가 그쳐서 점차 보이지 않는 것이다.

案 : 은가준이 '至'의 字訓을 '極'이라 한 것은 역시 옳지 않다. 이 대목은 〈經 下〉의 "景不徙 說在改爲(그림자는 이동하지 않으니, 改爲(바뀜)로 설명할 수 있다.)"를 풀이하였다.

43-18-1 景은

그림자는

句라

여기에서 句를 뗀다.

43-18-2 二光夾一光하니 一光者는 景也라

두 빛이 한 빛을 끼고 있으니, 한 빛이란 것은 그림자이다.

謂若日在東而西縣鑒하면 鑒受日光하여 反射人而成景하니 是日光與鑒光爲二요 而人景在日與鑒之間하니 是卽二光共夾之也라 張云 二光은 日與人也요 夾之光은 是爲景이라하다 案 張說은 似失其義라

만약 해는 동쪽에 있고 서쪽에 거울을 걸어두었을 경우에 거울이 햇빛을 받고서 사람에게 반사하여 그림자를 이루게 되니 이는 햇빛과 거울이 반사하는 빛이 둘인 것이요, 사람의 그림자가 해와 거울 사이에 있으니 이는 두 빛이 그림자를 끼는 것이다.

張惠言 : 두 빛은 해와 사람이다. 두 빛이 끼는 빛은 그림자이다.

案 : 장혜언의 설은 뜻을 잘못 본 듯하다.

43-18-3 景光之人煦(후)若射라

그림자를 만드는 빛과 사람이 서로 비추는 것이 화살을 쏘는 것과 같다.

之는 猶與也라 言景光與人이 參相射라 說文火部에 云 煦는 蒸也라 一曰赤貌라하고 又日部에 云 昫(후)는 日出溫也라하다 楊謂煦는 昫通이라하니 近是라 蓋謂如日出時之光四射也라 張云 景者는 光所爲之人也니 煦然而至若射라하다 案 張說未塙이라 此釋經下住景二 說在重이라 住는 疑當作位요 讀爲立이라

'之'는 '與'와 같다. 그림자와 빛과 사람이 서로 화살을 쏘는 듯이 비춘다는 말이다. ≪說文解字≫ 火部에 "'煦'는 '蒸(찌다)'이다. 한 곳에서는 '붉은 모습이다.'라 하였다."라 하였고, 또 日部에는 "'昫'는 해가 나와 따스한 것이다."라 하였다. 楊葆彝는 "'煦'는 '昫'와 뜻이 통한다."라 하였으니, 옳은 듯하다. 대개 해가 나올 때의 빛이 사방으로 쏘는 것과 같다는 말이다.

張惠言 : 그림자란 것은 빛이 만든 사람이니, 빛이 따스하게 이르는 것이 마치 화살을 쏘는 것과 같은 것이다.

案 : 장혜언의 설은 확실하지 않다. 이 대목은 〈經 下〉의 "住景二 說在重(서면 그림자가 둘이니 '重(반사)'으로 설명할 수 있다.)"을 풀이하였다. '住'는 아마도 '位'가 되어야 할 듯하고, '立'으로 읽어야 한다.

43-19-1 下者之人也高하며

그림자가 아래에 있는 경우의 사람은 위에 있고,

張云 高는 猶上也라 景在下者는 其人在上이라

張惠言 : '高'는 '上'과 같다. 그림자가 아래에 있는 경우에는 그 사람은 위에 있다.

43-19-2 高者之人也下라

그림자가 위에 있는 경우의 사람은 아래에 있다.

張云 景在上者는 其人在下라

張惠言 : 그림자가 위에 있는 경우에는 그 사람은 아래에 있다.

43-19-3 **足敝下光**이라

발이 아래의 빛을 가리는지라

張云：敝는 讀曰蔽라

張惠言：'敝'는 '蔽'로 읽는다.

43-19-4 **故成景於上**하며 **首敝上光**이라 **故成景於下**니라

그러므로 위에 그림자가 이루어지며, 머리가 위의 빛을 가리는지라 그러므로 아래에 그림자가 이루어진다.

陳澧云 此解窪(와)鏡照人에 影倒之故也라하다 劉嶽雲云 卽西法所謂射光角與回光角相等이니 由交點射景入壁이라 故令景倒也라하다 詒讓案 此卽塔影倒垂之義니 詳經下라 此釋經下二 臨鑑而立 景到 多而若少 說在寡區라 寡는 疑空之誤니 卽謂窪鏡中爲圓空也라 但說無多少寡區之義하고 又經此條在前宇或徙說在長宇久條後하니 與說敍次不合이라 竊疑此當竝屬下條니 以下經亦有景到之文也일새라 而二臨鑑景到一經은 說或已不存이라 此篇文本多脫訛하니 疑未能定也라

陳澧：이 대목은 오목거울로 사람을 비출 때 그림자가 거꾸로 비치는 까닭을 설명하였다.

劉嶽雲：바로 서양 과학에서 말하는 '射光角'과 '回光角'이 서로 같은 까닭이니, 交點에서 빛을 쏘아 그림자가 벽으로 들어가기 때문에 그림자를 거꾸로 뒤집히게 하는 것이다.

詒讓案：이는 곧 탑의 그림자가 거꾸로 드리워지는 이치이니, 〈經 下〉에 자세히 보인다. 이 대목은 〈經 下〉의 '二 臨鑑而立 景到 多而若少 說在寡區(두 사람이 거울을 마주하여 서면 像이 뒤집히기도 하고 큰데도 작은 듯이 여겨지니 '寡區'로 설명할 수 있다.)'를 풀이하였다. '寡'는 아마도 '空'의 오자일 듯하니, 곧 오목거울 중앙의 둥글고 텅 빈 곳을 말한다. 다만 이 經說에서는 經에서 말한 '多少'와 '寡區'의 뜻이 없고, 게다가 經에서는 이 조목이 이 대목의 앞쪽에 있는 '宇或徙 說在長宇久'의 뒤에 있으니, 경설과 차서가 맞지 않다. 아마도 이 대목은 응당 모두 아래 條에 이어져야 할 듯하니, 아래 經文에도 '景到'라는 글이 있기 때문이다. 그리고 '二 臨鑑而立 景到'의 한 經은 이에 대한 경설이 이미 남아 있지 않을 수도 있다. 이 편의 글은 본래 誤脫이 많으니, 의심스러운 곳을 판정할 수 없다.

43-20-1 **在遠近有端與於光**이니

멀건 가깝건 점이 있으면 빛을 막으니,

此疑卽格術之義라 **端**은 **卽沈括艣臬**(노얼)**之**(隃)〔喻〕[19]라 **與於光**은 **謂礙光線之射**니 **亦詳經下**라

이 대목은 아마도 '格術'의 뜻일 듯하다. '端'은 곧 沈括이 말한 '艣臬'의 비유이다. '與於光'은 광선이 비치는 것을 막는다는 말이니, 또한 〈經 下〉에 자세히 보인다.

43-20-2 **故景㢓內也**라

그러므로 그림자가 안에서 막히게 된다.

畢云 㢓은 **舊作庫**러니 **盧以意改**라하다 **案 盧校是也**라 **謂景障於內**는 **卽光學家所謂約行線交聚處不見物**[20]이 **是也**라 **殷氏謂景庫謂聚光點**은 **非是**라 **此釋經下景到 在午有端與景長 說在端**이라

畢沅 : 㢓은 舊本에는 '庫'로 되어 있었는데, 盧文弨가 뜻으로 판단하여 고쳤다.

案 : 노문초의 교감이 옳다. 그림자가 안에서 막힌다는 것은 곧 光學家가 "約行線(光線이 넓게 퍼져 있다가 좁게 모아지는 것)이 교차하여 모이는 지점에서는 사물을 볼 수 없다."라고 하는 것이 바로 이를 말한다. 殷家儁이 '景庫'를 聚光點(광선이 모이는 지점)이라 한 것은 옳지 않다. 이 대목은 〈經 下〉의 "景到 在午有端與景長 說在端(그림자가 뒤집어짐은 교차하는 곳에 端(점)이 있어 그림자 선을 막아서이니, 端으로 설명할 수 있다.)"을 풀이하였다.

---

19) 此疑卽格術之義……沈括艣臬(노얼)之(隃)〔喻〕: '喻'는 저본에는 '隃'로 되어 있는데, 문맥에 근거하여 '喻'로 바로잡았다. 宋나라 학자 沈括의 ≪夢溪筆談≫에 "陽燧로 물체를 비추면 물체가 모두 거꾸로 뒤집혀 보이니, 이는 중간에 障礙(초점)가 있기 때문이다. 이것이 算家(수학자)가 말하는 '格術'이니, 마치 사람이 '艣臬'을 흔들어 막는 것과 같기 때문이다."라고 하였다. '陽燧'는 고대에 햇빛을 이용해 불을 일으키는 오목거울이다. '艣臬'은 미상이나 배의 노를 부착하는 말뚝일 듯하다. 이 말뚝 위에 노가 얹혀서 이리저리 흔들어서 저을 수 있다. 즉 오목거울의 중앙 초점을 분기점으로 그림자가 거꾸로 비치는 것을 비유한 것일 듯하다.

20) 光學家所謂約行線交聚處不見物 : 〈經 下〉 41-28-3 '景到' 注 참조.

43-21-1 **景**은

景(그림자)에 대해 설명한다.

句라

여기에서 句를 뗀다.

43-21-2 **日之光**이 **反燭人**이면

햇빛이 반사하여 사람을 비추면,

句라

여기에서 句를 뗀다.

43-21-3 **則景在日與人之間**이라

그림자가 해와 사람 사이에 있다.

張云 所謂二光夾一光이라하다 **劉云 此釋回光之理**하니 **如人依鑑立**에 **日射鑑上**이면 **若人與日之間有壁**하여 **其距鑑與日距鑑交角等**하면 **則人必成景於上**이라 **若其閒無壁**하면 **則回光線成景極長**하여 **而射於無量遠空界中**이라 **凡海與沙漠**에 **恒見樓臺人物之象**이 **卽此理**라 **然雖無量遠空界中**이나 **仍爲景在人與日之閒也**라 **詒讓案 日照於東**하면 **則人景在西**라 **今以西鑒之光**으로 **反燭人成景**하면 **則景又在東矣**라 **故云在日與人之閒**이라 **此釋經下景迎日 說在摶**이라 **摶**은 **疑轉之誤**라

張惠言 : 〈앞에서〉 말한 "두 빛이 한 빛을 끼고 있다."는 것이다.

劉嶽雲 : 이 대목은 빛이 되돌아오는 이치를 풀이하였다. 예컨대 사람이 거울을 등지고 서 있는데 해가 빛을 거울에 쏠 경우 만약 사람과 해 사이에 벽이 있어 그 벽과 거울의 거리와 해와 거울의 거리가 서로 같은 각도로 교차하면 사람은 반드시 벽에 그림자를 만들게 된다. 만약 사람과 해 사이에 벽이 없으면 거울이 반사하는 광선이 만드는 그림자는 지극히 길어서 한량없이 먼 공중으로 쏘아질 것이다. 무릇 바다와 사막에 늘 누대나 사람, 사물의 형상인 〈신기루가〉 보이는 것이 바로 이 이치이다. 그러나 한량없이 먼

공중이라 할지라도 여전히 그림자는 사람과 해 사이에 있는 것이다.

詒讓案 : 해가 동쪽에서 비치면 사람의 그림자는 서쪽에 있다. 그런데 서쪽에 있는 거울의 빛으로 사람을 반사하여 비추어 그림자를 만들면 그림자도 동쪽에 있게 되는 것이다. 그러므로 "해와 사람 사이에 있다."고 한 것이다. 이 대목은 〈經 下〉의 "景迎日 說在摶(그림자가 해를 맞이함은 轉(반사)으로 설명할 수 있다.)"을 풀이하였다. '摶'은 아마도 '轉'의 오자일 듯하다.

43-22-1 **景**이리

그림자에 대해 설명한다.

句라

여기에서 句를 뗀다.

43-22-2 **木柂**(이)하면

나무 기둥이 비스듬하면

柂는 迤(이)之假字니 詳經下라 道藏本作杝라 畢云 猶言木斜라하다 殷云 木은 卽謂立柱也라하다

'柂'는 '迤'의 가차자이니, 〈經 下〉에 상세히 보인다. 道藏本에는 '杝'로 되어 있다.

畢沅 : '木斜'라는 말과 같다.

殷家儁 : '木'은 곧 기둥을 세워 놓은 것을 말한다.

43-22-3 **景短大**하고

그림자가 짧고 크며,

斜近地라 故景短이요 陰景濃하여 光不內侵이라 故大라 殷云 木은 卽謂立柱也라 短은 淡也라 大는 光複多也라 淡者雖長이나 而視之如短하니 不淸故也라하다 案 殷說與文義相迕하니 不可從이라

〈기둥이〉 기울어져 있으면 땅과 거리가 가깝기 때문에 그림자가 짧고, 陰影이 짙어 빛이 그림자 안에 들어가지 못하기 때문에 그림자가 큰 것이다.

殷家儁 : '木'은 곧 기둥을 세워 놓은 것을 말한다. 짧다는 것은 옅다는 말이다. 크다는 것은 빛이 물체를 겹치는 것이 많다는 말이다. 그림자가 옅은 것은 비록 길지만 보기에는 짧은 것 같으니, 그림자가 분명하지 않기 때문이다.

案 : 은가준의 설은 이 글의 뜻과 서로 어긋나니, 따를 수 없다.

43-22-4 **木正**하면

나무 기둥이 바로 서 있으면

句라

여기에서 句를 뗀다.

43-22-5 **景長小**라

그림자가 길고 작다.

正遠地라 **故景長**이요 **光複映射**에 **景界不淸**이라 **故小**라 **殷云 正則長**하고 **近根則淸也**라 **小**는 **光複小也**라하니 **亦非是**라

〈나무 기둥이〉 바르게 서 있으면 땅과의 거리가 멀기 때문에 그림자가 길고, 빛이 기둥을 겹쳐서 어리어 비추면 그림자의 경계선이 분명하지 않기 때문에 작은 것이다. 殷家儁은 "기둥이 바르면 그림자가 길고 나무의 뿌리 부분에 가까우면 그림자가 분명하다. 그림자가 작은 것은 빛이 물체를 겹치는 부분이 작은 것이다."라 하였는데, 역시 옳지 않다.

43-22-6 (大)〔光〕**小於木**하면

빛이 나무보다 작으면

疑當作光小於木이라

아마도 '光小於木'이 되어야 할 듯하다.

43-22-7 **則景大於木**하니

그림자는 나무보다 커지니,

鄭復光云 光與物이 大小相等하면 其景雖遠이나 相等而無盡이요 物大光小하면 則景漸遠漸大而無量이라

鄭復光 : 빛과 물체의 크기가 서로 같으면 그 그림자는 비록 멀지라도 물체와 서로 같은 상태로 끝없이 펼쳐질 것이며, 물체는 크고 빛은 작으면 그림자는 점점 멀어질수록 점점 커져서 그 크기가 한량없을 것이다.

43-22-8 **非(獨)〔猶〕小也**라

나무보다 오히려 작은 것은 아니다.

獨은 疑當作猶니 言景不與木同이라 張云 承上言大小하니 非與景爲大小라 乃於木爲大小니 言景有時大於木하니 非獨小於木也라하니 亦通이라 畢云 已上은 以表[21]言이라하다

'獨'은 아마도 '猶'가 되어야 할 듯하다. 그림자와 나무의 크기가 같지 않다는 말이다. 張惠言은 "위 글을 이어 크고 작음을 말했으니, 그림자가 나무와 더불어 크고 작아지는 것이 아니라 나무보다 크기도 하고 작기도 한 것이다. 그림자가 때로는 나무보다 크기도 하니 나무보다 작기만 한 것은 아니라는 말이다."라 하였으니, 또한 뜻이 통한다.

畢沅 : 이상은 表를 가지고 말했다.

43-22-9 **(遠近臨正鑒)〔臨鑑立前〕**하면

거울 앞에 가까이 다가서면

疑當作臨鑑立前이니 經云 臨鑒而立이라

---

21) 表 : 고대의 천문학에서 해 그림자의 길이를 측정하기 위해 세우는 나무 막대이다. ≪漢書≫ 〈天文志〉에 "夏至에 해가 東井에 이르면 북극과 거리가 가깝다. 그러므로 해 그림자가 짧아지니, 8척 길이의 表를 세우는데 해 그림자의 길이는 1척 5촌 8분이다.〔夏至 日至東井 去極近 故晷短 立八尺之表 而晷長一尺五寸八分〕"라 하였다. 東井은 井宿(수)로 二十八宿 중에 南方 朱雀에 속한 별자리이다.

아마도 '臨鑑立前'이 되어야 할 듯하니, 經에 '臨鑒而立'이라 하였다.

43-22-10 景〔多〕寡와

그림자의 많고 적음.

疑當作景多寡니 屬下讀이라 張云 正臨鑑者는 景則寡하니 遠近皆然이라 寡는 亦小義라하다 案 張說未塙이라

아마도 '景多寡'가 되어야 할 듯하니, 아래 글과 이어 붙여 읽어야 한다.

張惠言 : 거울에 정면으로 다가설 경우에는 그림자는 작아지니, 거울과 거리가 멀거나 가깝거나 다 마찬가지이다. '寡'는 또한 작다는 뜻이다.

案 : 장혜언의 설은 확실하지 않다.

43-22-11 貌能(태)白黑과

모양과 흑백.

貌는 吳鈔本에 作皃라 張云 能은 態字라하다 案 張說是也라 備城門篇에 態作能(태)하니 此又能之省이라 劉云 此論因光見色之理也라

'貌'는 吳鈔本에는 '皃'로 되어 있다.

張惠言 : '能'은 '態'字이다.

案 : 장혜언의 설이 옳다. 〈備城門〉에 '態'가 '能'로 되어 있으니, 이 글자도 '能'의 略字이다. 劉嶽雲은 "이 대목은 빛을 통하여 色을 보는 이치를 논하였다."라 하였다.

43-22-12 遠近柂正이

거리와 기울기가

句라

여기에서 句를 뗀다.

43-22-13 異於光鑒이라

빛과 거울에서 달라진다.

此冡上多寡以下라 言光之所照與鑒之受光이 各因物而異라 張云 此言非獨長短大小라 卽貌態白黑도 亦遠近柂正하니 則光鑒各異라 案 張說未允이라 此釋經下景之小大 說在地䍚(정)遠近이라 地는 卽柂之誤라

이 대목은 위의 '多寡' 이하를 이어받았다. 빛이 비추는 바와 거울이 빛을 받는 것이 각각 물체에 따라 달라짐을 말한 것이다.

張惠言 : 이 대목은 그림자의 길고 짧음, 크고 작음뿐만 아니라 모양, 흑백도 멀기도 하고 가깝기도 하며 비뚤기도 하고 반듯하기도 하니, 이는 빛과 거울이 각각 다르기 때문이라는 것을 말하였다.

案 : 장혜언의 설은 온당하지 않다. 이 대목은 〈經 下〉의 "景之小大 說在地䍚遠近(그림자의 작고 큰은 사물의 기울거나 바름, 멀거나 가까움으로 설명할 수 있다.)"을 풀이하였다. '地'는 곧 '柂'의 오자이다.

43-23-1 景(當俱就)〔就當俱〕요

그림자는 거울에 가까이 갈수록 함께하고

疑當作景就當俱니 與下去當俱로 文正相對라 就는 謂漸近이라 線景不一이나 而同爲約行[22]也라

아마도 '景就當俱'가 되어야 할 듯하니, 아래 '去當俱'와 글이 정확히 서로 對句가 된다. '就'는 점점 가까이 간다는 말이다. 광선과 그림자는 하나가 아니지만 같이 수렴하여 간다.

43-23-2 去(尒(이))〔亦〕當俱니

거울에서 멀어져도 응당 함께하니,

去는 謂漸遠이라 線景不一이나 而同爲侈行[23]也라 畢云 尒는 疑亦字라

---

22) 約行 : 점점 수렴하여서 가는 것을 말한다. 〈經 下〉 41-28-3 注 참조.

'去'는 점점 멀어진다는 말이다. 광선과 그림자는 하나가 아니지만 같이 점점 넓게 퍼져서 간다.

畢沅 : '尒'는 아마도 '亦'자일 듯하다.

43-23-3 俱(用北)〔由比〕라

함께함의 뜻이 比와 같다.

疑當作由比니 言俱之義猶比也라

〈'用北'은〉 아마도 '由比'가 되어야 할 듯하니, 함께함의 뜻이 比와 같다는 말이다.

43-23-4 鑒者之(臭)〔具〕는

거울에 비친 것이 함께한다는 것은

張云 臭字는 未詳이라 義當作道字解라하고 殷云 臭之爲言은 蓄也라하다 案 張殷說竝不塙이라 臭는 疑竝當作具니 具與俱通이라 大取篇에 亦云 具同이라

張惠言 : '臭'字는 未詳이다. 뜻은 '道'자로 풀이해야 할 듯하다.

殷家儁 : '臭'란 말은 '蓄'의 뜻이다.

案 : 장혜언과 은가준의 설은 둘 다 확실하지 않다. '臭'는 아마도 다 '具'가 되어야 할 듯하니, '具'는 俱와 통용된다. 〈大取〉에도 "具同"이라 하였다.

43-23-5 於鑒無所不鑒하니 景之(臭)〔具〕無數로되 而必過正이라

거울에 비치지 않는 것이 없으니 그림자가 함께함은 무수히 많지만 반드시 正(交點)을 통과한다.

此言鑒者不一하니 則景亦無數로되 必過正하니 似謂光線必穿交點而過라 殷云 正則當限之內하니 體正而明也요 過正則影倒하여 而線侈行矣라하다 案 殷說亦通이라 劉云 言光線必正行也라하니 恐非라

23) 侈行 : 점점 넓게 펼쳐져서 가는 것을 말한다. 〈經 下〉 41-43-1 注 참조.

이 대목은 거울에 비친 것은 하나둘이 아니라 많고 보면 그림자도 무수히 많지만 반드시 正을 통과한다는 말이니, 광선이 반드시 交點을 통과한다는 말인 듯하다.

殷家儁 : 正(交點)은 거울의 중심 부분 안에 있으니 형체가 바르고 분명해진다. 正을 지나면 그림자가 거꾸로 뒤집히고 광선이 점점 넓게 퍼져서 간다.

案 : 은가준의 설도 뜻이 통한다. 劉嶽雲은 "광선이 반드시 바르게 간다는 말이다."라 하였으니, 아마도 옳지 않은 듯하다.

43-23-6 故로 同處면

따라서 〈그림자가〉 한 곳에 같이 있으면

張云 同一處라하다

張惠言 : 한 곳에 같이 있는 것이다.

43-23-7 其體俱라

그 物體도 함께 같이 있다.

經說上에 云 俱處於室 合同也라하다 張云 物體又同이라하다

〈經說 上〉에 '俱處於室 合同也(한 방에 함께 있는 것이 合同이다.)'라 하였다.

張惠言 : 물체도 같이 있는 것이다.

43-23-8 然이나 鑒分하니

그러나 거울이 비추는 것은 구분이 있으니,

謂中內外景이 遠近大小正易不同이라 張云 然而鑒有分이라하다

중간・안・밖의 그림자가 멀고 가까움, 크고 작음, 반듯하고 비뚤어짐이 같지 않다는 말이다.

張惠言 : 그러나 거울이 비추는 것은 구분이 있다.

43-23-9 鑒中之內는

거울의 중심 안에는

句라

여기에서 句를 뗀다.

43-23-10 鑒者近中하면

비추는 것이 중심과 가까우면

句라

여기에서 句를 뗀다.

43-23-11 則所鑒大하고

비치는 대상이 커지고

大上에 吳鈔本有者字라

'大' 위에 吳鈔本에는 '者'자가 있다.

43-23-12 景亦大요

그림자도 커지며

句라

여기에서 句를 뗀다.

43-23-13 遠中이면

중심과 멀면

句라

여기에서 句를 뗀다.

43-23-14 則所鑒小하고

비치는 대상이 작아지고

句라

여기에서 句를 뗀다.

43-23-15 景亦小로되

그림자도 작아지되

陳云 此謂突鏡也라 案 陳說近是라 凡突鏡은 邊容下而中高處하고 其面微平이라 故有內外界라 中之內는 謂平面之內也라 劉云 近中遠中은 指人距鏡中心言하니 據此면 仍當爲凹面鏡也라하니 亦通이라 殷云 中謂交於中線이라하니 恐非是라

陳澧 : 이는 볼록거울의 경우를 말한다.

案 : 진례의 설이 옳을 듯하다. 무릇 볼록거울은 가장자리 쪽은 낮고 중심은 높으며 그 표면은 조금 평평하다. 그러므로 안과 밖의 경계가 있는 것이다. '中之內(중심 안)'는 평면 안을 말한다. 劉嶽雲은 "중심과 가깝다느니 중심과 멀다느니 하는 것은 사람과 거울 중심과의 거리를 가리켜 말한 것이다. 이에 의거하면, 이 대목은 여전히 오목거울의 경우가 되어야 할 것이다."라 하였으니, 역시 뜻이 통한다. 殷家儁은 "'中'은 중심線에서 교차하는 곳을 말한다."라 하였으니, 아마도 옳지 않은 듯하다.

43-23-16 而必正이니

반드시 바르니,

張云 大小皆正不斜라하다

張惠言 : 〈그림자가〉 크건 작건 다 바르고 기울어지지 않는다.

43-23-17 起於中하여 緣正而長其直也라

〈그림자가〉 중심에서 생겨나 交點을 따라서 그 곧은 광선을 길게 뻗는다.

謂中之內는 其景必起於中心하여 緣其正而外射하여 爲長直線也라 張云 所以正者는 由其景起於中이라 景緣鑒之正而長하여 與人相直故也라 案 張訓直爲參直之義는 恐非라 楊云 長은 進也라 直者는 準直이니 謂光線也라 謂遠物象이 起於前限하여 緣正影透鏡而進하여 其光線交合於後限[24]하니 所謂斂行者是也라 案 楊訓長爲進은 尤誤요 所說光理도 亦未必與此合이라 姑存以備攷하노라

거울의 중심 안에서는 그림자가 반드시 중심에서 생겨나 그 교점을 따라 밖으로 射出하여 길고 곧은 線이 된다는 말이다.

張惠言 : 그림자가 바른 까닭은 그 그림자가 중심에서 생겨나 그림자가 거울의 교점을 따라서 길어져 사람의 형체와 서로 직각을 이루기 때문이다.

案 : 장혜언이 '直'의 字訓을 '參直(직각을 이룸)'의 뜻으로 본 것은 옳지 않은 듯하다.

楊葆彝 : '長'은 나아간다는 뜻이다. '直'이란 것은 반듯한 직선이니, 광선을 말한다. 먼 물건의 형상이 앞에 있는 前限에서 생겨나 교점을 따라 그림자가 거울을 투과하여 나아가서 그 광선이 後限에서 서로 만나니, 이른바 수렴하여 간다는 것이 이 뜻이다.

案 : 양보이가 '長'의 字訓을 '進'이라 한 것은 더욱 잘못 보았고, 설명한 빛의 원리도 이 대목과 꼭 맞지는 않다. 우선 수록해 두어 후일의 고찰에 대비한다.

43-23-18 中之外도

중심의 밖도

謂突鏡平面之外의 近邊低仄處라

볼록거울의 평면 밖 近邊의 낮고 비스듬한 곳을 말한다.

24) 謂遠物象……其光線交合於後限 : 미상이다. 前限은 앞에 있는 거울의 사물이 비치는 부분을 말하고 後限은 뒤에 있는 거울의 사물이 비치는 부분을 말하는 듯하다. 형상이 앞의 거울에 비치고 그 빛이 반사하여 뒤의 거울에 비치는 과정을 설명한 것으로 추측된다.

43-23-19 **鑒者近中**이면

비추는 것이 중심에 가까우면

張云 雖中之外라도 **亦以中爲節**이라

張惠言 : 비록 중심 밖일지라도 중심으로 기준을 삼는 것이다.

43-23-20 **則所鑒大**하고

비치는 대상이 커지고

句라

여기에서 句를 뗀다.

43-23-21 **景亦大**요

그림자도 커지며

句라

여기에서 句를 뗀다.

43-23-22 **遠中**이면

중심에서 멀어지면

句라

여기에서 句를 뗀다.

43-23-23 **則所鑒小**하고

비치는 대상이 작아지고

句라

여기에서 句를 뗀다.

43-23-24 景亦小로되

그림자도 작아지되

景亦近大遠小가 與中之內同이라

그림자도 〈거울의 중심과〉 가까우면 크게 되고 멀면 작게 되는 것이 거울의 중심 안과 같다.

43-23-25 而必易이나

반드시 비스듬하게 되지만

鏡側邪하여 面旣不平이면 則光線邪射에 其景亦易하니 易은 卽邪也라 張云 大小皆斜不正이라하고 楊云 易은 變也니 正之反也라하다 案 楊說非是라

거울이 비스듬하게 기울어져 표면이 평평하지 않으면 광선도 비스듬하게 반사하여 그림자도 비스듬하게 되는 것이다. '易'은 비스듬하다는 뜻이다.

張惠言 : 〈그림자가〉 크건 작건 다 기울어져 바르지 않은 것이다.

楊葆彝 : '易'은 變한다는 뜻이니, '正'의 반대말이다.

案 : 양보이의 설은 옳지 않다.

43-23-26 合於中而長其直也라

중심에서 만나 그 곧은 〈광선을〉 길게 뻗는다.

舊本은 合於下에 無中字라 王引之云 於下에 蓋脫中字라 上文에 云 必正 起於中緣正而長其直也라하니 此亦當云 易合於中이라하다 案 王校是也라 今據補하노라 楊校增中緣易三字하니 亦近是라 此謂突鏡當中之外에 其景雖邪나 而仍與中相應하여 緣其邪而旁射爲長直線也라 張云 而長은 所長也라 中之外는 得景必斜나 然合於正之長者也니 亦以直對故也라 案 張說未塙이라 殷云 凡以一凸(철)窺物收光하면 限內之影은 爲正象이요

限外之影은 爲變象이니 卽此라 至以又一凸窺前凸象하면 兩限相入者는 兩凸限內之影同하고 兩限相切與相離者는 兩凸限內之影異하니 其理亦猶是也라 楊云 謂斂行線合於後限하여 緣變影直進하여 而散其光線하여 淺至於無窮하니 所謂修行者是也라하다 案殷楊說略同이요 所釋光理가 於此亦未必合이라 姑存以備考하노라 此釋經下鑑位 景一小而易 一大而缶(정) 說在中之外內라 經此後有鑑團景一一條로되 無說이라 又此二條竝在前不堅白 說在 無久與宇 說在因之前하니 與說로 敍次亦不合하니 竝傳寫之誤라

舊本에 '合於' 아래에 '中'자가 없었다.

王引之 : '於' 아래에 아마도 '中'자가 빠졌을 듯하다. 위 글에서 "반드시 바르니, 〈그림자가〉 중심에서 생겨나 交點을 따라서 그 곧은 〈광선을〉 길게 뻗는다."라고 하였으니, 이 대목에서도 응당 "비스듬하게 되지만 중심에서 만난다."라 해야 할 것이다.

案 : 왕인지의 교감이 옳다. 지금 이에 의거하여 보충한다. 楊葆彝의 교감에서 '中'·'緣'·'易' 세 글자를 增補한 것도 옳은 듯하다. 이 대목은 볼록거울 중심 바깥쪽은 그림자가 비록 비스듬하지만 그대로 중심과 相應하여 그 비스듬한 그림자를 따라서 사방으로 광선을 射出하여 곧은 광선을 길게 뻗는다는 것을 말하였다.

張惠言 : '而長'은 '所長'이다. 〈볼록거울의〉 중심 바깥쪽은 그림자가 반드시 비스듬하게 되지만 교점에서 만나 길어진 것이니, 또한 〈중심과〉 곧게 對應하기 때문이다.

案 : 장혜언의 설은 확실하지 않다.

殷家儁 : 무릇 볼록거울로 물체를 보아서 광선을 받으면 중심의 한계 안에 비친 그림자는 바른 형상이 되고 중심의 한계 밖에 비친 그림자는 변한 형상이 되니, 바로 이 대목과 같은 경우이다. 그리고 또 다른 볼록거울 하나로 앞의 볼록거울을 보면, 두 볼록거울의 중심 부분이 서로 딱 맞게 비치는 경우는 두 볼록거울 중심 부분 안의 그림자가 같고, 두 볼록거울의 중심 부분이 서로 가까운 경우와 서로 먼 경우에는 중심 부분 안의 그림자가 다르니, 그 이치가 역시 이 대목과 같다.

楊葆彝 : 광선을 수렴하여 後限에서 모여 변한 그림자를 따라 곧게 나아가 그 광선을 분산하여 그림자가 옅어져서 무궁한 데 이른다는 말이니, 앞에서 말한 "점점 넓게 퍼져서 간다."는 것이 이와 같은 경우이다.

案 : 殷家儁과 楊葆彝의 설은 대략 같고, 풀이한 빛의 원리는 이 대목과 꼭 맞지는 않다. 우선 수록해 두어 후일의 고찰에 대비한다. 이 대목은 〈經 下〉의 "鑑位 景一小而易

一大而𠃵 說在中之外內(거울 앞에 설 때 像이 하나는 작으면서 비스듬하게 있고 하나는 크면서 반듯하게 있으니, 〈오목면의〉 초점의 밖이냐 안이냐로 설명할 수 있다.)"를 풀이하였다. 經에는 이 대목 뒤에 '鑑團景一' 한 대목이 있는데 이에 대한 經說은 없으며, 게다가 이 두 조목은 다 앞의 "不堅白說在 無久與宇 說在因(不堅白은 (……)로 설명할 수 있다. 久(시간) 없이 宇(공간)를 함께함은 堅(단단함)과 白(흼)의 관계와 같으니 因依(의존)로 설명할 수 있다.)" 앞에 있으니, 경설과는 또한 次序가 맞지 않다. 모두 傳寫 과정에서 생긴 오류이다.

43-24-1 鑒은 鑒者近하면 則所鑒大하고 景亦大하며

거울은 비추는 것이 가까우면 비치는 것이 크고 그림자도 크며

劉云 近遠은 指人距鑑面言이라

劉嶽雲 : 가깝다, 멀다고 하는 것은 사람과 거울의 거리를 가리켜 말한 것이다.

43-24-2 亓(기)遠이면

멀면

亓는 舊本에 作亦이라 張云 衍이라하다 王引之云 亦遠은 當作亓遠이라 亓는 古其字니 與亦相似요 又因上下文亦字而誤라하다 案 王校是也라 今據正하노라 此對上文鑒者近言之라

'亓'는 舊本에는 '亦'으로 되어 있다.

張惠言 : 衍字이다.

王引之 : '亦遠'은 응당 '亓遠'이 되어야 한다. '亓'는 '其'의 古字로, '亦'과 모양이 비슷하고 게다가 위 글의 '亦'자로 인하여 오류가 생긴 것이다.

案 : 왕인지의 교감이 옳다. 지금 이에 의거하여 바로잡는다. 이 대목은 위 글 '鑒者近'을 상대하여 말한 것이다.

43-24-3 所鑒小하고 景亦小하되 而必正이니

비치는 것이 작아지고 그림자도 작아지되 반드시 바로 서 있으니,

卽發光點與受光處가 距遠景小하며 距近景大之義니 詳經下라

곧 빛을 발사하는 지점과 빛을 받는 곳의 거리가 멀면 그림자가 작아지고 거리가 가까우면 그림자가 커진다는 뜻이니, 〈經 下〉에 상세히 보인다.

43-24-4 景過正일새니라

그림자가 正(交點)을 통과하기 때문이다.

以上은 與上文略同이라 張以下故字로 屬此讀하니 亦通이라 此釋經下天而必正 說在得이라 天은 卽大之誤라 畢云 已上은 以鏡言이라

이상은 위 글과 대략 같다. 張惠言은 아래 '故'자를 이 대목에 이어 붙여서 읽었으니, 또한 뜻이 통한다. 이 대목은 〈經 下〉의 "天而必正 說在得(크면서 반드시 바로 서 있으니 得으로 설명할 수 있다."를 풀이하였다. '天'은 '大'의 오자이다.

畢沅 : 已上은 거울을 가지고 말하였다.

43-25-1 故招(교)負衡木하여

그러므로 곧은 나무 위에 橫木을 걸쳐놓고서

張云 招는 直木也니 親士篇에 曰 招木近伐이라하다 案 張說未塙이라 招는 當爲橋니 聲近字通이라 親士篇招木도 亦當爲喬木이라 曲禮에 云 奉席如橋衡이라한대 鄭注에 云 橋는 井上㮳槔(결고)[25]니 衡上低昂이라하고 孔疏에 云 衡은 橫也라하다 說苑文質篇에 云 爲機 重其前輕其後하니 命曰橋라하고 莊子天地篇에 云 鑿木爲機에 後重前輕하니 其名爲槔라한대 釋文에 云 槔本又作橋라하다 吳越春秋句踐陰謀外傳에 作頡橋하다 淮南子主術訓에 云 今夫橋는 直植(치)立而不動에 俛(부)仰取制焉이라하니 彼以橋爲直하니 明與衡橫別이라 高注에 云 橋는 桔皐上衡也니 植柱權衡者라하다 高幷橋與衡爲一하니 非라

---

25) 㮳槔(결고) : 나무의 한쪽 끝에는 두레박을 매달고, 한쪽 끝에는 추를 매달아서 물을 푸게 만든 기계이다. 桔皐와 같은 말이다.

張惠言 : '招'는 곧은 나무이니, 〈親士〉에 "招木近伐(곧은 나무가 먼저 베어진다.)"이라 하였다.

案 : 장혜언의 설은 확실하지 않다. '招'는 응당 '橋'가 되어야 하니, 두 글자는 聲音이 서로 비슷하고 글자가 통용된다. 〈親士〉의 '招木'도 응당 '喬木'이 되어야 한다. ≪禮記≫ 〈曲禮〉에 "어른을 위하여 자리를 받들 때에는 다리처럼 높고 저울대처럼 평평하게 한다.〔奉席如橋衡〕"라 하였는데, 鄭玄의 注에 "'橋'는 우물 위에 있는 桔槔이니 衡 위에서 오르내린다."라고 하였고, 孔穎達의 疏에 "'衡'은 橫木이다."라 하였다. ≪說苑≫ 〈文質〉에 "그 기계는 앞부분을 무겁게 하고 뒷부분을 가볍게 하고서 '橋'라 命名하였다."라 하였고, ≪莊子≫ 〈天地〉에는 "나무를 깎아서 기계를 만들되 뒷부분은 무겁고 앞부분은 가벼우니, 그 이름이 '槹'이다."라 하였는데, ≪經典釋文≫에 "'槹'는 본래 '橋'로 되어 있는 곳도 있다."라 하였다. ≪吳越春秋≫ 〈句踐陰謀外傳〉에는 '頡橋'로 되어 있다. ≪淮南子≫ 〈主術訓〉에 "지금 저 '橋(기둥)'는 곧게 서서 움직이지 않는데, 〈두레박줄이〉 오르내리는 것이 橋에 의해 制御된다."라 하였으니, 저 ≪회남자≫에서는 '橋'를 곧다고 하였다. 따라서 가로로 걸쳐진 '衡'과는 분명히 다르다. 高誘의 注에 "'橋'는 桔皐 위에 걸친 橫木이니, 기둥을 세우고 그 위에 저울대처럼 나무를 가로로 걸친 것이다."라 하였다. 고유는 '橋'와 '衡'을 아울러 하나로 보았으니, 옳지 않다.

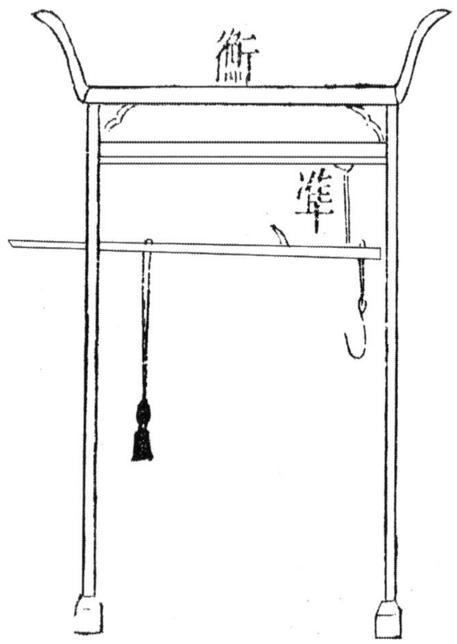

衡

43-25-2 加重焉이라도

무게를 가해도

畢云 加는 舊作如어늘 以意改라

畢沅 : '加'는 舊本에는 '如'로 되어 있는데, 뜻으로 판단하여 고쳤다.

43-25-3 **而不撓**는

휘어지지 않는 것은

言平而不偏撓라

평형을 이루어 한 쪽으로 휘지 않는다는 말이다.

43-25-4 **極勝重也**일새니라

橫木이 무게를 이기기 때문이다.

畢云 極은 謂權也라하고 張云 勝重之至라하다 案 古書無訓極爲權者하니 畢說不足據요 張訓極爲至도 亦非라 極은 當卽上文之衡木이니 說文木部에 云 極은 棟也라하니 屋棟爲橫木이라 引申之하여 凡橫木을 謂之極이라 漢書枚乘傳에 云 單極之綆(경)이 斷幹(한)이라한대 顔注에 引孟康云 西方人은 名屋梁爲極이라 單은 一也니 一梁은 謂井鹿盧也라 言鹿盧爲綆索久鍥하여 斷井幹也라하다 枚云單極은 與此極正同하니 謂桔皐上之一衡木也라 汲綆繫於其上이라 故久鍥而斷井幹이라 孟說以爲井鹿盧는 未塙이나 而以屋梁況極은 則不誤라 極勝重者는 言加重於一偏而不撓者는 因衡木前重能勝之也라

畢沅 : '極'은 〈桿槹의〉 추를 말한다.

張惠言 : 얹히는 무게를 지극하게 이기는 것이다.

案 : 古書에 '極'의 字訓을 '權'이라 한 경우는 없으니, 필원의 설은 근거하기에 부족하다. 장혜언이 '極'의 자훈을 '至'로 본 것도 옳지 않다. '極'은 응당 위 글에 보이는 '衡木'이니, ≪說文解字≫ 木部에 "'極'은 '棟(용마루)'이다."라 하였으니, 지붕의 대들보가 橫木이다. 이 字義를 넓혀서 무릇 橫木을 다 '極'이라 하는 것이다. ≪漢書≫ 〈枚乘傳〉에 "單極의 두레박줄이 우물의 나무 난간을 끊는다.〔單極之綆 斷幹〕"라 하였는데, 顔師古의 注에서 孟康의 설을 인용하여 "서방 사람들은 지붕의 용마루를 '極'이라 한다. '單'은 '一'이니, '一梁'은 우물의 鹿盧(도르래)이다. 녹로에 걸쳐진 두레박을 매단 밧줄에 의해 오래 스치면서 썰려져서 우물의 나무 난간이 끊어진다는 말이다."라 하였다. 枚乘이 말한 '單極'은 바로 이 '極'과 같으니, 桔皐에 걸쳐친 하나의 횡목으로, 물을 푸는 두레박줄이 그 위에 매어져 있다. 그러므로 줄이 오래 스치면서 썰어서 우물의 나무 난간을 끊게 되는 것이다.

맹강의 설에서 '우물의 녹로'라 한 것은 확실하지 않으나 지붕의 용마루로 '極'을 비유한 것은 틀리지 않다. 횡목이 무게를 이긴다는 것은, 한쪽에 치우치게 무게를 가했는데도 나무가 휘지 않는 것은 횡목의 앞부분이 무거워서 그 무게를 이기기 때문이라는 말이다.

43-25-5 (右)(校)〔權〕交繩하면

추를 묶은 줄이 다른 줄에 걸려 있으면

張云 徐鍇說文繫傳曰 校는 連木也라하니 交繩連木이라 右는 未詳이라 或者校爲急疾이라 考工記에 云 釋之則不校라하니 謂以右手校繩而急之라 案 張說未塙이라 校는 疑權之譌니 艸書相近이라 交繩은 疑謂繫權之繩이 與他繩相交絓(괘)라

張惠言 : 徐鍇의 ≪說文繫傳≫에 "'校'는 나무를 연결한 것이다."라 하였으니, 줄을 교차하여 묶어 나무를 연결한 것이다. '右'는 未詳이다. 혹 '校'에는 급하고 빠르다는 뜻이 있으니, ≪周禮≫ 〈考工記〉에 "풀어놓으면 급박하지 않다.〔釋之則不校〕"라 하였으니, 오른손으로 줄을 급하게 당기는 것을 말한다.

案 : 장혜언의 설은 확실하지 않다. '校'는 아마도 '權'의 오자일 듯하니, 초서로 쓰면 서로 비슷하다. '交繩'은 아마도 추를 매단 줄이 다른 줄에 걸려 있는 것을 말하는 듯하다.

43-25-6 無加焉而撓는 極不勝重也라 衡은 加重於其一旁이면

무게를 가하지 않아도 휘어지는 것은 횡목이 무게를 이기지 못하기 때문이다. 저울처럼 평형을 이룬 상태에서 한 쪽에 무게를 가하면

句라

여기에서 句를 뗀다.

43-25-7 必捶라

반드시 아래로 내려가게 마련이다.

畢云 此는 錘字假音이라 陸德明考工記音義에 云 直僞反이요 劉直危反이라하다 張云 衡은

稱也요 **捶**는 **偏下也**라하다

畢沅 : 이 '捶'는 '錘'자의 假音字이다. 陸德明의 ≪經典釋文≫ 〈考工記音義〉에 "直과 僞의 반절이고, 劉와 直과 危의 반절이다."라 하였다.

張惠言 : '衡'은 저울이고, '捶'는 한쪽으로 내려가는 것이다.

43-25-8 **權重相若也**에 **相衡則本短標長**[26)]이라

추의 무게가 〈두레박에 담긴 물의 무게와〉 서로 같은 경우에 서로 평형을 이루면 〈橫木의〉 뿌리 쪽은 짧고 가지 끝 쪽은 부분은 길다.

畢云 標는 **猶杪末也**라하고 **楊云 管子**에 **大本而小標**라한대 **廣雅釋詁**에 **標**는 **末也**라하다

畢沅 : '標'는 枝末(가지 끝)과 같다.

楊葆彝 : ≪管子≫에 "근본은 크게 하고 枝末은 작게 한다.〔大本而小標〕"라 하였는데, ≪廣雅≫ 〈釋詁〉에 "標는 末이다."라 하였다.

43-25-9 **兩加焉**하여 **重相若**엔

양쪽에 무게를 가하여 무게가 서로 같을 경우에는

句라

여기에서 句를 뗀다.

43-25-10 **則標必下**라

가지 끝 쪽이 반드시 아래로 내려가므로

此는 **卽下文長重者下之義**라 **張云 使兩頭各加重**하면 **雖相若**이라도 **而標必下**라

이는 곧 아래 글에서 "길고 무거운 쪽이 아래로 내려간다."라 한 뜻이다.

---

26) 本短標長 : 나무는 모두 뿌리 쪽이 굵고 가지 끝 쪽으로 갈수록 가늘어진다. 이런 나무 하나를 잘라서 桔皐에 걸치는 橫木으로 쓰는 것이다.

張惠言 : 〈횡목의〉 양쪽에 각각 무게를 가하면 비록 무게가 같더라도 가지 끝 쪽이 반드시 아래로 내려간다.

43-25-11 **標得權也**라

가지 끝 쪽에 추를 매단다.

張云 以其長故得權也라하다 詒讓案 謂標長故偏得其權之重이라 此釋經下貞而不撓說在勝이라 貞卽負之誤라

張惠言 : 가지 끝 쪽이 길기 때문에 추를 매달수 있는 것이다.

詒讓案 : 가지 끝 쪽이 길기 때문에 이 쪽에만 무게가 있는 추를 매달 수 있는 것이다. 이 대목은 〈經 下〉의 '貞而不撓 說在勝(무게를 얹고도 구부러지지 않으니 勝(견딤)으로 설명할 수 있다.)'을 풀이하였다. '貞'은 '負'의 오자이다.

43-26-1 **挈**(설)은 **有力也**요

끌어올릴 때는 힘이 있고

說文手部에 云 挈은 縣持也라하니 提挈也라 張云 挈은 自上挈之라하다

≪說文解字≫ 手部에 "'挈'은 매달아 잡고 있는 것이다."라 하였으니, 잡아당기는 것이다.

張惠言 : '挈'은 위에서 잡아당기는 것이다.

43-26-2 **引**은 **無力也**라

당겨 내릴 때는 힘이 없다.

張云 : 引은 自下引之라

張惠言 : '引'은 아래에서 당기는 것이다.

43-26-3 **不正**은

〈줄이〉 바르지 않게 되는 것은

畢云 舊作心이러니 以意改라하다

畢沅 : 舊本에는 〈'正'이〉 '心'으로 되어 있는데, 뜻으로 판단하여 고쳤다.

43-26-4 所挈之(止)〔正〕於(施)〔榹(이)〕也라

줄을 당기는 것이 바르냐 비스듬하냐의 차이에 달렸다.

疑當作正於榹也라 於는 猶如也니 如는 猶與也라 見王引之經傳釋詞라 施與迤(이)榹는 竝同하니 謂邪也라 詳經下라 正於榹는 猶言正與邪也라

〈'止於施也'는〉 아마도 '正於榹也'가 되어야 할 듯하다. '於'는 '如'와 같으니, '如'는 '與'와 같다. 王引之의 ≪經傳釋詞≫에 보인다. '施'는 '迤'·'榹'와 같으니, 비스듬하다는 말이다. 〈經 下〉에 상세히 보인다. '正於榹'는 '正與邪'란 말과 같다.

43-26-5 繩制挈之也는 若以錐刺之라

줄을 잡아당기는 것은 마치 송곳으로 찌르는 것과 같은 모양이다.

疑儗繩直之形이라

아마도 줄이 곧은 모양을 비유한 듯하다.

43-26-6 挈은

끌어올릴 경우

謂上挈之라 此與下云收로 竝述經而釋之[27]라

위로 끌어올리는 것을 말한다. 이 '挈'과 아래에 말하는 '收'는 다 經의 글을 그대로 옮겨 기술하고 풀이하였다.

---

27) 此與下云收 竝述經而釋之 : 經의 글은 〈經 下〉 41-53-1을 말한다.

43-26-7 長重者下하고

길고 무거운 쪽이 내려가고

句라

여기에서 句를 뗀다.

43-26-8 短輕者上하니

짧고 가벼운 쪽이 올라가니

張云 挈은 衡上之繩이니 所以挈衡者라 過長하면 則重者將下하고 過短하면 則輕者將上이라 此上下는 謂衡低昂이라

張惠言 : '挈'은 橫木 위에 묶은 줄이니, 횡목을 끌어올리는 것이다. 이 줄이 너무 길면 무거운 쪽이 내려가고, 너무 짧으면 가벼운 쪽이 올라간다. 여기서 올라가고 내려가는 것은 횡목의 양쪽 끝이 오르락내리락 하는 것을 말한다.

43-26-9 上者愈得하면

위로 올라가는 것이 힘이 증가하면

句라

여기에서 句를 뗀다.

43-26-10 下(下)者愈亡이라

아래로 내려가는 것은 힘이 더욱 없어진다.

張云 次下는 衍이라 上은 衡也라 上得은 物重也라 下는 權也요 下亡은 權失重也라 挈長短之弊라 案 張說是也니 謂上昂之力愈增하면 則下低之力愈失이라

張惠言 : '下下'의 두 번째 '下'는 衍字이다. 위로 올라가는 것은 횡목이다. '위로 올라가는 것이 힘이 증가한다.'는 것은 끌어올리는 물건이 무겁기 때문이다. 아래로 내려가는

것은 추이다. '내려가는 것은 힘이 더욱 없어진다.'는 것은 추가 무게를 잃는 것이다. 끌어올리는 줄이 길고 짧은 데 따른 문제점이다.

案 : 장혜언의 설이 옳다. 위로 올라가는 힘이 증가할수록 아래로 내려가는 힘은 더욱 없어지게 되는 것이다.

43-26-11 **繩直權重相若**하면

줄이 곧고 길이가 추의 무게와 맞으면

句라

여기에서 句를 뗀다.

43-26-12 **則正矣**라

줄이 바르게 된다.

畢云 正은 舊作心이러니 以意改라 張云 當其權하여 不長不短이라하다

畢沅 : '正'은 구본에는 '心'으로 되어 있었는데, 뜻으로 판단하여 고쳤다.

張惠言 : 〈줄이〉 추에 맞아서 길지도 않고 짧지도 않은 것이다.

43-26-13 **收**는

아래로 당기는 것은

張惠言 收는 權之繩也라하다 詒讓案 廣雅釋詁에 云 收는 取也라하니 謂下引之라

張惠言 : '收'는 추를 매단 줄이다.

詒讓案 : ≪廣雅≫ 〈釋詁〉에 "'收'는 取하는 것이다."라 하였으니, 아래로 당기는 것이다.

43-26-14 **上者愈喪**에 **下者愈得**하고

올라가는 것이 무게를 잃을수록 내려가는 것은 무게를 얻고,

張云 物輕則衡失其重이 是爲上喪이요 權之勢가 將得其重이 是爲下得이라

張惠言 : 끌어올리는 물건이 가벼우면 횡목의 물건을 실은 쪽이 무게를 잃으니 이것이 '올라가는 것이 무게를 잃는 것'이고, 추의 형세가 무게를 얻는 것이 '내려가는 쪽이 무게를 얻는 것'이다.

43-26-15 上者權重盡하면 則遂挈이라

올라가는 것은 추의 무게가 다하면 끌어올리던 물건을 떨어뜨린다.

張云 上者權重盡은 謂全無物이라 遂挈者는 權將內遂하여 著挈乃止라하다 案 張說未塙이라 此謂下收之有力이라 遂는 隊(추)通하니 見法儀篇이라 蓋謂權重盡하면 則標仰하여 隊其所挈이라 畢云 已上은 以權衡言이라 鄒伯奇云 此一段은 升重法也라하니 依張楊說컨대 此釋經下契與枝板 說在薄이라하다 案 當作挈與收 說在權이라

張惠言 : '上者權重盡'은 전혀 〈끌어올리는〉 물건이 없음을 말한다. '遂挈'이란 것은 추가 장차 안으로 떨어지려고 하여 힘을 써서 끌어올려야 정지하는 것이다.

案 : 장혜언의 설은 확실하지 않다. 이 대목은 "아래로 당길 때는 힘이 있다.〔下收之有力〕"는 것을 말한다. '遂'는 '隊'와 통용되니, 〈法儀〉에 보인다. 대개 추의 무게가 다하면 횡목의 가지 끝 쪽이 치켜 올라가 끌어올리던 물건을 떨어뜨리는 것이다. 畢沅은 "이상은 저울추와 저울대(횡목)를 가지고 말하였다."라 하였고, 鄒伯奇는 "이 한 단락은 升重法(무거운 물건을 들어올리는 법)을 말하였다."라 하였다. 장혜언과 楊葆彝의 설에 의거하면, 이 대목은 〈經 下〉의 "契與枝板 說在薄(끌어올리는 것과 당겨내리는 것은 상반되니, 薄(權, 저울)으로 설명할 수 있다.)"을 풀이하였다. 살펴보건대, '契與枝 說在薄'는 응당 '挈與收 說在權'이 되어야 한다.

43-27-1 兩輪〔爲〕高하고

두 수레바퀴는 높고

當云爲高라

응당 '爲高'라 해야 한다.

43-27-2 **兩輪爲輲**(천)은

두 수레바퀴는 낮은 것은

四輪高卑不同이라 **故車成梯形也**라 **畢云 雜記云 載以輲車**라한대 **鄭注云 輲**은 **讀爲輇**이니 **或作輇**이라하고 **說文云 輇**은 **蕃車下庳輪也**라하고 **又鄭注旣夕記**에 **云 許叔重說有輻口輪**이요 **無輻口輇**이라하나 **張云 輪高而輇卑**라하나

수레의 네 바퀴의 높낮이가 같지 않기 때문에 수레가 사다리 모양을 이루는 것이다.

畢沅 : ≪禮記≫ 〈雜記〉에 "輲車로 짐을 싣는다.〔載以輲車〕"라 했는데, 鄭玄의 注에 "'輲'은 '輇'으로 읽으니, 어떤 本에는 '輇'으로 되어 있다."라 하였고, ≪說文解字≫에 "輇은 蕃車의 아래쪽에 있는 낮은 바퀴이다."라 하였다. 또 ≪儀禮≫ 〈旣夕記〉의 鄭玄 注에 "許叔重(許愼)이 말하기를 '바큇살이 있는 것을 輪이라 하고 바큇살이 없는 것을 輇이라 한다.'라 였다."라 하였다.

張惠言 : 輪은 높고 輇은 낮다.

43-27-3 **車梯也**라

車梯(수레 사다리)이다.

古乘載車皆兩輪而平이라 **此四輪而前高後低**하니 **是爲車梯**라 **依下文**컨대 **蓋假爲斜面升重之用**이라 **據史記集解引服虔說**에 **以軒車爲雲梯**컨댄 **則人升高**에 **或亦用之矣**라

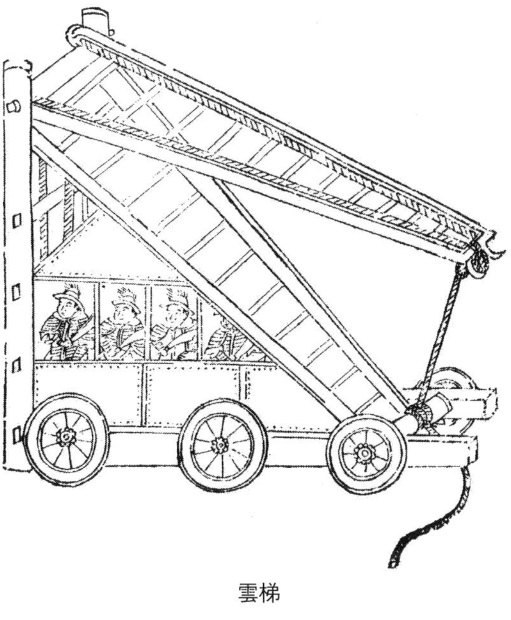
雲梯

옛날에는 사람이 타는 수레와 짐을 싣는 수레 모두 두 바퀴이고 두 바퀴의 높이가 같았다. 이것은 네 바퀴인데 앞쪽 두 바퀴는 높고 뒤쪽 두 바퀴

는 낮으니, 이것이 車梯이다. 아래 글에 의거하면 이를 빌어 傾斜面에 무거운 물건을 들어 올리는 데 썼던 것 같다. ≪史記集解≫에서 服虔의 설을 인용하여 軒車를 梯라 한 것에 의거하면, 사람이 높은 곳에 오르는 데도 사용했던 듯하다.

43-27-4 **重其前**하고

그 앞쪽을 무겁게 해놓고

縣重於前이니 蓋以助升重之力이라 其一端繫於所升之物하니 所以挈之也라

앞쪽에 무거운 추를 매다니, 무거운 물건을 드는 힘을 돕기 위한 것이다. 그 반대쪽 끝을 들어 올릴 물건에 묶으니, 물건을 들어올리기 위한 것이다.

43-27-5 **(弦)〔引〕其前**이라

그 앞쪽을 당긴다.

畢云 弦은 直也라하다 案 畢說은 難通이라 弦은 疑當作引이니 隷書에 弦引形近이라 隷釋[28)]漢陳球碑에 引作弖하고 廣韻十六軫에 云 引은 弘同이라하니 竝其證이라 既縣重하고 更於車前에 別以繩引之하니 欲使所升之重物로 自斜面漸進而上也라 或云 當作引其後라하니 文義較遜이라

畢沅 : '弦'은 곧다는 뜻이다.

案 : 필원의 설은 뜻이 통하기 어렵다. '弦'은 아마도 '引'이 되어야 할 듯하니, 隷書로 '弦'과 '引'은 모양이 비슷하다. ≪隷釋≫ 〈漢陳球碑〉에 '引'이 '弖'으로 되어 있고, ≪廣韻≫ 〈十六軫〉에 "'引'은 '弘'과 같다."라 하였으니, 모두 그 증거이다. 이미 무거운 것을 매달아 놓고 다시 수레 앞쪽에 따로 줄로 묶어서 끄니, 들어 올릴 무거운 물건을 경사면을 따라 점차 위로 올라가게 하고자 하는 것이다. 혹자는 "응당 '引其後'가 되어야 한다."라 하니, 글 뜻으로 보아 앞의 설보다 비교적 못하다.

---

28) 隷釋 : 宋代 洪适이 碑帖을 고증하여 편찬한 책으로 총 27편이다. 漢代와 魏晉 시기의 석각 17종을 수록하였다. 隷書 석각 문자를 楷書로 쓰고 異體字와 假借字를 고증하였다. 현전하는 석각자료 집록 중 最古의 저작으로 알려져 있다.

43-27-6 **載(弦)〔引〕其前**하고

이에 그 앞쪽을 당기고

此申言之어나 **或涉上下文而衍**이라

이 대목은 거듭 말하였거나 위 아래 글과 연관하여 衍文이 생긴 듯하다.

43-27-7 **載(弦)〔引〕其軲**하되

이에 그 수레를 당기되

弦은 **亦當作引**이라 **下云 繩之引軲**에 **可證**이라 **畢云 玉篇云 軲**는 **古胡切**이라하고 **廣雅云 軲**는 **車也**니 **曹憲**[29]**音枯**요 **又音姑**라하다 **案 軲轂**은 **音相近**하니 **疑轂字異文**이라하다 **案 畢說未塙**이라 **軲**는 **以字形校之**컨대 **頗與軸相近**하고 **而以聲類求之**면 **則疑當爲前胡之假字**라 **周禮大行人**에 **侯伯**은 **立當前侯**라한대 **注**에 **鄭司農云 前侯**는 **駟馬車轅前胡下垂拄地者**가 **是也**라 **胡在車前**하니 **與此上文正合**이라 **義爲長也**라 **此與下句亦申言重其前引其前之義**라

'弦'은 역시 '引'이 되어야 하니, 아래 '繩之引軲'에서 證驗할 수 있다.

畢沅 : ≪玉篇≫에 "軲는 古와 胡의 반절이다."라 하였고, ≪廣雅≫에 "軲는 수레이니, 曹憲은 독음이 '枯'이고, 또 다른 독음은 '姑'이다."라 하였다. 살펴보건대 軲와 轂은 독음이 서로 비슷하니, 아마도 '轂'의 이체자일 듯하다.

案 : 필원의 설은 확실하지 않다. '軲'는 字形으로 비교해 보면 '軸'과 퍽 비슷하고, 聲音으로 찾아보면 아마도 '前胡'의 '胡'의 가차자일 듯하다. ≪周禮≫ 〈大行人〉에 "侯伯은 前侯에 선다."라 하였는데, 注에 "鄭司農이 '前侯는 駟馬가 끄는 수레의 끌채 앞 胡의 아래로 드리워져 땅을 받치는 것이다.'라 하였다."라 한 것이 이것이다. 胡는 수레 앞에 있으니, 이 대목의 위 글과 바로 합치한다. 따라서 뜻이 비교적 좋다. 이 대목과 아래 句는 또한 "그 앞 쪽을 무겁게 해놓고 그 앞쪽을 당긴다.〔重其前 引其前〕"는 뜻을 거듭 말하였다.

---

29) 曹憲 : 隋나라 秘書學士로 ≪廣雅≫에 音釋을 달았다.

43-27-8 **而縣重於其前**이라

앞 쪽에 무거운 추를 매단다.

句라

여기에서 句를 뗀다.

43-27-9 **是梯**는

이 車梯는

畢云 舊作埬러니 據上文改라 下同이라

畢沅 : '梯'는 舊本에는 '埬'로 되어 있는데, 위 글에 의거하여 고쳤다. 아래도 같다.

43-27-10 **挈且(挈)〔引〕則行**이라

끌어 올리고 당겨 내리면 움직인다.

疑當作挈且引則行이라 行謂重物上升無所阻滯니 與車行異也라

아마도 '挈且引則行'이 되어야 할 듯하다. 여기의 '行'은 무거운 물건이 막힘없이 위로 올라간다는 말이니, 수레가 가는 것과는 다르다.

43-27-11 **凡重**은

무릇 무거운 물건은,

句라

여기에서 句를 뗀다.

43-27-12 **上弗挈**하며

위에서 끌어올리지 않으며

說文所謂縣持라

≪說文解字≫에서 "〈挈은〉 매달아 잡고 있는 것이다."고 한 것이다.

43-27-13 下弗收하며 旁弗劫하면

아래에서 당겨 내리지 않으며 곁에서 잡아끌지 않으면,

劫은 疑抾之借字라 廣雅釋言에 云 抾은 挹也라하니 與引義略同이라

'劫'은 아마도 '抾'의 가차자일 듯하다. ≪廣雅≫ 〈釋言〉에 "抾은 끌어당긴다는 뜻이다."라 하였으니, '引'과 뜻이 대략 같다.

43-27-14 則下直이라

아래로 바르게 드리워진다.

張云 其著(착)於下也必直이라하다 詒讓案 直은 與正義同하니 言其重心必就下而正이라

張惠言 : 아래 바닥에 붙는 것이 반드시 곧다.

詒讓案 : '直'은 '正'과 뜻이 같으니, 그 무게 중심이 반드시 아래로 내려가되 바르다는 말이다.

43-27-15 扡는

비스듬하게 되는 것은

句라

여기에서 句를 뗀다.

43-27-16 或害之也일새라

무언가 방해했기 때문이다.

張云 扡는 與梔同하니 不直也라 或害之라야 乃不直이라하다 案 張說是也라 扡는 卽前木梔之梔라 言重物은 不挈之收之劫之하면 則下必正이니 其不正者는 必或挈或收或劫하여 害之也일새라

張惠言 : '扡'는 '梔'와 같으니, 바르지 않은 것이다. 무언가가 방해해야 바르지 않게 되는 것이다.

案 : 장혜언의 설이 옳다. '扡'는 곧 앞에 보이는 '木梔'의 '梔'이다. 무거운 물건은 위에서 끌어올리거나, 아래에서 당겨 내리거나, 곁에서 잡아끌지 않으면 아래로 드리워지는 것이 반드시 바르게 되니, 바르지 못한 것은 반드시 위에서 끌어올리거나, 아래에서 당겨 내리거나, 곁에서 잡아 끌어서 방해하기 때문이다.

43-27-17 汓(류)

言扡則重勢偏下하여 而流不得止也라 畢云 公羊傳桓十年有云 汓血이라한대 陸德明音義에 云 古流字라하다

〈무거운 물건이〉 비스듬하면 무게가 한쪽으로 쏠려 미끄러져 내려가 멈출 수 없게 된다는 말이다.

畢沅 : ≪春秋公羊傳≫ 桓公 10년 조에 '汓血'이라 했는데, 陸德明의 音義에 "〈'汓'는〉 '流'의 古字이다."라 하였다.

43-27-18 梯者不得汓는

車梯에서 미끄러져 내리는 것이 미끄러져 내리지 못하는 것은

畢云 舊作汻러니 據上改라 案 吳鈔本에 作汓하여 不誤라 張云 當作下라하니 非라

畢沅 : 舊本에는 '汻'로 되어 있는데, 위 글을 근거로 고쳤다.

案 : 吳鈔本에는 '汓'로 되어 있어, 잘못되지 않았다. 장혜언은 "응당 '下'가 되어야 한다."라 하였으니, 옳지 않다.

43-27-19 直也일새라

바르기 때문이다.

言梯雖邪而重物不下流者는 以其挈引之而無異直升也일새라

車梯가 비록 비스듬하더라도 무거운 물건이 아래로 미끄러져 내리지 않는 것은 끌어 올리고 당겨 내려서 바르게 올라가는 것과 다름이 없기 때문이라는 말이다.

43-27-20 今也에 廢(尺)〔石〕於平地면

지금 평지에 돌을 놓아두면

張云 廢는 置也니 置一尺之物於平地라 詒讓案 尺은 疑當爲石이니 下云 絣(병)石絫(루)石이 是其證이라

張惠言 : '廢'는 놓아두는 것이니, 1척의 물건을 평지에 두는 것이다.

詒讓案 : '尺'은 아마도 '石'이 되어야 할 듯하다. 아래에 "돌들이 겹쳐져 있고 포개져 있다.〔絣石絫石〕"라 한 것이 그 증거이다.

43-27-21 重不下하니

무거워도 아래로 미끄러져 내리지 않으니,

下는 卽流也라 或當爲沵之訛라

'下'는 곧 미끄러져 내리는 것이다. 혹 '沵'의 오자가 되어야 할 듯하다.

43-27-22 無(跨(방))〔蹄〕也일새라

한 쪽으로 쏠린 것이 없기 때문이다.

畢云 玉篇에 云 跨은 蒲唐切이니 踉(낭)跨欲行貌라하고 正字通에 以爲腿字之俗이라하다 張云 跨은 當作旁이라 雖重不下桅는 以平地無旁空缺處也라 此解經廢材라하다 案 跨 字之義는 與此文無會라 正字通은 尤俗冊不足據也라 張讀爲旁은 亦難通이라 此疑當

爲踦之形誤라 戰國策에 云 必有踦重者矣라하다 言廢石於平地하면 則雖重而必不流者는 以其無偏踦也라 故云 無踦라 又案廢尺은 與廢材義同하니 而非釋經廢材之義라 張說亦誤라

畢沅 : ≪玉篇≫에 "䠙은 蒲와 唐의 반절이니, 뛰어서 가고자 하는 모습이다."라 하였다. ≪正字通≫에는 '腿'의 俗字라 하였다.

張惠言 : 䠙은 응당 '旁'이 되어야 한다. 비록 〈돌이〉 무거워도 아래로 미끄러져 내려 비스듬하게 되지 않는 것은 평지에는 주위에 빈 공간이 없기 때문이다. 이 대목은 經의 "재료를 놓는 일〔廢材〕"을 풀이하였다.

案 : 䠙자의 뜻은 이 글과 맞지 않다. ≪正字通≫은 특히 俗書라 근거할 게 못 된다. 장혜언이 '旁'으로 읽은 것도 뜻이 통하기 어렵다. 이 글자는 아마도 '踦'의 字形이 잘못되어 생긴 오자일 듯하다. ≪戰國策≫에 "반드시 한 쪽으로 쏠린 것이 있을 것이다.〔必有踦重者矣〕"라 하였다. 평지에 돌을 놓아두면 비록 돌이 무겁더라도 반드시 미끄러져 내려가지 않는 것은 한 쪽으로 쏠린 것이 없기 때문이라는 말이다. 그러므로 "한 쪽으로 쏠린 것이 없기 때문이다."라 한 것이다. 또 살펴보건대 '廢尺'은 '廢材'와 뜻이 같으니, 經의 '廢材'의 뜻을 풀이한 것이 아니다. 따라서 장혜언의 설 또한 잘못 보았다.

43-27-23 若夫繩之引軲也는 是猶自舟中引橫也라

〈車梯에서〉 줄로 수레를 끄는 것 같은 경우는 배 안에서 배 앞 쪽에 가로 댄 橫木을 당기는 것과 같다.

張云 以繩引車에 必從旁引하니 猶舟中橫引岸上之物에 兩旁有空缺處라야 必下矣라하다 案 張說非是라 說文木部에 云 橫은 闌木也라하니 此蓋以爲舟前橫木之名이라 廣雅釋水에 云 輪을 謂之桄이라하고 集韻十一唐에 云 桄은 舟前木也라하고 一切經音義에 云 桄은 古文橫同이라하니 是二字音近字通이라 言車梯之引其軲與舟中引其橫은 皆藉引之力也라

張惠言 : 줄로 수레를 끌 때는 반드시 수레 양쪽 곁에서 끄니, 이는 배 안에서 기슭의 물건을 가로로 끌어당길 때 양쪽에 공간이 있어야만 반드시 물건을 내려오게 할 수 있는 것과 같다.

案 : 장혜언의 설은 옳지 않다. ≪說文解字≫ 木部에 "'橫'은 闌木(난간 나무)이다."라 하였

으니, 여기서는 이것을 배 앞에 가로 댄 橫木의 이름으로 삼은 것일 듯하다. ≪廣雅≫ 〈釋水〉에 "수레바퀴를 '桄'이라 한다."라 하였고, ≪集韻≫ 〈十一唐〉에 "'桄'은 배 앞쪽에 댄 나무이다."라 하였고, ≪一切經音義≫에 "'桄'은 古字로 '横'과 같다."라 하였으니, 따라서 이 두 글자는 서로 독음이 비슷하고 글자가 통용된다. 車梯에서 수레를 당기는 것과 배 안에서 배 앞 쪽에 가로 댄 橫木을 당기는 것은 다 당기는 힘을 빌리는 것이라는 말이다.

43-27-24 倚倍拒(堅)〔掔(견)〕이

서로 기대기도 하며, 서로 등지기도 하며, 서로 버티기도 하며, 서로 끌어당기기도 하는 것이

堅은 當作掔이라 說文手部에 云 掔은 固也라하고 又與牽通하니 見迎敵祠篇이라 言相依倚하며 相倍負하며 相榰(지)拒하며 相掔引이라

'堅'은 응당 '掔'이 되어야 한다. ≪說文解字≫ 手部에 "'掔'은 견고함이다."라 하였고, 또 '牽'과 통용되니, 〈迎敵祠〉에 보인다. 서로 기대기도 하며, 서로 등지기도 하며, 서로 버티기도 하며, 서로 끌어당기기도 한다는 말이다.

43-27-25 (䠷(친))〔邪〕倚焉하면 則不正이라

비스듬하게 기울어지면 바르지 않게 되니,

畢云 唐宋字書에 無䠷字라 正字通에 云 俗字니 舊注에 音嗔이요 走貌라하다 詒讓案 此字는 未詳이라 疑當爲邪라 隷釋漢戚伯著碑에 邪作躳하니 變牙爲身하고 變邑爲巨하니 與出相似일새 因而致誤하다

畢沅 : 唐·宋 시대 字書에 '䠷'자가 없다. ≪正字通≫에 "俗字이다. 舊注에 독음이 嗔이고, 달리는 모습이라고 하였다."라 하였다.

詒讓案 : 이 글자는 未詳이다. 아마도 '邪'가 되어야 할 듯하다. ≪隷釋≫ 〈漢戚伯著碑〉에 '邪'가 '躳'로 되어 있으니, '牙'가 '身'으로 변하고 '邑'이 '巨'로 변한 것이다. '巨'가 '出'과 모양이 비슷하기 때문에 오자가 생기게 된 것이다.

43-27-26 誰䢺石絫石耳라

오직 돌들이 겹쳐져 있고 포개져 있을 경우 뿐이다.

此義難通이라 畢讀誰䢺句하고 云 䢺은 并字異文이라 已上은 以車制言이라하다 張讀同이라 鄒云 此一段은 轉重法也라하다 案 集韻十五青及類篇立部에 竝以䢺爲竮之或體하니 與此文義無會라 畢說近是나 而句讀則非라 誰는 與唯通이라 言唯石與石相合并重絫하면 則邪倚而不正하니 以其無挈引之故也어니와 若車梯는 前有挈引之力하니 則雖邪倚나 而引物升轉에 不患其不正而流也라 此釋經下倚者不可正 說在剃(제)라 剃는 卽梯之訛라 車梯는 用以升重하니 非正車制也라 畢說非라

이 대목은 뜻이 통하기 어렵다. 畢沅은 '誰䢺'에서 句를 떼어 읽고, "'䢺'은 '并'의 이체자이다. 이상은 수레 제도를 가지고 말한 것이다."라 하였다. 장혜언이 句를 떼어 읽은 것도 이와 같다.

鄒伯奇 : 이 한 단락은 轉重法(무거운 물건을 옮기는 방법)을 말한 것이다.

案 : ≪集韻≫ 〈十五青〉 및 ≪類篇≫ 〈立部〉에 모두 '䢺'을 '竮'의 이체자라 하였으니, 이 글의 뜻과는 맞지 않다. 필원의 설은 옳을 듯하나 句讀는 맞지 않다. '誰'는 '唯'와 통용된다. 오직 돌과 돌이 서로 함께 있고 포개져 있으면 비스듬하게 기울어져 바르지 않게 되니 이는 끌어 당기는 힘이 없기 때문이지만, 車梯와 같은 경우에는 앞쪽에 끌고 당기는 힘이 있으니 비록 비스듬하게 기울어지더라도 물건을 끌어서 올리고 옮길 때 줄이 바르지 못하여 물건이 미끄러져 내릴 염려가 없다. 이 대목은 〈經 下〉의 "倚者不可正 說在剃(기울어진 것은 멈출 수 없으니, 梯(車梯)로 설명할 수 있다.)"를 풀이한 것이다. '剃'는 곧 '梯'의 오자이다. 車梯는 이를 이용하여 무거운 물건을 들어 올리는 것이니, 정상적인 일반 수레 제도가 아니다. 필원의 설은 맞지 않다.

43-28-1 夾寑(침)者는

침실을 끼고 양쪽에 있는 것은

畢云 寑은 寢字省文이라하다 詒讓案 說文宀部에 寑은 籀文省人作寑이라한대 此又省又作寑이라 集韻四十七寑에 云 寑은 古作寑이라하다

畢沅 : '寍'은 '寢'자의 省文이다.

詒讓案 : ≪說文解字≫ 宀部에 "寑은 籒文에 '人'을 생략하여 '寍'으로 되어 있다."라 하였는데, 여기서는 자획을 더 생략하여 '寍'으로 되어 있다. ≪集韻≫ 〈四十七寑〉에 "'寑'은 古字로 '寍'이 된다."라 하였다.

43-28-2 (法)〔柱〕也라

기둥이다.

張云 當謂匠人作室絫石之法이라하다 案 張說未塙이라 法은 疑當爲柱니 說文木部에 云 柱는 楹也라하다 通言之면 柱楹同이요 析言之면 堂上兩柱를 謂之楹이요 房室及牆序閒依壁而立者를 謂之柱라 夾寑은 卽謂夾寑室也라

張惠言 : 응당 목수가 집을 지으면서 돌을 쌓는 법을 말한 것일 터이다.

案 : 장혜언의 설은 확실하지 않다. '法'은 아마도 '柱'가 되어야 할 듯하다. ≪說文解字≫ 木部에 "柱는 楹(기둥)이다."라 하였다. 통틀어 말하면 柱와 楹이 같고, 나누어 말하면 堂 위의 양쪽 기둥을 '楹'이라 하고, 房・室 및 行廊에 벽을 의지하여 서 있는 것을 '柱'라 한다. '夾寑'은 곧 침실을 끼고 양쪽에 있다는 말이다.

43-28-3 方石去地尺이니

네모난 주춧돌은 지면에서 높이가 1척인데

疑謂柱下質礎라 張云 石高尺也라하다

아마도 기둥 아래 주춧돌을 말하는 듯하다.

張惠言 : 돌의 높이가 1척이다.

43-28-4 關石於其下하고

그 아래 돌을 놓고

方石之下에 別以石爲關이라 張云 又一石也라

주춧돌 아래 다른 돌을 연결하여 놓는 것이다.

張惠言 : 〈주춧돌 말고〉 또 하나의 돌이다.

43-28-5 **縣絲於其上**하여

그 위에서 〈돌에〉 줄을 매달아

張云 絲는 **繩也**라하다

張惠言 : '絲'는 줄이다.

43-28-6 **使適至方石**하면

내려가서 주춧돌에까지 이르게 하면

句라

여기에서 句를 뗀다.

43-28-7 **不下**는

내려가지 않는 것은

句라

여기에서 句를 뗀다.

43-28-8 **柱也**라

기둥의 줄 때문이다.

爾雅釋言云 楮(지)는 **柱也**라하다 **謂石柱絲**하니 **絲故不下**라

≪爾雅≫ 〈釋言〉에 "'楮'는 柱이다."라 하였다. 주춧돌 위의 기둥에 매어놓은 줄을 말하니, 줄 때문에 내려가지 않는 것이다.

43-28-9 **膠絲去石**은

돌에 줄을 매달아 주춧돌에서 떨어지게 하는 것은

張云 膠는 著(착)也라 去石은 縣石而使去下方石也라하다

張惠言 : '膠'는 부착하는 것이다. '去石'은 돌을 매달아서 아래 주춧돌에서 떨어지게 하는 것이다.

43-28-10 **挈也**일새라

끌어 올리는 〈사람이 있기〉 때문이다.

謂上提挈其絲라 張云 絲所以能縣石은 是有挈之者라하다

위에서 그 줄을 끌어 올리는 〈사람이 있다는〉 말이다.

張惠言 : 줄이 돌을 매달 수 있는 것은 끌어 올리는 사람이 있기 때문이다.

43-28-11 **絲絶**은

줄이 끊어지는 것은

句라

여기에서 句를 뗀다.

43-28-12 **引也**일새라

아래에서 당기기 때문이다.

張云 從下引之하면 卽絶이라하다 詒讓案 此는 釋經下推之必往 說在廢材라 推往은 卽柱住之誤라

張惠言 : 아래에서 줄을 당기면 끊어지는 것이다.

詒讓案 : 이 대목은 〈經 下〉의 '推之必往 說在廢材(기둥을 세우면 반드시 고정되니, 재료를 놓는 일로 설명할 수 있다.)'를 풀이하였다 '推' · '往'은 '柱' · '住'의 착오이다.

43-29-1 未變而名易은

아직 변하지 않았는데 부르는 이름이 바뀌는 것은

句라

여기에서 句를 뗀다.

43-29-2 (收)〔仮〕也일새라

〈물건의 값과 돈의 가치가〉 상반되기 때문이다.

收는 依經下컨대 當爲仮이니 仮은 反字同이라 言刀與糴(적)輕重貴賤相反이라 張以此二句屬上節은 誤라

'收'는 〈經 下〉에 의거하면 응당 仮이 되어야 하니, 仮은 '反'자와 같다. 돈과 사들이는 곡식의 무게가 가볍고 무거운 것과 값이 비싸고 싼 것이 상반된다는 말이다. 장혜언이 이 두 句를 위의 節에 붙인 것은 잘못 본 것이다.

43-29-3 買는

살 경우는

畢讀買刀句는 誤라

필원이 '買刀'에 句를 떼어 읽은 것은 잘못이다.

43-29-4 刀糴相爲賈에

돈과 곡식을 매매할 때

說文人部에 云 糴은 市穀也라하다 畢云 刀는 謂泉刀라하다

≪說文解字≫ 人部에 "'糴'은 곡식을 사는 것이다."라 하였다.

畢沅 : '刀'는 泉刀(돈)를 말한다.

43-29-5 **刀輕則糴不貴**하며

돈의 〈가치가〉 가벼우면 곡식의 값이 비싸지 않고

句라

여기에서 句를 뗀다.

43-29-6 **刀重則糴不易**이라

돈의 가치가 무거우면 곡식의 값이 가볍지 않다.

張云 易은 輕也라 刀輕則賤其糴以稱輕하며 刀重則貴其糴以稱重하니 所謂反賈라

張惠言 : '易'은 가벼운 것이다. 돈이 가벼우면 곡식 값을 싸게 하여 가벼운 값에 맞추며, 돈이 무거우면 곡식 값을 비싸게 하여 무거운 값에 맞추는 것이니, 이른바 '反賈'이다.

43-29-7 **王刀無變**이나

왕의 돈은 변함이 없으나

張云 王者所鑄라 故曰王刀라

張惠言 : 왕이 주조했기 때문에 '王刀'라 하였다.

43-29-8 **糴有變**하니

곡식을 사는 것은 변함이 있으니,

句라

여기에서 句를 뗀다.

43-29-9 **歲變糴則歲變刀**라

그 해에 곡식 값이 변하면 그 해에 돈의 가치도 변한다.

張云 以糴權刀면 則刀亦變이라 案 張說是也라 此言糴之貴賤이 每歲不同하니 則刀之重輕도 亦隨而變이라 依張楊說컨대 此釋經下買無貴 說在仮其賈라

張惠言 : 사는 곡식으로 돈을 저울질하면 돈도 변하는 것이다.

案 : 장혜언의 설이 옳다. 이 대목은 곡식 값이 비싸고 싼 것이 해마다 같지 않으니, 돈의 가치가 무겁고 가벼운 것도 따라서 변한다는 사실을 말하였다. 장혜언과 楊葆彝의 설에 의거하면, 이 대목은 〈經 下〉의 "買無貴 說在仮其賈(사는 데 있어 비싼 것은 없으니 그 값이 변하는 사실로 설명할 수 있다.)"를 풀이하였다.

43-30-1 若鬻(육)子가

만약 물건을 파는 사람이

張讀屬上節은 誤라

장혜언이 위 節과 붙여서 읽은 것은 잘못 보았다.

43-30-2 賈盡也者는 盡去其〔所〕以不讎也니

물건을 다 파는 경우는 팔리지 못할 까닭을 다 없앴기 때문이다.

其下에 據下文컨대 亦當有所字라 言其所以不讎者는 爲予賈未盡其數也니 若盡其數면 則其所以不讎者盡去矣라

'其' 아래에 아래 글에 의거하건대 응당 '所'자가 있어야 한다. 물건을 팔지 못하는 것은 내가 부르는 값이 그 數(물건의 값)를 다하지 못했기 때문이니, 만약 그 수를 다했다면 팔리지 못할 까닭이 다 없어진 것이라는 말이다.

43-30-3 其所以不讎去면

팔리지 못할 까닭이 없어지면,

句라

여기에서 句를 뗀다.

43-30-4 **則讎**라

팔리게 된다.

句라

여기에서 句를 뗀다.

43-30-5 **𤰈**(정)**賈也宜不宜**요

값을 결정하는 것도 마땅한 경우와 마땅하지 않은 경우가 있으며,

謂讎者之正賈有宜不宜라

파는 사람이 값을 정하는 것에도 마땅한 경우와 마땅하지 않은 경우가 있다는 말이다.

43-30-6 **𤰈欲不欲**하니

팔고 싶은 마음과 팔고 싶지 않은 마음을 결정해야 하니,

謂所讎者有欲不欲이면 **以意爲正**이라 **張云 買者賣者相宜**를 **謂讎也**요 **買者欲賤**하며 **賣者欲貴**가 **是賈也**라하니 **亦通**이라

파는 물건에 대해 팔고 싶기도 하고 팔고 싶지 않기도 한 마음이 있을 경우에 생각으로 결정한다는 말이다. 張惠言은 "물건을 파는 사람과 사는 사람이 부르는 값이 서로 맞는 것을 '讎'라 하고, 사는 사람은 싸게 사고 싶어 하고 파는 사람은 비싸게 팔고 싶어 하는 것이 '賈'이다."라 하였으니, 또한 뜻이 통한다.

43-30-7 **若敗邦鬻室**하며

이는 마치 패망한 나라에서는 처자식을 팔며

國語越語에 **云 身斬妻子鬻**이라하다

≪國語≫ 〈越語〉에 "자신은 斬刑을 당하고 처자식은 팔린다."라 하였다.

43-30-8 **嫁子無子**라

시집간 사람에게 자식이 없는 경우와 같다.

疑申論無不讎之義라 依張說컨대 此釋經下賈宜則讎 說在盡이라

아마도 팔리지 않음이 없다는 뜻을 거듭 논한 듯하다. 장혜언의 설에 의거하면, 이 대목은 〈經 下〉의 '賈宜則讎 說在盡(가격이 적절하면 팔리니 盡(물건을 다 파는 경우)으로 설명할 수 있다.)'을 풀이하였다.

43-31-1 **在軍不必其死生**이요 **聞戰亦不必其〔死〕生**이언만

군대에 있다고 해서 반드시 죽고 사는 것은 아니며, 전투를 들었다고 해서 반드시 죽고 사는 것은 아니건만,

當作其死生이어나 或當作在軍不必其生 聞戰亦不必其死라 在軍은 謂方出師而兵未接이요 聞戰은 則聞其已接戰也라

〈'其生'이〉 응당 '其死生'이 되어야 하거나, '在軍不必其生 聞戰亦不必其死(군대에 있다고 해서 반드시 사는 것은 아니며, 전투를 들었다고 해서 또한 반드시 죽는 것은 아니다.)'가 되어야 할 듯하다. '군대에 있다'는 것은 바야흐로 군대가 出行하고 아직 接戰하지 않은 상태를 말하며, '전투를 들었다'는 것은 이미 접전했다는 말을 들은 것이다.

43-31-2 **前也不懼**하고

앞에서는 두려워하지 않고,

張云은 前은 在軍이라

張惠言 : '앞'은 군대에 있는 것이다.

43-31-3 **今也懼**라

지금은 두려워한다.

張云 今은 聞戰이라 案 依張楊說컨대 此釋經下無說而懼 說在弗心이라 心은 卽必之誤라

張惠言 : '지금'은 전투가 벌어졌다는 말을 들은 것이다.

案 : 張惠言과 楊葆彝의 설에 의거하면, 이 대목은 〈經 下〉의 "無說而懼 說在弗心(이유 없이 두려워하는 문제는 期必할 수 없음으로 설명할 수 있다.)"을 풀이하였다. '心'은 '必'의 오자이다.

43-32-1 或(역)은

'或(구역)'은

或은 卽邦域正字라 故下云謂此南北이라 前經下云 宇或徙라한대 說云 宇南北이라하니 與此義正同이라 彼宇或은 亦卽宇域也라 詳前이라

'或'은 곧 '邦域'의 '域'의 正字이다. 그러므로 아래에 "이곳을 남쪽이니 북쪽이니 한다."라 한 것이다. 앞의 〈經 下〉에 "宇或(공간, 구역)은 옮겨간다.〔宇或徙〕"라 하였는데, 그 經說에서 "'宇'는 남쪽도 되고 북쪽도 된다.〔宇南北〕"라 하였으니, 이 대목과 뜻이 꼭 같다. 저 〈經 下〉의 '宇或' 역시 곧 '宇域'이다. 앞에 상세히 보인다.

43-32-2 知是之非此也요

이 곳이 이쪽이 아닌 줄 아는 것이요

謂南或非南이요 北亦非北이라

남쪽도 혹 남쪽이 아니며 북쪽도 북쪽이 아니라는 말이다.

43-32-3 有知是之不在此也라

또 이 곳이 이쪽에 있지 않은 줄 아는 것이다.

張云 有는 讀曰又라하다 案 張說是也라 謂南北在彼在此하여 名實無定하니 卽宇或徙之

義라 公孫龍子名實篇에 云 夫名은 實謂也니 知此之非此也요 知此之不在此也면 則不謂也라하니 與此經名實義亦同이라

張惠言 : '有'는 '又'로 읽는다.

案 : 장혜언의 설이 옳다. 남쪽과 북쪽이 저쪽에 있다느니 이쪽에 있다느니 하여 名과 實이 정해지지 않은 것을 말하니, 곧 "宇或(공간, 구역)은 옮겨간다.〔宇或徙〕"는 뜻이다. ≪公孫龍子≫ 〈名實論〉에 "대저 名은 實을 말하는 것이니, 이것이 〈실은〉 이것 아닌 줄 알고 이것이 〈실은〉 이것에 있지 않은 줄 안다면, 이는 實이라 하지 않는다."라 하였으니, 이 經의 名·實과 뜻이 또한 같다.

43-32-4 然而謂此南北하고

그런데도 이곳을 남쪽이니 북쪽이니 하고

卽宇南北之義라

곧 "'宇'는 남쪽도 되고 북쪽도 된다."는 뜻이다.

43-32-5 過而以已爲然이라

지나가고서 이미 지나온 곳을 그렇다고 한다.

此謂以身所在之域爲中하니 儻過此而北이면 則前日所在之域을 轉謂之南이라 自此以前하여 每進益北이면 則所過成南이라 若由中過南하면 則南轉成北하니 所過亦然이라 故云 過而以已爲然이라하니라 莊子天下篇에 惠施曰 我知天下之中央하노니 燕之北과 越之南이 是也라한대 釋文에 引司馬彪云 天下無方이라 故所在爲中이라하니 卽此義也라

이 대목은 "자신이 있는 구역을 中이라 하니 혹 이 구역을 지나서 북쪽으로 가면 전날 있었던 구역을 다시 남쪽이라 한다. 이 구역으로부터 더 나아가 더욱 북쪽으로 가면 지나온 곳이 남쪽이 된다. 만약 中으로부터 남쪽을 지나가면 남쪽이 다시 북쪽이 되니, 지나온 곳들은 다 그러하다."라는 말이다. 그러므로 "지나가고서 이미 지나온 곳을 그렇다고 한다."라 한 것이다. ≪莊子≫ 〈天下〉에 "惠施가 '나는 천하의 중앙을 아노니, 燕나라의 북쪽과 越나라의 남쪽이 이것이다.'라 하였다."라 하였는데, ≪經典釋文≫에 "천하는

方所가 없다. 그러므로 자신이 있는 곳이 다 중앙이 되는 것이다."라고 한 司馬彪의 말을 인용하였으니, 바로 이 대목의 뜻이다.

43-32-6 **始也謂此南方**이라 **故今也謂此南方**이라

처음에 이곳을 남쪽이라 하였기 때문에 지금도 이곳을 남쪽이라 하는 것이다.

言始與今所謂南方者가 過而屢變하니 即過而以已爲然之義也라 依張說컨대 此釋經下或(역) 過名也 說在實이라

처음과 지금 말하는 남쪽이란 것은 그곳을 지나와 누차 변했다는 말이니, 곧 "지나가고서 이미 지나온 곳을 그렇다고 한다."는 뜻이다. 張惠言의 설에 의거하면, 이 대목은 〈經 下〉의 '或 過名也 說在實(或(역)은 지나간 뒤에 붙여진 名이니, 實로 설명할 수 있다.)'을 풀이하였다.

43-33-1 **智論之**니

알고 난 뒤에 논하는 것이니,

張云 智는 讀曰知라 知而後有論이라

張惠言 : '智'는 '知'로 읽어야 한다. 알고 난 뒤에야 논할 수 있는 것이다.

43-33-2 **非智**면 **無以也**라

알지 못하면 논할 수 없다.

疑有脫誤라 依張說컨대 此釋經下知之 否之 足用也諄 說在無以也라 經文亦有訛脫이라

아마도 誤脫이 있는 듯하다. 張惠言의 설에 의거하면, 이 대목은 〈經 下〉의 "知之 否之 足用也諄 說在無以也(아는 것을 부정하는 것이 족히 쓸 만하다고 하는 것은 잘못이니 논할 방법이 없다는 것으로 설명할 수 있다.)"를 풀이하였다. 經文에도 오탈이 있다.

43-34-1 **謂**에

말할 때

句라

여기에서 句를 뗀다.

43-34-2 所謂가

말하는 대상이

舊本所訛非러니 今據道藏本吳鈔本正이라

舊本에는 '所'가 '非'로 잘못 되어 있는데, 지금 道藏本과 吳鈔本에 의거하여 바로잡았다.

43-34-3 非同也면 則異也니 同則或謂之狗하며 其或謂之犬也요

같지 않으면 다르니, 같은 경우에는 혹 '狗'라고도 하고 혹 '犬'이라고도 하며,

張云 狗犬之謂同이라

張惠言 : 狗와 犬을 두고 말하는 것은 같다.

43-34-4 異則或謂之牛하며 (牛)〔丌(기)〕或謂之馬也라

다른 경우에는 혹 소라고도 하고 혹 말이라고도 한다.

下牛字는 疑當爲丌니 與上句文例同이라 張云 牛馬之謂異라하고 楊云 呂氏春秋審分篇에 以牛爲馬하며 以馬爲牛하면 名不正也라하다

아래 '牛'자는 아마도 '丌'가 되어야 할 듯하니, 위 句와 文例가 같다.

張惠言 : 소와 말을 두고 말하는 것은 다르다.

楊葆彝 : ≪呂氏春秋≫ 〈審分〉에 "소를 말이라 하고 말을 소라 하면 이름이 바르지 못하다."라 하였다.

43-34-5 俱無勝하니

양쪽이 다 이기지 못하니

句라

여기에서 句를 뗀다.

43-34-6 **是不辯也**라

이는 논변할 필요가 없는 것이다.

謂是非兩同하여 **無以相勝**하면 **則不成辯**이라 **莊子齊物論**에 **云 是若果是也**면 **則是之異乎不是也**는 **亦無辯**이요 **然若果然也**면 **則然之異乎不然也**도 **亦無辯**이라하니 **卽其義**라

옳고 그름이 양쪽 다 같아서 서로 이길 수 없으면, 論辯이 이루어지지 않는다는 말이다. ≪莊子≫ 〈齊物論〉에 "〈세상 사람들이〉 옳다고 하는 것이 과연 옳은 것이라면 옳은 것이 옳지 않은 것과 다르다는 것은 또한 論辯할 것도 없으며, 그렇다고 한 것이 과연 정말 그런 것이라면 그렇다고 한 것이 그렇지 않다고 하는 것과 다른 것임은 또한 논변할 것도 없다.〔是若果是也 則是之異乎不是也 亦無辯 然若果然也 則然之異乎不然也 亦無辯〕"라 하였으니, 바로 이 대목과 같은 뜻이다.

43-34-7 **辯也者**는 **或謂之是**하고 **或謂之非**하니 **當者勝也**라

논변이란 것은 한 사람은 옳다 하고 한 사람은 그르다 하니 맞는 사람이 이기는 것이다.

畢本에 **當下有也字**러니 **今據道藏本吳鈔本刪**이라 **張云 旣云當**이라하니 **是勝也**라하다 **詒讓案 言是非互見**하니 **得其當則勝也**라 **依張說**컨대 **此釋經下謂辯無勝 必不當 說在辯**이라

畢本에는 '當' 아래 '也'자가 있는데, 지금 道藏本과 吳鈔本에 의거하여 刪削하였다.

張惠言 : 이미 '맞다'고 했으니, 이 사람이 이긴 것이다.

詒讓案 : 옳고 그름이 번갈아 나타나니 맞으면 이긴다. 장혜언의 설에 의거하면 이 대목은 〈經 下〉의 "謂辯無勝 必不當 說在辯(辯論에 이김이 없다고 하는 것은 반드시 맞지 않기 때문이니, 辯論 자체로 설명할 수 있다.)"을 풀이하였다.

43-35-1 **無讓者酒**라

사양함이 없는 것은 술이다.

謂凡賓主獻酬之酒는 **於禮無讓**이라

무릇 빈객과 주인이 獻酬하는 술은 禮에 사양함이 없는 법이다.

43-35-2 (未)〔不〕**讓**은

〈논변에서〉 사양하지 않는 것은

句라

여기에서 句를 뗀다.

43-35-3 (始)〔殆〕**也**니 **不可讓也**니라

'殆(서로 가까운 경우)'이니, 〈이 경우에는〉 사양해서는 안 된다.

依張楊說컨대 **此釋經無不也 不可 說在始**라 **案 未讓始也**는 **疑當作不讓殆也**니 **殆始形近而誤**라 **經同**이라 **凡相近而不讓**을 **謂之殆**라 **後文若殆於城門與於臧也九字**는 **文無所屬**하니 **疑本在此下而誤錯於彼**라 **說詳後**라

張惠言과 楊葆彝의 설에 의거하면, 이 대목은 經의 "無不讓也 不可 說在始(사양하지 않음이 없는 것은 不可하니, 殆(위태로움)로 설명할 수 있다.)"를 풀이하였다.

案 : '未讓始也'는 아마도 '不讓殆也'가 되어야 할 듯하니, '殆'와 '始'의 字形이 비슷하여 오자가 생긴 것이다. 經에도 같다. 무릇 서로 가까우면서 사양하지 않는 것을 '殆'라 한다. 뒤 글 '若殆於城門與於臧也(성문에 가까우면 臧과 함께 가는 경우와 같다.)' 아홉 자는 글이 소속될 곳이 없으니, 아마도 본래 이 아래에 있던 것을 잘못 저 곳에 넣은 듯하다. 설명은 뒤에 상세히 보인다.

43-36-1 **於石一也**요 **堅白二也**나

돌이란 측면에서는 하나이고 단단함과 흰색이란 측면에서는 둘이지만

張云 堅與白이 二라

張惠言 : 단단함과 흰색이 둘인 것이다.

43-36-2 而在石이라

돌에 있다.

謂堅白含於石體之中하니 即經所謂存[30]也라

단단함과 흰색이 돌의 몸체 속에 포함되어 있으니, 곧 經에서 말한 '存'이다.

43-36-3 故〔謂〕有智焉하고 有不智焉이 可라

그러므로 아는 것도 있고 알지 못하는 것도 있다고 할 수 있는 것이다.

顧云 智는 即知字라하다 詒讓案 故下에 疑脫謂字라 以下智로 竝與知通이라 此謂石一이나 而知堅者不知白하고 知白者不知堅이라 文亦見公孫龍子堅白篇하니 說詳前이라 依張楊說컨대 此釋經下於一有知焉 有不知焉 說在存이라

顧廣圻 : '智'는 곧 '知'자이다.

詒讓案 : '故' 아래에 아마도 '謂'자가 빠진 듯하다. 아래 '智'와 더불어 두 '智'가 다 '知'와 통용된다. 이 대목은 돌은 하나로되 〈돌이〉 단단한 줄 아는 사람은 흰색인 줄 알지 못하고 흰색인 줄 아는 사람은 단단한 줄 알지 못한다는 말이다. 이 글은 또한 ≪公孫龍子≫ 〈堅白論〉에 보이니, 설명이 앞에 상세히 보인다. 張惠言과 楊葆彝의 설에 의거하면 이 대목은 〈經 下〉의 "於一有知焉 有不知焉 說在存(하나에 대해 앎이 있기도 하고 알지 못함이 있기도 하니, 돌에 있는 속성들로 설명할 수 있다.)"을 풀이하였다.

43-37-1 有指면

가리키는 바가 있으면,

---

30) 經所謂存 : 〈經 下〉 41-74-1에 "하나에 대해 앎이 있기도 하고 알지 못함이 있기도 하니, 돌에 있는 속성들로 설명할 수 있다.〔於一有知焉 有不知焉 說在存〕"의 '存'을 말한다.

謂有所指也라 公孫龍子指物論篇에 有非有非指之說하니 與此似異라

가리키는 바가 있다는 말이니, ≪公孫龍子≫ 〈指物論〉에 "지적하여 옳다 그르다 할 게 없는 것도 없다.〔非有非指〕"는 설이 있는데, 이 대목과는 다른 듯하다.

43-37-2 子智是하고

그대가 이것을 알고

句라

여기에서 句를 뗀다.

43-37-3 有智(是)吾所(先)〔無〕擧하니

또 내가 들어 보인 바 없는 것을 아니,

句라

여기에서 句를 뗀다.

43-37-4 〔是〕重이라

이는 重(重複)이다.

張云 有는 讀曰又라하다 案 張說是也라 以下文校之컨대 疑當作子智是有智吾所無擧是重이라 無先이 形近而訛라 子知是는 是其一이요 又并知吾所無擧하니 是其重也라 吾所無擧는 卽下文所云吾所不擧라 是重與下文是一이 文亦正相儷라 重은 謂二名一實이니 下文所謂智智狗重智犬이 是也라 子智是는 若知狗며 智吾所無擧는 若因狗知犬이요 重은 則若狗犬同類也라

張惠言：'有'는 '又'로 읽는다.

案：장혜언의 설이 옳다. 아래 글로 교감해 보건대 아마도 '子智是有智吾所無擧是重'이 되어야 할 듯하니, '無'와 '先'의 字形이 비슷하여 오자가 생겼을 것이다. '그대가 이것을

아는 것〔子知是〕'이 하나이고, 또 '내가 보인 바 없는 것을 아는 것〔知吾所無擧〕'까지 아울렀으니, 이것이 重複이다. 내가 들어 보인 바가 없는 것이란 곧 아래 글에서 말한 "내가 들어 보이지 않는 바〔吾所不擧〕"이다. '是重'과 아래 글의 '是一'은 글이 또한 정확히 서로 對偶를 이룬다. '重'은 이름은 둘이고 실상은 하나임을 말하니, 아래 글에서 말한 "앎이란 狗인 줄 알고 또 犬인 줄 아는 것이다.〔智 智狗 重智犬〕"가 바로 이를 말한 것이다. '그대가 이것을 알고'는 '狗인 줄 아는 것'과 같고, '내가 들어 보인 바가 없는 것을 아니'는 '狗를 因하여 犬을 아는 것'과 같으며, '重'은 狗와 犬이 同類라는 사실과 같다.

43-37-5 **則子智是**요 **而不智吾所(先)〔無〕擧也**면

따라서 그대가 이것은 알고 내가 들어 보인 바 없는 것을 알지 못한다면

先은 亦無之訛라

'先'은 역시 '無'의 오자이다.

43-37-6 **是一**이니

이는 하나만 〈아는〉 것이니,

對上重及下二三言之라 謂唯知其一이니 若知狗而不知犬이라

위의 '重'과 아래의 '二三'을 상대하여 말했다. 오직 하나만 안다는 말이니, 狗만 알고 犬은 알지 못하는 것과 같은 것이다.

43-37-7 **謂有智焉**하고 **有不智焉**이 **可**라

아는 것도 있고 알지 못하는 것도 있다고 할 수 있는 것이다.

謂知其一하고 而不知其二是一하니 猶上經云 於一에 有知焉이요 有不知焉也라

하나만 알고 둘이 하나인 줄 알지 못한다는 말이니, 위 經에서 "하나에 대해 앎이 있기도 하고 알지 못함이 있기도 하다.〔於一 有知焉 有不知焉〕"라 한 것과 같다.

43-37-8 **若智之**면 **則當指之智告我**니 **則我智之**라

만약 알면 응당 아는 것을 가리켜 나에게 말해 주어야 할 것이니, 그러면 내가 알 것이다.

張云 若果知之면 則當指子之所知告我니 則我知子之所知矣라

張惠言 : 만약 안다면 응당 그대가 아는 바를 가리켜 나에게 말해 주어야 할 것이니, 그러면 그대가 아는 바를 내가 알 것이다.

43-37-9 **兼指之**는 **以二也**요

겸하여 가리키는 것은 둘로써 하는 것이요

謂幷吾所無擧者而指之라 若指狗則兼指犬이니 指一而所指二也라

내가 들어 보인 바 없는 것을 아울러 가리킨다는 말이다. 狗를 가리키면 犬을 아울러 가리키는 것과 같은 경우이니, 하나를 가리키되 가리키는 바는 둘인 것이다.

43-37-10 **衡**(횡)**指之**면 **參直**(삼치)**之也**라

종횡으로 가리키면 셋이 만나게 된다.

參은 三同이라 經云二絫(루)라하니 絫는 亦參之誤라 二參은 卽二三也라 言從衡指之하면 則參相直니 以一兼二하고 參直爲三也라 張云 直는 當也라

'參'은 三과 같다. 經에 '二絫'라 하였으니, '絫'는 역시 '參'의 오자이다. '二參'은 곧 '二三'이다. 종횡으로 가리키면 셋이 만난다는 말이니, 하나로써 둘을 겸하고 〈하나와 둘〉 그 셋이 만나 三이 되는 것이다.

張惠言 : '直'는 만난다는 뜻이다.

43-37-11 **若曰 必獨指吾所擧**요 **毋擧吾所不擧**라하면

만약 "반드시 내가 들어 보인 것만 홀로 가리키고 내가 들어 보이지 않은 것은 들어 말하지 말라."라고 한다면,

毋擧吾下에 吳鈔本에 有之字라 吾所擧者一也요 所不擧者二與三也라

'毋擧吾' 아래 吳鈔本에는 '之'자가 있다. 내가 들어 보인 것은 하나이고, 내가 들어 보이지 않은 것은 둘과 셋이다.

43-37-12 則〔指〕者固不能獨指하니

이는 가리키는 것이 진실로 홀로 가리킬 수 없으니,

張云 則下에 有脫字하니 或是二字어나 或是三字라하다 案 張說은 未知是否라 今以文義推之컨대 則下에 疑當脫指字라 言於此에 有二物하니 或同類요 或同處어든 今特指此物이면 勢必兼直(치)彼物이라 故不能獨指니 即經所謂不可逃[31]也라 又莊子天下篇에 云 指不至면 至不絶이라하니 疑亦卽此節之義라 蓋若甲乙同處면 欲指甲而勢不能不兼直乙이니 旣兼直乙이면 則所指不得謂專至甲이요 亦不能與乙絶也라 故云不至不絶이라 釋文에 引司馬彪說은 殊誤라

張惠言 : "'則' 아래에 빠진 글자가 있으니, 혹 '二'자이거나 '三'자일 것이다.

案 : 장혜언의 설은 옳은지 알지 못하겠다. 지금 글 뜻으로 추측해 보건대 '則' 아래에 아마도 '指'자가 빠진 듯하다. 여기에 두 물건이 있는데 혹 같은 부류이거나 한 곳에 있을 경우, 이제 단지 이 물건만 가리키면 형세상 저 물건도 아울러 해당하게 되기 때문에 하나만 홀로 가리킬 수 없다는 말이니, 곧 經에서 말한 "벗어날 수 없다.〔不可逃〕"는 것이다. 또 ≪莊子≫ 〈天下〉에 "손가락으로 가리키는 곳에 도달할 수 없으니 손가락으로 가리키는 곳까지의 길이는 끊어지지 않는다.〔指不至 至不絶〕"라 하였으니, 아마도 바로 이 節의 뜻인 듯하다. 대개 甲과 乙이 한 곳에 같이 있을 경우에 甲을 가리키고자 하면 형세상 乙에 아울러 해당하지 않을 수 없으니, 이미 乙에 아울러 해당한다면 가리키는 바가 오로지 甲에게만 이른다고 할 수 없으며 또한 乙과의 연결이 끊어질 수 없다. 그러므로 "도달하지 않고 끊어지지 않는다.〔不至不絶〕"라고 한 것이다. ≪經典釋文≫에서 司馬彪의 설을 인용한 것은 매우 잘못되었다.

---

31) 經所謂不可逃 : 〈經 下〉 41-76-1에 "둘에 대해 가리킴이 있으면 벗어나지 못한다.〔有指於二而不可逃〕"라 한 것을 말한다.

43-37-13 所欲(相)〔指〕不傳이라

가리키고자 하는 바를 전달할 수 없는지라

張云 所欲言不相傳이라하다 詒讓案 相은 疑亦指之誤라 意所欲指者一物이어늘 今兼直二三하니 則不能明傳其所欲矣니 與莊子指不至로 語意同이라

張惠言 : 말하고자 하는 바를 서로 전하지 못하는 것이다.

詒讓案 : '相'은 아마도 '指'의 오자일 듯하다. 마음속으로 가리키고자 하는 것은 하나의 물건인데 지금은 둘, 셋에 겸하여 해당하니, 가리키고자 하는 바를 분명히 전달할 수 없는 것이다. 이는 ≪莊子≫의 "손가락으로 가리키는 곳에 도달할 수 없다.〔指不至〕"는 것과 말뜻이 같다.

43-37-14 意若未校라

마음이 불쾌한 듯할 것이다.

張云 校는 悅也니 不快人意라

張惠言 : '校'는 기쁘다는 뜻이니, 사람의 마음을 불쾌하게 하는 것이다.

43-37-15 且其所智가 是也요

게다가 그 아는 바가 이것이고

張云 有所知라하다

張惠言 : 아는 바가 있는 것이다.

43-37-16 所不智가 是也니

알지 못하는 바가 이것이니,

張云 有所不知라하다

張惠言 : 알지 못하는 바가 있는 것이다.

43-37-17 **則是智是之不智也**가 **惡得爲一**이리오

아는 것과 알지 못하는 것이 어떻게 하나가 될 수 있으리오.

是智者는 **所已知也**요 **是之不智者**는 **所未知也**니 **則不能幷爲一矣**라

'是智'는 이미 알고 있는 것이고 '是之不智'는 알지 못하는 것이니, 이 둘을 아울러 하나로 만들 수 없다는 것이다.

43-37-18 **謂而有智焉有不智焉〔也〕**라

그래서 아는 것도 있고 알지 못하는 것도 있다고 하는 것이다.

疑亦當有也字라 **依張楊說**컨대 **此釋經下有指於二 而不可逃 說在以二絫**(루)라

아마도 응당 '也'자가 있어야 할 듯하다. 張惠言과 楊葆彝의 설에 의거하면, 이 대목은 〈經 下〉의 "有指於二 而不可逃 說在以二絫(둘에 대해 가리킴이 있으면 벗어나지 못하니, 둘과 셋으로 하는 것으로 설명할 수 있다.)"를 풀이하였다.

43-38-1 **所**는 **春也**라

'所'는 春이다.

未詳이라 **張云 下云 臧也今死**어늘 **而春也得文**이라하니 **則春爲人**이라 **疑不能決**이라하다

未詳이다.

張惠言 : 아래에 "臧은 이제 죽었는데 春은 文을 얻었다.〔臧也今死 而春也得文〕"라 하였으니, 春은 사람일 것이다. 의심을 결단할 수 없다.

43-38-2 **其(執)〔埶(세)〕**는 **固不可指也**어니와

勢位는 진실로 가리켜 말할 수 없거니와

張云 執은 **疑當爲埶**니 **與勢同**이라 **案 張校是也**라 **埶**는 **卽古勢字**라 **徐鉉說文新附**에 **云 勢**는 **經典通用埶**라하고 **禮運在埶者去**라한대 **鄭注**에 **云 埶**는 **埶位也**라하고 **釋文**에 **云 埶**는

本亦作勢라하고 後魯問篇亦以埶爲勢라 今本竝誤執하니 可證이라

張惠言 : "執'은 아마도 '埶'가 되어야 할 듯이니, '勢'와 같다.

案 : 장혜언의 교감이 옳다. '埶'는 곧 勢의 古字이다. 徐鉉의 ≪說文新附≫에 "'勢'는 經典에서 '埶'와 통용된다."라 하였고, ≪禮記≫ 〈禮運〉에 "埶에 있는 자는 제거하였다.〔在埶者去〕"라 하였는데, 鄭玄의 注에 "埶는 埶位이다."라 하였고, ≪經典釋文≫에 "'埶'는 본래 '勢'로 되어 있다."라 하였으며, 뒤의 〈魯問〉에도 '埶'를 勢의 뜻으로 썼는데, 今本에는 모두 '執'으로 잘못되어 있으니, 證驗할 수 있다.

43-38-3 逃臣은 不智其處요

도망한 신하는 있는 곳을 알 수 없고,

不知其所匿之處라

숨은 곳을 알지 못하는 것이다.

43-38-4 狗犬은 不智其名也요

狗와 犬은 그 이름을 알 수 없고,

若韓盧[32]宋鵲[33]이라

韓盧와 宋鵲과 같은 경우이다.

43-38-5 遺者는 巧弗能(兩)〔网〕也라

---

32) 韓盧 : 전국시대 韓나라의 盧라는 종류의 명견이다. ≪戰國策≫ 〈秦策〉에 "秦나라의 용맹한 군졸과 수많은 戰車·기마로써 제후들을 당해 내는 것은 마치 한로를 몰아서 절뚝발이 토끼를 쫓는 것과 마찬가지이다.〔以秦卒之勇 車騎之多 以當諸侯 譬若馳韓盧而逐蹇兎也〕"라 하였다.

33) 宋鵲 : 역시 전국시대 宋나라의 鵲이라는 종류의 명견이다. 韓愈의 〈毛穎傳〉에, "東郭에 사는 토끼 㕙이 날래고 뜀박질을 잘하여 韓盧라는 사냥개와 능력을 다투었는데, 한로가 준을 따르지 못하였다. 한로가 화가 나서 宋鵲이란 개와 공모하여 준을 죽였다.〔居東郭者曰㕙 狡而善走 與韓盧爭能 盧不及 盧怒 與宋鵲謀而殺之〕"라 하였다.

잃어버린 물건은 아무리 솜씨가 좋아도 그물로 잡을 수 없다.

張云 皆不可指라 遺者는 義宜爲失亡者라 巧弗能兩은 未詳이라하다 詒讓案 兩은 疑當爲网이어나 或作罔이니 孟子公孫丑篇以罔市利라한대 趙注에 云 罔羅而取之라하다 网與兩이 形近而誤라 言人偶有遺物이면 雖使至巧罔羅索取之라도 不能必得也라 依張說컨대 此釋經所知而弗能指 說在春也逃臣狗犬貴者라 案 貴는 卽遺之訛라

張惠言 : 모두 가리켜 말할 수 없는 경우이다. '遺者'는 뜻이 의당 '잃어버린 것'이라는 의미이나. '巧弗能兩'은 未詳이다.

詒讓案 : '兩'은 아마도 '网'이 되거나 '罔'이 되어야 할 듯하다. ≪孟子≫ 〈公孫丑 下〉에 "시장을 이익을 그물질하다.〔以罔市利〕"라 하였는데, 趙岐의 注에 "그물질하여 취하는 것이다.〔罔羅而取之〕"라 하였다. '网'과 '兩'의 字形이 비슷하여 오자가 생긴 것이다. 어떤 사람이 우연히 잃어버린 물건이 있을 경우에 비록 지극히 솜씨가 좋은 사람으로 하여금 그물질하여 찾게 할지라도 반드시 찾을 수 있다는 보장은 없다는 말이다. 장혜언의 설에 의거하면 이 대목은 經의 "所知而弗能指 說在春也逃臣狗犬貴者(알고 있는 바이면서도 가리켜 말할 수 없는 경우는 봄 · 도망친 신하 · 狗와 犬 · 잃어버린 물건으로 설명할 수 있다.)"를 풀이하였다. 살펴보건대 '貴'는 '遺'의 오자이다.

43-39-1 智는

안다는 것은

句라

여기에서 句를 뗀다.

43-39-2 智狗요

狗를 아는 것이요,

吳鈔本에 智下衍者字라

吳鈔本에는 '智' 아래에 '者'자가 잘못 들어가 있다.

43-39-3 重은

중복이란 것은

句라

여기에서 句를 뗀다.

43-39-4 智犬이라

犬을 아는 것이다.

經說上에 云 二名一實 重同也라하니 義詳前이라

〈經說 上〉에 "名은 둘이고 實은 하나인 것이 重同이다."라고 하였다. 그 뜻은 앞에 상세히 설명하였다.

43-39-5 〔不智〕則過요

알지 못하면 잘못이고,

依經當作不智則過니 今本脫二字라 張云 旣知狗하고 又知犬하되 而不知狗之卽犬이면 則過라

經에 의거하여 응당 '不智則過'가 되어야 하니, 今本에는 두 글자(不智)가 빠졌다.
張惠言 : 이미 狗를 알고 또 犬을 알되 狗가 곧 犬인 줄 알지 못하면 잘못이다.

43-39-6 不重則不過라

중복되지 않으면 〈알지 못하는 게〉 잘못이 아니다.

不重則名實逈異니 宜其不知라 故不過라 依張說컨대 此釋經知狗而自謂不知犬 過也 說在重이라

중복되지 않으면 名과 實이 현저히 다르니 알지 못하는 게 당연하다. 그러므로 잘못이 아닌 것이다. 장혜언의 설에 의거하면, 이 대목은 經의 "知狗而自謂不知犬 過也 說在重

(狗는 알면서도 犬은 알지 못한다고 스스로 말한다면 잘못이니, 重(重同)으로 설명할 수 있다.)"을 풀이하였다.

43-40-1 **通**은 **問者曰**

'通'은 묻는 이가 말하기를,

通은 **卽經云通意**니 **言問以通其意恉也**라

'通'은 곧 經에서 "通意(뜻을 통하다)"라 한 것이니, 물어서 그 뜻을 안다는 말이다.

43-40-2 **子知䮄乎**라하면

"그대는 노새를 아는가?"라 하면,

畢云 䮄當爲𩣡니 **卽驘**(라)의 **省文**이라 **詒讓案 說文馬部**에 **云 驘**는 **驢**(려)**父馬母者也**니 **從馬𣎆聲**이요 **或從羸**(리)**作騾**(라)라 **此蓋從𣎆省聲**이요 **而以亯爲西**는 **則傳寫之訛**라

畢沅 : '䮄'는 응당 '𩣡'가 되어야 하니, 곧 '驘'의 省文이다.

詒讓案 : ≪설문해자≫ 馬部에 "'驘'는 아비는 나귀이고 어미는 말인 것이니, 부수는 馬이고 성음은 𣎆이다. 혹 '羸'를 구성성분으로 하여 '騾'로 되어 있기도 하다. 여기서는 대개 '𣎆'를 구성성분으로 하고 성음은 省이며, 이 글자 안에서 '亯'을 '西'로 쓴 것은 傳寫 과정에서 생긴 오류이다.

43-40-3 **應之曰 䮄**는 **何謂也**오하면 **彼曰䮄(施)〔也〕**라하면

응답하기를 "노새는 무엇을 말하는가?"라 한다. 이에 저 사람이 말하기를 "노새이다."라 하면,

句라

여기에서 句를 뗀다.

驘(노새)

43-40-4 **則智之**요

아는 것이요,

施는 **疑當作也**라 **謂告以羸之名物**이라 **張云 蓋卽羸螔**(라이)라하니 **繆**라

'施'는 아마도 '也'가 되어야 할 듯하다. 노새라는 명칭을 말해준 것이다. 張惠言은 "〈䫂施는〉 아마 羸螔(달팽이)일 것이다."라 하였으니, 잘못 보았다.

43-40-5 **若不問䫂何謂**오한대 **徑應以弗智**하면

만약 노새가 무엇을 말하는 것인지 묻지 않았는데, 지레 알지 못한다고 응답하면

句라

여기에서 句를 뗀다.

43-40-6 **則過**라

잘못이다.

不問羸何謂어늘 **而徑應以弗知**하면 **則不知而復無求知之意**라 **人將不復告**하리니 **是終於不知矣**라 **故謂之過**라

노새가 무엇을 말하는 것인지 묻지 않았는데 지레 알지 못한다고 응답하면, 알지 못하면서 더 이상 알고자 하는 마음이 없는 것이라 남이 장차 더 이상 말해주지 않을 것이니, 이렇게 되면 끝내 모르고 말 것이다. 그러므로 잘못이라 한 것이다.

43-40-7 **且**(應)〔**問**〕**必應**이니

그리고 물으면 반드시 응답해야 하니,

此義難通이라 **疑當作且問必應**이니 **涉下而誤耳**라

이 대목은 뜻을 알기 어렵다. 아마도 '且問必應'이 되어야 할 듯하니, 아래 구절과 연관하여 착오가 생겼을 것이다.

43-40-8 問之時에 若應하면

물을 때 만약 응답한다면,

句라

여기에서 句를 뗀다.

43-40-9 (長)〔其〕應有深淺이라

그 응답에는 深淺이 있다.

長은 疑當作其니 形近而誤라 深은 若應之曰嬴何謂요 淺은 若徑應以弗知가 是也라 此釋經下通意後對 說在不知其誰謂也라

'長'은 아마도 '其'가 되어야 할 듯하니, 字形이 비슷하여 오자가 생긴 것이다. '深'은 "응답하기를 '노새는 무엇을 말하는가?'라 한다."와 같은 것이고, '淺'은 "지레 알지 못한다고 응답하면"과 같은 것이 이와 같은 뜻이다. 이 대목은 〈經 下〉의 "通意後對 說在不知其誰謂也(뜻을 이해한 뒤에야 대답하니 그가 무엇을 말하는지 알 수 없다는 점으로 설명할 수 있다.)"를 풀이하였다.

43-41-1 (大)〔人〕(常)〔堂〕中在어든

사람이 堂 가운데 있을 경우

大는 道藏本吳鈔本作天이나 以文義推之컨대 疑當作人이라 畢云 據下文컨대 常은 當爲堂이라

'大'는 道藏本과 吳鈔本에는 '天'으로 되어 있으나 글 뜻으로 미루어 보건대 아마도 '人'이 되어야 할 듯하다.

畢沅 : 아래 글에 의거하면 '常'은 응당 '堂'이 되어야 한다.

43-41-2 (兵)〔其〕人이요

그 사람이요

句라

여기에서 句를 뗀다.

43-41-3 (長)〔其〕所라

그 장소라.

長은 吳鈔本作常하니 非라 此疑當作其人其所라 今本兩其字가 訛兵長二字하여 遂不可通하다

'長'은 吳鈔本에 '常'으로 되어 있으니, 잘못이다. 이 대목은 아마도 '其人 其所'가 되어야 할 듯하다. 今本에는 두 '其'자가 잘못 '兵'과 '長' 두 글자로 되어 뜻이 통하지 않게 되었다.

43-41-4 室堂은

室·堂은

句라

여기에서 句를 뗀다.

43-41-5 所存也요

있는 곳이고

此謂其所라

이는 그 장소를 말한다.

43-41-6 (其)〔某〕子는

어떤 사람은

其는 疑當爲某之訛니 後旗幟篇에 云 建旗 其署曰某子旗라하다

'其'는 아마도 '某'의 오자일 듯하다. 뒤의 〈旗幟〉에 "깃발을 세우고 '아무개의 깃발'이라고 쓴다.〔建旗 其署曰某子旗〕"라 하였다.

43-41-7 存者也라

있는 자이다.

此謂其人이라

이는 그 사람을 말한다.

43-41-8 據在者而問室堂엔

있는 자에 의거하여 堂·室을 물을 경우에는

張云 在는 當爲存이라 案 在存義同하니 似不必改라

張惠言 : '在'는 '存'이 되어야 할 듯하다.
案 : '在'와 '存'은 뜻이 같으니, 굳이 고칠 필요가 없을 듯하다.

43-41-9 惡(오)(可)〔所〕存也아하며

"어느 곳에 있는가?"라 하며,

當作惡所存也라 上云 堂室은 所存也라하고 下云 主存者以問所存이라하니 竝其證이라 言問存者以在室或在堂也라

응당 '惡所存也'가 되어야 하니, 위에서는 "堂·室은 있는 곳이고"라 하였고, 아래에서는 "있는 자를 위주로 하여 있는 곳을 물은 것이다."라 하였으니, 모두 그 증거이다. 있는 자에게 室에 있는지, 堂에 있는지를 물은 것이라는 말이다.

43-41-10 主室堂而問存者엔 孰存也아하니

室·堂을 위주로 하여 있는 자를 물을 경우에는 "누가 있는가?"라 하니,

言問在室堂者爲何人也라

室・堂에 있는 자는 누구인가라고 묻는다는 말이다.

43-41-11 是一主存者以問所存이요

이는 하나는 있는 자를 위주로 하여 있는 곳을 물은 것이고

句라

여기에서 句를 뗀다.

43-41-12 一主所存以問存者라

하나는 있는 곳을 위주로 하여 있는 자를 물은 것이다.

依楊說컨대 此釋經下所存與者 於存與孰存이라 案經者上에 脫存字라

楊葆彝의 설에 의거하면, 이 대목은 〈經 下〉의 "'所存與者 於存與孰存(있는 곳과 있는 자는 어디에 있는가와 누가 있는가이다.)"을 풀이하였다. 살펴보건대 經의 '者' 위에 '存'자가 빠졌다.

43-42-1 五合은

五行이 서로 합하는 것은

謂五行相合이라

오행이 서로 합하는 것을 말한다.

43-42-2 (水)〔木〕(土)〔生〕火니

木이 火를 낳는 경우이니,

疑當作木生火라 張云 五行自相合者는 水土火니 金待火而合하고 木待金而合이라하다

案 張說은 未知是否로다

아마도 '木生火'가 되어야 할 듯하다.

張惠言 : 五行 중에서 스스로 합하는 것은 水·土·火이니, 金은 火를 기다려 합하고 木은 金을 기다려 합한다.

案 : 장혜언의 설은 옳은지 여부를 알 수 없다.

43-42-3 火離(려)然하며

火가 〈木에〉 붙어서 타오르고

此言火離木而然이라 易離彖傳에 云 離는 麗也라하고 莊子外物篇에 云 木與木相靡則然이라하다 張云 火出於石而然於木하여 離其本이라하니 未塙이라

이는 불이 나무에 붙어서 타오른다는 말이다. ≪周易≫ 離卦 〈彖傳〉에 "'離'는 붙음이다."라 하였고, ≪莊子≫ 〈外物〉에 "나무와 나무가 서로 마찰하면 타오른다."라 하였다. 張惠言은 "불이 돌에서 나와서 나무에서 타고 뿌리에 붙는다."라 하였는데, 확실하지 않다.

43-42-4 火鑠(삭)金은 火多也요 金靡炭은

火가 金을 녹이는 것은 火가 많이 때문이요 金이 숫돌을 갈아 없애는 것은

靡는 礳之假字라 說文石部에 云 礳는 石磑也요 研은 礳也라하니 言金能礳研炭하여 使消散이라

'靡'는 '礳'의 가차자이다. ≪說文解字≫ 石部에 "'礳'는 맷돌이다."라 하고, "'研'은 礳이다."라 하였으니, 쇠가 숯을 갈아서 소멸시킬 수 있다는 말이다.

43-42-5 金多也라

金이 많기 때문이다.

張云 所謂無常勝이라

張惠言 : 〈經 下〉에서 말한 "늘 이기는 것은 없다."는 것이다.

43-42-6 **合之(府)〔成〕水**하고

〈金과 火가〉 만나면 물이 되고,

道藏本吳鈔本에 作木은 非라 畢云 府는 疑同腐라하고 張云 水無不合이라하다 案 畢張說은 竝未塙이라 此疑當作合之成水니 言金得火則銷鑠而成水라 莊子外物篇에 云 金與火相守則流라하니 是也라

道藏本과 吳鈔本에 〈'水'가〉 '木'으로 되어있는 것은 잘못된 것이다.

畢沅 : '府'는 아마도 '腐'와 같을 듯하다.

張惠言 : 물은 합하지 못하는 것이 없다.

案 : 필원과 장혜언의 설은 다 확실하지 않다. 이 대목은 아마도 '合之成水'가 되어야 할 듯하다. 金이 火를 얻으면 녹아서 물이 된다는 말이다. ≪莊子≫ 〈外物〉에 "金이 火와 함께 있으면 녹아 흐른다.〔金與火相守則流〕"라 하였으니, 이를 말한 것이다.

43-42-7 **木離(木)〔土〕**라

木은 土에 붙는다.

張云 木必相離라하다 案 張說亦難通이라 疑當作木離土니 離는 亦與麗同義라 易離彖云 百穀艸木麗乎土라하다 此釋經下五行毋常勝 說在宜라

張惠言 : 木은 반드시 서로 붙는다.

案 : 장혜언의 설은 역시 뜻이 통하기 어렵다. 아마도 '木離土'가 되어야 할 듯하니, '離'는 '麗'와 뜻이 같다. ≪周易≫ 離卦 〈彖傳〉에 "百穀과 초목은 흙에 붙는다."라 하였다. 이 대목은 〈經 下〉의 "五行毋常勝 說在宜(오행은 언제나 이기는 이치는 없으니 時宜에 맞음으로 설명할 수 있다.)"를 풀이하였다.

43-43-1 **若識麋與魚之數**면 **惟所利**요 **無欲惡**(오)라

고라니와 물고기의 숫자와 같은 것들을 알 경우에는 오직 이로운 것이라 여길 뿐이고 愛憎은 없다.

無欲惡는 猶言無愛憎이라 麋魚는 以共膳羞라 惟所利는 謂惟所共에 無偏嗜니 卽經所謂宜也라

'無欲惡'는 愛憎이 없다는 말과 같다. 고라니와 물고기는 음식을 장만할 재료로 공급한다. 오직 이롭다고만 여길 뿐이라는 것은 〈음식 재료로〉 공급함에 있어 어느 한 쪽만 좋아하지 않는다는 것을 말한다. 이것이 곧 經에서 말한 '宜(時宜에 맞음)'이다.

43-43-2 傷生損壽어늘 說以少(連)〔適〕하면

건강을 해쳐서 수명을 손상하거늘 적게 먹고 알맞게 먹으라고 말한다면,

說은 吳鈔本에 作設이라 此義難通이라 疑連當作適이니 謂節嗇以養性也라 下云適足不害가 亦其證이라 呂氏春秋適音篇에 云 和心在於行適이라한대 高注에 云 適은 中適也라하다

說은 吳鈔本에는 '設'로 되어 있다. 이 대목은 뜻을 알기 어렵다. 아마도 '連'은 응당 '適'이 되어야 할 듯하니, 욕심을 절제하여 본성을 기른다는 말이다. 아래 글에 "음식을 알맞게 먹으면 사람에게 해롭지 않다.〔適足不害〕"라 한 것이 그 증거이다. ≪呂氏春秋≫ 〈適音〉에 "마음을 화락하게 하는 것은 행동을 알맞게 하는 데 달려 있다.〔和心在於行適〕"라 하였는데, 高誘의 注에 "'適'은 알맞은 것이다."라 하였다.

43-43-3 是誰愛也오 嘗多粟을 或者欲〔有〕不(有)能傷也하니

이것을 누가 좋아하겠는가? 많은 곡식을 먹기를 어떤 사람이 바라더라도 실제로는 손실도 이익도 될 수 없으니,

疑當作或者欲有不能傷也라 言多粟而或欲有之나 然徒欲不足爲益損也라

아마도 '或者欲有不能傷也'가 되어야 할 듯하다. 많은 곡식을 어떤 사람이 가지고 싶어하더라도 한갓 갖고 싶어만 하는 것은 실제 자신에게 손실도 이익도 될 게 없다는 말이다.

43-43-4 若酒之於人也라

술이 사람에 있어서와 같은 경우이다.

言酒無益於人하니 損之爲宜라

술은 사람에게 이익이 될 게 없으니, 줄이는 것이 마땅하다는 말이다.

43-43-5 且恕人利人은

또 남을 알고 남을 이롭게 하는 것은

恕는 吳鈔本作恕하고 下句仍作恕라

'恕'는 吳鈔本에 '恕'로 되어 있고 아래 句는 그대로 '恕'로 되어 있다.

43-43-6 愛也나 則唯恕弗治也라

사랑이지만, 그저 알기만 해서는 실행할 수 없다.

唯는 舊本作惟러니 今據吳鈔本改라 徒知不足爲益損이라 或云 唯는 與雖通이라 治는 疑當爲給이라 言知愛利人이나 而力不可遍給이면 亦不足爲益損也라하니 亦通이라 依張說컨대 此釋經下無欲惡之爲益損也 說在宜라

'唯'는 舊本에는 '惟'로 되어 있는데, 지금 吳鈔本에 의거하여 고쳤다. 한갓 알기만 해서는 益損이 될 수 없다는 것이다. 혹자는 "'唯'는 '雖'와 통용된다. '治'는 아마도 '給'이 되어야 할 듯하다. 남을 사랑하고 이롭게 할 줄만 알고 힘이 두루 미칠 수 없으면 또한 손실도 이익도 되지 못한다."라 하였으니, 또한 뜻이 통한다. 張惠言의 설에 의거하면, 이 대목은 〈經 下〉의 "無欲惡之爲益損也 說在宜(욕망하고 증오하는 것이 이익과 손해가 될 수 없으니, 宜(적절함, 알맞음)로 설명할 수 있다.)"를 풀이하였다.

43-44-1 損飽者去餘면

배불리 먹을 것을 덜어 남는 것을 제거하면

言損去其多餘者라

많아서 남는 것을 덜어낸다는 말이다.

43-44-2 **適足不害**하고 **能(害飽)〔飽害〕**라

〈음식이〉 적당하여 해가 되지 않고 배불리 먹으면 해가 되니,

能은 **與而通**이라 **害飽**는 **疑當作飽害**라 **言若食適足**하면 **不害於人**이요 **而過飽**면 **乃爲害**라

'能'은 '而'와 통용된다. '害飽'는 아마도 '飽害'가 되어야 할 듯하다. 음식이 적당하면 사람에게 해가 되지 않고 지나치게 배불리 먹으면 해가 된다는 말이다.

43-44-3 **若傷麋之無脾也**라

고라니에게 넓적다리가 없는 것을 결함으로 여기는 경우와 같다.

脾는 **讀爲髀**라 **少牢饋食禮**에 **云 腊(석)用麋**라하고 **又云 髀不升**이라한대 **鄭注**에 **云 近竅賤也**라하다 **古文**에 **髀皆作脾**하니 **此與古文禮正同**이라 **言麋以共祭而髀不登於祭俎**라 **故傷麋雖無髀**나 **無害於爲腊以共祭**니 **亦損而不害之意**라

'脾'는 '髀'로 읽는다. ≪儀禮≫ 〈牢饋食禮〉에 "腊(말린 고기)은 고라니 고기를 쓴다.〔腊用麋〕"라 하였고, 또 "넓적다리 고기는 제상에 올리지 않는다.〔髀不升〕"라 하였는데, 鄭玄의 注에 "항문에 가까운 부위이니, 천하기 때문이다.〔近竅賤也〕"라 하였다. 古文에 '髀'는 다 '脾'로 되어 있다. 이 대목은 古文의 禮와 꼭 같다. 고라니는 제사에 쓰지만 넓적다리는 祭器에 올리지 않기 때문에 넓적다리가 없는 고라니를 비록 缺陷으로 여기지만 腊(육포)을 만들어 제사에 쓰는 데 문제될 것은 없다는 말이니, 또한 〈經 下〉에 "덜어내더라도 해가 되지 않는다.〔損而不害〕"라고 한 뜻이다.

43-44-4 **且有損而后益(智)者**하니

또 덜어낸 뒤에 이익이 되는 경우도 있으니,

智字는 **疑衍**이라

'智'는 아마도 衍字일 듯하다.

43-44-5 **若瘧(학)病之(之)〔人〕於瘧也**라

학질에 걸린 사람이 학질에 있어서의 경우와 같은 것이다.

畢云 㾒은 卽瘧(학)省文이라 說文에 云 瘧(학)은 熱寒休作이라하다 今經典省几하고 此省𠂆하니 一也라 𠂆는 卽爪字라 詒讓案 廣雅釋詁에 云 㾒는 病也라하다 此㾒은 或當爲瘧之省文이라 下之字는 當作人이라 言人患瘧者는 以病損爲益也라 此釋經下損而不害 說在餘라

畢沅 : '㾒'은 곧 '瘧'의 省文이다. ≪說文解字≫에 "'瘧'은 열과 오한이 그쳤다 발작했다 하는 것이다."라 하였다. 지금 經典에는 '几'가 생략되었고, 여기서는 '𠂆'가 생략되었으니, 동일한 글자이다. '𠂆'는 곧 '爪'자이다.

詒讓案 : ≪廣雅≫ 〈釋詁〉에 "'㾒'은 病이다."라 하였다. 이 '㾒'은 혹 '瘧'의 省文이 되어야 할 듯하고, 아래 '之'자는 응당 '人'이 되어야 할 듯하다. 학질을 앓는 사람은 병이 덜어지는 것을 이익으로 여긴다는 말이다. 이 대목은 〈經 下〉의 "損而不害 說在餘(덜어내더라도 해가 되지는 않으니 餘(넉넉함)로 설명할 수 있다.)"를 풀이하였다.

43-45-1 智는 以目見이나 而目以火見이요 而火不見이라

안다는 것을 말해보면, 눈으로 보지만 눈은 불로 밝혀서 보고 불은 스스로 보지 못한다.

公孫龍子堅白論篇에 云 且猶白은 以目以火見이나 而火不見하니 則火與目不見이요 而神見이며 神不見이요 而見離라하니 彼文以目下에 蓋脫見目二字하니 義與此正同이라 莊子天下篇에 辯者曰 目不見이라하니 亦卽此義也라

≪公孫龍子≫ 〈堅白論〉에 "게다가 흰색은 눈으로 보고 불로 보지만 불은 스스로 보지 못하니 불과 눈은 보지 못하고 정신이 보며, 정신도 혼자서 보지 못하니, 보는 것은 정신과 분리되어 있다."라 하였다. 저 〈견백론〉의 글에서는 '以目' 아래 아마도 '見目' 두 글자가 빠졌을 듯하니, 뜻은 이 대목과 꼭 같다. ≪莊子≫ 〈天下〉에 "논변하는 자가 '눈은 보지 못한다.'라 한다."라 하였으니, 또한 바로 이 뜻이다.

43-45-2 惟以五路智로되 久不當이라

五官으로 알지만 시간이 오래 걸려서 아는 경우는 해당하지 않는다.

未詳이라 此釋經知而不以五路 說在久라

未詳이다. 이 대목은 經의 "知而不以五路 說在久(五官을 통하지 않는 지식이 있으니 시간의 지속으로 설명할 수 있다.)"를 풀이하였다.

43-46-1 以目見〔火〕가

눈으로 불을 보는 것이

下當脫火字라

'見' 아래 응당 '火'자가 빠졌을 것이다.

43-46-2 若以火見火하니

불로 불을 보는 것과 같으니,

句라

여기에서 句를 뗀다.

43-46-3 謂火熱也나 非以火之熱이라

불이 뜨겁다고 하지면 불의 뜨거움으로 〈보는 것은〉 아니다.

言火雖熱이나 而所見者光也요 非以其熱이라 莊子天下篇에 云 火不熱이라하니 此卽其義라 淮南子詮言訓의 許注에 云 公孫龍以白馬非馬冰不寒炭不熱爲論하니 彼炭은 疑亦火之誤라 此釋經下必熱 說在頓이라 必은 卽火之誤요 下又脫不字라

불이 비록 뜨겁지만 보이는 것은 빛이지 뜨거움이 아니라는 말이다. ≪莊子≫ 〈天下〉에 "불은 뜨겁지 않다."라 하였으니, 이것이 바로 그 뜻이다. ≪淮南子≫ 〈詮言訓〉의 許愼의 注에 "公孫龍이 백마는 말이 아니며, 얼음은 차지 않으며, 숯은 뜨겁지 않다는 것으로 논리를 폈다."라 하였다. 거기의 '炭'은 아마도 '火'의 오자일 것이다. 이 대목은 〈經下〉의 "必熱 說在頓(불은 뜨겁지 않으니 睹(봄)으로 설명할 수 있다.)"을 풀이하였다. '必'은

곧 '火'의 오자이고, 그 아래에 또 '不'자가 빠졌다.

43-47-1 我有若視曰智어든

내가 보고서 '안다'고 하는 것이 있을 경우

智는 竝與知通이라 張云 有如視一物而曰知라하다

'智'는 다 '知'와 통용된다.
張惠言 : 한 물건을 보고서 안다고 하는 것과 같은 경우이다.

43-47-2 雜所智與所不智而問之하면 則必曰 是는 所智也요 是는 所不智也라하여 取去를 俱能之니

아는 바와 알지 못하는 바를 섞어서 물으면, 반드시 "이것은 아는 바이고, 이것은 알지 못하는 바이다."라 하여 취하고 버림을 둘 다 할 수 있을 것이다.

張云 取所知하고 去所不知라하다

張惠言 : 아는 바를 취하고 알지 못하는 바를 버리는 것이다.

43-47-3 是兩智之也라

이는 〈아는 바와 알지 못하는 바〉 양쪽을 다 아는 것이다.

依張說컨대 此釋經下知其所以不知 說在以名取라

張惠言의 설에 의거하면, 이 대목은 〈經 下〉의 "知其所以不知 說在以名取(알지 못하던 까닭을 아니, 名(命名)과 取(선택)로 설명할 수 있다.)"를 풀이하였다.

43-48-1 無라

無(없음)에 대해 설명한다.

句라

여기에서 句를 뗀다.

43-48-2 **若無(焉)〔馬〕**면

만약 말이 없어졌다면

句라

여기에서 句를 뗀다.

43-48-3 **則有之而后無**요

있은 뒤에 없어진 것이요,

后는 **吳鈔本作後**라 **無焉**의 **焉**은 **疑當作馬**라 **馬爲物名**이니 **必先有馬**라야 **乃可言無馬也**라

'后'는 吳鈔本에는 '後'로 되어 있다. '無焉'의 '焉'은 아마도 '馬'가 되어야 할 듯하다. 말은 동물의 이름이니, 반드시 먼저 말이 있어야 비로소 말이 없어졌다고 말할 수 있는 것이다.

43-48-4 **無(天)〔失〕陷**은

실수가 없는 경우는

句라

여기에서 句를 뗀다.

43-48-5 **則無之而無**라

그런 실수가 〈예전에〉 없이 없는 것이다.

張云 天陷은 **未詳**이라 **或謂天所缺者**라하다 **案 張說未塙**이라 **天**은 **疑當作失**이라 **戒人無失陷爲虛言**이면 **則先未有此事而豫相敕戒**니 **亦可言無**니 **所謂不必待有也**라 **依張說**컨대 **此釋經下無不必待有 說在所謂**라

張惠言 : '天陷'은 未詳이다. 혹자는 하늘의 결함이 있는 바라 하였다.

案 : 장혜언의 설은 확실하지 않다. '天'은 아마도 '失'이 되어야 할 듯하다. 남에게 실수하여 虛言이 되는 일이 없도록 警戒할 경우에는 앞서 이러한 일이 있지 않은데 미리 조심시키는 것이니, 또한 없다고 말할 수 있다. 이는 〈經 下〉에서 말한 "반드시 있음을 필요로 하지 않는다.〔不必待有〕"는 것이다. 장혜언의 설에 의거하면, 이 대목은 〈經 下〉의 "無不必待有 說在所謂(無(없음)는 반드시 有(있음)를 필요로 하지는 않으니, 말하는 바로 설명할 수 있다.)"를 풀이하였다.

43-49-1 (擢)〔推〕〔慮不〕[34]疑는

대강 하고 의심하지 않는 것은

擢은 當爲推이니 詳經下라

'擢'은 응당 '推'이 되어야 하니, 〈經 下〉에 상세히 보인다.

43-49-2 無謂也라

〈구체적으로〉 말할 게 없기 때문이다.

未詳이라

未詳이다.

43-49-3 臧也今死나 而(春)〔養〕也得(文)〔之〕하니 文死也可라

臧이 지금 죽었으나 봉양할 사람은 얻을 수 있으니 文은 죽어도 괜찮다.

此義不可通이라 春也與臧也對擧하니 疑春은 當爲廝(시)養之養이니 形近而誤라 得文은 疑當作得之라 大意似謂亡臧而得養이 略足相當이로되 但文尙有譌脫하니 不能盡解라 此釋經下擢慮不疑 說在有無라 擢은 亦推之誤라

---

34)〔慮不〕: 저본에는 '慮不'이 없으나, 〈經 下〉에 의거하여 보충하였다.

이 대목은 뜻을 알 수 없다. '春'과 '臧'은 상대하여 말하였으니, 아마도 '春'은 응당 '厮養(하인들의 봉양)'의 '養'이 되어야 할 듯하다. 字形이 비슷하여 오자가 생긴 것이다. '得文'은 아마도 '得之'가 되어야 할 듯하다. 大意는 臧이 사망한 것과 봉양할 사람을 얻은 것이 대략 相當할 만하다는 말인 듯하지만 글에 여전히 오탈이 있어 뜻을 다 알 수 없다. 이 대목은 〈經 下〉의 "擢慮不疑 說在有無(대강 하고 의심하지 않으니, 有無(있거나 없는 수)로 설명할 수 있다)"를 풀이하였다. '擢'은 또한 '摧'의 오자이다.

43-50-1 且는

'且'는

句라

여기에서 句를 뗀다.

43-50-2 猶是也라

지금이다.

此引申比況之義라 詩周頌載芟에 匪且有且요 匪今斯今이라한대 毛傳에 云 且는 此也라하고 孔疏에 云 且亦今時라하니 此云 猶是也는 與此今義相近이라 張云 且는 未然之辭요 亦方然이라 故日 猶是也라하니 是如此也라 案 張說亦通이라

이는 字義를 넓혀서 비유한 뜻이다. ≪詩經≫ 〈周頌 載芟〉에 "이곳에 있을 뿐만이 아니며 지금 뿐만이 아니라 예로부터 이와 같도다.〔匪且有且 匪今斯今〕"라 하였는데, 毛傳에 "'且'는 '此'이다."라 하였고, 孔穎達의 疏에 "'且'는 '今時'이다."라 하였다. 여기서 '猶是也'라 한 것은 '此今(지금)'과 뜻이 비슷하다.

張惠言 : '且'는 아직 그렇게 되지 않았다는 말이며, 또한 바야흐로 그러하다는 말이다. 그러므로 '猶是也'라 했으니, 이는 '이와 같다'는 말이다.

案 : 장혜언의 설도 뜻이 통한다.

43-50-3 且然은

'且然'은

句라

여기에서 句를 뗀다.

43-50-4 **必然**이요

반드시 그렇게 될 것이란 말이요

舊本에 **作且且必然**하고 **吳鈔本**에 **作且必然**이라 **王引之云 且且必然**은 **當作且然必然**이니 **以下三句文義例之**면 **可知**라하다 **案 王校是也**요 **張校同**이라 **今據正**하노라 **經說上**에 **云 自前曰且**요 **自後曰已**라 **方然亦且**라하다 **此卽方然之義**니 **言且之爲言**은 **雖尙未然**이나 **而事勢湊會**하여 **必將至於是**라

舊本에는 '且且必然'으로 되어 있고, 吳鈔本에는 '且必然'으로 되어 있다.

王引之 : "'且且必然'은 응당 '且然必然'이 되어야 하니, 아래 세 句의 글 뜻의 용례로 보면 알 수 있다.

案 : 왕인지의 교감이 옳고, 장혜언의 교감도 같으니, 지금 이에 의거하여 바로잡았다. 〈經說 上〉에 "〈일이 일어나기〉 전의 시점에서는 '且'라고 하고 〈일이 일어난〉 후의 시점에서는 '已'라고 한다. 바야흐로 일어나고 있을 때도 '且'이다.〔自前曰且 自後曰已 方然亦且〕"라 하였다. 이는 곧 '方然(바야흐로 일어나고 있을 때)'의 뜻이니, 말하자면 '且'라는 말은 비록 아직 그러한 일이 일어나지는 않았으나 일의 형세가 聚合하여 반드시 장차 이에 이를 것이라는 뜻이다.

43-50-5 **且已**는

'且已'는

句라

여기에서 句를 뗀다.

43-50-6 **必已**니

반드시 이미 그렇다는 말이니,

句라

여기에서 句를 뗀다.

43-50-7 **且用工而後已者**는 **必用工而後已**라

장차 從事한 뒤에 그만둘 경우는 반드시 종사한 뒤에야 그만두는 것이다.

舊本에 **必用工下**에 **脫而字**라 **王引之云 後上**에 **亦當有而字**라하다 **案 王校是也**라 **今據補**하노라 **用工**은 **猶言從事也**라 **此釋經下且然不可正 而不害用工 說在宜歐**라 **宜歐**는 **疑當作害區**라

舊本에는 '必用工' 아래 '而'자가 빠졌다.
王引之 : '後' 위에 또한 '而'자가 있어야 할 듯하다.
案 : 왕인지의 교감이 옳다. 지금 이에 의거하여 보충하였다. '用工'은 '從事'라는 말과 같다. 이 대목은 〈經 下〉의 "且然 不可正 而不害用工 說在宜歐(且然(그렇게 되려 함)은 豫期할 수 없지만 일을 해 나가는 데 문제 되지 않으니 害區(소략함, 豫期 못함)로 설명할 수 있다.)"를 풀이하였다. '宜歐'는 아마도 '害區'가 되어야 할 듯하다.

43-51-1 **均**은

'均'은

句라

여기에서 句를 뗀다.

43-51-2 **髮均縣**이라

머리털이 고르게 달려 있는 것이다.

句라

여기에서 句를 뗀다.

43-51-3 **輕重而髮絶**은 **不均也**니 **均**이면

어느 것은 가볍고 어느 것은 무거워서 머리털이 끊어지는 것은 고르지 않기 때문이다. 고르다면

句라

여기에서 句를 뗀다.

43-51-4 **其絶也**에 **莫絶**이니라

끊어도 끊어지지 않는다.

舊本輕下에 脫重字라 孫星衍云 列子湯問篇에 云 均은 髮均縣이니 輕重而髮絶은 髮不均也라 均也면 其絶也에 莫絶이라한대 張湛注에 云 髮甚微脆(취)而至不絶者는 至均故也라 今所以絶者는 猶輕重相傾하여 有不均處也라 若其均也면 寧有絶理리오 言不絶也라하다 今輕下에 脫重字하고 均其絶也句요 均下無也字라 案 孫校是也라 畢亦據補重字하니 今從之라 依張楊說컨대 此釋經下均之絶不(부) 說在所均이라

舊本에는 '輕' 아래 '重'자가 빠졌다.

孫星衍 : ≪列子≫ 〈湯問〉에 "'均'은 머리털이 고르게 달려 있는 것이다. 어느 것은 가볍고 어느 것은 무거워서 머리털이 끊어지는 것은 고르지 않기 때문이다. 고르다면 끊어도 끊어지지 않는다."라 했는데, 張湛의 注에 "머리털은 매우 미약한데도 끊어지지 않는데 이르는 것은 지극히 고르기 때문이다. 지금 끊어지는 까닭은 가벼운 것과 무거운 것의 형세가 어느 한 쪽으로 기울어져 고르지 못한 곳이 있기 때문이다. 만약 고르다면 어찌 끊어질 리가 있겠는가. 끊어지지 않음을 말한 것이다."라 하였다. 지금 ≪墨子≫의 이 대목에는 '輕' 아래 '重'자가 빠졌고, '均其絶也'에 句를 떼며, '均' 아래에 '也'자가 없다.

案 : 손성연의 교감이 옳다. 畢沅도 이에 의거하여 '重'자를 보충해 넣었으니, 지금 따

른다. 張惠言과 楊葆彝의 설에 의거하면, 이 대목은 〈經 下〉의 "均之絶不 說在所均(均(고르게 달려 있는 것)이 끊어지는지의 여부는 고르게 달려 있는 모양으로 설명할 수 있다.)"을 풀이하였다.

43-52-1 堯(霍)〔臛(학)〕은

堯임금과 고깃국은

此二字는 爲下文發耑(단)이라 篇中霍字婁見하니 以義推之컨대 似竝當爲虎之訛라 然於此文不合이라 畢云 據下文컨대 作臛이라한대 張從之하니 未知是否라

이 두 글자는 아래 글의 발단이 된다. 이 편 중에 '霍'자가 누차 보이는데, 뜻으로 미루어 보면 아마도 모두 '虎'의 오자가 되어야 할 듯하다. 그러나 이 글에서는 '虎'가 맞지 않다. 畢沅은 "아래 글에 의거하건대 '臛'이 되어야 한다."라 했는데, 장혜언은 이 설을 따랐다. 옳은지 알지 못하겠다.

43-52-2 或以名視人이며 或以實視人이요

어떤 것은 이름으로 사람들에게 보여준 것이며, 어떤 것은 실질로 사람들에게 보여준 것이요,

張云 堯者名이요 臛者實이라하다

張惠言 : '堯'란 것은 이름이고, 고깃국이란 것은 실질이다.

43-52-3 擧友富商也는 是以名視人也라 指是臛也는

벗이 부유한 상인임을 들어 말하는 것은 이름을 사람들에게 보여주는 것이다. 고깃국을 가리키는 것은

臛은 或當同上作霍이라

'臛'은 어쩌면 위와 같이 '霍'이 되어야 할 듯하다.

43-52-4 **是以實視人也**며

실질을 사람들에게 보여주는 것이다.

視는 **與示通**이라 **擧友之富商以告人**은 **是示以名也**요 **指臛以示人**은 **是示以實也**라

'視'는 '示'와 통용된다. 벗이 부유한 상인임을 들어서 사람들에게 보여주는 것은 이름을 보여주는 것이고, 고깃국을 가리켜 사람들에게 보여주는 것은 실질을 보여주는 것이다.

43-52-5 **堯之義也**는 **是聲也於今**이요

堯의 의로움은 지금 세상에 명성이 나 있는 것이고

張云 名生於今이라하다

張惠言 : 이름이 지금에 생겨난 것이다.

43-52-6 **所義之實**은 **處於古**라

의로운 바의 실질은 옛날에 있는 것이다.

言堯之義는 **施於當時**요 **不能及今**이니 **即經異時之義**라 **此釋經(上)〔下〕**[35]**堯之義也 生於今而處於古而異時 說在所義**라 **生**은 **疑當爲任**이라

堯의 의로움은 당시에 베풀어진 것이고 오늘날까지 미치지는 못하니, 곧 〈經 下〉의 "때를 달리한다.〔異時〕"는 뜻이다. 이 대목은 〈經 下〉의 "堯之義也 生於今而處於古而異時 說在所義(堯임금의 義는 지금에 거론하지만 옛날에 있었던 것이기에 시대를 달리하니, 義로 여긴 것으로 설명할 수 있다.)"를 풀이하였다. '生'은 아마도 '任'이 되어야 할 듯하다.

43-52-7 **若殆於城門**이면 **與於臧也**[36]라

---

35) (上)〔下〕: 저본에는 '上'으로 되어 있으나, ≪墨子閒詁≫ 〈經 下〉에 의거하여 '下'로 바로잡았다.

36) 若殆於城門 與於臧也 : 정확한 뜻을 알 수 없으나 孫詒讓의 주에 의거하여 43-35-1~3의 "사양함이 없는 것은 술이다. 〈논변에서〉 사양하지 않는 것은 '殆(서로 가까운 경우)'이니,

성문에 가까우면 臧과 함께 가는 경우와 같다.

此九字는 上下文無所屬이라 張幷上堯霍爲一條하여 云 城門은 守門者가 臧僕也니 城門은 擧實이요 臧은 擧名이라하니 其說殊迂曲이라 審校文義컨대 疑當在上文無讓者酒 未讓 始也 不可讓也之下니 皆釋經下無不讓也 不可之義라 凡古人行禮에 賓主入門必讓이어니와 若與人同入城門而相殆면 則無爲讓이라 臧爲賤人이니 不足與爲禮니 則不必讓也라 荀子榮辱篇에 云 巨涂則讓이요 小涂則殆라한대 楊注에 云 殆는 近也[37]라하니 此殆는 異於讓之義괴 又案殆與逮는 聲義相近이괴 毛詩小雅巷伯의 傳에 云 柳下惠嫗(구)不逮門之女라하니 殆於城門은 卽逮門이니 謂近而相及하여 不爭先也라

이 아홉 자는 위, 아래 글에 이어지는 곳이 없다. 張惠言은 위의 '堯霍'과 더불어 한 條로 보아서 "城門은 문지기가 臧僕(왕의 수레를 모는 마부)이니, 성문은 실질을 들어 보인 것이고 臧은 이름을 들어 보인 것이다."라 하였으니, 그 설이 사실과 매우 맞지 않다. 글 뜻을 자세히 살펴보건대, 이 대목은 아마도 위 글 "無讓者酒 未讓 始也 不可讓也"의 아래에 있어야 할 듯하니, 모두 〈經 下〉의 "無不讓也 不可(사양하지 않음이 없는 것은 不可하다.)"의 뜻을 풀이하였다. 무릇 古人은 行禮할 때 빈객과 주인이 문에 들어갈 때 반드시 사양하지만 다른 사람과 같이 성문에 들어가는데 서로 가까운 사이일 경우에는 사양하지 않는다. '臧'은 賤人이라 禮를 갖출 것이 없으니, 사양할 필요가 없다. ≪荀子≫ 〈榮辱〉에 "큰 길에서는 사양하고 작은 길에서는 뒤에 간다.〔巨涂則讓 小涂則殆〕"라 하였는데, 楊倞의 注에 "'殆'는 '近'이다."라 하였으니, 이 '殆'는 사양한다는 뜻과는 다르다. 또 살펴보건대, '殆'와 '逮'는 聲音과 字義가 서로 비슷하다. ≪毛詩≫ 〈小雅 巷伯〉의 傳에 "유하혜는 자기 집 문에 이르지 못한 여자를 따뜻하게 품어주었다.〔柳下惠嫗不逮門之女〕"라 하였

〈이 경우에는〉 사양해서는 안 된다.(無讓者酒 未讓 始也 不可讓也)"와 연관하여 임의로 번역하였다.

37) 楊注云 殆近也 : 楊倞의 注에 "무릇 길을 갈 때는 앞쪽은 멀고 뒤쪽은 가깝기 때문에 '近'이란 것이 '後'의 뜻도 된다. 길을 갈 때 큰 길에서 나란히 갈 경우에는 사양하고 작은 길이라 한 줄로 가야 할 경우에는 뒤로 물러나서 가니, 만약 이와 같이 마음을 쓴다면 비록 조심하고 공경하지 않고자 하더라도 마치 그렇게 하지 못하도록 제약하는 것이 있는 듯할 것이다.〔凡行 前遠而後近 故近者亦後之義 謂行於道塗 大道竝行則讓之 小道可單行則後之 若能用意如此 雖欲爲不謹敬 若有制物而不使之者〕"라 하였다.

으니, '殆於城門'은 곧 '逮門(문에 이르다)'이니, 가깝고 서로 도달할 수 있어 앞을 다투지 않는다는 말이다.

43-53-1 **狗**는

狗의 경우는,

句라

여기에서 句를 뗀다.

43-53-2 **狗**는 **犬也**나 〔**而殺狗**〕를 **謂之殺犬**은 〔**不**〕**可**하니

狗는 犬이다. 그러나 狗를 죽인 것을 犬을 죽였다고 할 수는 없으니,

以經文校之컨대 當作而殺狗謂之殺犬不可라 莊子天下篇에 云 狗는 非犬이라한대 成玄英疏에 云 狗之與犬은 一物兩名이니 名字旣空이라 故狗非犬也라 狗犬은 同實異名이니 名實合이면 則彼謂狗요 此謂犬也며 名實離면 則彼謂狗가 異於犬也라 墨子曰 狗는 犬也나 然狗非犬也라하다 案 此經云 殺狗非殺犬이라하니 亦卽名實離之義라 然成引經語도 亦有刪佚하니 非其元文이라

經文으로 교감해 보건대, 〈'謂之殺犬可'는〉 응당 '而殺狗謂之殺犬不可'가 되어야 할 듯하다. ≪莊子≫ 〈天下〉에 "狗는 犬이 아니다."라 했는데, 成玄英의 疏에 "狗와 犬은 한 동물이면서 이름은 둘이다. 이름은 이미 空한 것이므로 狗는 犬이 아닌 것이다. 狗와 犬은 실질은 같고 이름은 다르니, 이름과 실질이 합치하면 저것은 狗라 하고 이것은 犬이라 하며, 이름과 실질이 분리되면 저것을 狗라 하는 것은 犬과 다르게 된다. 墨子는 '狗는 犬이다. 그러나 狗는 犬이 아니다.'라 하였다."라 하였다.

案 : 이 대목의 經에 "狗를 죽이는 것이 犬을 죽이는 것이 아니다."라 하였으니, 또한 이름과 실질이 분리된다는 뜻이다. 그러나 성현영이 經의 말을 인용한 데에도 刪削하거나 逸失한 글자가 있으니, 원래의 글은 아니다.

43-53-3 **若兩**䐊라

양쪽 넓적다리가 있는 것과 같다.

未詳이라 **集韻十五灰**에 **云** 胎䐊는 **腫大貌**라하니 **非此義**라 䐊는 **疑當爲**髃니 **儀禮士喪禮**의 **鄭注**에 **云** 髃는 **肩頭也**라하고 **說文骨部**에 **云** 髃는 **肩前也**라한대 **楊云** 䐊는 **疑髀字之誤**라하다 **案** **依楊說**컨대 **則當亦髀之假字**니 **見前**이라 **此言同一體而有左右之異**하여 **以喩狗犬同物而異名也**라 **依張楊說**컨대 **此釋經下狗犬也 而殺狗 非殺犬也 可 說在重**이라

未詳이다. ≪集韻≫ 〈十五灰〉에 "胎䐊는 종기가 크게 부은 모양이다."라 하였으니, 이 대목의 뜻은 아니다. '䐊'는 아마도 '髃'가 되어야 할 듯하니, ≪儀禮≫ 〈士喪禮〉의 鄭玄注에 "髃는 어깻죽지이다."라 하였고, ≪說文解字≫ 骨部에는 "髃는 어깨 앞부분이다."라 하였는데, 楊葆彝는 "'䐊'는 아마도 '髀'의 오자일 듯하다."라 하였다.

案 : 양보이의 설에 의거하건대, 〈'䐊'는〉 또한 '髀'의 가차자일 것이다. 앞에 보인다. 이 대목은 같이 한 몸이지만 왼쪽과 오른쪽의 다름이 있다는 것을 말함으로써 狗와 犬이 같은 동물이지만 이름은 다르다는 것을 비유하였다. 張惠言과 양보이의 설에 의거하면, 이 대목은 〈經 下〉의 "狗犬也 而殺狗 非殺犬也 可 說在重(狗는 犬이지만 狗를 죽이는 것이 犬을 죽이는 것이 아니라는 것이 가능하니, 重(重同)으로 설명할 수 있다.)"을 풀이하였다.

43-54-1 **使**는

'使'는

句라

여기에서 句를 뗀다.

43-54-2 **令使也**라

일을 하게 하는 것이다.

此與經說上使令謂謂也로 **文例同**이라 **張云** **訓使義**라하다

이 대목은 〈經說 上〉의 "使 令謂 謂也(使(부림)란 말로 하게 하는 것이 '謂'이다.)"와 文例가 같다.

張惠言 : '使'의 字訓을 말하였다.

43-54-3 (我)〔義〕使(我)〔使〕며 (我)〔義〕不使亦使니 (我)〔義〕요

義로 하게 시키는 것도 시키는 것이며 義로 하지 않게 시키는 것도 시키는 것이니, 〈모두〉 義이다.

此義難通이라 張云 殿은 自爲之也니 亦得爲使라 故言使不使皆使라하다 案 張改經使殷美殷爲殿이라 故其說如此라 然義甚牽强하니 恐不足據라 審校文義컨대 此我字는 或當經之美字니 疑竝當爲義라 蓋兩文皆誤로되 而一存其上半하고 一存其下半也라 此似當云 義使使 義不使亦使 義니 言義者使令之면 使乃其正也니 以義使之도 爲使요 以義不使之도 亦爲使라 不使는 謂禁止之也라 末義字는 總釋上語라

이 대목은 뜻을 알기 어렵다. 張惠言은 "'殿'은 스스로 하는 것인데 또한 하게 하는 것〔使〕이 될 수도 있다. 그러므로 하게 하는 것과 하지 않게 하는 것이 다 하게 하는 것이라는 말이다."라 하였다.

案 : 장혜언은 經의 '使殷美'의 '殷'을 '殿'으로 고쳤기 때문에 그의 설이 이와 같은 것이다. 그러나 뜻이 매우 견강부회한 것이니, 근거로 삼기에 부족할 듯하다. 글 뜻을 자세히 교감해 보건대 이 대목의 '我'자는 혹 經의 '美'자일 듯하니, 아마도 모두 '義'가 되어야 할 듯하다. 대개 經과 經說 두 글 모두 착오가 있는데 한쪽은 글자의 上半部만 남아서 〈'美'가 되었고〉 한쪽은 글자의 下半部만 남아서 〈'我'가 된 것이다.〉 이 대목은 아마도 '義使使 義不使亦使 義'라 해야 할 것이니, '의로운 자가 하도록 시키면 시키는 것이 바르니, 義로 하게 시키는 것도 시키는 것이 되며 義로 하지 않게 시키는 것도 시키는 것이 된다.'라는 말이다. '不使'는 금지한다는 말이다. 끝의 '義'자는 위의 말을 총괄하여 풀이한 것이다.

43-54-4 (殿)〔假〕(戈)〔義〕亦使며 (殿)〔假〕不(美)〔義〕亦使니 (殿)〔假〕라

義를 假設하여 시키는 것도 시키는 것이며 不義를 가설하여 시키는 것도 시키는

것이니, 〈모두〉 가설하는 것이다.

楊云 經作殷하고 **說作殿**이라하고 **張云 殿戈**는 **殿軍也**라하다 **案 張說未塙**이라 **此殿字**는 **當經之殷字**니 **兩文似皆誤**로되 **無可推校**라 **意必求之**면 **疑殿竝當爲假**요 **戈與美**는 **竝當爲義**라 **似云 假義亦使**며 **假不義亦使**니 **假**라 **言假者假設之**하니 **使非其正也**라 **以假設合義**도 **爲使**며 **假設不合義**도 **亦爲使也**라 **末假字**는 **亦總釋上語**라 **此肊說**이니 **無可質證**이라 **而前云 不若敷與美**의 **敷美**는 **似亦假義之訛**니 **綜校諸訛文**컨대 **約略相類**라 **聊復箸之**하노라 **依張楊說**컨대 **此釋經下使殷美 說在使**라

楊葆彝 : 經에는 '殷'으로 되어 있고, 經說에는 '殿'으로 되어 있다.

張惠言 : '殿戈'는 殿軍(後軍)이다.

案 : 장혜언의 설은 확실하지 않다. 이 '殿'자는 응당 經의 '殷'자일 것이다. 두 글자의 모양이 비슷하여 모두 착오가 생겼을 터이나 미루어 교감할 수 없다. 의미로 굳이 추구해 본다면 아마도 '殿'은 모두 '假'가 되어야 하고 '戈'와 '美'는 모두 '義'가 되어야 할 듯하니, "假義亦使 假不義亦使 假"라 해야 할 듯하다. "가설하는 자가 가설하는 경우는 그 시키는 것이 바르지 않다. 가설하여 義에 맞게 하여 시키는 것도 시키는 것이 되며, 가설하여 義에 맞지 않게 시키는 것도 시키는 것이 된다."라는 말이다. 끝의 '假'자는 역시 위의 말을 총괄하여 풀이한 것이다. 이는 臆說이라 확증할 수 없다. 그러나 앞에서 말한 '不若敷與美'의 '敷'와 '美'는 아마도 '假'와 '義'의 오자일 듯하니, 여러 오자들을 종합하여 교감해 보건대 대략은 원의에 맞을 듯하기에 아쉬우나마 이 견해를 드러내 둔다. 장혜언과 양보이의 설에 의거하면 이 대목은 〈經 下〉의 "使 殷美 說在使(使(부림)는 假設과 의로움이니 부리는 상황으로 설명할 수 있다.)"를 풀이하였다.

43-55-1 **荊** (沈)〔沆〕은

荊 땅의 늪지대는

句라

여기에서 句를 뗀다.

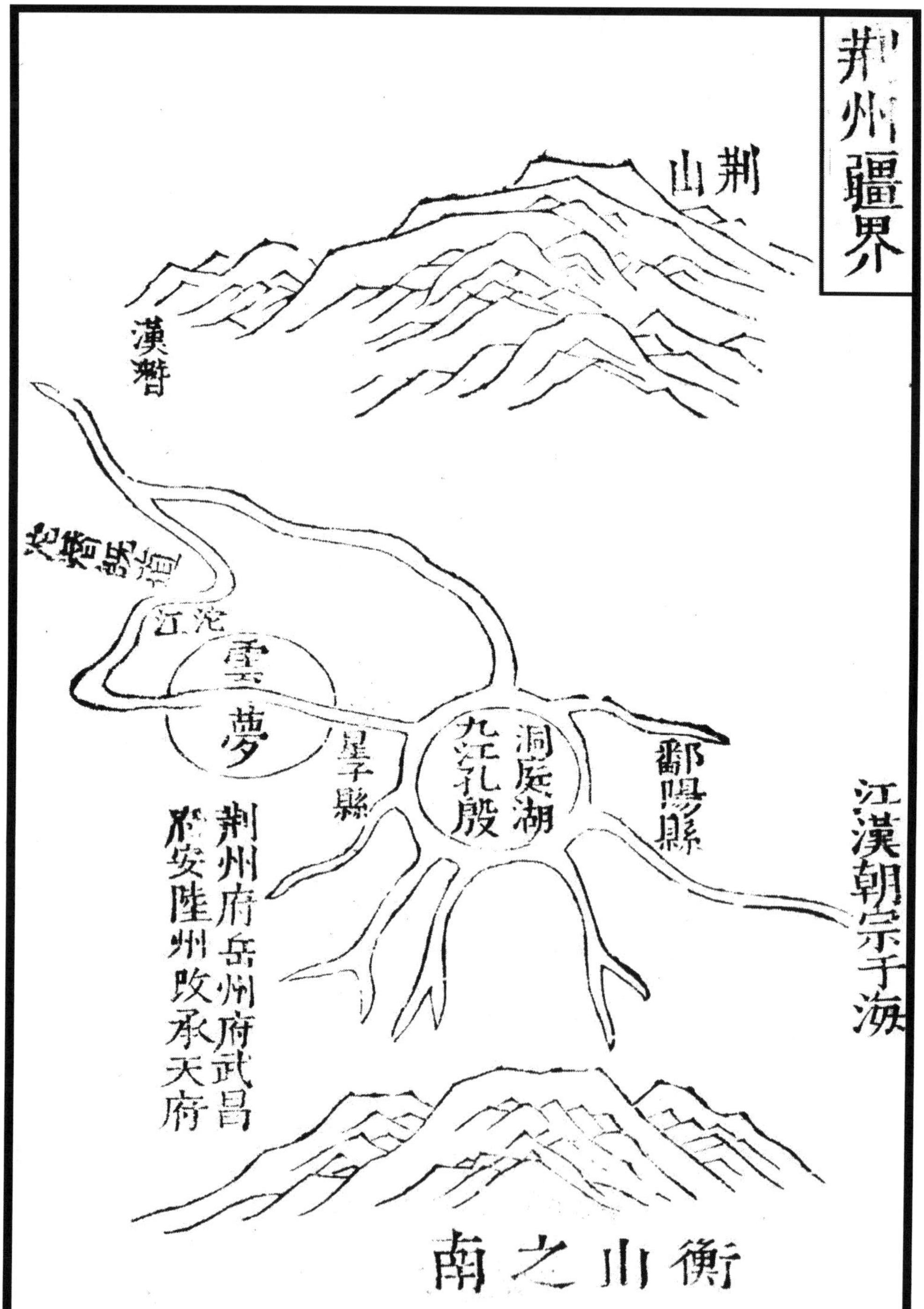
荊州疆界
荊山
漢嶓
沱江
雲夢
星子縣
洞庭湖
九江孔殷
鄱陽縣
江漢朝宗于海
荊州府岳州府武昌
府安陸州改承天府
衡山之南

荊州疆界

43-55-2 **荊之(貝)〔有〕也**니 **則(沈)〔沆〕淺**은 **非荊淺也**라

荊에 있는 것이니, 그 늪지대의 물이 얕더라도 荊땅이 얕은 것은 아니다.

沈은 當爲沆이라 說文水部云 沆은 大澤也라하다 徐鍇繫傳에 引博物志云 停水東方曰都니 一名沆이라하고 太平御覽地部에 引述征記云 齊人謂湖曰沆이라하고 水經巨馬河篇督亢澤의 注에 引風俗通云 沆은 漭(망)也니 言乎淫淫漭漭無崖際라하고 今本風俗通義山澤篇에 沆은 作沈하고 又云 沈은 澤之無水니 斥鹵之類也라하니 竝形之誤라 漢書刑法志에 山川沈斥[38]이라한대 荀悅漢紀[39]에 沈作坑하니 坑은 與沆字正同이라 蓋沆爲藪澤이니 此荊沆은 卽荊之沆澤이라 荊之貝는 當作荊之有라 言沆在荊하니 則沆卽爲荊之所有也라 然沆包於荊畺域之中하니 則沆雖淺狹이나 無害於荊之廣大라 故曰沆淺非荊淺이라 依張說컨대 此釋經下荊之大 其沈淺也 說在具라 案 具는 亦有之誤라

'沈'은 응당 '沆'이 되어야 한다. ≪說文解字≫ 水部에 "沆은 큰 늪지대이다."라 하였다. 徐鍇의 ≪說文繫傳≫에 ≪博物志≫를 인용하여 "물이 고여 있는 것을 동방에서는 '都'라 하는데 일명 '沆'이라 한다."라 하였고, ≪太平御覽≫ 〈地部〉에 ≪述征記≫를 인용하여 "齊나라 사람들은 호수를 '沆'이라 한다."라 하였고, ≪水經≫ 〈巨馬河〉의 "督亢澤"에 대한 注에 ≪風俗通義≫를 인용하여 "沆은 물이 드넓은 것이니, 물이 아득하고 드넓어 끝이 없는 것을 말한다."라 하였고, 今本 ≪풍속통의≫ 〈山澤〉에는 '沆'이 '沈'으로 되어 있고 또 "'沈'은 澤에 물이 없는 곳이니, 갯벌과 같은 곳이다."라 하였으니, 모두 字形이 비슷하여 생긴 오자이다. ≪漢書≫ 〈刑法志〉에 "山·川·沈·斥"이라 하였는데, 荀悅의 ≪漢紀≫에는 '沈'이 '坑'으로 되어 있으니, '坑'은 바로 '沆'자와 같다. 대개 '沆'은 수초가 우거진 늪지대이니, 여기서 '荊沆'은 곧 荊땅의 沆澤이다. '荊之貝'는 응당 '荊之有'가 되어야 한다. "沆이 荊땅에 있으니, 沆은 곧 荊땅이 가지고 있는 것이다. 그러나 沆은 荊의 畺域 안에 있으니, 沆이 비록 물이 얕고 좁을지라도 荊땅이 광대한 데 방해되지 않는다."라는 말이다. 그러므로 "늪지대의 물이 얕더라도 荊땅이 얕은 것은 아니다."라고 한 것이다. 張惠言의 설에

---

38) 山川沈斥 : ≪前漢書≫의 顔師古 注에 "'川'은 물이 통하여 흐르는 것을 말하고, '沈'은 깊은 물 아래에 있는 것을 말한다. '斥'은 갯벌의 땅이다."라 하였다.

39) 荀悅漢紀 : 荀悅(148~209)은 後漢 獻帝 때 학자로 벼슬이 侍中에 이르렀다. 班固의 ≪漢書≫를 ≪春秋≫의 체제에 따라 정리하여 ≪漢紀≫ 30편을 저술하였다.

의거하면 이 대목은 〈經 下〉의 "荊之大 其沈淺也 說在具(荊은 큰지라 그곳의 호수가 좁음은 有(소유)로 설명할 수 있다.)"를 풀이하였다. 살펴보건대 '具'는 역시 '有'의 오자이다.

43-56-1 若易(역)五之一하니

5를 1과 바꾸는 것과 같으니,

之는 猶與也라 下同이라 張以五字屬上하니 非라

'之'는 '與'와 같다. 아래도 같다. 張惠言은 이 다섯 자를 위 구절에 이어 붙였는데, 옳지 않다.

43-56-2 以楹之摶也라 見之에

楹(크고 둥근 기둥)을 摶(나뭇단)과 바꾸는 격이다. 이를 보면

摶은 卽備城門篇之柴摶積摶이니 蓋聚束柴木之名이라 此言楹大而摶小하니 若以五易一에 多少之數가 不相當也라

'摶'은 곧 〈備城門〉의 '柴摶'·'積摶'이니, 대개 땔나무를 모아서 묶은 것을 지칭하는 말이다. 이는 楹은 크고 摶은 작으니 5를 1과 바꿀 경우 많고 적은 숫자가 서로 맞지 않는 것과 같다는 말이다.

43-56-3 其於意也不易이니

마음속으로 헤아려보면 바꾸지 않을 것이니,

蓋謂意度(탁)之면 則知其不當易이라

대개 마음속으로 헤아려보면 바꾸어서는 안 되는 줄 알 것이라는 말이다.

43-56-4 (先)〔无〕智意相也[40]라

40) (先)〔无〕智意相也 : 이 대목은 뜻을 알 수 없는데, 孫詒讓의 注를 참고하여 임의로 번역하였다.

지식이 없고 마음속으로 헤아리는 것이다.

先智는 以經下校之컨대 疑當作无智라 說文에 无는 古文奇字[41)]라하니 无與先形近而誤라 无智는 卽經云無知也라 相下에 疑有脫字라

'先智'는 〈經 下〉로 교감해 보건대 아마도 '无智'가 되어야 할 듯하다. ≪說文解字≫에 "'无'는 古文·奇字이다."라 하였으니, '无'는 '先'과 자형이 비슷하여 오자가 생긴 것이다. '无智'는 곧 經에서 말한 '無知(지식이 없는 것)'이다. '相' 아래에 빠진 글자가 있을 듯하다.

43-56-5 若楹輕於(秋)〔萩〕면

만약 큰 기둥이 쑥대보다 가볍다고 한다면

秋는 當讀爲萩라 說文艸部에 云 萩는 蕭也라하고 左傳에 伐雍門之萩라한대 釋文에 萩作秋하니 彼萩는 爲楸之假字나 與此義異나 而或作秋하니 則可互證이라 此亦喩輕重之失當이니 與楹之摶同意라

'秋'는 응당 '萩'로 읽어야 한다. ≪설문해자≫ 艸部에 "萩는 쑥이다."라 하였고, ≪春秋左氏傳≫에 "雍門의 萩를 베었다.〔伐雍門之萩〕"라 했는데, ≪經典釋文≫에 '萩'가 '秋'로 되어 있다. ≪춘추좌씨전≫의 '萩'는 '楸(가래나무)'의 가차자이니 이 대목의 글자와는 뜻이 다르지만, 어떤 곳에는 '秋'로 되어 있으니 상호 考證해 볼 수 있다. 이 대목은 역시 가벼움과 무거움이 서로 맞지 않은 것을 비유했으니, '楹'과 '摶'의 비유와 뜻이 같다.

43-56-6 其於意也에 洋然이라

마음속에 아득할 것이다.

未詳이라 此釋經下以檻爲摶 於以爲無知也 說在意라 檻은 卽楹之誤라

未詳이다. 이 대목은 〈經 下〉의 '以檻爲摶 於以爲無知也 說在意(楹(기둥)을 가지고 摶(나

---

41) 古文奇字 : ≪漢書≫ 〈藝文志〉에 "六體는 古文·奇字·篆書·隸書·繆篆·蟲書이다."라 하였는데, 顔師古의 注에 "古文은 孔子의 고택 벽 속에서 나온 서체이고, 奇字는 고문이면서 서체가 다른 것이다."라 하였다.

무 묶음)으로 한다면 생각함에 있어 知識이 없는 것이니 意(헤아림)로 설명할 수 있다.)'를 풀이하였다. '檻'은 곧 '榼'의 오자이다.

43-57-1 段椎錐는 俱事於履는 可用也요

숫돌・나무망치・송곳은 다 신발을 만드는 일에 사용하는 것은 쓸 수 있는 경우이고,

吳鈔本에 段作斷하고 事作視하니 竝誤라 說文殳部에 云 段은 椎物也라하고 木部에 云 椎는 擊也니 齊謂之終葵라하고 金部에 云 錐 銳也라하며 詩大雅篤公劉에 取厲取碫이라한대 毛傳에 云 碫은 段石也라하고 說苑雜言에 云 干將鏌鋣로 以之補履면 曾不如兩錢之錐라하다

吳鈔本에 '段'은 '斷'으로 되어 있고, '事'는 '視'로 되어 있으니, 모두 오자이다. ≪說文解字≫ 殳部에 "'段'은 물건을 망치로 치는 것이다.〔段 椎物也〕"라 하였고, 木部에서는 "椎는 치는 것이니, 齊나라 지역에서는 終葵(나무망치)라 한다."라 하였고, 金部에 "'錐'는 송곳이다."라 하였으며, ≪詩經≫ 〈大雅 篤公劉〉에 "礪(거친 숫돌)를 취하고 碫을 취한다.〔取厲取碫〕"라 했는데 毛傳에 "碫은 숫돌이다."라 하였고, ≪說苑≫ 〈雜言〉에 "간장검과 막야검으로 신발을 기우면 2錢짜리 송곳만 못하다.〔干將鏌鋣 以之補履 曾不如兩錢之錐〕"라 하였다.

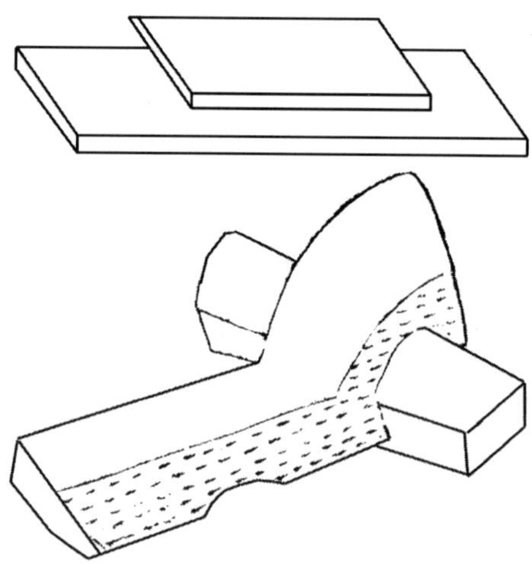
礪(거친 숫돌)

43-57-2 成(繪)〔繒〕履(過)〔遇〕椎는

비단 신발을 만들 때 망치를 만나는 것은

繪는 疑當爲繒이요 過는 當爲遇라 下同이라 說文糸部에 云 繒은 帛也라하다 古爲屨(구)에 冬皮夏葛하니 蓋亦或以繒帛爲之라

'繪'는 아마도 '繒'이 되어야 할 듯하고, '過'는 '遇'가 되어야 할 듯하다. 아래도 같다.

≪說文解字≫ 糸部에 "繒은 비단이다."라 하였다. 옛날에 신발을 만들 때 겨울에는 가죽으로 만들고 여름에는 葛布로 만들었는데, 혹 비단으로 만들기도 했던 것이다.

43-57-3 **與成椎(過)〔遇〕(繪)〔繒〕屨同**하니

망치를 만든 다음 비단 신발을 만나는 것과 같으니,

句라

여기에서 句를 뗀다.

43-57-4 **(過)〔遇〕(仵)〔忤〕也**라

〈재료와 도구가〉 만난 것이다.

仵은 **字書無此字**라 **道藏本作仵**하니 **吳鈔本同**이라 **畢云** 仵은 **當爲𤓰異文**이라하고 **張云 依經當作**忤라하다 **案 張校是也**라 忤는 **與**啎**同**이라 **過**는 **經同**하니 **亦當作遇**라 **史記天官書**에 **云 逢俉化言**이라하다 **說文午部**에 **云** 啎는 **逆也**라하고 **夊部**에 **云** 夆은 啎**也**라하고 **爾雅釋詁**에 **云 遘逢**은 **遇遻**(오)**也**라하고 **漢書敍傳鄧展注**에 **引作㝬逢遇也**라하니 **遇逢義同**하고 啎**㝬遇逆**은 **音竝相轉**하고 忤**俉㝬**는 **聲相近**이라 **遇**忤는 **猶言逢俉**요 夆啎는 **亦猶言逆**啎**也**라 **此謂繒爲作履屨之材**요 **段椎錐爲作履屨之器**니 **材與器兩者遇**忤하여 **以成履屨**하니 **相須而爲用也**라 **此釋經下意未可知 說在可用過**忤라

'仵'은 字書에 이 글자가 없다. 道藏本에는 '仵'로 되어 있는데, 吳鈔本도 같다.

畢沅 : '仵'은 '𤓰'의 이체자가 되어야 할 것이다.

張惠言 : 經에 의거하면 응당 '忤'가 되어야 할 것이다.

案 : 장혜언의 교감이 옳다. '忤'는 '啎'와 같다. '過'는 經과 같으니 역시 '遇'가 되어야 한다. ≪史記≫ 〈天官書〉에 "근거 없는 비방을 만난다.〔逢俉化言〕"라 하였다. ≪說文解字≫ 午部에 "啎는 거스른다는 뜻이다."라 하였고, 夊部에는 "夆은 啎(만남)이다."라 하였고, ≪爾雅≫ 〈釋詁〉에는 "遘逢은 만남이다.〔遘逢遇遻也〕"라 하였고, ≪漢書≫ 〈敍傳〉의 鄧展의 注에 ≪이아≫의 이 대목을 인용한 곳에는 "㝬는 만남이다.〔㝬逢遇也〕"라 하였으니, '遇'와 '逢'은 뜻이 같고, 啎·㝬·遇·逆은 독음이 모두 轉移하였고, 忤·俉·㝬는 聲音이 서로 비슷하

다. '遇仵'는 '逢俉'라는 말과 같고, '夆牾'는 또한 '逆牾'라는 말과 같다. 이 대목은 "비단은 신발을 만드는 재료가 되고 숫돌·망치·송곳은 신발을 만드는 도구이다. 재료와 도구, 이 두 가지가 만나서 신발을 만드니, 서로 필요로 하여 쓰이는 것이다."라는 말이다. 이 대목은 〈經 下〉의 "意未可知 說在可用過仵(意(헤아림)로는 아직 알 수 없으니 可用(도구가 쓸 만함)과 遇仵(도구를 만남)로 설명할 수 있다.)"를 풀이하였다.

43-58-1 一이라

1에 대해 설명한다

句라

여기에서 句를 뗀다.

43-58-2 五有一焉하고 一有五焉하고 十은 二〔五〕焉이라

5에는 1이 있고 1에는 5가 있으며, 10은 5가 2개 있다.

張云 五를 析之면 則有一者五니 是一少於二也요 建一以爲十이면 則一有五者二니 是多於五也[42]라 建一爲十이요 累一爲二라하다 詒讓案 十二焉은 疑當作十二五焉이니 謂一十有二五也라 依張楊說컨대 此釋經下一少於二 而多於五 說在建이라 案 建은 疑進之誤라

張惠言 : 五를 쪼개면 一이 다섯 개 있게 되니 이는 一이 二보다 적은 것이고, 一을 세워서 十을 만들면 一은 五가 두 개 있게 되니 이는 一이 五보다 많은 것이다. 一을 세워서 十을 만들고 一을 포개어 二를 만든다.

詒讓案 : '十二焉'은 아마도 '十二五焉'이 되어야 할 듯하니, 一十은 二五가 있다는 말이다. 장혜언과 楊葆彝의 설에 의거하면 이 대목은 〈經 下〉의 "'一少於二 而多於五 說在建(1은 2보다 적지만 5보다 많을 수 있으니 進(자릿수가 올라감)으로 설명할 수 있다.)"을 풀이하

42) 五…是多於五也 : 손이양은 '建'을 '進'의 오자라 하여 수를 세는 방법인 進法의 뜻으로 본 듯하다. 그러나 五를 쪼개면 一이 가로 세로로 다섯 개 모여서 이루어져 있고, 十은 누워 있는 一과 세워져 있는 一이 만나서 이루어져 있다는 뜻으로 볼 수 있을 듯하다. 아래 "一을 세워서 十을 만들고 一을 포개어 二를 만든다."는 말을 보면, 장혜언은 글자의 모양을 가지고 말한 것이 분명하다.

였다. 살펴보건대 '建'은 아마도 '進'의 오자일 듯하다.

43-59-1 〔蘄(작)〕非(蘄)半은

반이 안 되는 것을 쪼갤 경우

蘄은 櫡之別體라 此疑當作蘄非半이니 卽約經云 非半弗蘄也로되 而反辭以明其義라

蘄은 '櫡'의 이체자이다. 이 대목은 아마도 '蘄非半'이 되어야 할 듯하니, 곧 經의 "非半弗蘄"을 省約한 것인데 말을 뒤집어서 그 뜻을 분명하게 하였다.

43-59-2 進前取也니

앞으로 나아가서 취하게 된다.

非半而蘄之면 則每蘄에 前進也라

반이 안 되는 것을 쪼갤 경우에는 매번 쪼갤 때마다 앞으로 나아가게 된다.

43-59-3 前則中無爲半이니

앞으로 나아가면 중간에는 반이 되는 것이 없으니,

言半者必前後之中이니 進前取하여 盡其端하면 則中無所謂半이라

반이란 것은 반드시 앞과 뒤의 중간인데 앞으로 나아가서 취하여 끝부분까지 다 가게 되면 중간에는 이른바 반이라 할 것이 없다는 말이다.

43-59-4 猶端也라

'端(끝)'과 같다.

端은 卽前也라 經上에 云 端은 體之無序而最前者也라하다 此言雖取中蘄之나 終必前極其端이라

'端'은 곧 앞이다. 〈經 上〉에 "端(끝)은 體(형태) 가운데 次序가 없이 맨 앞에 있는 것이

다."라 하였다. 이 대목은 비록 중간 부분을 취하여 쪼갤지라도 결국에는 반드시 앞으로 나아가 그 끝까지 가게 된다는 말이다.

43-59-5 前後取則端中也라

앞과 뒤로 취하면 양쪽 端(끝)의 중간이다.

前後端之中이 卽所謂半이라

앞과 뒤 끝의 중간이 곧 이른바 반이라는 것이다.

43-59-6 斱必半이라 毋與非半이니

쪼개려면 반드시 반이 되어야 한다. 반이 안 되는 것은 쪼갤 것이 없으니

毋는 吳鈔本에 作無라

'毋'는 吳鈔本에는 '無'로 되어 있다.

43-59-7 不可斱也라

쪼갤 수 없다.

盡其端則無半이니 不復可斱이라 莊子天下篇에 云 一尺之捶(추)를 日取其半하면 萬世不竭이라한대 釋文에 引司馬彪云 若其可析이면 則常有兩이요 若其不可析이면 其一常在라 故曰萬世不竭이라하니 卽此義也라 依張楊說컨대 此釋經下非半 弗斱則不動 說在端이라

그 앞쪽 끝까지 다 가면 반이 없으니 더 이상 쪼갤 수 없다. ≪莊子≫ 〈天下〉에 "1尺 길이의 회초리를 날마다 반씩 자르면 만세토록 잘라도 다 자를 수 없다."라 하였는데, ≪經典釋文≫에 司馬彪의 설을 인용하여 "만약 쪼갤 수 있다면 늘 양쪽이 있고 만약 쪼갤 수 없더라도 그 한쪽은 늘 있다. 그러므로 '만세토록 쪼개도 다 쪼갤 수 없다.'라고 한 것이다."라 하였으니, 바로 이 뜻이다. 張惠言과 楊葆彝의 설에 의거하면 이 대목은 〈經下〉의 "非半弗斱 則不動 說在端(半이 아니어서 더 이상 자르지 못하면 그만두게 되니, 端(끝)으로 설명할 수 있다.)"을 풀이하였다.

43-60-1 可無也나 已(給)〔然〕則(當)〔嘗〕(給)〔然〕不可無也라

없을 수 있지만 이미 그러했다면 일찍이 그러했었다는 사실은 없앨 수 없다.

張云 給은 具也라 嘗已具之면 則當具之라하다 案 張說未塙이라 此以經校之컨대 疑當作已然 則嘗然不可無也니 然與給艸書形近而誤라 凡事之言已然者는 卽嘗然이니 今雖無나 而昔之爲有는 則審矣라 故云 不可無라하니 猶經云 不可去也라 依張楊說컨대 此釋經下可無也 有之而不可去 說在嘗然이라

張惠言 : '給'은 갖춘다는 뜻이다. 일찍이 이미 갖추었다면 응당 갖추고 있다는 것이다.
案 : 장혜언의 설은 확실하지 않다. 이 대목은 經을 가지고 교감해 보면, 아마도 '已然則嘗然不可無也'가 되어야 할 듯하니, '然'과 '給'은 艸書로 쓰면 모양이 비슷하여 생긴 착오이다. 무릇 일을 두고 이미 그러했다고 하는 경우는 곧 일찍이 그러했던 것이니, 지금 비록 그 일이 없을지라도 예전에 그 일이 있었다는 사실은 분명하다. 그러므로 "없앨 수 없다."고 한 것이니, 經에서 "제거할 수 없다."라고 한 것과 같다. 장혜언과 양보이의 설에 의거하면 이 대목은 〈經 下〉의 "可無也 有之而不可去 說在嘗然(없어질 수 있지만 그것이 있었다는 사실은 제거할 수 없으니 일찍이 그러했음으로 설명할 수 있다.)"을 풀이하였다.

43-60-2 久有窮無窮이라

시일이 오래면 다하는 경우도 있고 다하지 않는 경우도 있다.

此五字는 與上下文皆不屬이라 張楊竝屬上爲一章이나 以經校之컨대 亦不相應이라 疑當在後民行脩必以久也之下어늘 而誤錯在此라

이 다섯 자는 위 아래 글에 모두 이어지지 않는다. 장혜언과 양보이는 모두 위 글에 이어 붙여서 한 章을 만들었으나 經을 가지고 교감해 보면 이 또한 상응하지 않는다. 아마도 뒤 글 "民行脩必以久也"의 아래에 있어야 하는데 착오로 여기 있는 것일 듯하다.

43-61-1 正(九)〔丸〕은

똑바로 둥근 원은

畢云 一本作凡이라 案 顧校季本亦作凡이라 今以文義校之컨대 當是丸之形誤니 謂正圜之丸이라 下云摶(단)은 卽圜丸之形也라

畢沅 : 한 本에는 〈'九'가〉 '凡'으로 되어 있다.

案 : 顧廣圻가 교감한 季本에도 '凡'으로 되어 있다. 지금 글 뜻으로 교감해 보건대 응당 '丸'의 字形에서 생긴 착오일 것이니, 똑바로 둥근 원이란 말이다. 아래에서 말한 '摶'이 곧 둥근 원의 모양이다.

43-61-2 無所處而不中縣하니 摶也라

어느 곳에서나 늘어뜨린 줄에 꼭 맞게 수직이 되지 않음이 없으니, 둥글기 때문이다.

摶은 道藏本吳鈔本에 作搏하니 非라 考工記에 云 直者中縣이라하니 正丸卽立圜이니 隨所轉側이나 而其中線必正直이라 故云 無所處而不中縣이라하니 卽經不可搖(요)之意라 依張楊說컨대 此釋經下正而不可擔 說在摶이라 案 擔卽搖之誤라

'摶'은 道藏本과 吳鈔本에 '搏'으로 되어 있는데, 옳지 않다. ≪周禮≫ 〈考工記〉에 "서 있는 것은 늘어뜨린 줄에 꼭 맞다.[直者中縣]"라 하였다. '正丸'은 원을 세워 놓은 것이니 이 원은 굴리고 기울이는 대로 따르지만 그 중심의 선은 반드시 똑바른 것이다. 그러므로 "어느 곳에서나 늘어뜨린 줄에 꼭 맞게 수직이 되지 않음이 없다."라고 한 것이니, 곧 經에서 말한 "흔들리게 할 수 없다.[不可搖]"는 뜻이다. 張惠言과 楊葆彝의 설에 의거하면 이 대목은 〈經 下〉의 "正而不可擔 說在摶(바르므로 흔들리게 할 수 없음은 摶(둥긂)으로 설명할 수 있다.)"을 풀이하였다.

案 : '擔'은 곧 '搖'의 오자이다.

43-62-1 傴宇를 不可偏擧니

구역으로 된 공간을 두루 다 들어 보일 수 없으니

傴區偏遍은 竝聲同字通이라

傴와 區, 偏과 遍은 모두 성음이 같고 글자가 통용된다.

43-62-2 (字)〔宇〕也라

끝없는 공간인 '宇'이기 때문이다.

字는 當作宇라

'字'는 응당 '宇'가 되어야 한다.

43-62-3 進行者는 先敷近하고 後敷遠이라

나아가는 자는 먼저 가까운 곳으로부터 펼치고 뒤에 먼 곳으로 펼쳐 간다.

敷는 猶布也니 詳經下라

'敷'는 '布'와 같으니, 〈經 下〉에 상세히 보인다.

43-62-4 行者(行者)는

가는 자는

張云 誤重이라하다

張惠言 : 잘못 중복되었다.

43-62-5 必先近而後遠이라

반드시 가까운 곳에서 먼저 출발하고 뒤에 먼 곳으로 간다.

依張說컨대 此釋經下宇進無近 說在敷라

張惠言의 설에 의거하면 이 대목은 〈經 下〉의 "宇進無近 說在敷(宇宙에 나아가면 가까운 데는 없어지니 敷(펴져 나감)로 설명할 수 있다.)"를 풀이하였다.

43-63-1 遠近은 脩也요 先後는 久也라

遠近은 길다는 것이고 先後는 오래라는 것이다.

遠下에 舊本有脩字라 兪云 上脩字는 衍文이라 遠近脩也와 先後久也는 相對爲文이라 以地之相去言曰脩요 以時之相去言曰久라하다 案 兪說是也라 今據刪하노라 脩는 吳鈔本竝作修하니 脩假字라

'遠' 아래 舊本에는 '脩'자가 있다.

兪樾 : 위의 '脩'자는 衍文이다. '遠近脩也'와 '先後久也'는 對句를 이루는 글이다. 땅의 거리를 말할 경우에는 '脩'라 하고, 시간의 거리를 말할 경우에는 '久'라 한다.

案 : 유월의 설이 옳다. 지금 이에 의거하여 刪削한다. '脩'는 吳鈔本에는 다 '修'로 되어 있으니, '脩'의 가차자이다.

43-63-2 民行脩必以久也라

사람들이 긴 길을 가는 것은 반드시 시간이 오래기 때문이다.

依張說컨대 此釋經下行循以久 說在先後라 案 循은 即脩之誤라

張惠言의 설에 의거하면 이 대목은 〈經 下〉의 "行循以久 說在先後(길게 갈 때에는 오랜 지속으로 하니 先後로 설명할 수 있다.)"를 풀이하였다. 살펴보건대 '循'은 곧 '脩'의 오자이다.

43-64-1 一方盡類하니 俱有法而異라 或木或石이 不害其方之相合也하니 盡類猶方也라

하나의 네모는 다 같으니, 모두 법이 있되 다르다. 나무로 되었거나 돌로 되었거나 네모들이 서로 합치하는 데는 문제될 게 없으니, 다 같은 까닭은 같은 네모이기 때문이다.

舊本에 一方盡類는 竝作一方貌盡하고 合은 作台하고 盡類猶方也는 作盡貌猶方也라 吳鈔本에 下貌字는 作皃라 張云 台는 當爲召라하다 王引之云 當作一方盡類 或木或石 不害其方之相合也 俱有法而不異 盡類猶方也니 一方盡類者는 一同也니 言同具方形則其方盡相類也라 隸書에 類貌相似라 故類誤爲貌요 又誤倒於盡字上耳라 或木或石 不害其方之相合也者는 言物之方者는 雖有方木方石之異나 而不害其方之彼此相

合也라 作台者는 字之誤耳라 俱有法而不異 盡類猶方也者는 言其法同하면 則彼此盡相類하니 亦猶方與方之盡相類也라 傳寫者上下錯亂하고 又脫不字耳라 一方盡類云云은 則經下所謂一法者之相與也 盡若方之相合也라하다 案 王校改貌盡竝爲盡類하고 台爲合하니 是也라 今竝據正하노라 呂氏春秋別類篇에 云 小方大方之類也라하니 卽此一方盡類之義로되 但俱有法而異句는 似不必移라 蓋上言一方盡類하여 明其方之同하고 下言俱有法而異하여 明同方之中에 仍有異也라 盡類猶方也의 猶는 與由通하니 言其所以盡相類者는 由於同方也라

舊本에는 '一方盡類'가 다 '一方貌盡'으로 되어 있고, '合'은 '台'로 되어 있고, '盡類猶方也'는 '盡貌猶方也'로 되어 있다. 吳鈔本에는 아래 '貌'자가 '皃'로 되어 있다.

張惠言 : '台'는 '召'가 되어야 한다.

王引之 : 응당 '一方盡類 或木或石 不害其方之相合也 俱有法而不異 盡類猶方也'가 되어야 한다. '一方盡類'란 것은 다 똑 같다는 뜻이니, 다 같이 네모꼴을 갖고 있으면 그 네모가 다 같다는 말이다. 隸書에 '類'와 '貌'는 모양이 서로 비슷하기 때문에 '類'가 잘못 '貌'가 되었고, 또 잘못 거꾸로 '盡' 앞에 있게 된 것이다. '或木或石 不害其方之相合也'란 것은 물건이 네모난 것은 비록 네모난 나무와 네모난 돌의 차이는 있을지라도 그 네모들이 피차 서로 합치하는 데는 문제될 게 없다는 말이다. '台'로 되어 있는 것은 오자이다. '俱有法而不異 盡類猶方也'란 것은 그 〈네모가 되는〉 법이 같고 보면 피차가 다 서로 같으니, 또한 네모와 네모가 다 서로 같은 것과 같다는 말이다. 傳寫하는 과정에서 위 아래의 글이 錯亂하고 또 '不'자가 빠진 것이다. '一方盡類' 云云한 것은 〈經 下〉에서 말한 "하나의 법도에 따른 것들이 서로 같은 경우 같은 부류이니, 마치 네모가 서로 들어맞는 것과 같다.〔一法者之相與也盡 若方之相合也〕"를 풀이하였다.

案 : 왕인지의 교감에서 '貌盡'을 다 '盡類'로 고치고, '台'를 '合'으로 고쳤으니, 옳다. 지금 다 이에 의거하여 바로잡았다. ≪呂氏春秋≫ 〈別類〉에 "작은 네모와 큰 네모는 같다.〔小方大方之類也〕"라 하였으니, 바로 이 '一方盡類'의 뜻이다. 다만 '俱有法而異' 句는 옮길 필요가 없을 듯하다. 대개 위에서 '一方盡類'를 말하여 네모는 같다는 것을 밝혔고, 아래에서 '俱有法而異'를 말하여 같은 네모들 중에도 다름이 있다는 것을 말하였다. '盡類猶方也'의 '猶'는 '由'와 통용되니, 다 같은 까닭은 같은 네모이기 때문이라는 말이다.

43-64-2 **物俱然**이라

사물은 다 그러하다.

此釋經下一法者之相與也盡 若方之相合也 說在方이라 盡下에 亦當有類字라

이 대목은 〈經 下〉의 "一法者之相與也盡 若方之相合也 說在方(하나의 법도에 따른 것들이 서로 같은 경우 같은 부류이니, 마치 네모가 서로 들어맞는 것과 같다. 네모로 설명할 수 있다.)"을 풀이하였다. '盡' 아래에 역시 '類'자가 있어야 한다.

43-65-1 **牛(狂)〔性〕與馬(惟)〔雖〕異**나

소의 본성은 말과 비록 다르지만

張云 牛狂은 當作狂牛라하고 俞云 狂與惟는 皆性字之誤라하다 案 張校非是요 俞校以狂爲性은 是也라 呂氏春秋壅塞篇에 云 牛之性이 不若羊이요 羊之性이 不若豚이라한대 高注에 云 性은 猶體也라하다 俞謂惟亦爲性은 則非라 以公孫龍子校之컨대 當作牛性與馬雖異라 雖는 公孫龍書作唯하니 竝與惟通이라 言牛馬性雖異나 然其所以異者는 不在齒與尾也라 詳後라

張惠言 : '牛狂'은 응당 '狂牛'가 되어야 한다.
俞越 : '狂'과 '惟'는 다 '性'의 오자이다.
案 : 장혜언의 교감은 옳지 않고, 유월의 교감에서 '狂'을 '性'이라 한 것은 옳다. ≪呂氏春秋≫ 〈壅塞〉에 "소의 性은 양과 같지 않고 양의 性은 돼지와 같지 않다.〔牛之性不若羊 羊之性不若豚〕"라 했는데, 高誘의 注에 "'性'은 體와 같다."라 하였다. 유월은 '惟'도 '性'이라 했으니, 잘못이다. ≪公孫龍子≫를 가지고 교감해 보면, 응당 '牛性與馬雖異'가 되어야 한다. '雖'는 ≪공손룡자≫에는 '唯'로 되어 있으니, 다 '惟'와 통용된다. 소와 말의 본성이 비록 다르지만 그 다른 까닭은 이빨과 꼬리에 있지 않다는 말이다. 뒤에 상세히 보인다.

43-65-2 **以牛有齒**하고

소는 이빨이 있고

句라

여기에서 句를 뗀다.

43-65-3 **馬有尾**로

말은 꼬리가 있다는 점으로써

句라

여기에서 句를 뗀다.

43-65-4 **說牛之非馬也**는 **不可**하니

소는 말이 아니라고 말해서는 안 되니,

兪云 此言牛性與馬性異는 非徒以牛有齒馬有尾爲別也라하다

兪越 : 이 대목은 소의 성품과 말의 성품이 다른 것은 단지 소는 이빨이 있고 말은 꼬리가 있다는 것으로 변별하는 것이 아니라는 말이다.

43-65-5 **是俱有**라

이는 다 가지고 있는 것이지

張云 牛亦有尾하고 馬亦有齒라하다 詒讓案 大戴禮記易本命에 云 戴角者無上齒하고 無角者는 膏而無前齒라하니 蓋牛有下齒하고 馬有後齒也라 公孫龍子通變篇에 謂牛無尾者는 以其有尾而短耳니 非實無尾也라하다

張惠言 : 소도 꼬리가 있고 말도 이빨이 있다.

詒讓案 : ≪大戴禮記≫ 〈易本命〉에 "머리에 뿔이 난 놈은 위 이빨이 없고 뿔이 없는 놈은 엉긴 기름이 있고 앞 이빨이 없다."라 했으니, 대개 소는 아래 이빨이 있고 말은 뒤 이빨이 있는 것이다. ≪公孫龍子≫ 〈通變〉에 "소 중에서 꼬리가 없는 것은 꼬리가 있지만 짧기 때문이니, 실제로 꼬리가 없는 것은 아니다."라 하였다.

43-65-6 **不偏有偏無有**라

어느 한 쪽은 있고 어느 한 쪽은 없는 것이 아니다.

句라

여기에서 句를 뗀다.

43-65-7 **曰〔牛〕**

소와

盧云 當有牛字라

盧文弨 : 응당 '牛'자가 있어야 한다.

43-65-8 **之與馬不類**는

말이 같지 않다고 말하는 것은

句라

여기에서 句를 뗀다.

43-65-9 **用牛有角**하고

소는 뿔이 있고

舊本에 角上에 脫有字라 盧云 用牛는 當爲牛有라하다 王引之云 用은 非誤字라 用者는 以也라 以牛有角馬無角으로 說牛與馬之不類라 故云 曰牛與馬之不類는 用牛有角馬無角也라 下文若擧牛有角馬無角 以是爲類之不同也 是狂擧也의 以도 亦用也라 上文以牛有齒馬有尾 說牛之非馬也 不可도 文義亦同하니 則用非誤字를 可知라 但可云 用牛下에 脫有字耳라 案 王校是也라 張校同하니 今據增하노라

舊本에는 '角' 위에 '有'자가 빠졌다.
盧文弨 : '用牛'는 응당 '牛有'가 되어야 한다.

王引之 : '用'은 오자가 아니다. '用'이란 것은 '以'이다. 소는 뿔이 있고 말은 뿔이 없다는 것으로 소와 말이 같지 않다는 것을 말한다. 그러므로 "소와 말이 같지 않다고 말하는 것은 소는 뿔이 있고 말은 뿔이 없기 때문이다.〔曰牛與馬之不類 用牛有角馬無角也〕"라고 한 것이다. 아래 글에 "만약 소는 뿔이 있고 말은 뿔이 없다는 점을 들어서 이로써 종류가 같지 않다고 한다면 이는 바르지 않게 들어서 말한 것이다.〔若擧牛有角 馬無角 以是爲類之不同也 是狂擧也〕"라 한 대목의 '以'도 역시 '用'과 같다. 위 글에서 "소는 이빨이 있고 말은 꼬리가 있다는 점으로써 소는 말이 아니라고 말해서는 안 된다.〔以牛有齒馬有尾 說牛之非馬也 不可〕"라 한 대목도 글 뜻이 같으니, '用'이 오자가 아님을 알 수 있다. 다만 '用牛' 아래 '有'자가 빠졌다고 할 수 있을 뿐이다.

案 : 왕인지의 교감이 옳다. 張惠言의 교감도 같으니, 지금 이에 의거하여 增補하였다.

43-65-10 **馬無角**하니

말은 뿔이 없기 때문이니,

句라

여기에서 句를 뗀다.

43-65-11 **是類不同也**라 **若擧牛有角馬無角**하여 **以是爲類之(不)同也**면 **是狂擧也**니

이는 종류가 같지 않은 것이다. 만약 소는 뿔이 있고 말은 뿔이 없다는 점을 들어서 이로써 종류가 같다고 한다면 이는 狂擧(바르지 않게 들어서 말한 것)이니,

公孫龍子亦有正擧狂擧之文이라 **以意求之**컨대 **蓋以擧之當者爲正**이요 **不當者爲狂**이라 **此書經說通例**니 **凡是者曰正**이요 **曰當**이며 **非者曰狂**이요 **曰亂**이요 **曰誖**라 **義與公孫龍書略同**이라 **此疑當作以是爲類之同也是狂擧也**라 **今本涉上文而衍一不字**하니 **則不得爲狂擧矣**라

≪公孫龍子≫에도 '正擧'·'狂擧'라는 글이 있다. 뜻으로 추정해 보면, 대개 들어 보이는 것이 맞는 경우를 '正'이라 하고, 맞지 않은 경우를 '狂'이라 한다. 이 책의 經과 經說의 通例이니, 무릇 옳은 경우는 '正', '當'이라 하고, 옳지 않은 경우는 '狂', '亂', '誖'라 한

다. 그 뜻이 ≪공손룡자≫와 대략 같다. 이 대목은 아마도 응당 '以是爲類之同也 是狂擧也'가 되어야 할 듯하다. 今本에는 위 글과 연관하여 '不' 한 글자가 잘못 더 들어갔으니, 이렇게 되면 狂擧가 될 수 없다.

43-65-12 **猶牛有齒**하고 **馬有尾**하면 **或不非牛而非牛也**니

소는 이빨이 있고 말은 꼬리가 있는 짐승이라고 할 경우 혹 소가 아닌 것은 아니지만 소는 아닌 것과 같으니,

此言有齒之獸與牛相類면 或不得謂非牛나 而實非牛也니 若爾雅釋獸牛屬犘(마)牛犦(박)牛之類라

이 대목은 이빨이 있는 짐승이 소와 비슷하게 생겼을 경우에 소가 아니라고 할 수는 없지만 실제로 소는 아니니, ≪爾雅≫ 〈釋獸 牛屬〉의 犘牛(들소의 일종)·犦牛(들소의 일종)와 같은 종류이다.

43-65-13 **則或非牛(或牛)而牛也可**라

혹 소가 아니기도 하나 소라 할 수도 있다.

疑當作則或非牛而牛也可라 言或有非牛나 而與牛相類하니 則亦可謂之牛也라

이 대목은 아마도 '則或非牛而牛也可'가 되어야 할 듯하다. 혹 소가 아닌 경우도 있으나 소와 같이 생겼으니 소라고 할 수도 있다는 말이다.

43-65-14 **故曰 牛馬**는 **非牛也**도 **未可**요

그러므로 牛馬는 소가 아니라고 할 수도 없으며,

此言兼擧牛馬면 則不得謂非牛니 猶公孫龍子云 羊合牛非馬라 張云 曰牛馬면 豈得非牛리오하다

이 대목은 소·말을 겸하여 들 경우에는 소가 아니라고 할 수 없다는 말이니, ≪公孫龍子≫에 "양은 소와 합하고 말은 아니다."라고 한 말과 같다.

張惠言 : '牛馬'라 했고 보면, 어찌 소가 아닐 수 있겠는가.

43-65-15 牛馬는 牛也도 未可니

牛馬는 소라고 할 수도 없으니,

此亦兼擧牛馬하니 旣兼有馬면 則又不可竟謂是牛라 張云 曰牛馬하니 豈得謂牛리오

이 또한 소와 말을 겸하여 들었으니, 이미 겸하여 말이 있고 보면 또 끝까지 소라고 할 수는 없다.

張惠言 : 牛馬라 했고 보면 어찌 소라 할 수 있겠는가.

43-65-16 則或可或不可요 而曰牛馬牛也未可도 亦不可라

혹은 그렇게 말할 수도 있고 혹은 그렇게 말할 수 없기도 하며, 牛馬는 소라고 말할 수 없다고도 할 수 없다.

言可不可兩說未定하니 則竟庰謂牛馬之爲牛者未可도 亦非也라 張云 有可者어늘 今但言未可하니 是亦不可라 三皆不辯其兼이라 故不可라하다

그렇게 말할 수 있기도 하고 그렇게 말할 수 없기도 하다는 두 설이 결정되지 못했으니, 그렇다면 끝까지 곧바로 牛馬는 소라고 하는 것도 안 된다는 것 또한 옳지 않다는 말이다.

張惠言 : 그렇다고 말할 수 있는 경우도 있는데 지금 단지 말할 수 없다고만 말했으니 이 또한 그렇게 말할 수 없는 것이다. 이 세 가지 경우는 모두 겸하여 있는 것을 변별하지 못했기 때문에 그렇게 말할 수 없는 것이다.

43-66-1 且牛不二며 馬不二요 而牛馬二니

또 소는 둘이 아니며 말은 둘이 아니요 牛馬는 둘이니,

前云 數牛하고 數馬하면 則牛馬二요 數牛馬하면 則牛馬一이라하다

앞에서 "소를 세고 말을 세면 소와 말은 둘이고 牛馬를 세면 牛馬는 하나다."라 하였다.

43-66-2 **則牛不非牛**며

소는 소가 아닌 것이 아니며

張云 專牛則牛라

張惠言 : 소만 말할 경우에는 소이다.

43-66-3 **馬不非馬**요

말은 말이 아닌 것이 아니요

張云 專馬則馬라

張惠言 : 말만 말할 경우에는 말이다.

43-66-4 **而牛馬非牛非馬**가

牛馬는 소도 아니고 말도 아니라는 것은

句라

여기에서 句를 뗀다.

43-66-5 **無難**이라

어려울 게 없다.

張云 兼牛馬면 則非牛非馬는 是則無可難矣라 案 張說是也라 此卽經云 說在兼[43]之義라 荀子正名篇에 云 有牛馬非馬也하니 此惑於用名以亂實者也라하다 公孫龍子通變篇에 云 牛與羊唯異하니 羊有齒하고 牛無齒나 而牛之非羊也와 羊之非牛也는 未可니 是不俱有而或類焉이요 羊有角하고 牛有角이나 牛之而羊也와 羊之而牛也는 未可니 是

43) 說在兼 : 〈經 下〉 41-55-1에 "牛馬가 牛가 아니라는 것은 不可(성립하지 않음)와 같으니, 兼(총칭)으로 설명할 수 있다.〔牛馬之非牛 與(可之)〔不可〕同 說在兼〕"라 한 것을 말한다.

俱有而類之不同也라 羊牛有角하고 馬無角하며 馬有尾하고 羊牛無尾라 故曰羊合牛非馬也라하니 非馬者는 無馬也라 無馬者는 羊不二며 牛不二요 而羊牛二니 是而羊而牛가 非馬可也라 若擧而以是는 猶類之不同이니 若左右는 猶是擧라 牛羊有毛하고 鷄有羽라 謂鷄足一이나 數足二니 二而一故三이요 謂牛羊足一이나 數足四니 四而一故五라 牛羊足五요 鷄足三이라 故曰 牛合羊非鷄라하니 非有以非鷄也라 與馬以鷄인댄 寧馬니 材不材니 其無以類가 審矣라 擧是謂亂名이니 是狂擧라하니 即此書之義로되 但兩書文義皆穴復奧衍하여 不可盡通耳라 依張楊說컨대 此釋經下狂擧不可以知異 說有不可 牛馬之非牛 可之同 說在兼이라

張惠言 : 소와 말을 겸하였고 보면 소도 아니고 말도 아니라는 것은 어려울 것이 없다.

案 : 장혜언의 설이 옳다. 이 대목은 곧 經에서 말한 '說在兼'의 뜻이다. ≪荀子≫ 〈正名篇〉에 "牛馬는 말이 아니라는 경우도 있으니, 이는 이름을 쓰는 데 미혹하여 진실을 어지럽히는 것이다."라 하였다. ≪公孫龍子≫ 〈通變論〉에 "소와 양은 다르니, 양은 이빨이 있고 소는 이빨이 없다. 그러나 소는 양이 아니고 양은 소가 아니라고 아직 말할 수는 없으니, 이는 양쪽 다 갖고 있지는 않지만 혹 유사하기도 하기 때문이다. 양은 뿔이 있고 소도 뿔이 있지만 소가 양이고 양이 소라고 할 수는 없으니, 양쪽 다 갖고 있지만 종류가 같지 않기 때문이다. 양과 소는 뿔이 있고 말은 뿔이 없으며, 말은 꼬리가 있고 양과 소는 꼬리가 없다. 그러므로 '양은 소와 합치하고 말은 아니다.'라 하는 것이니, 말이 아니라는 것은 말이 없다는 것이다. 말이 없다는 것은 양은 둘이 아니며 소도 둘이 아니다. 그러나 〈합칭하여〉 羊牛라 할 경우에는 둘이니, 이 경우는 양과 소가 말이 아니라고 할 수 있다. 만약 이를 들어서 말한다면 이는 종류가 같지 않은 경우와 같으니, 左右의 관계를 말할 경우가 이를 들어서 말하는 것과 같다. 소와 양은 털이 있고 닭은 깃털이 있다. 닭은 발이 하나라고 하지만 닭의 발을 세어보면 둘이니, 둘이면서 하나이므로 결과적으로 셋이다. 소와 양은 발이 하나라고 하지만 발을 세어보면 넷이니, 넷이면서 하나이므로 결과적으로 다섯이다. 소와 양은 발이 다섯이고 닭은 발이 셋이다. 그러므로 '소는 양과 합치하고 닭은 아니다.'라 하는 것이지, 닭이 아니라 할 수 있는 점이 따로 있는 것은 아니다. 닭을 말과 같이 인정해 줄 바에는 차라리 말을 선택할 것이니, 〈말은〉 재주가 있고 〈닭은〉 재주가 없다. 따라서 같은 종류라 할 수 없음이 분명하다. 이 둘을 들어서 비유하는 것은 이름을 어지럽히는 것이니, 이는 狂擧이다."라 하였으니, 바로 이 책에서 말한 뜻이다. 다만 두 책의 글 뜻

이 다 깊고도 오묘하고 광대하여 뜻을 다 알 수 없을 뿐이다. 장혜언과 楊葆彝의 설에 의거하면 이 대목은 〈經 下〉의 "狂擧不可以知異 說有不可 牛馬之非牛 可之同 說在兼(혼란스러운 列擧로는 차이를 알 수 없으니 不可함이 있음으로 설명할 수 있다. 牛馬가 牛가 아니라는 것은 不可(성립하지 않음)와 같으니, 兼(총칭)으로 설명할 수 있다.)"을 풀이하였다.

43-67-1 **彼**는

'彼'의 경우는,

句라

여기에서 句를 뗀다.

43-67-2 **正名者彼此**니

이름을 바로잡는 것은 彼此이니,

謂言當其名이라

말이 그 이름에 맞는 것을 말한다.

43-67-3 **彼此可**나

피차라고 하는 것은 可하나,

句라

여기에서 句를 뗀다.

43-67-4 **彼彼止於彼**하고

彼를 彼라 하는 것은 彼에 그치고,

張云 定彼爲彼라

張惠言 : '彼'를 확정하여 '彼'라 하는 것이다.

43-67-5 **此此止於此**라

此를 此라 하는 것은 此에 그친다.

張云 定此爲此라하다 **詒讓案 此謂彼此之名有定**이라 **故可**라

張惠言 : '此'를 확정하여 '此'라 한 것이다.

詒讓案 : 이는 彼·此라는 이름이 정해졌기 때문에 可하다는 말이다.

43-67-6 **彼此不可**하니

彼此라고는 할 수 없으니,

句라

여기에서 句를 뗀다.

43-67-7 **彼且此也**며 〔**此亦且彼也**〕라

彼 또한 此이며 此 또한 彼라

疑當云 彼且此也 此亦且彼也라 **此謂彼此之名無定**이라 **故不可**라

아마도 '彼且此也 此亦且彼也'라 해야 할 듯하다. 이 대목은 彼此란 이름이 정해지지 않았기 때문에 그렇게 말할 수 없다는 것이다.

43-67-8 **彼此亦可**라

彼此라고도 할 수 있다.

此言彼此在有定無定之閒이라 **張云 統言彼此**면 **則彼亦此**라 **故可**라하다

이는 彼此가 이름이 정해짐과 정해지지 않음 사이에 있다는 말이다.

張惠言 : 彼此를 통틀어 말할 경우에는 彼 또한 此이다. 그렇므로 그렇게 말할 수 있는 것이다.

43-67-9 **彼此止於彼此**하니 **若是而彼此也**면 **則彼亦且此**요 **此〔亦且彼〕也**라

彼此는 彼此에만 그치니, 이와 같은 것을 彼此라 한다면 彼 또한 此일 것이요 此 또한 彼일 것이다.

此字는 吳鈔本不重이라 張云 定以爲彼此면 則我此此而彼彼요 彼亦且此此而彼彼라 故不可라하다 案 張說未塙이라 此似申上彼此亦可之義니 疑當作則彼亦且此 此亦且彼也니 今本脫三字라 公孫龍子名實篇에 云 正其所實者는 正其所名也니 其名正이면 則唯乎其彼此焉이라 謂彼而彼不唯乎彼면 則彼謂不行이요 謂此而此不唯乎此면 則此謂不行이라 其以當(爲)〔不〕[44]當也니 不當而〔當〕[45]亂也라 故彼彼當乎彼하면 則唯乎彼하여 其謂行彼요 此此當乎此하면 則唯乎此하여 其謂行此라 其以當而當也니 以當而當은 正也라 故〔彼〕[46]彼止於彼하고 〔此〕[47]此止於此는 可요 彼此而彼且此하고 此彼而此且彼는 不可라하니 卽此章之塙詁라 又莊子齊物論篇에 云 物無非彼요 物無非是니 自彼則不見이요 自知則知之라 故曰 彼出於是하고 是亦因彼라하고 又云 是亦彼也요 彼亦是也니 彼亦一是非요 此亦一是非라 果且有彼是乎哉아 果且無彼是乎哉아라하니 亦與此義略同이라 畢云 已上은 釋經下循此與彼此同 說在異라 案 經有訛라

〈마지막의〉 '此'자는 吳鈔本에는 重複되지 않았다.

張惠言 : 이름을 정하여 彼此라 했으면 나는 此를 此라 하고 彼를 彼라 하며, 저쪽도 此를 此라 하고 彼를 彼라 할 것이다. 그러므로 그렇게 말할 수 없는 것이다.

案 : 장혜언의 설은 확실하지 않다. 이 대목은 위에 말한 "彼此라고 하는 것도 可하다."는 뜻을 되풀이해 말한 듯하니, 아마도 '則彼亦且此 此亦且彼也'가 되어야 할 듯하다. 今本에는 〈'亦且彼'〉 세 글자가 빠졌다. ≪公孫龍子≫ 〈名實論〉에 "그 實로 삼는 바를 바로잡는 것은 그 名으로 삼는 바를 바로잡는 것이니, 그 名이 바르면 彼此에 응답을 받게 된다. 彼라 불렀는데 彼가 彼라는 이름에 응답하지 않으면 彼라는 호칭이 행해지지 못하고, 此라 불렀는데 此가 此라는 이름에 응답하지 않으면 此라는 호칭이 행해지지 못한

44) (爲)〔不〕: 저본에는 '爲'로 되어 있으나, ≪公孫龍子≫에 의거하여 '不'로 바로잡았다.
45) 〔當〕: 저본에는 '當'이 없으나, ≪公孫龍子≫에 의거하여 보충하였다.
46) 〔彼〕: 저본에는 '彼'가 없으나, ≪公孫龍子≫에 의거하여 보충하였다.
47) 〔此〕: 저본에는 '此'가 없으나, ≪公孫龍子≫에 의거하여 보충하였다.

다. 이는 맞지 않은 것을 맞다고 했기 때문이니, 맞지 않는 것을 억지로 맞게 하면 혼란해진다. 그러므로 彼를 彼라 한 것이 彼에게 맞으면 彼라는 이름에 응답하여 그 호칭이 彼에게 행해질 것이요, 此를 此라 한 것이 此에 맞으면 此라는 이름에 응답하여 그 호칭이 此에게 행해질 것이다. 이는 맞는 것을 맞다고 했기 때문이니, 맞는 것을 맞다고 하는 것은 바른 것이다. 그러므로 彼를 彼라 하는 것은 彼에만 그치고 此를 此라 하는 것은 此에만 그치는 것은 可하고, 此를 彼라 하여 彼도 此이고 彼를 此라 하여 此도 彼인 것은 不可하다."라 하였으니, 바로 이 章의 확실한 訓詁이다. 또 ≪莊子≫ 〈齊物論〉에 "物은 彼 아닌 것이 없고 物은 是 아닌 것이 없으니, 彼의 입장에서는 보지 못하고 스스로 자신을 알고자 하면 알 수 있다. 그러므로 彼는 是에서 나오고, 是도 彼로 말미암아 있는 것이다."라 하였고, 또 "是도 彼이며 彼도 是이니, 彼도 是非를 하나로 하고 此도 是非를 하나로 한다. 과연 彼是란 게 있는가? 과연 彼是라는 게 없는가?"라 하였으니, 또한 이 대목과 뜻이 대략 같다.

畢沅 : 이상은 〈經 下〉의 "循此與彼此同 說在異(이것의 이것과 저것의 이것은 같으니, 異(다름)로 설명할 수 있다.)"를 풀이하였다.'

案 : 經에 오자가 있다.

43-68-1 唱無(過)〔遇〕하여

主唱하는데도 함께하는 사람이 없어서

卽下云唱而不和라 過는 疑當作遇니 遇는 與偶通이라 下同이라

곧 아래에서 "主唱하되 호응하지 않는다."는 것이다. 過는 아마도 '遇'가 되어야 할 듯하니, '遇'는 '偶'와 통용된다. 아래도 같다.

43-68-2 無所(周)〔用〕은

쓸모가 없는 경우는

疑當爲用之誤라 謂所唱不足用이니 卽唱而不和之意라

〈'周'는〉 아마도 '用'의 오자일 듯하다. 주창하는 바가 쓰이기에 부족하다는 말이니, 곧 "주창하되 호응하지 않는다."는 뜻이다.

43-68-3 若(粺(패))〔稗〕어니와

〈곡식의〉 피와 같지만,

當爲稗라 說文禾部에 云 稗는 禾別也라하다 此喩無所用이 若荑(제)稗라

〈'粺'는〉 응당 '稗'가 되어야 한다. ≪說文解字≫ 禾部에 "稗는 벼의 別種이다."라 하였다. 이 대목은 쓸모없는 것이 마치 곡식의 피와 같다고 비유한 것이다.

43-68-4 和無(過)〔遇〕는

호응하는데도 함께하는 사람이 없는 경우는

卽下云和而不唱이라

곧 아래에서 말한 "호응하되 주창하지 않는다."는 것이다.

43-68-5 使也니

그렇게 되도록 한 것이다.

謂人不唱使然이라

남이 주창하지 않아 그렇게 되도록 했다는 말이다.

43-68-6 不得已라

어쩔 수 없다.

明非和者之過라

호응하는 사람의 잘못이 아님을 밝혔다.

43-68-7 唱而不和는 是不學也라

주창하는데도 호응하지 않는 것은 배우지 않는 것이다.

唱者爲教면 則和者爲斆(효)라 故不和爲不學也라

주창하는 자가 가르치면 호응하는 자는 깨닫는다. 그러므로 호응하지 않는 것은 배우지 않는 것이다.

43-68-8 **智少而不學**이면 **〔功〕必寡**요

지식이 적은데도 배우지 않으면 功이 반드시 적을 것이요,

必上에 有脫文이라 楊云 疑脫功字라하다

'必' 위에 빠진 글자가 있다.
楊葆彝 : 아마도 '功'자가 빠졌을 듯하다.

43-68-9 **和而不唱**이면 **是不教也**라 **智〔多〕而不教**면

호응하는데도 주창하지 않으면 이는 가르치지 않는 것이다. 지식이 많은데도 가르치지 않으면,

畢云 智下當有少字라하다 詒讓案 疑當作智多而不教니 與上文智少而不學으로 正相對라

畢沅 : '智' 아래 응당 '少'자가 있어야 한다.
詒讓案 : 아마도 '智多而不教'가 되어야 할 듯하니, 위 글 '智少而不學'과 바로 對句가 된다.

43-68-10 **功適息**이라

功이 그칠 것이다.

張云 我有知而不以告人이면 則功息絶矣라하다

張惠言 : 나는 지식이 있는데 남에게 알려주지 않으면 功이 그쳐 없어질 것이다.

43-68-11 **使人奪人衣**하면 **罪或輕或重**하며 **使人予人酒**하면 **或厚或薄**이라

사람을 시켜 남의 옷을 빼앗으면 죄가 가볍기도 하고 무겁기도 하며, 사람을 시

켜 남에게 술을 주면 후하기도 하고 박하기도 한다.

句首에 疑脫一字라 此蓋喩不和不唱之無功이라 依張楊說컨대 此釋經下唱和同患 說在功이라

이 구절의 맨 앞에 한 글자가 빠진 듯하다. 이 대목은 대개 호응하지 않고 주창하지 않으면 功效가 없음을 비유하였다. 張惠言과 楊葆彝의 설에 의거하면 이 대목은 〈經 下〉의 "唱和同患 說在功(주창하는 것과 호응하는 것은 문제가 같으니, 功效로 설명할 수 있다.)"을 풀이하였다.

43-69-1 聞在外者는 所不知也라

밖에서 들은 사람은 알지 못하는 바가 있다.

謂在外而聞有人在室이면 不知其人若何라

밖에서 있으면서 실내에 사람이 있다는 것을 들으면 그 사람이 어떠한지를 알지 못한다는 말이다.

43-69-2 或曰 在室者之色若是其色이라하면

어떤 사람이 말하기를 "실내에 있는 사람의 안색이 이 사람의 안색과 같다."라고 하면,

言告以在室者之色이 與在外者相若이라

실내에 있는 사람의 안색이 밖에 있는 사람과 서로 같다고 고해준다는 말이다.

43-69-3 是所不智가 若所智也라

알지 못하는 바가 아는 바와 같아진다.

以下智는 竝與知同이라 所不知는 謂在室者요 所知는 謂在外者라

이하의 '智'는 다 '知'와 같다. 알지 못하는 바는 실내에 있는 사람을 말하고, 아는 바는

밖에 있는 사람을 말한다.

43-69-4 **猶白若黑也**니

흰색과 검은색 같은 것이니,

若은 猶與也니 儀禮燕禮에 云 冪(멱)用綌(격)若錫이라하다 言問其色白與黑이라

'若'은 '與'와 같다. ≪儀禮≫ 〈燕禮〉에 "덮개는 거친 베와 가는 베를 쓴다.〔冪用綌若錫〕"라 하였다. 그 안색이 흰색인지 검은색인지를 묻는다는 말이다.

43-69-5 **誰勝**가

누가 맞겠는가?

勝은 猶言當이라 上文云 當者勝也라하니 謂兩擧白黑에 未知孰勝이라

'勝'은 '當'과 같으니, 위 글에서 '맞는 사람이 이기는 것이다.〔當者勝也〕'라 하였다. 양쪽에서 흰색이다 검은색이다 들어 말할 경우에는 어느 쪽이 맞는지 알 수 없다는 말이다.

43-69-6 **(是)若〔是〕其色也**면

그 안색이 이와 같다고 하면

是若은 疑到라 言告以色若是라

'是若'은 아마도 두 글자가 도치된 듯하다. 안색이 이와 같다고 고해준다는 말이다.

43-69-7 **若白者必白**이라 **今也**에 **智其色之若白也**라 **故智其白也**라

만약 흰색이라 했을 경우에는 반드시 흰색일 터이니, 지금 그 사람의 안색이 말해준대로 흰색인 줄 알기 때문에 그 사람의 안색이 흰색이라는 사실을 아는 것이다.

張云 若正而言之하여 色若此白者는 彼物必白이니 則知其色之若白이면 可以知其白矣라하다

張惠言 : 만약 바르게 말해주어 안색이 이처럼 흰색이라 했을 경우에는 저 실내의 사람의 안색이 반드시 흰색일 터이니, 그 사람의 안색이 말해준대로 흰색인 줄 알면 그 사람이 흰색이란 사실을 알 수 있는 것이다.

43-69-8 **夫名**은 **以所明**으로 **正所不智**요

대저 '名'이란 밝게 아는 바로 알지 못하는 바를 바로잡는 것이지

名은 **吳鈔本作明**하니 **誤**라 **張云 正物名**이라

'名'은 吳鈔本에 '明'으로 되어 있으니, 잘못이다.

張惠言 : 사물의 이름을 바로잡는 것이다.

43-69-9 **不以所不智疑所明**이니

알지 못하는 바로 밝게 아는 바를 의심하는 것이 아니니,

句라

여기에서 句를 뗀다.

43-69-10 **若以尺度**(탁)**所不智長**이라

자로 알지 못하는 바의 길이를 재는 것과 같다.

言以所明正所不知는 **若不知物之長而以尺度之也**라 **畢張竝讀長外爲句**하니 **大誤**라

밝게 아는 바로써 알지 못하는 바를 바로잡는 것은 마치 물체의 길이를 알지 못하여 자로 재는 것과 같다는 말이다. 畢沅과 張惠言은 모두 '長外'에 句를 떼어 읽었으니, 매우 틀렸다.

43-69-11 **外**는

밖의 것은

句라

여기에서 句를 뗀다.

43-69-12 **親智也**요

직접 아는 것이고

句라

여기에서 句를 뗀다.

43-69-13 **室中**은

실내에 있는 것에 대해서는

句라

여기에서 句를 뗀다.

43-69-14 **說智也**라

남이 말해 주어서 아는 것이다.

此與經說上云 知 方不庳 說也 身觀 親也로 義同이라 言在外之色은 爲親見而知요 以室中之色으로 若在外之色은 則聞人之說而後知也라 畢云 已上은 釋經下聞所不知若所知 則兩知之 說在告라하다

이 대목은 〈經說 上〉에서 "'知'는 方土(지역)가 막지 않는 경우는 말해주어 아는 것이고 몸소 보는 것은 직접 아는 것이다.〔知 方不庳 說也 身觀 親也〕"라고 한 것과 뜻이 같다. 밖에 있는 사람의 안색은 직접 보아서 아는 것이지만, 실내에 있는 사람의 안색이 밖에 있는 사람의 안색과 같다는 것은 남이 말하는 것을 들은 뒤에 아는 것이라는 말이다.

畢沅 : 이상은 〈經 下〉의 "聞所不知若所知 則兩知之 說在告(모르고 있는 것을 들은 것이 알고 있는 것과 같다면 둘을 다 알게 되니, 告(알려줌)로 설명할 수 있다.)"를 풀이하였다.

43-70-1 以誖는

그르다고 하는 것은

以誖는 猶言以爲誖라 誖는 卽非也라 與下以當으로 文義正相對라

'以誖'는 '以爲誖'라는 말과 같다. '誖'는 그르다는 뜻이다. 아래 '以當'과 글 뜻이 바로 상대된다.

43-70-2 不可也라

믿을 수 없는 것이다.

言以人之言爲誖者는 必其言之不可信者也라

남의 말을 그르다고 할 경우는 반드시 그 말이 믿을 수 없는 것이라는 말이다.

43-70-3 (出)〔之〕(入)〔人〕之言이 可하면

이 사람의 말이 可하면,

以下文校之컨대 出入은 當作之人이니 形近而誤라

아래 글로 교감해 보건대, '出入'은 응당 '之人'이 되어야 하니, 字形이 비슷하여 오자가 생긴 것이다.

43-70-4 是不誖니 則是有可也라

이는 그르지 않은 것이니, 이는 可한 점이 있는 것이다.

有可信者면 卽不得盡㡿(척)爲誖라

믿을 만한 점이 있으면 다 指斥하여 그르다고 할 수 없는 것이다.

43-70-5 之人之言이 不可어늘

이 사람의 말이 不可하거늘

句라

여기에서 句를 뗀다.

43-70-6 **以當**이면

맞다고 하면,

句라

여기에서 句를 뗀다.

43-70-7 **必不**(審)〔**當**〕이라

필시 맞지 않을 것이다.

審은 疑亦當作當이라 言以不可爲當이면 是必不當也라 此卽公孫龍子以當(爲)〔不〕當不當而亂之義라 依張說컨대 此釋經下以言爲盡誖 誖 說在其言이라

'審'은 아마도 '當'이 되어야 할 듯하다. 不可한 것을 맞다고 하면 이는 필시 맞지 않을 것이라는 말이다. 이 대목은 곧 ≪公孫龍子≫의 "맞지 않은 것을 맞다고 했기 때문이니, 〈名이 實에〉 맞지 않으면 혼란해진다.〔以當(爲)〔不〕當 不當而亂〕"라 한 뜻이다. 張惠言의 설에 의거하면 이 대목은 〈經 下〉의 "以言爲盡誖 誖 說在其言(말을 모두 그르다고 여기는 것은 그르니 그 말로 설명할 수 있다.)"을 풀이하였다.

43-71-1 (惟)〔**唯**〕는

唯(응답하는 말)는

句라

여기에서 句를 뗀다.

43-71-2 **謂是**(霍(곽))〔**虎**〕는 **可**라

〈어느 사람을 두고〉 범이라 하는 것은 可하다.

惟는 當依經作唯라 霍은 疑亦虎之誤니 下竝同이라 說詳前이라 唯는 應辭也라 此言假物爲名하여 若謂之爲虎也어든 而彼應之曰唯는 則可라 上文云惟是當牛馬라하니 彼惟亦唯之假字니 與此義可互證이라 經以非名爲不可[48]는 明是名則可라 莊子寓言篇에 云 與己同則應하고 不與己同則反하며 同於己爲是(是)〔之〕[49]요 異於己爲非(非)〔之〕[50]라하다

'惟'는 응당 經에 의거하여 '唯'가 되어야 한다. '霍'은 아마도 '虎'의 오자일 듯하니, 아래도 다 같다. 설명이 앞에 상세히 보인다. '唯'는 응답하는 말이다. 이 대목은 사물을 가탁하여 이름을 삼아서 만약 〈어떤 사람을〉 '범'이라 하면 그 사람이 응답하기를 '唯(예)'라 하는 것은 可하다는 말이다. 위 글에서 "응답하는 자가 그렇다고 할 경우는 牛馬에 해당한다.〔惟是當牛馬〕"라 하였는데 그 대목에서 '惟'는 역시 '唯'의 가차자이니, 이 대목과 상호 증명할 수 있다. 經에서 正名이 아닌 것을 不可하다고 한 것은 정명이면 可함을 밝힌 것이다. ≪莊子≫ 〈寓言〉에 "자기 의견과 같으면 따르고 자기 의견과 같지 않으면 반대하며, 자기와 의견이 같으면 옳다고 하고 자기와 의견이 다르면 그르다고 한다."라 하였다.

43-71-3 而猶之非夫(霍)〔虎〕也나

그래도 범은 아니지만,

言彼雖非眞虎나 而旣唯我所謂하니 則是謂之可者也라

저 사람은 비록 진짜 범은 아니지만 이미 내가 부르는 말에 응답했고 보면 그렇게 말해도 可한 것이다.

43-71-4 謂彼是是也라

저 사람을 부른 말이 옳은 것이다.

---

48) 經以非名爲不可 : 〈經 下〉 41-65-2에 "正名이 아니면 안 되니, 仮(반대함)으로 설명할 수 있다.〔非名也則不可 說在仮〕"라 한 대목을 가리킨다.

49) (是)〔之〕 : 저본에는 '是'로 되어 있으나, ≪莊子≫ 〈寓言〉에 의거하여 '之'로 바로잡았다.

50) (非)〔之〕 : 저본에는 '非'로 되어 있으나, ≪장자≫ 〈우언〉에 의거하여 '之'로 바로잡았다.

謂所謂與其名相應이라

부른 말과 그 사람의 이름이 서로 맞다는 말이다.

43-71-5 不可謂者인댄 毋惟乎其謂라

그렇게 불러서는 不可한 경우라면 그 부르는 말에 응답하지 않았을 것이다.

言凡不可謂者는 必無人唯我之所謂라

무릇 그렇게 불러서는 不可한 경우라면 내가 부르는 말에 응답할 사람이 반드시 없을 것이라는 말이다.

43-71-6 彼猶惟乎其謂면

저 사람이 그래도 내가 부르는 말에 응답하면

句라

여기에서 句를 뗀다.

43-71-7 則吾謂(不)行하고

내가 부르는 말이 행해지고

當作則吾謂行이니 此衍一不字라

응당 '則吾謂行'이 되어야 하니, 여기에 '不' 한 글자가 잘못 더 들어갔다.

43-71-8 彼若不惟其謂면

저 사람이 만약 내가 부르는 말에 응답하지 않는다면

句라

여기에서 句를 뗀다.

43-71-9 **則不行也**라

〈내가 부르는 말이〉 행해지지 못한다.

此卽公孫龍子謂彼而彼不唯乎彼면 **則彼謂不行**이요 **謂此而此不唯乎此**면 **則此謂不行之義**라 **依張說**컨대 **此釋經下唯吾謂非名也 則不可說在仮**이라

이 대목은 곧 ≪公孫龍子≫의 "彼라 불렀는데 彼가 彼라는 이름에 응답하지 않으면 彼라는 호칭이 행해지지 못하고, 此라 불렀는데 此가 此라는 이름에 응답하지 않으면 此라는 호칭이 행해지지 못한다."는 뜻이다. 張惠言의 설에 의거하면 이 대목은 〈經 下〉의 "唯吾謂非名也 則不可 說在仮(내가 말하는 것에 응낙하게 하려면 正名이 아니면 안 되니, 仮(반대함)으로 설명할 수 있다.)"을 풀이하였다.

43-72-1 **無南者**는

남쪽은 끝이 없다고 하는 경우는,

盧云 南은 **當讀如難**이니 **上下文俱有無難之語**라하다 **案 盧說非也**라 **張讀屬上節**도 **亦誤**라 **此南**은 **卽指南方**이니 **無南**은 **猶言南無窮也**라 **古者中國所治地**는 **南不盡南海**하고 **又天官家不知有南極**이라 **故於四方**에 **獨以南爲無窮**이라 **莊子天下篇**에 **惠施曰 南方無窮而有窮**이라하니 **蓋名家有持此義者**라

盧文弨 : '南'은 '難'과 같이 읽어야 하니, 위 아래 글에 다 '無難'이란 말이 있다.

案 : 노문초의 설은 옳지 않다. 張惠言은 위의 節과 이어붙여서 읽었는데 역시 틀렸다. 여기서의 '南'은 곧 南方을 가리킨다. '無南'는 남쪽은 끝이 없다는 말과 같다. 옛날에 중국이 다스리던 땅은 남쪽으로 南海 끝까지 이르지 못하였고, 또 天文家들은 南極이 있는 줄 알지 못하였다. 그러므로 사방 중에서 오직 남쪽만을 끝이 없다고 여겼다. ≪莊子≫ 〈天下〉에 "惠施가 말하기를 '남쪽은 끝이 없지만 끝이 있다.'라 하였다."라 하였으니, 대개 名家들 중 이 논리를 주장하는 이가 있었던 것이다.

43-72-2 **有窮則可盡**이요

끝이 있다면 다할 수 있고,

句라

여기에서 句를 뗀다.

43-72-3 **無窮則不可盡**이라

끝이 없다면 다할 수 없다.

句라

여기에서 句를 뗀다.

43-72-4 **有窮無窮**을 **未可智**니

끝이 있는지 끝이 없는지를 알 수 없으니,

智는 與知同이라 下竝同이라

'智'는 '知'와 같다. 아래도 다 같다.

43-72-5 **則可盡不可盡(不可盡)**을

다할 수 있는지, 다할 수 없는지를

畢云 此三字는 疑衍이라

畢沅 : 〈뒤의 '不可盡'〉 이 세 자는 아마도 衍文일 듯하다.

43-72-6 **未可智**라

알 수 없다.

可는 吳鈔本作有하니 誤라

'可'는 吳鈔本에는 '有'로 되어 있으니, 잘못이다.

43-72-7 人之盈(之)否를 未可智나

사람이 〈사방에〉 가득한지를 알 수 없으나

次之字는 疑衍이라 謂人在四方에 盈否未知라

두 번째 '之'는 아마도 衍文일 듯하다. 사람이 사방에 있는데 가득 차 있는지를 알 수 없다는 말이다.

43-72-8 而必人之可盡이라

사람은 〈그 수를〉 다할 수 있다고 期必할 수 있다.

句라

여기에서 句를 뗀다.

43-72-9 〔人之可盡〕不可盡을 亦未可智나

사람을 다할 수 있는지, 다할 수 없는지를 또한 알 수 없으나

當作人之可盡不可盡亦未可智라 此涉上文而脫人之可盡四字라

응당 '人之可盡不可盡亦未可智'가 되어야 한다. 이 대목은 위 글과 연관하여 '人之可盡' 넉 자가 빠졌다.

43-72-10 而必人之〔不〕可盡愛也는

사람을 다 사랑할 수 없다고 기필하는 것은

疑當作而必人之不可盡愛也라 今本에 脫不字라 盡愛는 卽兼愛之說이라 故經云 無窮不害兼[51]이라

아마도 '而必人之不可盡愛也'가 되어야 할 듯하다. 今本에는 '不'자가 빠졌다. '다 사랑

---

51) 無窮不害兼 : 〈經 下〉 41-67-1에 보인다.

한다'는 것은 곧 兼愛의 說을 말하는 것이다. 그러므로 經에 "(공간의) 무궁함은 兼愛하는 데 문제되지 않는다."라 하였다.

43-72-11 誖라

그르다.

言持此論者不可也라 蓋謂人不可盡愛면 則有害於兼愛之說이라 故墨子非之라

이 논리를 주장하는 것은 불가하다는 말이다. 대개 사람을 다 사랑할 수 없다고 말한다면 兼愛說에 방해가 된다. 그러므로 묵자가 그르다고 한 것이다.

43-72-12 人若不盈(先)〔無〕窮이면

사람이 만약 끝없는 공간을 채우지 못한다면

先은 當作無니 亦无之誤라

'先'은 응당 '無'가 되어야 하니, 역시 '无'의 오자이다.

43-72-13 則人有窮也라

사람이 끝이 있는 것이다.

謂人若不能盈無窮이면 旣不能盈하니 則是有窮也라

사람이 끝없는 공간을 채우지 못한다고 한다면 이미 〈현실적으로〉 채우지 못하는 상황이니, 이는 사람의 수가 끝이 있는 것이다.

43-72-14 盡有窮은 無難하니

끝이 있는 대상을 다하는 것은 어려울 게 없으니

張云 我愛盡於有窮하니 不足以難兼也라

張惠言 : 나의 사랑이 끝이 있는 대상에 다하는 것이니, 兼愛하기 어려울 게 없다.

43-72-15 **盈無窮**이면

끝없는 공간을 채운다면

句라

여기에서 句를 뗀다.

43-72-16 **則無窮盡也**라

끝없는 공간이 다한 것이다.

謂人若盈無窮하면 **則無窮旣可盈**이니 **卽界有盡也**라

사람이 끝없는 공간을 다 채운다면 끝없는 공간을 이미 채울 수 있는 것이니, 곧 그 공간에 다함이 있는 것이다.

43-72-17 **盡有窮**은 **無難**이라

따라서 끝이 있는 것을 다하는 것은 어려울 게 없다.

以上六句는 **皆難人不可盡愛之說**이라 **依張說**컨대 **此釋經下無窮不害兼 說在盈否知**라

이상 여섯 句는 다 "사람을 다 사랑할 수 없다"는 설을 반박한 것이다. 張惠言의 설에 의거하면, 이 대목은 〈經 下〉의 "無窮不害兼 說在盈否知(끝이 없음은 兼愛하는 데 문제되지 않으니 가득 차 있는지 여부를 아는 것으로 설명할 수 있다.)"를 풀이하였다.

43-73-1 **不(二)〔一一〕智其數**어늘

일일이 세어 그 수를 알 수 없는데

張云 二는 **衍**이라하다 **案 疑當爲不一一**이라

張惠言 : '二'는 衍文이다.
案 : 아마도 '不一一'이 되어야 할 듯하다.

43-73-2 惡(오)智愛民之盡(文)〔之〕也리오

백성을 사랑하는 것을 다할 수 있을지를 어찌 알리오?

文은 當作之라 下同이라 吳鈔本重盡字는 衍이라 張云 文衍이라하니 非라

'文'은 응당 '之'가 되어야 한다. 아래도 같다. 吳鈔本에는 '盡'자가 거듭 나왔으니, 衍文이다. 장혜언은 "'文'은 연문이다."라 하였으니, 옳지 않다.

43-73-3 或者遺乎其問也아

혹 묻는 바에 빠뜨림이 있는가?

問은 舊本訛門이러니 今據道藏本正이라 言慮所問有所遺忘하니 則雖愛民이라도 不能盡其數라 張云 門問은 皆明字之訛라하니 非是라

'問'은 舊本에는 잘못 '門'으로 되어 있는데 지금 道藏本에 의거하여 바로잡았다. 〈백성의 수를〉 묻는 바에 혹 빠뜨리고 잊는 바가 있을까 염려되니, 그렇게 되면 비록 백성을 사랑할지라도 그 수를 다할 수 없다는 말이다. 張惠言은 "'門'과 '問'은 다 '明'의 오자이다."라 하였는데, 옳지 않다.

43-73-4 盡問人이면 則盡愛其所問이라

사람을 다 물으면 그 물은 바를 다 사랑할 수 있다.

言於心無不愛라

마음에 사랑하지 않음이 없다는 말이다.

43-73-5 若不智其數나 而智愛之盡(文)〔之〕也는 無難이라

만약 그 수를 모를지라도 다 사랑할 수 있다는 것을 아는 것은 어려울 게 없다.

依張說컨대 此釋經下不知其數而知其盡也 說在明者라 案 明은 疑卽問之誤라

張惠言의 설에 의거하면 이 대목은 〈經 下〉의 "不知其數而知其盡也 說在明者(그 수를 알

지 못하면서도 지극히 다할 줄 아니, 묻는 자로 설명할 수 있다.)"를 풀이하였다. 살펴보건대 '明'은 아마도 '問'의 오자일 듯하다.

43-74-1 仁은 仁은 愛也요

仁으로 말하자면, 仁은 愛이고

張校에 謂次仁字衍이라 今案首仁字는 疑述經爲目이니 則無衍文이라 又疑或當作仁愛人也라 古人仁字通이라

張惠言의 교감에 두 번째 '仁'자는 衍文이라 하였다. 지금 살펴보건대 첫머리의 '仁'자는 아마도 經의 말을 그대로 옮겨서 제목을 삼은 것이니, 연문은 없다. 또 생각건대 이 대목은 혹 '仁愛人也'가 될 수도 있을 듯하니, 옛날에는 '人'자와 '仁'자가 통용되었다.

43-74-2 義는 利也니 愛利는

義는 利이니, 愛·利는

句라

여기에서 句를 뗀다.

43-74-3 此也요

여기에 있고

言愛利心在於己하여 明其同在內라

愛·利의 마음이 자기에게 있다는 것을 말하여 愛·利가 다 같이 마음 안에 있음을 밝혔다.

43-74-4 所愛所利는

사랑하는 바(대상)와 이롭게 하는 바는

句라

여기에서 句를 뗀다.

43-74-5 **彼也**라

저기에 있다.

言所愛所利惠加於人하여 明其同在外라

사랑하는 바와 이롭게 하는 바는 남에게 은혜를 주는 것임을 말하여 所愛·所利가 다 같이 밖에 있음을 밝혔다.

43-74-6 **愛利**는 **不相爲內外**요

愛·利는 서로 안과 밖의 관계가 되지 않으며,

張云 俱內라하다

張惠言 : 다 안에 있다.

43-74-7 **所愛利**도 **亦不相爲外內**니

사랑하는 바와 이롭게 하는 바도 서로 밖과 안의 관계가 되지 않으니,

吳鈔本作內外라 張云 俱外라

吳鈔本에는 '內外'로 되어 있다.
張惠言 : 다 밖에 있다.

43-74-8 **其爲仁**은 **內也**요 **義**는 **外也**는

仁은 안에 있고 義는 밖에 있다고 하는 것은

爲는 謂字通이라 此見孟子公孫丑篇告子語[52]라 管子戒篇에도 亦云 仁從中出이요 義由

外作이라하다

'爲'는 '謂'자와 통용된다. 이 대목은 ≪孟子≫ 〈公孫丑〉의 告子의 말에 보인다. ≪管子≫ 〈戒〉에도 "仁은 마음 속에서 나오고 義는 밖으로부터 일어난다."라 하였다.

43-74-9 擧愛與所利也니

사랑과 이롭게 여기는 바를 들어서 말한 것이니,

偏擧所愛之在此라 故云內요 偏擧所利之在彼라 故云外라

사랑하는 바는 여기에 있다는 것만 들어서 말하기 때문에 안에 있다고 하고, 이롭게 하는 바는 저기에 있다는 것만 들어서 말하기 때문에 밖에 있다고 하는 것이다.

43-74-10 是狂擧也라

이는 '狂擧'이다

詳後라

뒤에 상세히 보인다.

43-74-11 若左目出右目入이라

마치 왼쪽 눈은 불쑥 나오고 오른쪽은 쑥 들어간 것과 같다.

舊本에 脫出字러니 今據道藏本吳鈔本補라 若은 吳鈔本作叵(거)하니 誤라 此亦狂擧之類라 張云 仁義之於人에 若二目不可分外內라하다 案 張說是也라 但其本에도 亦脫出

52) 此見孟子公孫丑篇告子語 : ≪孟子≫ 〈告子 上〉에 "告子가 말하기를 '食色은 본성이니, 仁은 안에 있지 밖에 있는 것이 아니며, 義는 밖에 있지 안에 있는 것이 아니다.〔告子曰 食色 性也 仁內也 非外也 義外也 非內也〕'라 하였다."라 하였고, 〈公孫丑 上〉에서는 "이 浩然之氣는 義를 모아서 생겨나는 것이다. 義가 하루아침에 갑자기 엄습하여 취해지는 것은 아니니, 실행하고서 마음에 부족하게 여기는 바가 있으면 주리게 된다. 나는 그러므로 '告子는 결코 義를 알지 못한다.'라 말한 것이니, 義를 밖에 있다고 여기기 때문이다.〔是集義所生者 非義襲而取之也 行有不慊於心 則餒矣. 我故曰 告子未嘗知義 以其外之也〕"라 하였다.

字요 又讀入字屬下學也하니 竝誤라 依張說컨대 此釋經下仁義之爲外內也 內 說在仵顔이라 經亦有誤라

舊本에는 '出'자가 빠졌다. 지금 道藏本·吳鈔本에 의거하여 보충한다. '若'은 吳鈔本에는 '𫷔'로 되어 있는데 오자이다. 이 대목 역시 '狂擧'의 부류이다.

張惠言 : 仁·義가 사람에 있어서는 마치 두 눈을 안과 밖으로 나눌 수 없는 것과 같다.

案 : 장혜언의 설이 옳다. 다만 그 本에도 '出'자가 빠져 있고, 또 '入'자를 아래 '學也'와 이어 붙여 읽었으니, 모두 잘못이다. 장혜언의 설에 의거하면 이 대목은 〈經 下〉의 "仁義之爲外內也 內 說在仵顔(仁과 義가 안팎을 이룬다는 것은 잘못이니, 頡仵로 설명할 수 있다.)"를 풀이하였다. 經에도 오자가 있다.

43-75-1 學也는 以爲不知學之無益也라 故告之也는 是라

'배움'은 배움이 무익하다고 알지 않기 때문에 고해 주는 경우는 옳다.

張云 告는 敎也라 以學也故敎니 是也라

張惠言 : 告한다는 것은 가르쳐 주는 것이다. 배우기 때문에 가르쳐 주는 것이니, 옳다.

43-75-2 使智學之無益也는

배움이 무익하다고 알게 해주는 경우는

智는 亦與知同이라

'智'는 역시 '知'와 같다.

43-75-3 是敎也는 以學爲無益也하여 敎니 誖라

이 가르침은 배움을 무익하다고 여겨 가르치는 것이니, 그르다.

此言學或有益或無益이라 故敎亦有是有否하니 否則誖矣라 張云 使知學之無益也而敎면 則是以學之無益敎矣니 則誖也라 案 張說是也라 依彼說컨대 此釋經下學之益也 說在誹者라 案經益上當有無字요 誹는 疑誖之誤라

이 대목은 배움은 유익한 경우도 있고 무익한 경우도 있기 때문에 가르침에도 옳은 경우도 있고 옳지 못한 경우도 있으니 옳지 못하면 그르다는 것을 말하였다.

張惠言 : 배움이 무익한 줄 알게 하고서 가르치면 이는 배움이 무익하다는 것으로 가르치는 것이니, 그르다.

案 : 장혜언의 설이 옳다. 장혜언의 설에 의거하면, 이 대목은 〈經 下〉의 "學之益也 說在誹者(배우는 것이 무익하다고 하니, 誖(어그러짐, 모순)로 설명할 수 있다.)"를 풀이하였다. 살펴보건대 經의 '益' 위에 응당 '無'자가 있어야 하고, '誹'는 아마도 '誖'의 오자일 듯하다.

43-76-1 **論誹**는

비판을 논할 때는

謂誹議人은 **宜論其所誹之當否**라

비방하는 사람에 대해서는 그 비방하는 바가 맞는지 그렇지 못한지를 의당 논해야 한다는 말이다.

43-76-2 **誹之可不可**를

비판해도 되는지 안 되는지를

句라

여기에서 句를 뗀다.

43-76-3 **以理之可(誹)〔非〕**니

이치상 옳지 않다고 할 수 있는지를 가지고 따져야 하니,

張云 當爲非라

張惠言 : '誹'는 응당 '非'가 되어야 한다.

43-76-4 **雖多誹**나

〈이치상 옳지 않다면〉 비록 비판을 많이 할지라도

句라

여기에서 句를 뗀다.

43-76-5 其誹是也요

그 비판은 옳고,

句라

여기에서 句를 뗀다.

43-76-6 其理不可非면

이치상 옳지 않다고 할 수 없으면

王校作誹하니 未塙이라

王引之의 교감에는 '誹'로 되어 있는데 확실하지 않다.

43-76-7 雖少誹나

비록 비판을 적게 할지라도

句라

여기에서 句를 뗀다.

43-76-8 非也라

옳지 않다.

王引之云 當作論誹之可不可인댄 以理之可誹不可誹니 理之可誹면 雖多誹나 其誹是也요 其理不可誹면 雖少誹나 非也라하다 今本論誹下에 衍誹字하고 以理之可誹下에 脫

不可誹理之可誹七字하고 其理不可誹의 誹는 又訛作非라하다 案 審校文義컨대 似無脫誤라 王校竝未塙이라

王引之 : 응당 '論誹之可不可 以理之可誹不可誹 理之可誹 雖多誹 其誹是也 其理不可誹 雖少誹 非也(비판이 해도 되는 것인지 해서는 안 되는 것인지를 논할 때는 이치상 비판해도 되는지 비판해서는 안 되는지를 따져야 하니, 이치상 비판해도 되면 비록 비판을 많이 할지라도 그 비판은 옳고, 이치상 비판해서는 안 되면 비록 비판을 적게 할지라도 옳지 않다.)'가 되어야 한다. 今本에는 '論誹' 아래 '誹'자가 잘못 더 들어가 있고, '以理之可誹' 아래 '不可誹理之可誹' 일곱 자가 빠져 있고, '其理不可誹'의 '誹'는 또 '非'로 잘못 되어 있다.

案 : 글 뜻을 자세히 살펴 교감해 보건대 脫誤가 없는 듯하다. 왕인지의 교감은 모두 확실하지 않다.

43-76-9 今也에 謂多誹者不可라하면 是猶以長論短이라

지금 비판을 많이 하는 것은 불가하다고 하면 이는 긴 것을 가지고 짧은 것을 논하는 것과 같다.

言誹有可否라 不容概以多誹者爲非하니 若短長各有所宜하여 不可相論也라 依張說컨대 此釋經下誹之可否 不以衆寡 說在可非라

비판에는 비판해도 되는 경우와 그렇지 않은 경우가 있으므로 비판을 많이 하는 것을 일괄하여 옳지 않다고 할 수는 없으니, 짧은 것과 긴 것은 각각 마땅한 바가 있으므로 서로 같이 논할 수 없는 것과 같다. 張惠言의 설에 의거하면 이 대목은 〈經 下〉의 "誹之可否 不以衆寡 說在可非(비판이 옳은가 그른가는 많고 적음으로 따질 문제가 아니니 비판할 만함으로 설명할 수 있다.)"를 풀이하였다.

43-77-1(不)〔非〕誹는

비판을 옳지 않다고 하는 것은

依經當作非誹니 謂非其好誹議人者라

經에 의거하면 응당 '非誹'가 되어야 하니, 남을 비판하기를 좋아하는 사람을 옳지 않

다고 한다는 말이다.

43-77-2 **非己之誹也**요

자기를 비판하는 것을 옳지 않다고 하는 것이요,

言㡿誹者之非가 **是謂非誹**라

비판하는 자의 잘못을 배척하는 것을 '非誹'라 한다는 말이다.

43-77-3 **不非誹**는

비판을 옳지 않다고 하지 않는 것은

句라

여기에서 句를 뗀다.

43-77-4 **非可非也**라

이치상 옳지 않다고 할 수 있는 경우가 아니기 때문이라

卽上云以理之可非라

곧 위에서 "이치상 옳지 않다고 할 수 있는지를 가지고 따져야 한다."라 한 것이다.

43-77-5 **不可非也**니

옳지 않다고 해서는 안 되는 것이니,

謂人實有非而我非之는 **是非其所可非也**니 **我所非自當**이면 **則人不可㡿我爲非矣**라

그 사람에게 옳지 않은 점이 있어서 내가 옳지 않다고 하는 경우는 옳지 않다고 할 수 있는 바를 옳지 않다고 하는 것이니, 내가 옳지 않다고 하는 바가 절로 맞으면 그 사람이 나를 배척하여 옳지 않다고 할 수 없을 것이라는 말이다.

43-77-6 **是不非誹也**라

이는 비판을 옳지 않다고 하는 것이 아니다.

言凡誹人에 而或議其非者는 爲其有妄誹니 實有可非也라 若所誹不妄이면 則不可非니 是不當非其所誹也라 依張說컨대 此釋經下非誹者諄 說在弗非라 諄은 誖之誤라

무릇 남을 비판할 때 혹 그 비판의 옳지 않은 점을 말하는 경우는 엉터리로 비판한 점이 있기 때문이니 실로 옳지 않다고 할 수 있는 것이다. 만약 비판한 바가 엉터리가 아니라면 옳지 않다고 해서는 안 되니, 이 경우는 비판한 바를 옳지 않다고 해서는 안 되는 것이다. 張惠言의 설에 의거하면 이 대목은 〈經 下〉의 "非誹者諄 說在弗非(비판을 그르다고 하는 자는 모순되니, 그르지 않음으로 설명할 수 있다.)"를 풀이하였다. '諄'은 '誖'의 오자이다.

43-78-1 **物**은 **甚長甚短**은

사물은, 심히 길다느니 심히 짧다느니 하는 것은

句라

여기에서 句를 뗀다.

43-78-2 **莫長於是**요

이것보다 긴 것이 없고

張云 故曰甚長이라하다

張惠言 : 그러므로 심히 길다고 하는 것이다.

43-78-3 **莫短於是**라

이것보다 짧은 것이 없다는 말이다.

張云 : 故曰甚短이라

張惠言 : 그러므로 심히 짧다고 하는 것이다.

43-78-4 **是之是也**니

이것을 가지고 그렇게 말하는 것이니,

是는 **卽莫長於是莫短於是之是**라 **張云 如是者是甚也**라하다

'이것'은 "이것보다 긴 것이 없고 이것보다 짧은 것이 없다."라고 한 대목의 '이것'이다.

張惠言 : 이것과 같은 것이 심히 〈길거나 짧은〉 것이다.

43-78-5 **非是也者**면 **〔非〕莫甚於是**라

이것이 아니면 이보다 심히 〈길다느니 짧다느니〉 할 수 없다.

言若非是者면 **則不得爲甚長甚短**이라 **莫甚上**에 **疑脫非字**라 **張云 非是者**는 **莫得以爲甚**이라하다 **案 張說未塙**이라 **依楊說**컨대 **此釋經下物甚不甚 說在若是**라

만약 이것이 아니면 심히 길다느니 심히 짧다느니 할 수 없다는 말이다. '莫甚' 위에 아마도 '非'자가 빠진 듯하다.

張惠言 : 이것이 아닐 경우는 심히 〈길다 짧다고〉 할 수 없다.

案 : 장혜언의 설은 확실하지 않다. 楊葆彝의 설에 의거하면 이 대목은 〈經 下〉의 "物甚不甚 說在若是(사물에는 심한 것과 심하지 않은 것이 있으니, 若是(이와 같음, 비교)로 설명할 수 있다.)"를 풀이하였다.

43-79-1 **取高下以善不善爲度**인댄 **不若山澤**이라

高下를 취할 때 좋음과 좋지 않음으로 척도를 삼는다면 산과 못의 對比만한 것이 없다.

句라

여기에서 句를 뗀다.

43-79-2 **處下**가 **善於處上**하니

아래에 있는 것이 위에 있는 것보다 좋으니,

句라

여기에서 句를 뗀다.

43-79-3 下所(請)〔謂〕上也라

〈위란 것은〉 아래에서 말하는 '위'일 뿐이다.

請은 當作謂라 言因下見上하면 則所謂上者는 但微高於下而已니 不必如山與澤之高下縣絶이라 莊子天下篇에 惠施曰 天與地卑하고 山與澤平이라하고 荀子正名篇에 亦云 山淵平이라하니 竝此意也라 此釋經取下以求上也 說在澤이라

'請'은 응당 '謂'가 되어야 한다. 아래에서 위를 보면 이른바 위라는 것은 단지 아래보다 조금 높을 뿐이니 반드시 산과 못처럼 높고 낮음이 동떨어져 있는 것은 아니라는 말이다. ≪莊子≫ 〈天下〉에 "惠施가 말하기를 '하늘은 땅과 함께 낮고 산은 못과 함께 평평하다.'라 하였다."라 하였고, ≪荀子≫ 〈正名〉에도 "산과 연못은 평평하다."라 하였으니, 모두 이 뜻이다. 이 대목은 〈經 下〉의 "取下以求上也 說在澤(아래를 취하여 위를 구하니, 澤(못)의 비유로 설명할 수 있다.)"을 풀이하였다.

43-80-1 不是는

'不·是'는,

此約擧經文爲目이라 不는 讀如否라

이 대목은 經文을 省約해 들어서 제목을 삼은 것이다. '不'는 '否'와 같이 읽어야 한다.

43-80-2 是則是且是焉이니 今是(文)〔之〕於是요 而不〔之〕於是라

'是(이다)'는 이것을 이것이다 하는 것이니, 지금 '是'는 이것에 대해 이것이다 하고 이것에 대해 이것이 아니다 하는 것이다.

文은 當作之라 下竝同이라 不下에 亦當有之字라

'文'은 응당 '之'가 되어야 한다. 아래도 같다. '不' 아래에도 응당 '之'자가 있어야 한다.

43-80-3 故로 是不(文)〔之〕하니 是不(文)〔之〕는 則是而不(文)〔之〕焉이라 今是不(文)〔之〕於是하고 而(文與是)〔是之於是〕라

따라서 이것을 이것이 아니다 하니, 이것을 이것이 아니다 하는 것은 이것에 대해 아니다 하는 것이다. 지금 이것에 대해 이것이 아니다 하고 이것에 대해 이것이다 하는 것이다.

此句는 與上云今是文於是而不於是句로 正相對하니 則而文與是는 當作而是文於是요 是文은 皆卽是之之誤라 上文而不於是는 又當作而不之於是니 傳寫互有脫字耳라

이 句는 위에서 '今是文於是而不於是'와 바로 對句가 되니, '而文與是'는 응당 '而是文於是'가 되어야 하고, '是文'은 모두 '是之'의 착오이다. 위 글의 '而不於是'는 또 '而不之於是'가 되어야 한다. 傳寫 과정에서 상호 빠진 글자가 있는 것이다.

43-80-4 故(文)〔之〕與是不(文)〔之〕同說也라

따라서 '이것이다'와 '이것이 아니다'는 같은 말이다.

此節文訛脫難通이라 參互推校컨대 大意以是與不對擧하고 是文與不文對擧라 凡不字竝當讀爲否요 文字는 疑竝之字之誤라 餘竝未詳이라 依張楊說컨대 此釋經下是是與是同 說在不州라 經亦有脫誤라

이 節의 글은 誤脫이 있어 뜻을 알기 어렵다. 앞뒤 글을 상호 참고하여 미루어 교감해 보건대 대의는 '是'와 '不'을 대비하여 들었고 '是文'과 '不文'을 대비하여 들었다. 〈이 節에서〉 모든 '不'자는 다 '否'로 읽어야 하고 '文'자는 아마도 다 '之'의 오자일 듯하다. 나머지는 다 未詳이다. 張惠言과 楊葆彝의 설에 의거하면 이 대목은 〈經 下〉의 "是是與是同 說在不州(옳지 않음은 옳음과 같으니, 否之(부정함)로 설명할 수 있다.)"를 풀이하였다. 經에도 脫誤가 있다.

大取 第四十四* 제44편 大取

*이 篇은 묵자의 대표적인 학설인 兼愛說을 설명한 것으로 대개 墨家의 후기의 학자가 저술한 것으로 본다. 내용을 보면, 利害를 저울질하는 문제, 同異를 변증하는 문제 등과 言辭가 생겨나고 전개되는 세 가지 원리인 故·理·類를 제시하고 있는데, 誤脫과 錯簡이 심해 해독할 수 없는 곳이 많다. 특히 '其類在…'라 한 13대목은 考證할 수 없어 그 정확한 뜻을 현재로서는 알 수 없다.

畢云 篇中言利之中取大하니 卽大取之義也라 意言聖人厚葬은 固所以利親이요 盛樂은 固所以利子어니와 而節葬非樂은 則利尤大也라 墨者固取此라하다 案 畢說非也라 此與下篇은 亦墨經之餘論이라 其名大取小取者는 與取譬之取同이라 小取篇에 云 以類取하며 以類予라하니 卽其義라 篇中凡言臧者는 皆指臧獲而言이어늘 畢竝以葬親爲釋이라 故此亦有厚葬節葬之說하니 竝謬라 此篇은 文多不相屬하니 蓋皆簡札錯亂이니 今亦無以正之也라

畢沅 : 이 篇 중에서 "이익 중에서 큰 것을 취한다."라 하였으니, 이것이 곧 '大取'의 뜻이다. 그 뜻으로 말하면, 성인이 장례를 豐厚하게 하는 것은 진실로 어버이를 이롭게 하는 것이고 음악을 성대하게 하는 것은 진실로 자식을 이롭게 하는 것이지만 장례를 절약하고 음악을 비판하는 것은 그 이익이 더욱 크다는 것이다. 墨者는 진실로 이를 취하였다.

案 : 필원의 설은 옳지 않다. 이 편과 아래 편도 墨經의 餘論이다. 大取·小取라 이름한 것은 '取譬(취하여 비유함)'의 '取'와 같다. 〈小取〉에 "以類取 以類予(類로 취하고 類로 준다.)"라 하였으니, 바로 이 뜻이다. 이 편 중에서 '臧'이라 말한 것은 다 '臧獲(노비)'을 가리켜 말한 것인데 필원은 다 '葬親(어버이를 장사지낸다)'으로 풀이하였다. 그러므로 여기서도 '厚葬'이니 '節葬'이니 하는 설이 있게 된 것이니, 모두 착오이다. 이 편은 글이 연속되지 않는 곳들이 많으니, 대개 簡札이 錯亂한 것이라 지금 바로잡을 수 없다.

44-1-1 天之愛人也는 薄於聖人之愛人也나

하늘이 사람을 사랑하는 것은 성인이 사람을 사랑하는 것보다 박하지만

畢云 言天地之大도 人猶有憾이라하다

畢沅 : 천지와 같이 큰 것에도 사람들은 오히려 유감스럽게 생각하는 바가 있다는 말이다.

44-1-2 其利人也는 厚於聖人之利人也요 大人之愛小人也는 薄於小人之愛大人也나

사람을 이롭게 하는 것은 성인이 사람을 이롭게 하는 것보다 후하고, 大人이 小人(일반 백성)을 사랑하는 것은 소인이 대인을 사랑하는 것보다 박하지만

畢云 言不如小人之姑息이라하다

畢沅 : 소인의 고식적인 사랑만 못하다는 말이다.

44-1-3 其利小人也는

소인을 이롭게 하는 것은

吳鈔本無此字라

吳鈔本에는 이 글자('也')가 없다.

44-1-4 厚於小人之利大人也라 以臧爲其親也하여 而愛之는

소인이 대인을 이롭게 하는 것보다 후하다. 臧(남자 종)이 어버이를 잘 섬긴다고 여겨 그 사람을 사랑하는 것은

畢云 說文에 云 葬은 臧也라하니 卽藏字正文이니 謂葬親이라하다 顧云 臧은 賤稱也라 篇內同義하니 亦互見小取篇이라하다 案 顧說이 足正畢說之謬라 此臧卽臧獲之臧이니 詳小取篇이라 言臧善事吾親일새 因而愛利之也라

畢沅 : ≪說文解字≫에 "葬은 臧이다."라 하였으니, 곧 '藏'의 正字이다. 어버이를 장사지낸다는 말이다.

顧廣圻 : '臧'은 천한 사람을 일컫는 말이니, 이 편 안에는 뜻이 다 같고, 또한 〈小取〉에

도 이곳 저곳에 보인다.

案 : 고광기의 설이 필원의 설의 잘못을 바로잡을 만하다. 이 곳의 '臧'은 곧 臧獲(노비)의 臧이니 〈小取〉에 상세히 보인다. 臧이 우리 어버이를 잘 섬기기에 인하여 그를 사랑하고 이롭게 한다는 말이다.

44-1-5 (非)愛其親也어니와

어버이를 사랑하는 것이지만,

非字疑衍이라 此篇多以一是一非相對言之라

'非'는 衍字일 듯하다. 이 편에는 한번은 '是', 한번은 '非'로 상대하여 말한 곳이 많다.

44-1-6 以臧爲其親也하여 而利之는

臧이 어버이를 잘 섬긴다고 여겨 그 사람을 이롭게 하는 것은

吳鈔本에 爲下有利字하니 疑衍이라 利之는 謂資給之라

吳鈔本에는 '爲' 아래 '利'자가 있는데 衍字일 듯하다. '이롭게 한다'는 것은 재물을 주는 것을 말한다.

44-1-7 非利其親也라 以樂(악)爲利其子하여 而爲其子欲之는

어버이를 이롭게 하는 것이 아니다. 음악이 자식을 이롭게 한다고 여겨 그 자식을 위해 음악을 얻고자 하는 것은

樂은 謂音樂이라 畢云 當有非字라하니 誤라

'樂'은 음악을 말한다. 畢沅은 "〈'樂'자 앞에〉 응당 '非'자가 있어야 한다."라고 하였는데, 잘못 본 것이다.

44-1-8 愛其子也어니와 以樂爲利其子하여 而爲其子求之는 非(利)〔求〕其子也라

자식을 사랑하는 것이지만, 음악이 그 자식을 이롭게 한다고 여겨 그 자식을 위

해 음악을 구하는 것은 자식을 구하는 것이 아니다.

疑當作非求其子也라 畢云 此辯葬之非利親樂之非利子니 卽節葬非樂之說也라하다 案 畢說謬라

아마도 '非求其子也'가 되어야 할 듯하다.

畢沅 : 이 대목은 장례가 어버이를 이롭게 하는 것이 아니고 음악이 자식을 이롭게 하는 것이 아니라는 것을 辯說한 것이니, 곧 '節葬'·'非樂'의 설이다.

案 : 필원의 설은 틀렸다.

44-2-1 於所體之中에 而權〔其〕輕重之謂權이니

體로 삼는 바 중에서 그 경중을 저울질하는 것을 '權'이라 하니,

吳鈔本에 作於所體輕重之中而權其輕重之謂權이라 案 其字는 疑當有라 文選運命論李注에 引尸子云 聖人權福則取重하고 權禍則取輕이라하다

吳鈔本에는 '於所體輕重之中而權其輕重之謂權'으로 되어 있다.

案 : '其'자는 아마도 있어야 할 듯하다. ≪文選≫ 〈運命論〉의 李善 注에 ≪尸子≫를 인용하여 "성인은 福을 저울질할 경우에는 무거운 쪽을 취하고 禍를 저울질할 경우에는 가벼운 쪽을 취한다."라 하였다.

44-2-2 權非爲是也하며 (非)〔亦〕非爲非也니

'權'은 옳은 것을 위해서도 아니고 그른 것을 위해서도 아니니

兪云 當作非爲非也니 衍一非字라 案 當作亦非爲非也니 上非字는 乃亦之誤니 無衍文이라

兪樾 : 응당 '非爲非也'가 되어야 하니, '非' 한 자가 잘못 더 들어갔다.

案 : 응당 '亦非爲非也'가 되어야 하니, 앞의 '非'자는 바로 '亦'의 오자이다. 衍文은 없다.

44-2-3 權은 正也라

'權'은 바르게 하는 것이다.

經上篇에 云 欲正權利요 惡(오)正權害라하다

〈經 上〉에 "바라는 것이 바르면 이익을 저울질할 수 있고, 싫어하는 것이 바르면 손해를 저울질할 수 있다."라 하였다.

44-2-4 斷指以存掔(완)은

손가락을 잘라서 팔뚝을 살리는 것은

意林에 引作脛이라 畢云 此는 捥字正文이라 舊作睕하니 誤라 說文에 云 掔은 手掔也라하고 揚雄曰 掔은 握也니 從手取(알)聲이라하고 鄭注士喪禮에 云 手後節中也니 古文에 掔作捥이라하다

≪意林≫에 이 대목을 인용한 곳에는 '脛'으로 되어 있다.

畢沅 : 이 글자는 '捥'자의 正字이다. 舊本에 '睕'로 되어 있으니, 잘못이다. ≪說文解字≫에 "掔은 手掔이다."라 하였고, 揚雄은 "掔은 '握(손을 쥠)'이니, 부수는 手이고 소리는 取이다."라 하였고, ≪儀禮≫ 〈士喪禮〉의 鄭玄 注에 "손 뒤의 관절 중간 부분이다. 古文에 掔은 捥으로 되어 있다."라 하였다.

44-2-5 利之中에 取大요 害之中에 取小也라 害之中에 取小也는

이로움 가운데 큰 것을 취한 것이고 해로움 가운데 작은 것을 취한 것이다. 해로움 가운데 작은 것을 취한 것은

畢云 當爲者라하다

畢沅 : 〈'也'는〉 응당 '者'가 되어야 한다.

44-2-6 非取害也요 取利也라 其所取者는 人之所執也니

해로움을 취하는 것이 아니고 이로움을 취하는 것이다. 그 취하는 바는 남이 잡고 있는 것이니,

言爲人所持執하여 不能自免이라

남이 잡고 있는 바라서 스스로 면할 수 없다는 말이다.

44-2-7 遇盜人하여 而斷指以免身은 利也요 其遇盜人은 害也라

도적을 만나서 손가락을 잘라 자기 일신의 禍를 면하는 것은 이로움이고 도적을 만난 것은 해로움이다.

淮南子說山訓에 云 斷指而免頭하면 則莫不利爲也라 故人之情이 於利之中에는 則爭取大焉하고 於害之中에는 則爭取小焉이라하니 意本於此라

≪淮南子≫ 〈說山訓〉에 "손가락을 잘라 머리가 잘리는 禍를 면한다면 누구나 이롭게 여겨 그렇게 하지 않을 사람이 없을 것이다. 그러므로 사람의 정이 이로운 것 중에서는 다투어 큰 것을 취하고 해로운 것 중에서는 다투어 작은 것을 취한다."라 하였으니, 뜻이 여기에 근본을 둔 것이다.

44-2-8 斷指與斷腕이

손가락을 자르는 것과 팔뚝을 자르는 것이

畢云 玉篇에 云 腕은 烏段切이라 手腕이니 亦作捥이라하다 案 捥腕은 皆掔字之俗이라

畢沅 : ≪玉篇≫에 "腕은 烏와 段의 반절이다. 팔뚝이니, '捥'으로 되어 있는 곳도 있다.
案 : '捥'과 '腕'은 다 '掔'의 俗字이다.

44-2-9 利於天下相若하면 無擇也요 死生利若하면 (一)〔非〕無擇也라

천하에 이로운 것이 서로 같다면 선택할 필요가 없고 죽음과 삶이 같이 이롭다면 선택함이 없지 않을 것이다.

當作非無擇也니 謂必舍死取生이라

응당 '非無擇也'가 되어야 하니, 반드시 죽음을 버리고 삶을 취할 것이라는 말이다.

44-2-10 **殺一人以存天下**는 **非殺(一)人以利天下也**요

한 사람을 죽여서 천하를 보존하는 것은 사람을 죽여서 천하를 이롭게 하는 것이 아니고,

此對下是殺己以利天下爲文이니 **當作非殺人以利天下也**라 **一字**는 **涉上而衍**이라

이 대목은 아래 '是殺己以利天下'와 對句가 되니, 응당 '非殺人以利天下也'가 되어야 한다. '一'자는 위 글과 연관하여 잘못 더 들어갔다.

44-2-11 **殺己以存天下**는 **是殺己以利天下**라

자기를 죽여서 천하를 보전하는 것은 자기를 죽여서 천하를 이롭게 하는 것이다.

44-3-1 **於事爲之中**에 **而權輕重之謂求**니 **求爲之**는 **非〔爲之〕也**요

일을 하는 중에서 경중을 저울질하는 것을 '求'라 하니, 그 일을 하기를 구하는 것은 그 일을 하는 것이 아니고,

疑當作非爲之也니 **脫二字**라

아마도 '非爲之也'가 되어야 할 듯하니, 〈'爲之'〉 두 글자가 빠졌다.

44-3-2 **害之中**에 **取小**는 **求爲義**니 **非爲義也**라

해로움 중에서 작은 것을 취하는 것은 義로운 일을 하기를 구하는 것이지 의로운 일을 하는 것은 아니다.

此疑當接後不可正而正之句라

이 대목은 아마도 뒤의 '不可正而正之' 句와 이어지는 듯하다.

44-3-3 **爲暴人語天之爲是也而(性)〔惟〕**어니와

포악한 사람에게 하늘의 뜻을 말해주는 것은 옳은 일이라 응답하겠지만

句라

여기에서 句를 뗀다.

44-3-4 爲暴人歌天之爲非也라 諸陳執은 旣有所爲어늘 而我爲之陳執하면 執之所爲가 因吾所爲也요 若陳執이 未有所爲어늘 而我爲之陳執하면 陳執因吾所爲也라 暴人爲我爲天之以人非爲是也而(性)〔惟〕라

포악한 사람에게 하늘의 뜻을 노래하는 것은 그른 일이다. 주장을 펴는 것들이 이미 해온 바가 있는 것인데 내가 그렇게 하여 주장을 편다면 주장하여 하는 바가 내가 했던 바로 인한 것이다. 만약 주장을 펴는 것이 아직 한 바가 없는 것인데 내가 그렇게 하여 주장을 편다면 내가 한 바를 인하여 주장을 펴는 것이다. 포악한 사람은 "내가 하늘의 뜻을 실천한다."고 하면서 사람이 그릇된 일을 하는 것을 옳다고 하여 응답한다.

此文多訛脫이라 爲是也而性語는 前後兩見하니 疑性竝當作惟라 惟與唯通하니 經下篇云 物一體也 說在俱一惟是라하고 說云 惟是當牛馬라하니 惟是는 亦卽唯是니 謂言是則應之也라 此義似與彼同이나 而上下文仍難通이라

이 대목은 글에 訛脫이 많다. '爲是也而性'이란 말은 앞뒤로 두 번 보이는데 아마도 여기서 '性'은 다 '惟'가 되어야 할 듯하다. '惟'는 '唯'와 통용된다. 〈經 下〉에 "物은 하나의 체이니 俱一과 惟是로 설명할 수 있다.〔物一體也 說在俱一惟是〕"라 하였고, 〈經說 下〉에는 "응답하는 자가 그렇다고 할 경우는 牛馬에 해당한다.〔惟是當牛馬〕"라 하였다. '惟是'는 곧 '唯是'이니, 이것이라 말하면 응답한다는 뜻이다. 이 대목의 뜻이 저 〈經 下〉·〈經說 下〉와 같은 듯하나 위 아래 글은 여전히 뜻을 알기 어렵다.

44-3-5 不可正而正之라

바로잡을 수 없는데 바르게 한다.

上云 權正也라하니 言於不可正之中에 而權其正이라

위에서 "'權'은 바르게 하는 것이다."라 하였으니, 바로잡을 수 없는 중에서 바른지를 저울질하는 것을 말한다.

44-3-6 **利之中**에 **取大**는

이로움 가운데서 큰 것을 취함은

此節은 **疑當接上文非爲義也下**라

이 節은 아마도 위 글 '非爲義也' 아래에 이어 붙어야 할 듯하다.

44-3-7 **非不得已也**며 **害之中**에 **取小**는 **不得已也**요 **所未有而取焉**은 **是利之中**에 **取大也**며 **於所既有而棄焉**은 **是害之中**에 **取小也**라

부득이한 것이 아니고, 해로움 가운데 작은 것을 취함은 부득이한 것이며, 아직 있지 않는 것에서 취하는 것은 이로움 가운데 큰 것을 취함이고 이미 있는 것에서 버리는 것은 해로움 가운데서 작은 것을 취하는 것이다.

44-4-1 **義可厚**라 **厚之**하며 **義可薄**이라 **薄之〔之〕謂倫列**[1]이라

의리상 후하게 할 수 있기에 후하게 하며 의리상 박하게 할 수 있기에 박하게 하는 것을 '倫列'이라 한다.

謂上에 **當重之字**라 **戰國策宋策**의 **高注云 倫**은 **等也**라하고 **服問**의 **鄭注**에 **云 列**은 **等比也**라하다

'謂' 위에 응당 '之'자가 거듭 있어야 한다. ≪戰國策≫ 〈宋策〉의 高誘 注에 "倫은 等(같음)이다."라 하였고, ≪禮記≫ 〈服問〉의 鄭玄 注에 "'列'은 等比(同列)이다."라 하였다.

44-4-2 **德行**과 **君上**과 **老長**과 **親戚**은 **此皆所厚也**나 **爲長厚**요 **不爲幼薄**이라

---

1) 倫列 : ≪墨子今注今譯≫에서는 差等이 없다는 뜻으로 보았다.

德行과 임금과 노인과 친척, 이들은 모두 후하게 해야 할 바이지만, 어른에게는 후하게 하고 어린 사람에게는 박하게 하는 것은 아니다.

句라

여기에서 句를 뗀다.

44-4-3 **親厚**는 **厚**요

친분 관계가 후하면 후하게 하고,

厚其近親이라

가까운 친족을 후하게 대하는 것이다.

44-4-4 **親薄**은 **薄**이라

친분 관계가 박하면 박하게 대한다.

薄其遠親이라

먼 친족을 박하게 대하는 것이다.

44-4-5 **親至**요 **薄不至**라

친분은 지극할지언정 박함은 지극하지 않다.

言有至親無至薄이라

지극한 친분은 있을지언정 지극히 박하게 대하는 경우는 없다는 말이다.

44-4-6 **義**에 **厚親**은 **不稱行**이나 **而(顧)〔類〕行**이라

의리상 친족을 후하게 대하는 것은 덕행이라 일컫지 않으나 덕행과 유사하다.

顧는 當爲類라 後云 厚親不稱行而類行 其類在江上井이라하니 卽釋此節이라 行은 謂

德行이라

'顧'는 응당 '類'가 되어야 한다. 뒤에 "친족을 후하게 대하는 것은 덕행이라 일컫지 않으나 덕행과 유사하니 그 類가 강 가의 우물에 있다.〔厚親不稱行而類行 其類在江上井〕"라 하였으니, 바로 이 節을 풀이한 것이다. '行'은 덕행을 말한다.

44-4-7 爲天下厚禹는 爲禹也요 爲天下(厚)愛禹는

천하를 위하여 禹를 후하게 대우하는 것은 禹를 위한 것이고 천하를 위하여 禹를 사랑하는 것은

此句厚字는 疑衍이라

이 句의 '厚'자는 衍文일 듯하다.

禹

44-4-8 乃爲禹之(人愛)〔愛人〕也라

바로 禹가 사람을 사랑했기 때문이다.

人愛二字疑倒라

'人愛' 두 글자는 순서가 뒤바뀐 듯하다.

44-4-9 厚禹之〔爲〕加於天下나

禹를 후하게 사랑하는 것은 〈그의 德이〉 천하에 가해졌기 때문이나,

據下文컨대 之下에 當有爲字라 言所以厚愛禹者는 爲其德加於天下라 畢云 言禹之厚德及天下라하니 非라

아래 글에 의거하건대, '之' 아래에 응당 '爲'자가 있어야 할 듯하다. 禹를 후하게 사랑하는 까닭은 그의 德이 천하에 가해졌기 때문이라는 말이다. 畢沅은 "禹의 후한 德이 천하에 미쳤다는 말이다."라 하였으니, 맞지 않다.

44-4-10 而厚禹不加於天下라

禹를 후하게 사랑하는 것이 천하에 가해지는 것은 아니다.

言所厚止於禹身이요 不遍及天下라

후하게 사랑하는 바가 禹의 일신에 그치고 천하에 두루 미치지 않는다는 말이다.

44-4-11 若惡(오)盜之爲加於天下나

도적을 미워하는 것은 〈그가 한 짓이〉 천하에 가해졌기 때문이나,

言惡盜爲其害及天下라 畢云 言盜之惡行及天下라하니 非라

도적을 미워하는 것은 그 피해가 천하에 미쳤기 때문이라는 말이다. 畢沅은 "도적의 악행이 천하에 미쳤다는 말이다."라 하였으니, 맞지 않다.

44-4-12 而惡盜不加於天下라

도적을 미워함이 천하에 가해지지 않는 것과 같다.

言所惡止於盜身이요 不遍及天下라

미워하는 바가 도적 일신에 그치고 천하에 두루 미치지 않는다는 말이다.

44-4-13 愛人不外己하니 己在所愛之中이라

사람을 사랑할 경우 자기도 벗어나지 않으니, 자기도 그 사랑하는 대상 중에 들어 있다.

言己亦猶是人也라

자기도 오히려 사람이라는 말이다.

44-4-14 己在所愛하니 愛加於己라 倫列之면 愛己는 愛人也라

자기도 사랑하는 대상에 들어 있으니, 사랑이 자기에게 가해진다. 倫列(차등이 없는 것)하면 자기를 사랑하는 것은 다른 사람을 사랑하는 것이다.

言愛己亦可謂之愛人이라 此下疑當接後臧之愛己非爲愛己之人也句라 荀子正名篇에 云 聖人不愛己는 此惑於用名以亂名者也라하다

자기를 사랑하는 것도 사람을 사랑한다라고 할 수 있다는 말이다. 이 대목의 아래에 아마도 뒤의 "臧이 자기를 사랑하는 것은 자기의 사람을 사랑하는 것은 아니다.〔臧之愛己非爲愛己之人也〕"라는 句가 이어져야 할 듯하다. ≪荀子≫ 〈正名〉에 "'성인은 자기를 사랑하지 않는다.'는 말은 이름을 쓰는 데 미혹하여 이름을 어지럽히는 것이다."라 하였다.

44-5-1 聖人은 惡(오)疾病하고

성인은 질병을 싫어하고

畢云 言自重其身이라하다

畢沅 : 자기 몸을 중시한다는 말이다.

44-5-2 不惡危難하나니

위난을 싫어하지 않나니

畢云 言爲人則不避艱險이라하다

畢沅 : 사람을 위할 경우에는 艱難과 위험을 피하지 않는다는 말이다.

44-5-3 (正)〔四〕體不(動)〔勤〕하여

사지를 부지런히 움직이지 않으면서

疑當作四體不勤[2]이라

---

2) 四體不勤 : ≪論語≫ 〈微子〉에 "子路가 孔子를 따라가다가 뒤처졌는데, 지팡이로 삼태기를 멘 丈人을 만나서 '노인은 우리 선생님을 보셨습니까?'라고 묻자, 장인은 '사지를 부지런히 놀리

아마도 '四體不勤'이 되어야 할 듯하다.

44-5-4 **欲人之利也**요 **非惡人之害也**라

사람들이 이롭기를 바라고 사람들이 해롭게 하는 것을 싫어하지 않는다.

畢云 言欲存其身以利人이요 **非惡人之以危難害己**라하다

畢沅 : 자신을 보존하여 다른 사람을 이롭게 하고자 하고 다른 사람이 危難으로 자기를 해롭게 하는 것을 싫어하지 않는다는 말이다.

44-5-5 **聖人不爲其室**은 **臧之故**니 **在於臧**[3]이라

성인이 자기 집을 짓지 않는 것은 臧이 있기 때문이니, 〈집을 짓는 것은〉 臧에게 달려 있다.

此義難通이라 **畢云 言臧富在下**라하니 **非**라

이 대목은 뜻이 통하기 어렵다. 畢沅은 "부유한 재산을 간직하고 아래 자리에 있다는 말이다."라 했는데, 맞지 않다.

지 않고 오곡도 분간하지 못하는데, 누구를 선생님이라고 하는가?'라고 하고는 지팡이를 꽂아놓고 김을 매었다.〔子路從而後 遇丈人以杖荷篠 子路問曰 子見夫子乎 丈人曰 四體不勤 五穀不分 孰爲夫子 植其杖而芸〕"라는 글을 근거로 삼은 것이다.

3) 聖人不爲其室……在於臧 : 孫詒讓은 이 책에서 臧을 臧獲의 臧(남자 종)으로 보았다. 그 뜻으로 보면, 이 대목은 장이 집 짓는 일을 하기 때문에 자신이 따로 집을 지을 필요가 없다는 뜻으로 해석될 수 있지만, 뜻이 통한다고 보기 어렵다. ≪墨子今注今譯≫에서는 畢沅의 설을 따라 '臧'을 '藏'의 正字로 보아 "성인은 천하를 겸하여 이롭게 하므로 재물을 저장하기 위해 사는 집을 짓지는 않으나 財貨를 저장하는 데 뜻이 있으니, 이는 禹가 8년 동안 밖에 있으면서 세 차례 자기 집 문 앞을 지나면서도 집에 들어가지 않은 경우와 같은 것이다."라 하면서, 〈尙賢 下〉의 "힘 있는 자는 서둘러 남을 돕고 재물을 가진 자는 힘써 남에게 나누어 주며 道가 있는 자는 권면하여 남을 가르친다.〔有力者 疾以助人 有財者 勉以分人 有道者 勸以敎人〕"라는 대목을 인용하였다. 즉 자기 재물을 저장하기 위해 집을 짓지는 않지만 남을 위해 재물을 비축하는 데에는 뜻이 있다는 것이다.

44-5-6 **聖人不得爲子之事**라

성인은 자식으로서의 일을 다 하지는 못한다.

似言聖人事親에 **愛無窮**이나 **而事必有所盡**이라

성인은 어버이를 섬김에 사랑은 무궁하지만 할 수 있는 일에는 반드시 한계가 있다는 말인 듯하다.

44-5-7 **聖人之法**은 **死亡親**하나니

성인의 法은 어버이가 죽으면 어버이를 잊나니,

亡은 **忘通**이라 **謂親死而忘之**니 **卽薄喪之義**라

'亡'은 '忘'과 통용된다. 어버이가 죽으면 잊는다는 말이니, 곧 '薄喪(喪禮를 儉薄하게 치름)'의 뜻이다.

44-5-8 **爲天下也**라 **厚親**은 **分也**요 **以死亡之**는

천하를 위한 것이다. 어버이를 후하게 대우하는 것은 本分이고, 어버이가 죽었다고 하여 잊는 것은

句라

여기에서 句를 뗀다.

44-5-9 **體渴興利**라

역량을 다해 〈천하를 위해〉 이익을 일으키기 위한 것이다.

此卽節喪下篇疾從事之意라 **畢云** **說文**에 **云** **渴**은 **盡也**라하니 **竭**은 **負擧也**라 **今經典多以竭爲渴**이라 **此云云者**는 **謂盡其利以厚喪也**라하다 **案** **畢說非是**라

이 대목은 곧 〈節喪 下〉의 "서둘러 일에 종사한다.〔疾而從事〕"는 뜻이다.

畢沅 : ≪說文解字≫에 "渴은 다한다는 뜻이다."라 하고, "竭은 지고 드는 것이다."라 하

였다. 지금 經典에는 '竭'을 '渴'로 쓴 곳이 많다. 이 대목에서 말한 것은 이익을 다하여 장례를 후하게 지낸다는 말이다.

案 : 필원의 설은 맞지 않다.

44-5-10 **有厚薄而毋倫列之**하니 **興利爲己**[4)]라

厚薄은 있고 倫列하지는 않으니, 이익을 일으킴이 〈진정으로〉 자기를 위한 것이다.

此下疑當接下天下之利句라

이 대목 아래에 아마도 "천하의 기쁨〔天下之利〕" 句가 이어져야 할 듯하다.

44-6-1 **語經**은

말의 常經이란 다음과 같다.

畢云 意言聖人厚葬之說은 **爲自厚其親**하여 **語其經耳**라 **經猶云正**이니 **非必欲天下人如是也**라 **故下辨之**라하다 **案 語經者**는 **言語之常經也**라 **此總目下文**하니 **畢說非**라

畢沅 : 생각건대 성인의 厚葬의 설을 말하는 것은 자신이 어버이를 후하게 장사지내기 위하여 그에 해당하는 經을 말한 것일 따름이다. 經은 '正'이라고 하는 것과 같으니 반드시 천하 사람들로 하여금 이와 같이 하고자 한 것은 아니다. 그러므로 아래에서 辨說하였다.

案 : '語經'이란 것은 말의 常經이란 말이다. 이 대목은 아래 글에 대한 總目이다. 필원의 설은 맞지 않다.

44-6-2 **語經(也)〔者〕**는

말의 상경이란 것은

---

4) 有厚薄而毋倫列之 興利爲己 : ≪墨子今注今譯≫에서는 '有厚薄而毋倫列之興利爲己'로 붙여서 읽고 "평등하게 천하를 위해 이익을 일으키니, 이것이 진정으로 자기를 위하는 것이다."로 뜻을 풀이하였다.

當爲者라 畢云 也同者라하니 非라

〈'也'는〉 응당 '者'가 되어야 한다. 畢沅은 "'也'는 '者'와 같이 쓰인다."라 하였으니, 맞지 않다.

44-6-3 非白馬焉하고

백마는 말이 아니라 하고,

此卽白馬非馬之說이라 公孫龍子有白馬論하니 詳小取篇이라

이는 곧 백마는 말이 아니라는 설이다. ≪公孫龍子≫에 白馬論이 있으니, 〈小取〉에 상세히 보인다.

44-6-4 執駒焉〔有〕說求之하니

'駒(망아지)가 어찌 어미가 있으리오.'라는 설을 가지고 구하니,

畢云 案列子仲尼에 云 公子牟曰 白馬非白니 形名離也라 孤犢(독)未嘗有母하니 非孤犢也라하니 似與此意同이라 執駒焉說求之舞는 似當云 執駒馬說求之無母니 卽孤犢之論乎라하다 案 莊子天下篇에 云 孤駒未嘗有母라하니 白馬孤駒는 蓋名家常語니 所謂語經也라 說求之上에 疑脫有字하니 與下無說文相對라 畢說非其恉라

畢沅 : 살펴보건대 ≪列子≫ 〈仲尼〉에 "公子牟가 말하기를 '백마는 말이 아니니, 형체와 이름은 분리된다. 孤犢(어미 잃은 송아지)은 일찍이 어미가 있은 적이 없었으니, 孤犢이 아니다.'라 하였다."라 하였으니, 이 대목과 뜻이 같을 듯하다. '執駒焉說求之舞'는 아마도 '執駒馬說求之無母(駒馬說을 가지고 어미가 없다는 뜻을 구한다.)'가 되어야 할 듯하니, 이것이 곧 '孤犢'에 관한 論일 것이다.

案 : ≪莊子≫ 〈天下〉에 "孤駒는 일찍이 어미가 있은 적이 없다."라 했으니, 白馬·孤駒와 같은 말들은 名家가 상용하는 말로, 이른바 '말의 常經'인 것이다. '說求之' 위에는 아마도 '有'자가 빠진 듯하니, 아래 '無說'과 글이 서로 對句를 이룬다. 필원의 설은 그 뜻이 아니다.

44-6-5 (舞)〔無〕說非也요

이는 설이 없는 것으로, 그르고,

舞는 當從畢校爲無之誤나 而句讀則非라

'舞'는 응당 畢沅의 교감에서 '無'의 오자라 한 견해를 따라야 하나 필원의 句讀는 맞지 않다.

44-6-6 (漁大)〔殺犬〕之(舞大)〔無犬〕[5)]은

犬을 죽인 것이 犬을 죽인 것이 아니라는 말은

疑當作殺犬之無犬이라 經下에 云 狗는 犬也로되 而殺狗非殺犬也가 可라하니 卽此義라 殺은 俗作煞(살)이라 釋慧苑華嚴經音義에 云 漁는 聲類作魰(문)이라하니 二形相近而訛라

아마도 '殺犬之無犬'이 되어야 할 듯하다. 〈經 下〉에 "狗는 犬이지만 狗를 죽이는 것이 犬을 죽이는 것이 아니라는 것이 가능하다."라 하였으니, 바로 이 뜻이다. '殺'은 俗本에는 '煞'로 되어 있다. 釋慧苑의 ≪華嚴經音義≫에 "'漁'는 ≪聲類≫에는 '魰'으로 되어 있다."라 하였으니, 두 글자가 모양이 비슷하여 오류가 생긴 것이다.

44-6-7 非也라

그르다.

所謂無說이라

앞에서 말한 "설이 없다"는 것이다.

44-6-8 三物必具然後에 足以生이라

5) (漁大)〔殺犬〕之(舞大)〔無犬〕: 孫詒讓의 注에 의거하면, '殺犬'의 犬은 '狗'가 되어야 뜻이 통할 듯하다. ≪墨子今注今譯≫에 따라 "狗를 죽인 것은 犬을 죽인 것이 아니다."라고 해야 논리가 통할 수 있을 듯하다.

세 가지가 반드시 갖추어진 뒤에야 생겨날 수 있다.

必은 與畢通이라 此下에 疑當接後以故生 以理長 以類行也者句라 三物은 卽指故理類而言之니 謂辭之所由生也라

'必'은 '畢'과 통용된다. 이 대목 아래에 뒤의 "일로써 생기고, 이치로써 자라고, 類로써 행하는 것이다.〔以故生 以理長 以類行也者〕" 句가 이어져야 할 듯하다. 세 가지는 곧 '故'·'理'·'類'를 가리켜 말한 것이니, 말이 말미암아 생겨난 바를 말한다.

44-7-1 臧之愛己는

臧이 자기를 사랑하는 것은

此節은 疑當接上文愛己愛人也下라

이 節은 아마도 위 글 "자기를 사랑함은 다른 사람을 사랑하는 것이다.〔愛己 愛人也〕" 아래에 이어져야 할 듯하다.

44-7-2 非爲愛己之人也라

자기의 사람을 사랑하는 것은 아니다.

言臧自愛其身이니 非爲愛己之爲人也라

臧은 스스로 자신을 사랑하는 것이지 자기의 사람됨을 사랑하는 것은 아니라는 말이다.

44-7-3 厚〔人〕不外己하니

다른 사람을 후하게 대우할 경우 자기도 벗어나지 않으니,

厚下에 當有人字니 上文에 云 愛人不外己라하다

'厚' 아래 응당 '人'자가 있어야 하니, 위 글에서 "사람을 사랑할 경우 자기도 벗어나지 않는다.〔愛人不外己〕"라 하였다.

44-7-4 **愛無厚薄**이라 (擧)〔譽〕**己**는 **非賢也**니라

사랑에는 厚薄이 없다. 자기를 칭찬하는 사람은 賢人이 아니다.

擧는 **當作譽**라

'擧'는 '譽'가 되어야 한다.

44-7-5 **義**는 **利**요 **不義**는 **害**로되

義는 이롭고 不義는 해롭지만

句라

여기에서 句를 뗀다.

44-7-6 **志功爲辯**이라

志向과 功效는 辨別되어야 한다.

志는 **舊本**에 **作之**러니 **今據道藏本吳鈔本正**이라 **下文**에 **云 志功不可以相從也**라하다

'志'는 舊本에는 '之'로 되어 있는데, 지금 道藏本·吳鈔本에 의거하여 바로잡았다. 아래 글에 "志向과 功效는 서로 똑같을 수 없다."라 하였다.

44-8-1 **有**(有)〔友〕**於秦**(馬)〔焉〕하고

秦나라에 벗이 있고

疑當作有友於秦焉이라

아마도 '有友於秦焉'이 되어야 할 듯하다.

44-8-2 **有**(有)〔友〕**於**〔口〕(馬)〔焉〕이나

口에 벗이 있으나

疑當作有友於口焉이라

아마도 '有友於口焉'이 되어야 할 듯하다.

44-8-3 也智來者之馬也[6]라

또한 오는 것이 말이라는 것을 안다.

未詳이라

未詳이다.

44-9-1 愛衆(衆)世與愛寡世相若하니

사람이 많은 세상을 사랑하는 것과 사람이 적은 세상을 사랑하는 것이 서로 같으니,

兩世字는 畢竝以意改作也어늘 王校從之라 王引之云 愛衆衆也의 下衆字衍이니 當作愛衆也與愛寡也相若이라 又案下文凡學愛人與小圜之圜云云은 文義不相屬하니 疑當在愛衆也上이라 凡學愛人은 乃統下文之詞요 愛衆也云云은 則承上句而詳言之也니 古書錯簡耳라하다 案 此當作愛衆世與愛寡世相若이니 衆世寡世는 以廣陜言이요 下文尙世後世는 以古今言이니 文自相對라 凡學愛人句는 亦非此處錯簡이니 畢王校竝未允이라

두 '世'자를 畢沅은 다 뜻으로 판단하여 '也'로 고쳤는데 王引之의 교감에서 이를 따랐다. 王引之 : '愛衆衆也'의 아래 '衆'은 衍字이니, 응당 '愛衆也與愛寡也相若'이 되어야 한다. 또 살펴보건대, 아래 글의 '凡學愛人'과 '小圜之圜' 云云한 대목은 글 뜻이 서로 이어지지 않으니, 아마도 '愛衆也' 위에 있어야 할 듯하다. '凡學愛人'은 곧 아래 글을 統括하는 말이고, '愛衆也' 운운한 대목은 위 句를 이어받아 상세히 말한 것이다. 옛날의 책에 錯簡이 있었던 것일 뿐이다.

---

6) 有(有)〔友〕於秦(馬)〔焉〕……也智來者之馬也 : 孫詒讓의 注에 따라 교감하였으나 ≪墨子今注今譯≫에 의거하여 번역하면, "어떤 사람이 가진 것은 秦나라 말이고, 어떤 사람이 가진 것은 그냥 말이지만 또한 이것이 말이라는 것만 안다."라고 풀이된다.

案 : 이 대목은 응당 '愛衆世與愛寡世相若'이 되어야 하니, '衆世'와 '寡世'는 廣狹으로 말한 것이고, 아래 글의 '尙世'와 '後世'는 古今으로 말한 것이니, 글이 절로 對句를 이룬다. '凡學愛人' 句는 또한 이곳의 착간이 아니다. 필원과 왕인지의 교감은 모두 온당하지 못하다.

44-9-2 **兼愛之有相若**이요

兼愛하는 것이 또 서로 같으며,

有는 與又通이라

'有'는 '又'와 통용된다.

44-9-3 **愛尙世與愛後世**가

옛날의 세상을 사랑하는 것과 후대의 세상을 사랑하는 것이

王云 尙은 與上同이라하다

王引之 : '尙'은 '上'과 같다.

44-9-4 **一若今〔世〕之(世)人也**라

오늘날 세상 사람을 〈사랑하는 것과〉 꼭 같다.

王引之云 今之世人은 當作今世之人이니 今世與尙世後世가 相對爲文也라하다

王引之 : '今之世人'은 '今世之人'이 되어야 하니, '今世'는 '尙世'·'後世'와 서로 對句를 이룬다.

44-9-5 **鬼**는 **非人也**요 **兄之鬼**는 **兄也**라

귀신은 사람이 아니고, 형의 귀신은 형이다.

王引之云 鬼非人也는 當作人之鬼非人也니 寫者脫去人之二字耳라 小取篇에 云 人

之鬼 非人也 兄之鬼 兄也라하니 是其證이라하다 案 無人之二字라도 義自可通하니 今不據增이라

王引之 : '鬼非人也'는 '人之鬼非人也'가 되어야 하니, 傳寫하는 사람이 '人之' 두 글자를 빠뜨린 것이다. 〈小取〉에 '人之鬼 非人也 兄之鬼 兄也'라 한 것이 그 증거이다.

案 : '人之' 두 글자가 없어도 뜻이 절로 통할 수 있으니, 지금 왕인지의 설에 의거하여 더 보충하지 않는다.

44-9-6 天下之利驩이라

천하의 기쁨과 즐거움이다.

驩은 猶悅也니 天志中篇에 云 今有人於此하니 驩若愛其子하여 竭力單務以利之라하다 此疑當接上興利爲己句라

'驩'은 '悅(기쁨)'과 같다. 〈天志 中〉에 "지금 여기에 어떤 사람이 기쁜 마음으로 자기 자식을 사랑하여 있는 힘을 다하고 온갖 일을 다하여 그를 이롭게 하였다.〔今有人於此 驩若愛其子 竭力單務以利之〕"라 하였다. 이 대목은 아마도 위의 "이익을 일으킴이 〈진정으로〉 자기를 위한 것이다.〔興利爲己〕" 句와 이어져야 할 듯하다.

44-9-7 聖人有愛而無利는 俔(日)〔曰〕之言也니

성인은 사랑만 말하고 이익은 말하지 않는다는 것은 비판하여 한 말이니,

說文人部에 云 俔은 譬諭也니 一曰閒(간)見이라하고 爾雅釋言에 云 閒은 俔也라하다 案 俔有閒訓하니 此疑亦當與閒義同이라 方言에 云 閒은 非也라하고 孟子離婁篇에 云 政不足閒也라하니 俔閒은 蓋謂駁難相非라 故下云 乃客之言이라하다 日은 疑當作曰이라 或疑當爲儒者之言이라 儒는 俗作傷하니 與俔相似而誤라하니 亦通이라

≪說文解字≫ 人部에 "'俔'은 譬諭이다. 일설에는 閒見(남몰래 봄)이라 한다."라 하였다. ≪爾雅≫ 〈釋言〉에 "'閒'은 '俔'이다."라 하였다.

案 : '俔'은 '閒(간)'이란 字訓이 있다. 이 글자는 아마도 '閒'과 뜻이 같을 듯하다. ≪方言≫에 "'閒'은 그르다고 하는 것이다."라 하였고, ≪孟子≫ 〈離婁〉에 "정사를 〈일일이〉

흠잡을 수 없다.〔政不足閒也〕"라 하였다. '俔'과 '閒'은 대개 공박하여 비판하는 것을 말한다. 그러므로 아래에 "바로 객의 말이다."라 하였다. '日'은 아마도 '曰'이 되어야 할 듯하다. 혹자는 "응당 '儒者之言'이 되어야 할 듯하니 '儒'는 俗字로 '偄'가 되므로 '俔'과 字形이 비슷하여 착오를 일으킨 것이다."라 하니, 또한 뜻이 통한다.

44-9-8 **乃客之言也**요 **天下無人**은 **子墨子之言也**라

바로 客의 말이고, 천하에 남이 없다는 것은 子墨子의 말이다.

無人은 **卽兼愛之義**라 **言人己兩忘**하면 **則視人如己矣**라 **子墨下**에 **舊無子字**러니 **今據吳鈔本補**라

'남이 없다'는 것은 곧 兼愛의 뜻이다. 남과 자기를 둘 다 잊으면 남을 보기를 자기처럼 한다는 말이다. '子墨' 아래에 舊本에는 '子'자가 없었는데, 지금 吳鈔本에 의거하여 보충한다.

44-9-9 **猶在**라

〈그 해로움은〉 오히려 남아 있다.

似言害捨大取小나 **然其害猶在**라 **上疑有脫文**이라

해로움은 큰 것을 버리고 작은 것을 취하지만 그 해로움은 오히려 남아 있다는 말인 듯하다. 이 대목 위에 빠진 글이 있는 듯하다.

44-10-1 **不得已而欲之**는 **非欲之也**라

부득이하여 그렇게 하고자 하는 것은 그렇게 하고자 하는 것이 아니다.

舊本에 **重非欲之三字**라 **畢云 一本無**라 **案 顧校季本亦無**하니 **今據刪**이라 **此卽前害之中取小不得已也之義**라 **疑當在上文是害之中取小也下**라

舊本에는 '非欲之' 석 자가 중복되어 있다.

畢沅 : 한 本에는 〈'非欲之' 석 자가〉 없다.

案 : 顧廣圻가 교감한 季本에도 〈'非欲之' 석 자가〉 없으니, 지금 이에 의거하여 刪削한다. 이 대목은 곧 앞에서 말한 "해로움 가운데 작은 것을 취함은 부득이한 것"이라는 뜻이다. 이 대목은 아마도 위 글 '是害之中取小也' 아래에 있어야 할 듯하다.

44-10-2 〔**專殺臧**〕이면 **非殺臧也**요

臧을 죽일 수밖에 없었다면 臧을 죽인 것이 아니요

王引之云 非殺臧也上에 有脫文이라 以下二句例之컨대 當云 專殺臧 非殺臧也라

王引之 : '非殺臧也' 위에 빠진 글이 있다. 아래 두 句의 용례로 보건대 응당 '專殺臧 非殺臧也'가 되어야 할 듯하다.

44-10-3 **專殺盜**면 **非殺盜也**라 **凡**(學)〔**譽**〕**愛人**이라

도적을 죽일 수 밖에 없었다면 도적을 죽인 것이 아니다. 무릇 사람을 사랑하는 것은 칭찬해야 한다.

學은 當爲譽니 前云 譽己非賢也라하고 後又云 愛人非爲譽也라하다 此句或當接後利人也 爲其人也句라

'學'은 '譽'가 되어야 하니, 앞에서는 "자기를 칭찬하는 사람은 賢人이 아니다.〔譽己非賢也〕"라 하고, 뒤에서는 또 "사람을 사랑하는 것은 칭찬하는 것이 아니다.〔愛人非爲譽也〕"라 하였다. 이 句는 혹 뒤의 "사람을 이롭게 하는 것은 그 사람을 위한 것이다.〔利人也 爲其人也〕" 句와 이어져야 할 듯하다.

44-11-1 **小圜之圜**은 **與大圜之圜同**이요 (方)〔**不**〕**至尺之不至也**는

작은 圓의 둥긂은 큰 원의 둥긂과 같고 1尺에 이르지 못하는 이르지 못함은

方은 當爲不이라

'方'은 '不'이 되어야 한다.

44-11-2 **與不至(鍾)〔千里〕之〔不〕至**로 **不異**라

천리에 이르지 못한 이르지 못함과 다르지 않다.

鍾은 **當爲千里二字**요 **之至**는 **當作之不至**라 **謂尺與千里**는 **遠近異**나 **而其爲不至則同**이라 **故下云 遠近之謂**라하다 **今本**에 **千里二字**가 **誤合爲重字**어늘 **校者又益金爲鍾**하여 **遂不可通**이라 **續漢書五行志**에 **童謠以董字爲千里草**하니 **與此可互證**이라

'鍾'은 '千里' 두 자가 되어야 하고, '之至'는 '之不至'가 되어야 한다. 1尺과 천리는 거리의 원근은 다르지만 〈그 지점에〉 이르지 못했다는 것은 같다. 그러므로 아래에 "원근을 말하는 것이다."라 하였다. 今本에는 '千里' 두 자가 잘못 합하여 '重'자가 되었는데 교감하는 이가 또 '金'자를 더 보태어 '鍾'자를 만들어 마침내 뜻이 통하지 못하게 되고 말았다. ≪續漢書≫ 〈五行志〉에 나오는 동요에서 '董'자를 '千里草'라 하였으니, 이 대목과 상호 考證할 수 있다.

44-11-3 **其不至同者**는 **遠近之謂也**라 **(是)〔意〕璜也**는

그 이르지 못했다는 점에서 같은 것은 遠近만 〈다를 뿐임을〉 말하는 것이다. 璜을 생각하는 것은

畢云 說文에 **云 璜**은 **半璧也**라하다

畢沅 : ≪說文解字≫에 "璜은 半璧이다."라 하였다.

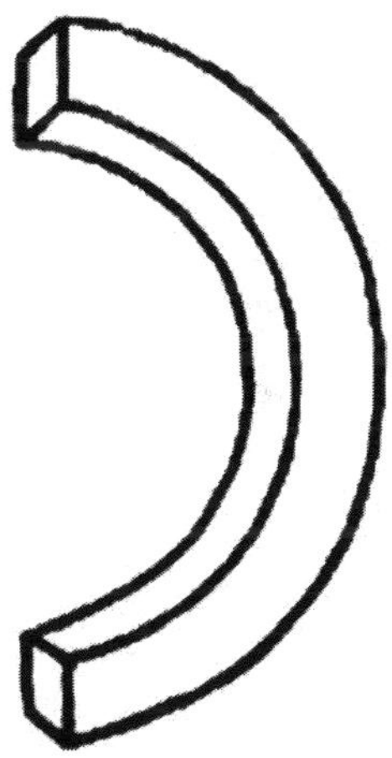

璜

44-11-4 **(是)〔意〕玉也**나

옥을 생각하는 것이나

此與上是字는 **疑竝當作意**라

이곳과 위의 '是'자는 아마도 다 '意'가 되어야 할 듯하다.

44-11-5 **意楹**은 **非意木也**요 **意是楹之木也**며 **意(指)〔人〕之(人)〔指〕也**는 **非意人也**라

기둥을 생각하는 것은 나무를 생각하는 것이 아니라 이 기둥의 나무를 생각하

는 것이며, 사람의 손가락을 생각하는 것은 사람을 생각하는 것이 아니다.

王引之云 當作意人之指 非意人也라 意는 度(탁)也라 言所度者人之指니 非度人也라 下文云 一指는 非一人也라하니 是其證이라하다

王引之 : 응당 '意人之指 非意人也'가 되어야 한다. '意'는 생각하여 헤아린다는 뜻이다. 생각하여 헤아리는 것은 사람의 손가락이지 사람을 생각하여 헤아리는 것은 아니라는 말이다. 아래 글에 "하나의 손가락은 하나의 사람이 아니다."라 하였으니, 이것이 그 증거이다.

44-11-6 意獲也는

잡을 것을 생각하는 것은

說文犬部에 云 獲은 獵所獲也라하다

≪說文解字≫ 犬部에 "'獲'은 사냥하여 잡는 것이다."라 하였다.

44-11-7 乃意禽也라

짐승을 생각하는 것이니,

兪云 乃意禽也는 當作非意禽也니 與上文非意木也非意人也로 一律이라하다 詒讓案 乃字不誤니 此與上文反正相對라 言獵者之求獲은 欲得禽也라

兪樾 : '乃意禽也'는 응당 '非意禽也'가 되어야 하니, 위 글 '非意木也'·'非意人也'와 문투가 꼭 같다.

詒讓案 : '乃'는 오자가 아니니, 이 대목은 위 글과는 반대로 對句를 이룬다. 사냥하는 사람이 잡고자 하는 것은 짐승을 얻고자 하는 것이라는 말이다.

44-11-8 志功은 不可以相從也라

志向(생각)과 功效는 서로 똑같을 수 없다.

志는 卽意求之也요 功은 謂求而得之라

'志'는 곧 생각하여 구하고자 하는 것이고, '功'은 구하여 얻는 것을 말한다.

44-12-1 **利人也**는 **爲其人也**나

다른 사람을 이롭게 하는 것은 그 사람을 위한 것이나

畢云 爲는 一本作非라

畢沅 : '爲'는 한 本에는 '非'로 되어 있다.

44-12-2 **富人**은

다른 사람을 부유하다고 하는 것은

言譽人之富라

다른 사람의 부유함을 칭찬한다는 말이다.

44-12-3 **非爲其人也**라

그 사람을 위한 것이 아니라

畢云 舊二字倒하고 一本如此라하다

畢沅 : 舊本에는 〈'人也'〉 두 글자의 순서가 뒤바뀌어 있고 한 本에는 이와 같이 되어 있다.

44-12-4 **有爲也以富人**[7]하니

목적이 있어서 다른 사람을 부유하도록 하는 것이니

---

7) 富人……有爲也以富人 : ≪墨子今注今譯≫에서는 "官爵을 다른 사람에게 주어서 그 사람을 부유하게 하는 것은 그 사람 본인을 위해서가 아니라 그 사람을 통하여 세상을 다스리고 천하 사람들을 兼愛하고자 하는 목적이 있어서이다."라는 뜻으로 풀이하였다.

言有所爲하여 以使人富라

목적하는 바가 있어서 다른 사람을 부유하게 한다는 말이다.

44-12-5 富人也면 治人有爲鬼焉이라

다른 사람을 부유하게 해주면 〈그 사람이〉 사람들을 다스리고 귀신을 섬긴다.

言治人之事하고 兼有事鬼하니 若祭祀之類라

사람의 일을 다스리고 아울러 귀신을 섬긴다는 말이니, 〈귀신을 섬긴다는 것은〉 祭祀와 같은 것이다.

44-12-6 爲賞譽利一人은 非爲賞譽利人也나 亦不至無(貴)〔賞譽〕於人이라

한 사람에게 상을 주고 칭찬하여 이롭게 하는 것은 사람들에게 상을 주고 칭찬하여 이롭게 하는 것은 아니지만, 그렇다고 해서 사람에게 상을 주고 칭찬하는 일이 없는 데 이르지는 않는다.

無貴는 疑當作無賞譽라 言賞譽雖不能遍及人이나 亦不至因此遂不用賞譽也라

'無貴'는 아마도 '無賞譽'가 되어야 할 듯하다. 賞과 칭찬은 비록 사람들에게 두루 다 미칠 수는 없지만 또한 이로 인해 마침내 상과 칭찬을 쓰지 않는 데 이르지는 않는다는 말이다.

44-12-7 智親之一利는

어버이에게 한 가지만 이로운 줄을 아는 것은

畢云 智는 同知라하다

畢沅 : '智'는 '知'와 같다.

44-12-8 未爲孝也나 亦不至於智不爲己之利於親也라

孝라 할 수는 없지만, 또한 자기가 어버이에게 이로움을 줄 수 있다는 것을 알

면서도 하지 않는 데 이르지는 않는다.

言雖不足爲孝나 亦不至於明知己之有利於親而不爲之라

비록 孝라 할 수는 없지만 또한 자기가 어버이에게 이로움을 줄 수 있다는 것을 분명히 알면서도 하지 않는 데 이르지는 않는다는 말이다.

44-13-1 智是(之)世之有(盜)〔人〕也면

이 세상에 사람이 있는 줄 알면

上之字는 當衍이니 吳鈔本無下之字라 蓋世之二字誤倒어늘 校者又於下에 增一之字하여 遂致複出이라 盜는 當作人이니 涉下而誤라

위의 '之'자는 衍文일 것이니, 吳鈔本에는 아래의 '之'자가 없다. 아마도 '世之' 두 글자의 순서가 잘못 뒤바뀐 것일 터인데 교감하는 이가 게다가 그 아래에 또 '之' 한 글자를 더 보태어 마침내 중복하여 나오게 만들고 말았다. '盜'는 응당 '人'이 되어야 하니, 아래 글과 연관하여 오자가 된 것이다.

44-13-2 盡愛是世나

이 세상을 다 사랑해야 하지만,

兪云 當作智是世之有盜也 不盡是世니 下文智是室之有盜也 不盡是室也에 可證이라하다 案 兪校未塙이라 以文義推之컨대 當作智是世之有人也 盡愛是世이니 卽兼愛之義라

兪樾 : 응당 '智是世之有盜也 不盡是世'가 되어야 하니, 아래 글의 '智是室之有盜也 不盡是室也'에서 考證할 수 있다.

案 : 유월의 교감은 확실하지 않다. 글 뜻으로 미루어 보건대, 응당 '智是世之有人也 盡愛是世'가 되어야 하니, 바로 兼愛의 뜻이다.

44-13-3 智是室之有盜也라도 不盡〔惡(오)〕是室也라

이 방에 도둑이 있다는 것을 알지라도 이 방의 사람들을 다 미워해서는 안 된다.

不盡下에 以下文推之컨대 當有惡字라

'不盡' 아래에 아래의 글 뜻으로 미루어 보건대 응당 '惡'자가 있어야 한다.

44-13-4 智其一人之盜也라도 不盡〔惡〕是(二)人이니

한 사람이 도둑인 줄 알지라도 이 사람들을 다 미워해서는 안 되니,

畢云 二는 當爲一이라하다 詒讓案 當作不盡惡是人이니 此脫惡字요 衍二字耳라

畢沅 : '二'는 응당 '一'이 되어야 한다.

詒讓案 : 응당 '不盡惡是人'이 되어야 하니, 이 대목에는 '惡'자가 빠졌고 '二'자가 잘못 더 들어갔을 뿐이다.

44-13-5 雖其一人之盜라도 苟不智其所在면 盡惡其(弱)〔朋〕也라

비록 한 사람이 도둑일지라도 진실로 그의 所在를 알지 못하면 그의 朋黨을 다 미워하게 된다.

弱은 疑當爲朋이니 形近而誤라 言盜雖止一人이나 然不能審知其誰某면 則盡惡其朋黨也라

'弱'은 아마도 '朋'이 되어야 할 듯하니, 字形이 비슷하여 오자가 생긴 것이다. 도둑은 비록 한 사람에 그치지만 그가 누군지 알지 못하면 그 朋黨을 다 미워하게 된다는 말이다.

44-14-1 諸聖人所先爲는 人(欲)〔效〕[8]名實이니

성인들이 우선으로 한 것은 사람들로 하여금 名·實을 고찰하게 하는 것이니

欲은 疑效之誤라

'欲'은 아마도 '效'의 오자일 듯하다.

---

8) 〔效〕 : ≪廣雅≫ 〈釋言〉에 "效는 고찰한다는 뜻이다.〔效 考也〕"라 하였다. ≪墨子今注今譯≫에서는 이에 의거하여 '考'자의 뜻으로 풀이하였다.

44-14-2 (名)實不必名이라

實에 반드시 名이 있는 것은 아니다.

疑當作實不必名이니 上名字誤衍이라

아마도 '實不必名'이 되어야 할 듯하니, 위의 '名'자는 잘못 더 들어갔다.

44-14-3 苟是石也白인댄

진실로 이 돌이 희다면

句라

여기에서 句를 뗀다.

44-14-4 (敗)〔取〕是石也는

이 돌에서 취하는 것은

敗는 當爲取라

'敗'는 응당 '取'가 되어야 할 것이다.

44-14-5 盡與白同이나

흰색이라는 점은 다 같을 터이나

言白石之白皆同이라

흰 돌의 흰색은 다 같다는 말이다.

44-14-6 是石也唯大라도

이 돌이 비록 클지라도

唯는 雖通이라 吳鈔本作惟라

'唯'는 '雖'와 통용된다. 吳鈔本에는 '惟'로 되어 있다.

44-14-7 **不與大同**하니

크다는 점은 다 같지 않으니,

言大石之中에 仍有大小之異라

큰 돌 중에도 크고 작음의 다름이 있다는 말이다.

44-14-8 **是有(便)〔使〕謂焉也**[9)]라

이는 그렇게 말하도록 하는 것이 있기 때문이다.

便은 疑當爲使라

'便'은 아마도 '使'가 되어야 할 듯하다.

44-14-9 **以形貌命者**는 **必智是之某也**라야

형체와 모양으로 命名하는 경우는 이 명칭이 무엇을 말하는지 반드시 알아야

貌는 吳鈔本에 作皃라 下同이라

'貌'는 吳鈔本에는 '皃'로 되어 있다. 아래도 같다.

44-14-10 **焉智某也**요

비로소 무엇인지를 알 수 있고,

焉은 猶乃也라

'焉'은 '乃(이에)'와 같다.

---

9) 苟是石也白……是有(便)〔使〕謂焉也 : 흰색은 비교 대상이 따로 없어 다 흰색이라 확정할 수 있지만, 크기는 비교 대상이 있어서 크다느니 작다느니 말할 수 있게 한다는 뜻이다.

44-14-11 **不可以形貌命者**는 **唯不智是之某也**니

형체와 모양으로 명명할 수 없는 경우는 비록 이 명칭이 무엇을 말하지는 알지 못할지라도

唯는 亦與雖通이라

'唯'는 역시 '雖'와 통용된다.

44-14-12 **智某可也**라 **諸以居運命者**는

무엇인지 알 수 있다. 居住 또는 移徙로 命名하는 모든 경우는

爾雅釋詁에 云 運은 徙也라하다 畢云 居運은 言居住或運徙라하다

≪爾雅≫〈釋詁〉에 "運은 옮겨간다는 뜻이다."라 하였다.

畢沅 : '居運'은 居住 또는 移徙라는 말과 같다.

44-14-13 **苟(人)〔入〕於其中者**면 **皆是也**니

진실로 그 지역 안에 들어가면 모두 이것이 되고,

人은 當作入이니 入是去非가 文正相對라

'人'은 응당 '入'이 되어야 하니, '들어가는 경우는 옳다〔入是〕'와 '떠나는 경우는 그르다〔去非〕'는 글이 바로 對句를 이룬다.

44-14-14 **去之**는 **因非也**라 **諸以居運命者**는 **若鄕里齊荊者**가 **皆是**요 **諸以形貌命者**는 **若山丘室廟者**가 **皆是也**라

그 지역 안을 떠나면 인하여 이것이 아니게 된다. 거주 또는 이사로 命名하는 모든 경우는 鄕里가 齊땅이나 荊땅인 것과 같은 경우가 모두 이것이고, 형체와 모양으로 명명하는 모든 경우는 산・구릉・집・사당 같은 것이 이것이다.

44-15-1 **智與意異**하니

아는 것과 생각하는 것은 다르니

舊本脫異字러니 **今據吳鈔本補**라 **上文辨智意二者之文甚詳**이라

舊本에는 '異'자가 빠졌는데 지금 吳鈔本에 의거하여 보충하였다. 위 글에서 '智'·'意' 두 가지를 변별한 글이 매우 상세하다.

44-15-2 **重同**하며

중복되어 같은 경우가 있으며,

經說上에 **云 二名一實**이 **重同也**라하다

〈經說 上〉에 "名이 둘이고 實이 하나인 것이 重同이다."라고 하였다.

44-15-3 (具)〔俱〕**同**하며

함께 있어 같은 경우가 있으며,

具는 **當爲俱**니 **經說上**에 **云 俱處於室 合同也**라하다

'具'는 '俱'가 되어야 하니, 〈經說 上〉에 "한 방에 함께 있는 것이 合同이다."라고 하였다.

44-15-4 **連同**하며

연결되어 같은 경우가 있으며,

國語楚語韋注에 **云 連**은 **屬也**라하다

≪國語≫ 〈楚語〉의 韋昭 注에 "連은 이어진다는 뜻이다."라 하였다.

44-15-5 **同類之同**하며

같은 종류라 같은 경우가 있으며,

經說上에 云 有以同이 類同也라하다

〈經說 上〉에 "어떤 성질로 같은 것이 類同이다."라 하였다.

44-15-6 同名之同하며 丘同하며

같은 이름이라 같은 경우가 있으며, 구역이 같은 경우가 있으며,

丘與區通하니 詳經下篇이라 謂同區域而處라

'丘'는 '區'와 통용되니, 〈經 下〉에 상세히 보인다. 구역을 같이하여 거처한다는 말이다.

44-15-7 鮒同하며

붙어 있어 같은 경우가 있으며,

鮒는 附通하니 史記魏世家에 屈侯鮒라한대 說苑臣術篇에 鮒作附하고 周禮大司徒鄭注에 云 附는 麗(리)也라하다

'鮒'는 '附'와 통용된다. ≪史記≫ 〈魏世家〉에 '屈侯 鮒'라 했는데, ≪說苑≫ 〈臣術〉에는 '鮒'가 '附'로 되어 있고, ≪周禮≫ 〈大司徒〉의 鄭玄 注에 "'附'는 붙는다는 뜻이다."라 하였다.

44-15-8 是之同[10])하며

사람들이 맞다고 하여 같은 경우가 있으며,

畢云 一本又有同字라하다

畢沅 : 한 本에는 '同'자가 또 있다.

44-15-9 然之同[11])과 同根之同하며

---

10) 是之同 : ≪墨子今注今譯≫에는 '실제가 본래 같은 것'으로 풀이하였다.

11) 然之同 : ≪墨子今注今譯≫에서는 '여론이 같다고 하는 같음'으로 풀이하였다.

사람들이 그렇다고 하여 같은 경우가 있으며, 같은 뿌리라 같은 경우가 있으며,

此四字는 疑當在前同名之同下라 此下文有非之異有不然之異句가 正與上文是之同然之同相對하니 明不當以此句廁其閒也라

〈'同根之同'〉이 넉 자는 아마도 앞의 '同名之同' 아래에 있어야 할 듯하다. 이 아래 글의 '有非之異 有不然之異' 두 句가 바로 위 글의 '是之同 然之同'과 서로 對句를 이루니, 이 句(同根之同)가 그 사이에 끼어들 수 없음이 분명하다.

44-15-10 有非之異하며 有不然之異라 有其異也는 爲其同也니 爲其同也異라

사람들이 아니라고 하는 다름이 있으며, 사람들이 그렇지 않다고 하는 다름이 있다. 다름이 있는 것은 같음이 있기 때문이니, 같음이 있기 때문에 달라지는 것이다.

此下에 疑當接下長人之異短人之同一節이라

이 아래에 아마도 아래의 "키 큰 사람이 키 작은 사람과 같은 것〔長人之(異)〔與〕短人之同〕"이라는 한 節이 이어져야 할 듯하다.

44-15-11 一曰乃是而然이요

첫째는 본래 이것인데 이것인 경우가 있고,

吳鈔本에 作是라

吳鈔本에는 〈'然'이〉 '是'로 되어 있다.

44-15-12 二曰乃是而不然이요 三曰遷이요

둘째는 본래는 이것인데 이것이 아닌 경우가 있고, 셋째는 〈판단하는 기준이〉 옮겨가는 경우가 있고,

昔是而今不然이라

예전에는 이것이었는데 지금은 이것이 아닌 경우이다.

44-15-13 **四曰强**이라

넷째는 억지로 〈이것이라〉 하는 경우이다.

貌是而情不然이라

겉모습만 이것이고 실정은 이것이 아닌 경우이다.

44-15-14 **子深其深**하고 **淺其淺**하며 **益其益**하고 **尊**(준)**其尊**이니라

子墨子는 깊은 것을 깊다 하고 얕은 것을 얕다 하고 더하는 것은 더한다 하고 줄이는 것은 줄인다고 한다.

以上은 似竝辨辭氣之異同이라 俞云 尊은 當讀爲剸(준)이라 說文刀部에 剸은 減也라하니 剸有減損之義라 故與益其益으로 對文成義라하다 案 俞說是也라 後漢書光武十王傳贊 沛獻尊節의 李注에 引禮記恭敬尊節한대 今曲禮作撙節하니 尊撙剸은 聲類竝同이라

이상은 아마도 다 辭氣의 다름을 변별한 것인 듯하다.

俞樾 : '尊'은 응당 '剸'으로 읽어야 한다. ≪說文解字≫ 刀部에 "剸은 減한다는 뜻이다."라 하였으니, '剸'에는 減損의 뜻이 있다. 그러므로 '益其益'과 對句가 되어 뜻이 이루어지는 것이다.

案 : 유월의 설이 옳다. ≪後漢書≫ 〈光武十王傳贊〉에 "沛獻王은 법도를 준수하였다.〔沛獻尊節〕"라 한 데 대한 李賢의 注에 ≪禮記≫ 〈曲禮〉의 "공경하고 절제한다.〔恭敬尊節〕"를 인용하였는데, 지금 ≪예기≫ 〈곡례〉에는 '撙節'로 되어 있다. '尊'과 '撙'과 '剸'은 聲類가 다 같다.

44-15-15 **察**(次山比因至優復)〔**盜止此室因指得**〕이요

도둑이 이 방에 온 것을 아는 것은 가르쳐 줌으로 인한 것이고,

句라

여기에서 句를 뗀다.

44-15-16 (次察)〔察盜〕聲(端)〔揣〕名因(請復)〔情得〕이라

도둑의 목소리를 살펴 이름을 짐작하는 것은 실정을 알아냄으로 인한 것이다.

此文脫誤不可校라 以意推繹컨대 兩次字는 疑皆當作洨니 卽盜之壞字요 一優字와 二復字는 皆得之誤라 請은 讀爲情이라 請復은 卽下文之請得也라 審校文義컨대 疑首句는 當作察盜止此室因指得이요 次句當作察盜聲端名因情得이니 上云 智是室之有盜也라도 不盡是室也라하다 言察盜之止於是室은 乃因人指而得之어니와 若察盜之聲하여 而得其名은 則因籀其情而得之也니 大恉蓋如是라 今本은 止此室이 訛爲山比至하고 而以至字倒著(착)因下요 又涉復字而衍一優字하고 察洨는 復倒作次察하여 遂無從諟(시)正矣라 端名도 亦難通하니 疑端當爲揣之誤라

이 글은 오탈이 있어 교감할 수 없다. 뜻으로 추론해 보면, 두 '次'자는 아마도 모두 '洨'가 되어야 할 듯하니 곧 '盜'의 字形이 무너진 것이고, 한 '優'자와 두 '復'자는 모두 '得'의 오자일 듯하다. '請'은 '情'으로 읽어야 한다. '請復'은 곧 아래 글의 '請得'이다. 글 뜻을 자세히 교감해 보건대, 아마도 첫째 句는 응당 '察盜止此室因指得'이 되어야 할 듯하고, 둘째 句는 응당 '察盜聲端名因情得'이 되어야 할 듯하니, 위에서 "이 방에 도둑이 있다는 것을 알지라도 이 방의 사람들을 다 미워해서는 안 된다.〔智是室之有盜也 不盡〔惡〕是室也〕" 라 하였다. 이 대목은 "도둑이 이 방에 와 있다는 것을 아는 것은 바로 다른 사람이 가르켜 주어서 알게 됨으로 인한 것이고, 도둑의 목소리를 살펴 그의 이름을 짐작하는 것은 그 실정을 따져서 알게 된 것이다."라는 말이니, 대개의 뜻은 이와 같다. 今本에는 '止此室'이 '山比至'로 잘못 되어 있고 '至'자를 거꾸로 '因'자 아래 놓았으며, 또 '復'자와 연관하여 '優' 한 글자를 잘못 더 넣었으며, '察洨'는 게다가 글자 순서가 뒤집혀 '次察'이 되었기 때문에 마침내 訂正할 수 없게 되고 말았다. '端名' 또한 뜻을 알기 어렵다. 아마도 '端'은 '揣'의 오자가 되어야 할 듯하다.

44-15-17 (正)〔匹〕夫辭惡者는 人(右)〔有〕以其(請)〔情〕得焉이나

필부가 惡을 받아들이지 않는 경우는 다른 사람이 혹 그 실정을 알 수 있지만

正은 當爲匹이라 右는 疑有之誤니 有與或義同이라 請亦讀爲情이라 下同이라 此以籀獄

爲喩也라 辭惡은 謂不受惡이니 左宣二年傳趙盾(돈)爲法受惡이라한대 杜[12]注에 云 爲法受屈이라하니 與此義可相證이라 言匹夫雖賤이나 而不肯受屈하여 必欲自明其志하면 則可以得其情實이라

'正'은 응당 '匹'이 되어야 한다. '右'는 아마도 '有'의 오자일 듯하니, '有'는 '或'과 뜻이 같다. '請'은 역시 '情'으로 읽어야 한다. 아래도 같다. 이 대목은 鞫獄으로 비유한 것이다. '辭惡'은 惡을 받아들이지 않는다는 말이니, ≪春秋左氏傳≫ 宣公 2년 條에 "趙盾이 법을 지키기 위해 악을 받아들였다.〔趙盾爲法受惡〕"라 했는데, 杜預의 注에 "법을 지키기 위해 억울한 죄를 받아 들였다."라 하였으니, 이 대목의 뜻과 서로 考證할 수 있다. 필부가 비록 미천하지만 억울한 죄를 받아들이려 하지 않아 반드시 자기 뜻을 밝히고자 한다면 그 실정을 알 수 있게 된다는 말이다.

44-15-18 諸所遭執而欲惡(오)生者는 人不必以其請得焉이라

拘禁을 당한 자들이 살기 싫어하고자 하는 경우는 다른 사람이 그 실정을 반드시 알아내지는 못한다.

惡生은 謂樂於就死也라 言遭囚執而不求生하면 則雖有屈抑而不欲自明이라 故不能必得其情實也라

'살기 싫어한다'는 것은 죽음에 나아가기를 좋아한다는 말이다. 구금을 당하고도 살고자 하지 않으면 비록 억울한 일이 있어도 스스로 해명하고자 하지 않기 때문에 반드시 그 실정을 알아내지는 못한다는 말이다.

44-16-1 聖人之附瀆也는

성인의 어루만짐은

附는 道藏本吳鈔本에 竝作拊라 畢云 瀆字는 未詳이라하다

---

12) 杜 : 底本의 傍注에 "'杜'는 원래 '柱'로 되어 있었는데, ≪春秋左氏傳≫에 의거하여 고쳤다.〔杜 原誤柱 徑改〕"라고 하였다.

'附'는 道藏本과 吳鈔本에는 다 '祔'로 되어 있다.

畢沅 : '濆'자는 未詳이다.

44-16-2 **仁而無利愛**하니

어질되 이롭게 하고 사랑함은 없으니,

而는 吳鈔本에 作人이라

'而'는 吳鈔本에는 '人'으로 되어 있다.

44-16-3 **利愛**는 **生於慮**라

이롭게 하고 사랑하는 것은 생각에서 나오는 것이다.

謂以仁待人하되 而無私愛利之心이라 凡愛利는 皆生於自私之心하니 不足爲仁也라 經說上에 云 慮也者는 以其知有求也라하다

仁으로 사람을 대하되 사사로이 사랑하고 이롭게 하는 마음이 없으니 무릇 사랑하고 이롭게 하는 마음은 다 자기의 私心에서 생기므로 仁이 될 수 없다는 말이다. 〈經說 上〉에 "慮(생각)라는 것은 그 知로써 찾음이 있다.〔慮也者 以其知有求也〕"라 하였다.

44-16-4 **昔者之慮也**는 **非今日之慮也**요 **昔者之愛人也**는 **非今之愛人也**니 **愛獲之愛人也**는 **生於慮獲之利**라

예전의 생각은 지금의 생각이 아니고, 예전에 다른 사람을 사랑했던 것은 지금 다른 사람을 사랑하는 것이 아니니, 獲(여자 종)이 사람을 사랑하는 것을 사랑하는 것은 獲으로 인한 이익을 생각하는 데서 나온다.

謂因賴其利而愛之라

그 이익의 도움을 받음으로 인하여 사랑한다는 말이다.

44-16-5 **慮獲之利**는 **非慮臧之利也**니

獲의 이익을 생각하는 것은 臧(남자 종)의 이익을 생각하는 것이 아니다.

臧獲은 異人이라 故所慮與所利不同이라 舊本無下慮獲之利四字라 王引之云 生於慮獲之利下에 當更有慮獲之利四字라 慮獲之利 非慮臧之利也와 而愛臧之愛人也 乃愛獲之愛人也가 相對爲文이라하다 案 王說是也라 今據增하노라

臧獲은 다른 사람이다. 그러므로 생각하는 바와 이롭게 여기는 바가 같지 않다. 舊本에는 아래의 '慮獲之利' 넉 자는 없었다.

王引之 : '生於慮獲之利' 아래에 응당 다시 '慮獲之利' 넉 자가 있어야 한다. '慮獲之利 非慮臧之利也'와 '而愛臧之愛人也 乃愛獲之愛人也'가 서로 對偶가 된다.

案 : 왕인지의 설이 옳다. 지금 이에 의거하여 增補하였다.

44-16-6 而愛臧之愛人也는 乃愛獲之愛人也라

그러나 臧이 사람을 사랑하는 것을 사랑하는 것은 바로 獲이 사람을 사랑하는 것을 사랑하는 것이다.

言所愛雖異나 其爲愛人則同이라 臧獲統於人之內也라

사랑하는 바는 비록 다르지만 그 사람을 사랑한다는 점은 같다. 臧과 獲은 사람의 범주 안에 통괄된다.

44-16-7 去其愛而天下利면 弗能〔不〕去也라

그 사랑하는 바를 제거하여 천하가 이롭다면 제거하지 않을 수 없다.

疑當作弗能不去也라 言去一人而利天下면 雖在所愛라도 不能不去也라

아마도 '弗能不去也'가 되어야 할 듯하다. 한 사람을 제거하여 천하를 이롭게 한다면 비록 사랑하는 대상일지라도 제거하지 않을 수 없다는 말이다.

44-16-8 昔之知(牆)〔臧〕은 非今日之知(牆)〔臧〕也라

예전에 臧을 알던 것은 지금 臧을 아는 것이 아니다.

蘇云 牆은 疑當作臧이라하다 兪云 牆字는 不可通하니 乃嗇字之誤라 呂氏春秋情欲篇에 論早定則早知嗇[13]이라하고 先己篇에 嗇其大寶라한대 高注竝曰 嗇은 愛也라하니 昔之知嗇은 非今日之知嗇은 猶上文云 昔者之愛人也는 非今之愛人也라하다 案 蘇說近是라 此下에 疑當接後文藉臧也死而天下害句라

蘇時學 : '牆'은 아마도 '臧'이 되어야 할 듯하다.

兪樾 : '牆'자는 뜻이 통할 수 없으니, '嗇'의 오자이다. ≪呂氏春秋≫ 〈情欲〉에 "논의가 일찍 정해졌고 보면, 일찍 아낄 줄 안다.〔論早定則早知嗇〕"라 하였고, 〈先己〉에 "큰 보배(자기 몸)를 아낀다.〔嗇其大寶〕"라 하였는데, 高誘의 注에 다 "嗇은 아낀다는 뜻이다."라 하였다. "예전에 아낄 줄 알았던 것은 지금 아낄 줄 아는 것이 아니다.〔昔之知嗇 非今日之知嗇〕"는 위 글의 "예전에 다른 사람을 사랑했던 것은 지금 다른 사람을 사랑하는 것이 아니다."와 같다.

案 : 소시학의 설이 옳은 듯하다. 이 대목 아래에 아마도 뒤 글의 "가령 臧이 죽어서 천하에 해롭다면〔'藉臧也死而天下害〕" 句가 이어져야 할 듯하다.

44-16-9 貴爲天子라도 其利人은 不厚於(正)〔匹〕夫요

존귀하여 천자가 되어도 그가 사람을 이롭게 하는 것은 필부보다 후하지 않으며,

顧云 正은 當作匹이라하고 兪校同이라 案 顧校是也라 此書에 匹夫字가 多訛作正夫하니 詳節葬下篇이라 此言利人之心은 貴賤所同이라 蘇云 正은 讀如征이라하니 誤[14]라

顧廣圻는 "'正'은 '匹'이 되어야 한다."라 하였고, 兪越의 교감도 같다.

案 : 고광기의 교감이 옳다. 이 책에 '匹夫'자는 흔히 '正夫'로 잘못되어 있으니, 〈節葬 下〉에 상세히 보인다. 이 대목은 사람을 이롭게 하려는 마음은 존귀한 사람과 미천한 사람이 같다는 것을 말하였다. 蘇時學은 "'正'은 '征'과 같이 읽어야 한다."라 하였는데 잘못이다.

---

13) 論早定則早知嗇 : 高誘의 注에 "도를 체득한 사람은 태어나면서부터 聲色・滋味의 즐거움에 대한 욕심이 없는 도리를 행할 수 있기 때문에 '聲色・滋味에 대한 논의가 일찍 정해진다.'라고 한 것이다.〔體道者生而能行之 故曰論早定〕"라 하였다.

14) 語 : 底本의 傍注에 "'誤'는 원래 '語'로 되어 있었는데, 글 뜻에 의거하여 고쳤다.〔誤 原作語 據文意改〕"라고 하였다.

44-16-10 二子事親하여

두 아들이 어버이를 섬기면서

此上은 疑當接上文義厚親不稱行而類行下라

이 대목 위는 아마도 위 글의 "의리상 친족을 후하게 대하는 것은 덕행이라 일컫지 않으나 덕행과 유사하다.〔義 厚親 不稱行 而(顧)〔類〕行〕"의 아래와 이어져야 할 듯하다.

44-16-11 或遇孰하고 或遇凶하여도

한 사람은 풍년을 만나고 한 사람은 흉년을 만날지라도

孰은 道藏本吳鈔本에 竝作熟이라 畢云 言歲孰歲凶이라하다

'孰'은 道藏本과 吳鈔本에 다 '熟'으로 되어 있다.

畢沅 : 풍년이 들기도 하고 흉년이 들기도 한다는 말이다.

44-16-12 其親也相若하여

그 어버이를 섬김은 같아서

言不以孰凶而事親有厚薄이라

풍년과 흉년 때문에 어버이를 섬김에 厚薄을 두지 않는다는 말이다.

44-16-13 非彼其行益(也非)加也라

저들의 효행이 더해지는 것은 아니다.

疑當作非彼其行益加也라

아마도 '非彼其行益加也'가 되어야 할 듯하다.

44-16-14 外(執)〔埶(세)〕無能厚吾利者라

외부적인 형세가 자신이 〈어버이를〉 이롭게 모시려는 마음을 후하게 할 수 없다.

執은 疑埶之訛니 謂外物不能使吾利親之心加厚라

'執'은 아마도 '埶'의 오자일 듯하다. 外物이 자신이 어버이를 이롭게 하고자 하는 마음을 더 후하게 할 수 없다는 말이다.

44-16-15 藉(자)臧也死而天下害면 吾持養臧也萬倍나 吾愛臧也不加厚라

가령 臧이 죽어서 천하에 해롭다면 내가 臧을 保養하는 것을 만 배나 더하겠지만 내가 臧을 사랑하는 것은 더 후해지지 않는다.

藉는 卽假의 借字라 首句臧字는 舊本誤藏이러니 今據吳鈔本正이라 持養은 義詳非命下篇이라 言假令臧死而害及天下면 則吾之持養之也當萬倍나 然爲天下去害니 非愛臧加厚也라

'藉'는 곧 '假'의 가차자이다. 첫째 구의 '臧'자는 舊本에는 '藏'으로 잘못되어 있는데 지금 吳鈔本에 의거하여 바로잡았다. '持養'은 뜻이 〈非命 下〉에 상세히 보인다. 가령 臧이 죽어서 해로움이 천하에 미친다면 내가 그를 保養하는 것이 응당 만 배나 더하겠지만, 이는 천하를 위해 해로움을 없애는 것일 뿐이니 臧을 사랑하는 것이 더 후해지는 것은 아니라는 말이다.

44-17-1 長人之(異)〔與〕短人(之)〔也〕同은 其貌同者也라

키 큰 사람이 키 작은 사람과 같은 것은 그 용모가 같은 경우이다.

貌는 吳鈔本作皃라 下竝同이라

'貌'는 吳鈔本에 '皃'로 되어 있다. 아래도 다 같다.

44-17-2 故同이라

그러므로 같은 것이다.

兪云 長人之異短人之同은 當作長人之與短人也同이니 下二句正釋長人短人所以同

之故也라 下文曰 指之人也與首之人也異라 人之體非一貌者也라 故異라 將劍與挺劍異하니 劍以形貌命者也라 其形不一故異라하니 竝與此文一律하니 可證이라

兪樾 : '長人之異短人之同'은 응당 '長人之與短人也同'이 되어야 하니, 이 아래 두 句가 바로 키 큰 사람과 키 작은 사람이 같은 까닭을 풀이하고 있다. 아래 글에 "손가락으로 사람을 가리키는 경우와 머리로 사람을 향하는 경우는 다르니 사람의 몸은 한 가지 모양이 아니므로 다른 것이다. 劍에 기대는 것과 검을 뽑는 것은 다르니 검은 형체와 모양으로 命名한 것이다. 그 형체가 한 가지가 아니므로 다른 것이다."라 하였다. 모두 이 글과 어투가 꼭 같으니, 考證할 수 있다.

44-17-3 **指之人也與首之人也異**하니

손가락으로 사람을 가리키는 경우와 머리로 사람을 향하는 경우는 다르니

首之人은 謂以首向人이라

'首之人'은 머리를 사람에게 향한다는 말이다.

44-17-4 **人之體**는 **非一貌者也**라 **故異**라 **將劍與挺劍異**하니

사람의 몸은 한 가지 모양이 아니므로 다른 것이다. 劍에 기대는 것과 검을 뽑는 것은 다르니,

將은 牂(장)之借字라 說文手部에 云 牂은 扶也라 挺은 拔也라하다

'將'은 牂의 가차자이다. ≪說文解字≫ 手部에 "牂은 기댄다는 뜻이다."라 하고, "挺은 뽑는다는 뜻이다."라 하였다.

44-17-5 **劍以形貌命者也**라 **其形不一**이라 **故異**라 **楊木之木與桃木之木也**는 **同**이라 **諸非以擧量數命者**는 (敗)〔取〕**之盡是也**니

검은 형체와 모양으로 命名한 것이다. 그 형체가 한 가지가 아니므로 다른 것이다. 버드나무의 나무와 복숭아나무의 나무는 같다. 수량을 들어서 命名한 것이 아

닌 모든 경우는 취하면 다 같이 이것이다.

敗는 疑亦當爲取니 形近而誤라 此言不以量數擧者는 若一人爲人이요 百人亦爲人이라 故云 取之盡是也라

'敗'는 아마도 '取'가 되어야 할 듯하니, 字形이 비슷하여 오자가 된 것이다. 이 대목은 말하자면, 수량을 들지 않는 경우는 예컨대 한 사람도 사람이고 백 사람도 사람인 것과 같으므로 "취하면 다 같이 이것이다."라 한 것이다.

44-17-6 故一(人)指는 非一人也요 (是)一人之指는 乃是一人也니

그러므로 하나의 손가락은 한 사람이 아니고, 한 사람의 손가락이라야 한 사람이니

王引之云 故一下에 衍人字하고 一人之指上에 衍是字하니 當作故一指 非一人也 一人之指 乃是一人也라

王引之 : '故一' 아래 '人'자가 잘못 더 들어갔고, '一人之指' 위에 '是'자가 잘못 더 들어갔으니, 응당 '故一指 非一人也 一人之指 乃是一人也'가 되어야 한다.

44-17-7 方之一面은 非方也나

네모의 한 面은 네모가 아니나

言方羃與方周는 方體不同이라

方羃(네모난 휘장)과 方周(휘장 사방 둘레의 모난 모양)는 모난 형체가 같지 않다는 말이다.

44-17-8 方木之面은 方木也라

네모난 나무의 한 면은 네모난 나무이다.

44-18-1 〔夫辭〕는 以故生하고

대저 말이란 것은 일로써 생기고,

以上에 當有夫辭二字하니 下文可證이라 廣雅釋詁에 云 故는 事也라하니 此疑當接上語經節下라

'以' 위에 응당 '夫辭' 두 글자가 있어야 하니, 아래 글에서 考證할 수 있다. ≪廣雅≫ 〈釋詁〉에 "故는 일이다."라 하였다. 이 대목은 아마도 위의 '語經' 節 아래에 이어져야 할 듯하다.

44-18-2 以理長하고 以類行(也)者〔也〕니

이치로써 자라고 類로써 행하는 것이니

二字當乙이라 蘇云 據下文컨대 當作辭以類行者也라하니 非라

〈'也者'〉 두 글자는 응당 순서가 바뀌어야 한다. 蘇時學은 "아래 글에 의거하건대 응당 '辭以類行者也'가 되어야 한다."라 했는데, 맞지 않다.

44-18-3 立辭[15)]而不明於其所生은 (忘)〔妄〕也라

말을 세우면서 그 생겨난 바를 알지 못하는 것은 망령되다.

顧云 忘은 當爲妄이라하다

顧廣圻 : '忘'은 '妄'이 되어야 한다.

44-18-4 今人非道면 無所行이니

지금 사람이 도리가 아니면 행해질 바가 없으니,

道는 與理同이라 此釋以理長之義라 言不循道면 則辭不可行이라

'道'는 '理'와 같다. 이 대목은 "이치로써 자란다."는 뜻을 풀이하였다. 도리를 따르지 않으면 말이 행해질 수 없다는 말이다.

---

15) 立辭 : ≪墨子今注今譯≫에서는 '立'을 '創立'으로 번역하였다. 즉 새로운 말을 주장한다는 뜻으로 본 것이다.

44-18-5 **唯有强股肱**이나 **而不明於道**면

비록 강한 팔다리가 있을지라도 도에 밝지 못하면

唯與雖通이라

'唯'는 '雖'와 통용된다.

44-18-6 **其困也**는 **可立而待也**라 **夫辭**는 **以類行者也**니 **立辭而不明於其類**면 **則必困矣**라

困難하게 되는 것은 서서 기다릴 수 있다. 대저 말이란 同類로써 진행되는 것이니, 말을 세우면서 그 동류에 밝지 못하면 반드시 곤란하게 된다.

44-19-1 **故**로 **浸淫之辭**는

그러므로 浸淫한 말은

文選洞簫賦의 **李注**에 **云 浸淫**은 **猶漸冉**(염)하니 **相親附之意也**라하다

≪文選≫ 〈洞簫賦〉의 李善 注에 "浸淫은 漸冉과 같으니, 서로 친밀해진다는 뜻이다."라 하였다.

44-19-2 **其類在鼓栗**[16)]이라

그 類가 鼓栗에 있다.

在下에 **吳鈔本有於字**라 **此文有訛**라 **蘇云 此下言其類者十有三**하니 **語意殊不可曉**라 **疑皆有説以證明之如韓非儲説所云**[17)]**者**로되 **而今已不可考矣**라하다

---

16) 鼓栗 : 張純一은 "鼓는 鼓動하는 것이고 栗은 두렵게 하는 것이다."라 하였다.

17) 韓非儲說所云 : ≪韓非子≫ 〈內儲說 上〉에 "其說在侏儒之夢見竈(그 설명은, 난장이가 꿈에 부엌을 본다는 데에 있다.)"라 하였는데, 何犿의 注에 "난장이가 꿈에 부엌을 본다는 것은 부엌에서 한 사람이 불을 피워 음식을 만들고 있으면 다른 사람은 부엌을 보지 못한다는 말이다. 이는 靈公이 子瑕의 말만 듣는 것을 기롱한 것이다.〔侏儒夢竈 言竈有一人煬 則人不見 此譏靈公

'在' 아래에 吳鈔本에는 '於'자가 있다. 이 대목은 글에 오류가 있다.

蘇時學 : 이 아래에 '其類'라고 말한 것이 열세 곳인데 말뜻을 전혀 알 수 없다. 아마도 모두 ≪韓非子≫ 〈儲說〉에서 말한 바와 같이 證明하는 설명이 있을 터이나 지금은 이미 고찰할 수 없다.

44-19-3 **聖人也爲天下也**는 **其類在于追迷**라

성인이 천하를 위하는 것은 그 類가 미혹을 뒤미처 바로잡는 데 있다.

畢云 言能追正迷惑이라 **案 以下**는 **竝釋以類行之義**나 **而文多難通**이라 **畢以意說之**하니 **皆不甚塙**이라 **今無可質證**일새 **姑存以備攷**하노라

畢沅 : 迷惑을 뒤미처 바로잡는다는 말이다.

案 : 이하는 다 "類로써 행한다"는 뜻을 풀이하였으나 글에 뜻을 알기 어려운 곳이 많다. 필원은 뜻으로 추측하여 말했으니, 모두 그다지 확실하지 않다. 지금 確證할 수 없기에 우선 수록해 두어 고찰에 대비한다.

44-19-4 **或壽或卒**이나 **其利天下也指若**하니

어떤 사람은 오래 살고 어떤 사람은 일찍 죽지만 〈성인이〉 천하를 이롭게 한다는 점은 같으니,

畢云 言其指相若이라하고 **蘇云 指**는 **當作相**이라하다

畢沅 : 그 가리키는 뜻이 서로 같다는 말이다.

蘇云 : '指'는 응당 '相'이 되어야 한다.

44-19-5 **其類在(譽)〔礜(여)〕石**이라

그 類가 礜石에 있다.

偏聽子瑕〕"라 하였다. 이와 같은 형태로 '其說在'가 들어간 대목이 〈內儲說 上〉에 5곳 있고, 〈內儲說 下〉에 5곳 있고, 〈外儲說 左上〉에 1곳 있다.

畢云 疑譽名이니 言聖人有壽有不壽나 其利天下同하니 則譽在也라하다 案 畢說未塙이라 疑當作礜石이니 說文石部에 云 礜는 毒石也라하다 山海經西山經에 云 礜石은 可以毒鼠라한대 郭璞注에 云 今礜石殺鼠나 蠶食之而肥라하다 此言礜石害鼠나 而利於蠶하여 以況或壽或卒之利害不同也라

畢沅 : 〈'譽石'〉은 아마도 '譽名'이 되어야 할 듯하다. 성인은 오래 사는 이도 있고 오래 살지 못하는 이도 있으나 천하를 이롭게 했다는 점은 같으니 명예가 있다는 말이다.

案 : 필원의 설은 확실하지 않다. 〈'譽石'은〉 아마도 '礜石'이 되어야 할 듯하니, ≪說文解字≫ 石部에 "礜는 독이 있는 돌이다."라 하였다. ≪山海經≫ 〈西山經〉에 "'礜石은 그 독으로 쥐를 죽일 수 있다."라 했는데, 郭璞의 注에 "지금 礜石은 쥐를 죽이지만 누에는 여석을 먹으면 살찐다."라 하였다. 이 대목은 여석은 쥐에게는 해롭지만 누에에게는 이롭다는 것을 말하여 혹자는 오래 살고 혹자는 일찍 죽는 利害가 같지 않음을 비유하였다.

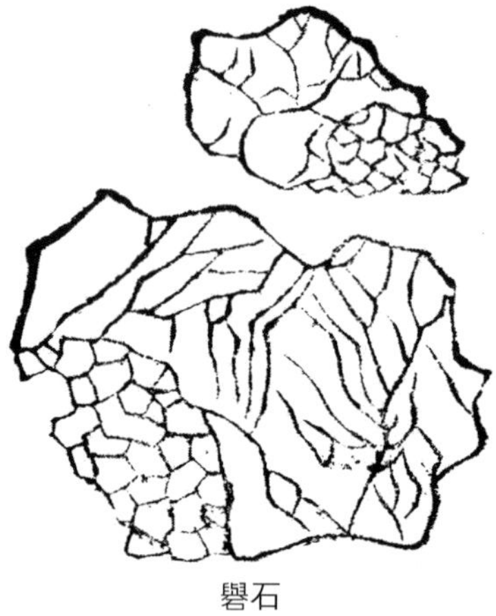
礜石

44-19-6 一日而百萬生이나 愛不加厚하니

하루에도 백만 生靈이 있으나 사랑은 더 후하게 하지 않으니

此疑釋藉臧也死而天下害一節之義라

이 대목은 아마도 "가령 臧이 죽어서 천하에 해롭다면〔'藉臧也死而天下害'〕" 한 節의 뜻을 풀이한 듯하다.

44-19-7 其類在惡(오)害라

그 類는 해로움을 싫어하는 데 있다.

畢云 言意多所愛而不行者는 畏難之故라하다

畢沅 : 마음속에는 사랑하는 바가 많지만 행하지 않는 것은 〈백성들에게〉 고난이 생길까 두려워하기 때문이라는 말이다.

44-19-8 **愛(二)〔上〕世有厚薄**이나 **而愛(二)〔上〕世相若**하니

옛날 세상을 사랑함에는 厚薄이 있으나 옛날 세상을 사랑하는 것은 서로 같으니,

二는 **當爲上字之誤**라 **說文**에 **古文上作二**이라하니 **與二形相似**라 **上世**는 **與尙世義同**이라 **此釋上文愛尙世與愛後世 一若今之世人也**라

'二'는 응당 '上'의 오자일 것이다. ≪說文解字≫에 "古字에 上은 二으로 되어 있다."라 하였으니, '二'와 字形이 서로 비슷하다. '上世'는 '尙世'와 뜻이 같다. 이 대목은 위 글의 "옛날의 세상을 사랑하는 것과 후대의 세상을 사랑하는 것이 오늘날 세상 사람을 사랑하는 것과 꼭 같다.〔愛尙世與愛後世 一若今之世人也〕"를 풀이하였다.

44-19-9 **其類在蛇文**이라

그 類가 蛇文에 있다.

此文有訛라 **洪云 文**은 **當作玄**이니 **玄卽蚿字之省**이라 **莊子秋水篇**에 **夔憐蚿**하며 **蚿憐蛇**라하니 **亦取相愛爲義**라 **案 洪說未塙**이라

이 대목의 글에는 오류가 있다. 洪頤煊은 "'文'은 응당 '玄'이 되어야 하니, '玄'은 곧 '蚿'자의 省文이다. ≪莊子≫ 〈秋水〉에 '외발짐승인 夔는 발이 많은 蚿(노래기)을 부러워하고 노래기는 발이 없는 뱀을 부러워한다.〔夔憐蚿 蚿憐蛇〕'라 하였으니, 역시 서로 사랑한다는 점을 취하여 뜻을 삼은 것이다."라 하였다.

案 : 홍이훤의 설은 확실하지 않다.

夔

44-19-10 愛之相若이라도 擇而殺其一人하니

사랑하는 것은 같더라도 그 중 한 사람을 택하여 죽이니,

畢云 言愛二人同이나 擇而殺(쇄)其一이라 殺는 減也라하다 案 此似釋上文殺一人以存天下 非殺一人以利天下一節之義니 畢說失之라

畢沅 : 두 사람을 사랑하는 것은 같으나 그 중에서 택하여 한 사람을 줄인다는 말이다. 殺는 줄인다는 말이다.

案 : 이 대목은 아마도 위 글의 "한 사람을 죽여서 천하를 보존하는 것은 사람을 죽여서 천하를 이롭게 하는 것이 아니다.〔殺一人以存天下 非殺一人以利天下〕" 한 節의 뜻을 풀이한 것인 듯하다. 필원의 설은 잘못 보았다.

44-19-11 其類在阬下之鼠라

그 類가 땅굴 아래의 쥐에 있다.

阬은 舊本訛院이러니 今據道藏本吳鈔本正이라 爾雅釋詁에 云 阬은 虛也라하다 得鼠則殺之는 爲其害物也라

'阬'은 舊本에는 '院'으로 잘못되어 있었는데 지금 道藏本 · 吳鈔本에 의거하여 바로잡았다. ≪爾雅≫ 〈釋詁〉에 "阬은 텅 비다는 뜻이다."라 하였다. 쥐를 잡으면 죽이는 것은 해로운 동물이기 때문이다.

44-19-12 小仁與大仁이 行厚相若하니

소인(일반 백성)과 대인이 후한 사랑을 행하는 것은 서로 같으니

大仁은 舊本作大人이러니 今從吳鈔本이라 仁與人通이라 此似釋上文大人之愛小人也一節之義라

'大仁'은 舊本에는 '大人'으로 되어 있었는데, 지금 吳鈔本을 따른다. '仁'은 '人'과 통용된다. 이 대목은 아마도 위 글의 "대인이 소인을 사랑하는 것〔大人之愛小人也〕" 한 節의 뜻을 풀이한 것일 듯하다.

44-19-13 **其類在申**[18)]이라

그 類가 申에 있다.

有訛脫이라

誤脫이 있다.

44-19-14 **凡興利除害也**는

무릇 이로움을 일으키고 해로움을 없애는 것은

上文에 **云 興利爲己**라하니 **此疑釋其義**라

위 글에서 "이익을 일으킴이 〈진정으로〉 자기를 위한 것이다."라 하였으니, 이 대목은 아마도 그 뜻을 풀이한 듯하다.

44-19-15 **其類在漏雍**이라

그 類가 물이 새는 동이에 있다.

吳鈔本에 **作厚瓮**이라 **疑扁甕**(옹)**之訛**라 **王云 雍**은 **與甕同**이라 **井九二**에 **甕敝漏**라한대 **釋文**에 **甕作雍**하고 **北山經**에 **縣雍之山**이라한대 **郭璞曰 音汲甕**[19)]이라하고 **水經晉水篇**에 **作縣甕**하고 **漢紀孝成紀**에 **申徒狄蹈甕之河**라하고 **漢書鄒陽傳**에 **甕作雍**이라하다 **案 王說是也**라 **此似言甕之害在於漏**하니 **去其漏**면 **則得汲水之利也**라

〈'漏雍'이〉 吳鈔本에는 '厚瓮'으로 되어 있다. 아마도 '扁甕'의 착오인 듯하다.

王引之 : '雍'은 '甕'과 같으니, ≪周易≫ 井卦 九二에 "동이가 깨져 물이 샌다.〔甕敝漏〕"

---

18) 小仁與大仁……其類在申 : ≪墨子今注今譯≫에서는 "일반 사람과 天子가 德行의 厚薄은 서로 같은 것이지만 재능을 펴서 백성을 위해 해로움을 없애고 이로움을 일으킬 수 있느냐를 보아야 한다."라 하여 '申'을 능력을 펼친다는 뜻으로 보았다.

19) 縣雍之山……音汲甕 : ≪山海經≫의 注에는 "지금 진양현 서쪽에 있다. 이름은 급옹이다. 雍의 음은 甕이다.〔今在晉陽縣西 名汲甕 雍音甕〕"라고 되어 있어, 王引之가 "음이 汲甕이다."라고 한 것과 다르다.

라 했는데 ≪經典釋文≫에 '甕'이 '雍'으로 되어 있고, ≪山海經≫ 〈北山經〉에 '縣雍의 산〔縣雍之山〕'이라 했는데 郭璞이 "독음이 汲甕이다."라 하였고, ≪水經≫ 〈晉水〉에는 '縣甕'으로 되어 있고, ≪前漢紀≫ 〈孝成紀〉에 "신도적은 甕땅의 황하에 들어가 빠져 죽었다.〔申徒狄蹈甕之河〕"라 하였는데 ≪漢書≫ 〈鄒陽傳〉에는 '甕'이 '雍'으로 되어 있다.

案 : 왕인지의 설이 옳다. 이 대목은 아마도 동이의 해로움은 물이 새는 데 있으니, 물이 새는 것만 없애면 물을 긷는 이로움이 있다는 말인 듯이다.

44-19-16 厚親不稱行而類行하니

친족을 후하게 대하는 것은 덕행이라 일컫지 않으나 덕행과 유사하니,

此釋上文義可厚厚之一節之義라

이 대목은 위 글 "의리상 후하게 할 수 있기에 후하게 한다.〔義可厚厚之〕" 한 節의 뜻을 풀이하였다.

44-19-17 其類在江上井[20]이라 不爲己之可(學)〔譽〕也하니

그 類가 강 가의 우물에 있다. 자기를 위하지 않는 것이 칭찬할 만하니,

學은 **疑譽之誤**라 **上文**에 **云 譽己非賢也**라하니 **此或釋其義**라

'學'은 아마도 '譽'의 오자일 듯하다. 위 글에 "자기를 칭찬하는 사람은 賢人이 아니다.〔譽己非賢也〕"라 하였으니, 이 대목은 혹 그 뜻을 풀이한 것일 듯하다.

44-19-18 其類在獵走라 愛人非爲譽也니 其類在逆旅[21]라

그 類가 사냥하며 짐승을 쫓아 달리는 데 있다. 사람을 사랑하는 것은 칭찬을 받기 위한 것이 아니니 그 類가 逆旅(客舍)에 있다.

---

20) 其類在江上井 : ≪墨子今注今譯≫에서는 "강 가에 있는 우물은 비록 물을 긷는 이익이 있지만 강물과 가까이 있어서 그 이익이 극히 제한적인 것과 같다는 말이다."로 풀이하였다.

21) 其類在逆旅 : ≪墨子今注今譯≫에서는 "客舍에 잠시 寄居하는 것과 같아서 長久할 수 없다."로 풀이하였다.

言因求利而愛人이라 此釋上文爲賞譽利一人一節之義라

이익을 구함으로 인하여 사람을 사랑한다는 말이다. 이 대목은 위 글의 "한 사람에게 상을 주고 칭찬하여 이롭게 하는 것〔爲賞譽利一人〕" 한 節의 뜻을 풀이하였다.

44-19-19 **愛人之親若愛其親**이니

다른 사람의 어버이를 자기 어버이처럼 사랑해야 하니

此疑釋上文以臧爲其親也一節之義라

이 대목은 아마도 위 글 "臧(남자 종)이 어버이를 잘 섬긴다고 여겨〔以臧爲其親也〕" 한 節의 뜻을 풀이한 듯하다.

44-19-20 **其類在官苟**[22)]라

그 類가 官苟(恭敬)에 있다.

有訛라

오류가 있다.

44-19-21 **兼愛相若一愛相若**하니

한 사람을 사랑하는 것과 많은 사람들을 아울러 사랑하는 것은 같으니

言愛一人與兼愛衆人同이라

한 사람을 사랑하는 것과 많은 사람들을 아울러 사랑하는 것이 같다는 말이다.

44-19-22 (**一愛相若**)

四字重出하니 當是衍文이라 此疑釋上文愛衆衆也一節之義라

---

22) 官苟 : ≪墨子今注今譯≫에서는 '恭敬'과 같다고 보았다.

이 넉 자는 거듭 나오니, 응당 衍文일 것이다. 이 대목은 위 글의 "사람이 많은 세상을 사랑하는 것〔愛衆衆也也〕" 한 節의 뜻을 풀이하였다.

44-19-23 其類在死也라

그 類가 뱀을 죽이는 데 있다.

畢云 : 一本作虵라하다 案 顧校季本에 亦作虵라 此文有訛라

畢沅 : 한 本에는 '虵'로 되어 있다.

案 : 顧廣圻가 교감한 季本에도 '虵'로 되어 있다. 이 글에는 오류가 있다.

附錄

1. 《墨子閒詁 4》 參考書目 / 469

2. 《墨子閒詁 4》 參考圖版 目錄 및 出處 / 476

3. 戰國七雄圖 / 477

4. 《墨子閒詁》 總目次(QR) / 478

5. 《墨子閒詁》 解 題(QR) / 478

6. 《墨子》 관련 研究論著(QR) / 478

1. ≪墨子閒詁 4≫ 參考書目

1. 저본

• ≪墨子閒詁≫, 孫詒讓, 中華書局, 2001.

2. 주요 참고본

• ≪墨子閒詁≫, 孫詒讓, 掃葉山房, 光緖33(1907) 刊〔고려대학교 도서관 소장본, 육당C7-B3-1-8〕
• ≪墨子閒詁≫, 孫詒讓, 宣統2(1910) 重刊本〔續修四庫全書 수록본〕
• ≪墨子閒詁≫, 孫詒讓, 漢文大系 卷14, 富山房, 1913.
• ≪墨子≫(道藏本), 上海 涵芬樓 影印本, 1925.

3. 교감주해서 및 번역서, 연구논저

〔中國〕

• ≪墨子注≫, 畢沅, 經訓堂本, 1835.
• ≪郡經平議·墨子評議≫, 兪樾, 世界書局, 1881.
• ≪墨子經說解≫, 張惠言, 國粹學報館, 1909.
• ≪墨子閒詁箋≫, 張純一, 世界書局, 1922.
• ≪墨經校釋≫, 梁啓超, 商務印書館, 1922.
• ≪定本墨子閒詁校補≫, 李笠, 商務印書館, 1925.
• ≪墨學講義≫, 欒調甫, 齊魯大學, 1925.
• ≪墨子刊誤≫, 蘇時學, 中華書局, 1928.
• ≪墨子集解≫, 張純一, 文史哲出版社, 1932.
• ≪墨子大義述≫, 伍非百, 國民印務局, 1933.
• ≪墨辯疏證≫, 范耕研, 商務印書館, 1935.
• ≪墨辯新注≫, 魯大東, 中華書局, 1936.
• ≪墨子拾補≫, 劉師培, 藝文印書館, 1936.
• ≪墨子新證≫, 于省吾, 藝文印書館, 1938.
• ≪墨子新論≫, 王寒生, 中華文化出版社業委員會, 1956.

• ≪續墨子閒詁≫, 劉載賓, 藝文印書館, 1957.
• ≪墨經校詮≫, 高亨, 世界書局, 1958.
• ≪墨子斠證≫, 王叔岷, 中央研究員 歷史語言硏究所, 1959.
• ≪墨子新箋≫, 高亨, 山東人民出版社, 1961.
• ≪墨子閒編≫, 嚴靈峯, 商務印書館, 1968.
• ≪經義述聞≫, 王引之, 中華書局, 1970.
• ≪墨子新釋≫(無求備齋墨子集成, 이하 墨子集成), 尹桐陽, 成文出版社, 1975.
• ≪墨子通解≫(墨子集成), 張其鍠, 成文出版社, 1975.
• ≪墨子箋≫(墨子集成), 曹耀湘, 成文出版社, 1975.
• ≪墨子刊誤≫(墨子集成), 蘇時學, 成文出版社, 1975.
• ≪墨子雜志≫(墨子集成), 王念孫, 成文出版社, 1975.
• ≪墨子辯經講疏≫(墨子集成), 顧實, 成文出版社, 1975.
• ≪墨子今註今譯≫, 李漁叔, 商務印書館, 1980.
• ≪墨經分類譯註≫, 譚戒甫, 中華書局, 1981.
• ≪墨子校詮≫, 高亨, 世界書局, 1981.
• ≪墨辯解故≫, 伍非百, 中國古代名家者言整理本, 1983.
• ≪墨經中的數學和物理學≫, 方孝博, 中國社會科學出版社, 1983.
• ≪墨子今註今譯≫, 李漁叔, 台灣商務印書館, 1984.
• ≪墨子注≫, 畢沅, 中華書局, 1985.
• ≪墨學源流≫, 方授楚, 中華書局, 1989.
• ≪墨子選譯≫, 譚家健, 鄭君華 選譯, 上海古籍出版社, 1992.
• ≪墨子大全≫, 任繼愈, 李廣星 主編, 北京圖書館出版社, 2004.
• ≪墨子校注≫, 吳毓江, 中華書局, 2006.
• ≪墨子大詞典≫, 王裕安·孫卓彩·郭震旦 編著, 山東大學出版社, 2006.
• ≪墨子今注今譯≫, 孫中原·譚家健, 商務印書館, 2012.

〔韓國〕

• ≪묵자≫, 송정희 역, 명지대학출판부, 1972.
• ≪墨子≫, 李元燮 譯註, 玄岩社, 1974.
• ≪新墨子≫, 李元燮 譯, 良友堂, 1985.
• ≪墨子≫, 권오석 譯解, 홍신문화사, 1994.

• ≪墨子 : 천하에 남이란 없다. 上・下≫, 기세춘 역저, 초당, 1995.
• ≪묵자≫, 朴文鉉・李俊寧 共解譯, 자유문고, 1995.
• ≪묵자≫, 박문현 외 역, 자유문고, 1995.
• ≪묵자≫, 박재범 역, 홍익출판사, 1999.
• ≪(新完譯) 墨子 : 新選明文東洋古典大系≫, 金學主 譯著, 明文堂, 2003.
• ≪(묵점 기세춘 선생과 함께하는) 묵자≫, 기세춘 역저, 바이북스, 2009.
• ≪묵자≫, 김득순 역, 연변인민출판사, 2010.
• ≪묵자≫, 박문현 옮김, 지만지, 2012.
• ≪묵경≫, 염정삼 주해, 한길사, 2012.
• ≪묵자≫, 이운구 옮김, 길, 2012.
• ≪묵자≫, 김학주 譯著, 明文堂, 2014.
• ≪묵자 : 겸애와 비공을 통해 이상사회를 추구한 사상가≫, 신동준 옮김, 인간사랑, 2014.
• ≪묵자≫, 윤무학 옮김, 길, 2015.

〔日本〕

• ≪墨子≫(中國の思想), 和田武司 譯, 德間書店, 1964.
• ≪墨子≫(中國古典文學大系), 藪內淸 譯, 平凡社, 1968.
• ≪墨子≫(講談社學術文庫), 淺野裕一, 講談社, 1998.
• ≪墨子≫(ちくま學芸文庫), 森三樹三郎 譯, 筑摩書房, 2012.
• ≪墨子≫, 金谷治 譯, 中央公論新社, 2018.
• ≪墨子よみがえる≫, 半藤一利, 平凡社, 2011.
• ≪和譯墨子・和譯列子≫, 田岡嶺雲 譯註, 玄黃社, 1911.

〔英美〕

• *Mozi : A Study and Translation of the Ethical and Political Writings*, John Knoblock & Jeffrey Riegel, University of California, Berkeley, 2013.
• *Mozi : Basic Writings*, Burton Watson, Columbia University Press, 2003.
• *Mozi : Collection of Critical Biographies of Chinese Thinkers*, Zheng Jiewen, Nanjing University Press, 2010.
• *The Book of Master Mo*, Ian Johnston, Penguin Classics, 2014.
• *The Essential Mòzǐ: Ethical, Political, and Dialectical Writings*, Chris

Fraser, Oxford University Press, 2020.
- *The Mozi: A Complete Translation* (Translations from the Asian Classics), Ian Johnston, The Chinese University Press, 2010.
- *The Mozi as an Evolving Text: Different Voices in Early Chinese Thought*, Carine Defoort & Nicolas Standaert, Brill, 2013.
- *The Philosophy of the Mòzǐ: The First Consequentialists*, Chris Fraser, Columbia University Press, 2016.

4. 원전자료

〔經部〕

- ≪經傳釋詞≫, 王引之 撰, 黃侃·楊樹達 批本, 岳麓書社, 1982.
- ≪經典釋文≫, 陸德明 撰, 文淵閣四庫全書, 臺灣商務印書館, 1986.
- ≪廣雅≫, 張揖 撰, 文淵閣四庫全書, 臺灣商務印書館, 1986.
- ≪群經音辨≫, 賈昌朝 撰, 文淵閣四庫全書, 臺灣商務印書館, 1986.
- ≪論語注疏≫, 何晏 注, 邢昺 疏, 北京大學出版社, 1999.
- ≪論語集註大全≫, 朱熹 集註, 胡廣 等 編, 朝鮮 內閣本, 影印本, 學民文化社.
- ≪唐韻正≫, 顧炎武 撰, 文淵閣四庫全書, 臺灣商務印書館, 1986.
- ≪大戴禮記詳解≫, 王聘珍 撰, 中華書局, 1989.
- ≪大學章句大全≫, 朱熹 集註, 胡廣 等 編, 朝鮮 內閣本, 影印本, 學民文化社.
- ≪孟子注疏≫, 趙岐 注, 孫奭 疏, 北京大學出版社, 1999.
- ≪孟子集註大全≫, 朱熹 集註, 胡廣 等 編, 朝鮮 內閣本, 影印本, 學民文化社.
- ≪毛詩正義≫, 毛公 傳, 鄭玄 箋, 孔穎達 正義, 北京大學出版社, 1999.
- ≪方言≫, 楊雄 撰, 文淵閣四庫全書, 臺灣商務印書館, 1986.
- ≪尙書正義≫, 孔安國 傳, 孔穎達 正義, 北京大學出版社, 1999.
- ≪說文解字≫, 許愼 撰, 文淵閣四庫全書, 臺灣商務印書館, 1986.
- ≪書傳大全≫, 蔡沈 集傳, 胡廣 等 編, 朝鮮 內閣本, 影印本, 學民文化社.
- ≪說文解字注≫, 段玉裁 撰, 文淵閣四庫全書, 臺灣商務印書館, 1986.
- ≪詩三家義集疏≫, 王先謙 撰, 中華書局, 1987.
- ≪呂氏家塾讀詩記≫, 呂祖謙 撰, 文淵閣四庫全書, 臺灣商務印書館, 1986.
- ≪禮記正義≫, 鄭玄 注, 孔穎達 正義, 北京大學出版社, 1999.
- ≪禮記集說大全≫, 陳澔 集說, 胡廣 等 編, 朝鮮 內閣本, 影印本, 學民文化社.
- ≪龍龕手鑑≫, 釋行均 撰, 潘重規 編, 中華書局, 1988.

- ≪六書正譌≫, 周伯琦 撰, 文淵閣四庫全書, 臺灣商務印書館, 1986.
- ≪玉篇≫, 顧野王 撰, 文淵閣四庫全書, 臺灣商務印書館, 1986.
- ≪韻補≫, 吳棫 撰, 文淵閣四庫全書, 臺灣商務印書館, 1986.
- ≪儀禮注疏≫, 鄭玄 注, 賈公彦 疏, 北京大學出版社, 1999.
- ≪爾雅注疏≫, 郭璞 注, 邢昺 疏, 北京大學出版社, 1999.
- ≪一切經音義≫, 釋元應 撰, 文淵閣四庫全書, 臺灣商務印書館, 1986.
- ≪周禮注疏≫, 鄭玄 注, 賈公彦 疏, 北京大學出版社, 1999.
- ≪周易正義≫, 王弼・韓康伯 注, 孔穎達 正義, 北京大學出版社, 1999.
- ≪周易傳義大全≫, 程頤 傳, 朱熹 本義, 胡廣 等 編, 朝鮮 內閣本, 影印本, 學民文化社.
- ≪中庸章句大全≫, 朱熹 集註, 胡廣 等 編, 朝鮮 內閣本, 影印本, 學民文化社.
- ≪集韻≫, 丁度 等 編, 上海古籍出版社, 1985.
- ≪春秋穀梁傳注疏≫, 范寧 註, 楊士勛 疏, 北京大學出版社, 2000.
- ≪春秋公羊傳注疏≫, 何休 註, 徐彦 疏, 北京大學出版社, 2000.
- ≪春秋左氏傳注疏≫, 杜預 註, 孔穎達 疏, 北京大學出版社, 2000.
- ≪韓詩外傳≫, 韓嬰 撰, 文淵閣四庫全書, 臺灣商務印書館, 1986.
- ≪孝經注疏≫, 唐 玄宗 注, 邢昺 疏, 北京大學出版社, 1999.

〔史部〕

- ≪舊唐書≫, 劉昫 撰, 中華書局, 1975.
- ≪國史經籍志≫, 焦竑 撰, 廣文書局, 1975.
- ≪隋書經籍志≫, 長孫無忌 撰, 藝文印書館, 1965.
- ≪國語≫, 韋昭 注, 文淵閣四庫全書, 臺灣商務印書館, 1986.
- ≪東觀漢記≫, 劉珍等 撰, 文淵閣四庫全書, 臺灣商務印書館, 1986.
- ≪史記≫, 司馬遷 撰, 中華書局, 1999.
- ≪史記索隱≫, 司馬貞 編, 文淵閣四庫全書, 臺灣商務印書館, 1986.
- ≪史記正義≫, 張守節 撰, 文淵閣四庫全書, 臺灣商務印書館, 1986.
- ≪史記集解≫, 裴駰 撰, 文淵閣四庫全書, 臺灣商務印書館, 1986.
- ≪水經注≫, 酈道元 撰, 文淵閣四庫全書, 臺灣商務印書館, 1986.
- ≪新唐書≫, 歐陽脩・宋祁 撰, 中華書局, 1975.
- ≪晏子春秋≫, 晏嬰 撰, 文淵閣四庫全書, 臺灣商務印書館, 1986.
- ≪隷釋≫, 洪适 撰, 文淵閣四庫全書, 臺灣商務印書館, 1986.
- ≪戰國策≫, 高誘 注, 文淵閣四庫全書, 臺灣商務印書館, 1986.

• ≪漢書≫, 班固 撰, 中華書局, 1962.
• ≪後漢書≫, 司馬彪 撰, 中華書局, 1965.

〔子部〕

• ≪賈子新書≫, 賈誼 撰, 文淵閣四庫全書, 臺灣商務印書館, 1986.
• ≪鶡冠子≫, 無名氏 撰, 文淵閣四庫全書, 臺灣商務印書館, 1986.
• ≪古今譚槪≫, 馮夢龍 撰, 文淵閣四庫全書, 臺灣商務印書館, 1986.
• ≪古今事文類聚≫, 祝穆 撰, 文淵閣四庫全書, 臺灣商務印書館, 1986.
• ≪孔子家語≫, 王肅 注, 文淵閣四庫全書, 臺灣商務印書館, 1986.
• ≪公孫龍子≫, 公孫龍 撰, 文淵閣四庫全書, 臺灣商務印書館, 1986.
• ≪管子≫, 管仲 撰, 文淵閣四庫全書, 臺灣商務印書館, 1986.
• ≪括地志輯校≫, 李泰 撰, 中華書局, 2005.
• ≪群書拾補≫, 盧文弨 撰, 中華書局, 1985.
• ≪群書治要譯注≫, 魏徵 等 撰, 中國書店出版社, 2012.
• ≪老子≫, 王弼 注, 文淵閣四庫全書, 臺灣商務印書館, 1986.
• ≪論衡≫, 王充 撰, 文淵閣四庫全書, 臺灣商務印書館, 1986.
• ≪讀書雜志≫, 王念孫 著, 江蘇古籍出版社, 2000.
• ≪墨子≫, 墨翟 撰, 文淵閣四庫全書, 臺灣商務印書館, 1986.
• ≪白虎通義≫, 班固 撰, 文淵閣四庫全書, 臺灣商務印書館, 1986.
• ≪法言≫, 揚雄 撰, 李軌・柳宗元 注, 文淵閣四庫全書, 臺灣商務印書館, 1986.
• ≪山海經≫, 郭璞 注, 文淵閣四庫全書, 臺灣商務印書館, 1986.
• ≪說苑≫, 劉向 撰, 文淵閣四庫全書, 臺灣商務印書館, 1986.
• ≪世說新語≫, 劉義慶 撰, 文淵閣四庫全書, 臺灣商務印書館, 1986.
• ≪荀子集解≫, 王先謙 集解, 中華書局, 1988.
• ≪荀子箋釋≫, 盧文弨 校, 謝墉 輯校, 上海古籍出版社, 1986.
• ≪尸子≫, 尸佼 撰, 文淵閣四庫全書, 臺灣商務印書館, 1986.
• ≪尸子≫, 尸佼 撰, 李守奎 譯注, 黑龍江人民出版社, 2003.
• ≪新書≫, 賈誼 撰, 文淵閣四庫全書, 臺灣商務印書館, 1986.
• ≪新序≫, 劉向 撰, 文淵閣四庫全書, 臺灣商務印書館, 1986.
• ≪愼子≫, 愼到 撰, 文淵閣四庫全書, 臺灣商務印書館, 1986.
• ≪申子≫, 申不害 撰, 文淵閣四庫全書, 臺灣商務印書館, 1986.
• ≪揚子法言≫, 揚雄 撰, 李軌・柳宗元 注, 文淵閣四庫全書, 臺灣商務印書館, 1986.

• ≪呂氏春秋≫, 呂不韋 編, 高誘 注, 文淵閣四庫全書, 臺灣商務印書館, 1986.
• ≪列子≫, 張湛 注, 文淵閣四庫全書, 臺灣商務印書館, 1986.
• ≪藝文類聚≫, 歐陽詢 撰, 文淵閣四庫全書, 臺灣商務印書館, 1986.
• ≪日知錄≫, 顧炎武 撰, 文淵閣四庫全書, 臺灣商務印書館, 1986.
• ≪莊子集釋≫, 莊周 撰, 郭象 注, 陸德明 釋文, 成玄英 疏, 郭慶藩 輯, 中華書局, 1961.
• ≪諸子平議≫, 俞樾 著, 中華書局, 1954.
• ≪太平御覽≫, 李昉 等 撰, 文淵閣四庫全書, 臺灣商務印書館, 1986.
• ≪太玄經≫, 揚雄 撰, 文淵閣四庫全書, 臺灣商務印書館, 1986.
• ≪通雅≫, 方以智 撰, 文淵閣四庫全書, 臺灣商務印書館, 1986.
• ≪韓非子≫, 韓非 撰, 文淵閣四庫全書, 臺灣商務印書館, 1986.
• ≪淮南子≫, 劉安 撰, 高誘 注, 文淵閣四庫全書, 臺灣商務印書館, 1986.

〔集部〕

• ≪經義述聞≫, 王引之 撰, 世界書局, 1975.
• ≪經傳釋詞≫, 王引之 撰, 黃侃 楊樹達 批本, 岳麓書社, 1982.
• ≪群書治要譯注≫, 魏徵 等 撰, 中國書店出版社, 2012.
• ≪讀書雜志≫, 王念孫 著, 江蘇古籍出版社, 2000.
• ≪文選≫, 蕭統 撰, 文淵閣四庫全書, 臺灣商務印書館, 1986.
• ≪文選注≫, 蕭統 撰, 李善 注, 世界書局, 1962.
• ≪諸子平議≫, 俞樾 著, 中華書局, 1954.
• ≪集韻≫, 丁度等 編, 上海古籍出版社, 1985.
• ≪楚詞補註≫, 洪興祖 撰, 文淵閣四庫全書, 臺灣商務印書館, 1986.
• ≪韓詩外傳≫, 韓嬰 撰, 文淵閣四庫全書, 臺灣商務印書館, 1986.

5. 전자자료

• 電子版 文淵閣四庫全書, 迪志文化出版社, 北京, 1999.
• 尙友千古(http://www.s-sangwoo.kr)
• 韓國古典綜合DB(http://db.itkc.or.kr)
• 東洋古典綜合DB(http://db.cyberseodang.or.kr)
• Chinese Text Project(http://ctext.org)

2. ≪墨子閒詁 4≫ 參考圖版 目錄 및 出處

1)〈五行相生相勝之圖〉, 王圻(明) 撰, ≪三才圖會≫ / 20
2)〈公孫龍〉, 狩野常信(日本) 畫, ≪賢哲肖像≫ / 23
3)〈孟子〉, 田琦(朝鮮) 畫, ≪萬古際會圖像≫ / 36
4)〈漢 高祖〉, 田琦(朝鮮) 畫, ≪萬古際會圖像≫ / 74
5)〈雜佩〉, 松本愚山(日本) 撰, ≪五經圖彙≫ / 110
6)〈周公〉, 王圻(明) 撰, ≪三才圖會≫ / 111
7)〈鶉〉, 細井徇(日) 撰, ≪詩經名物圖解≫ / 141
8)〈그림쇠〔規〕〉, 王圻(明) 撰, ≪三才圖會≫ / 153
9)〈곱자〔矩〕〉, 王圻(明) 撰, ≪三才圖會≫ / 156
10)〈樞〉, 岡元鳳(日) 纂輯, ≪毛詩品物圖攷≫ / 171
11)〈孔子〉, 田琦(朝鮮) 畫, ≪萬古際會圖像≫ / 209
12)〈戈〉, 王圻(明) 撰, ≪三才圖會≫ / 210
13)〈橐〉, 王圻(明) 撰, ≪三才圖會≫ / 229
14)〈茅〉, 岡元鳳(日) 纂輯, ≪毛詩品物圖攷≫ / 232
15)〈屨〉, 王圻(明) 撰, ≪三才圖會≫ / 235
16)〈堯〉, 姚文翰(淸) 繪, ≪歷代帝王眞像≫ / 263
17)〈衡〉, 王圻(明) 撰, ≪三才圖會≫ / 286
18)〈雲梯〉, 王圻(明) 撰, ≪三才圖會≫ / 295
19)〈贏(노새)〉, 王圻(明) 撰, ≪三才圖會≫ / 329
20)〈荊州疆界〉, 王圻(明) 撰, ≪三才圖會≫ / 356
21)〈礪(거친 숫돌)〉, 王圻(明) 撰, ≪三才圖會≫ / 360
22)〈禹〉, 田琦(朝鮮) 畫, ≪萬古際會圖像≫ / 420
23)〈璜〉, 松本愚山(日本) 撰, ≪五經圖彙≫ / 435
24)〈磬石〉, 王圻(明) 撰, ≪三才圖會≫ / 460
25)〈夔〉, 王圻(明) 撰, ≪三才圖會≫ / 461

3. 戰國七雄圖

※ QR코드를 스캔하면 더 선명한 지도를 볼 수 있습니다.

(≪中國歷史地圖≫ 上冊 (程光裕・徐聖謨 主編, 中國文化大學出版部, 1980)에서 轉載)

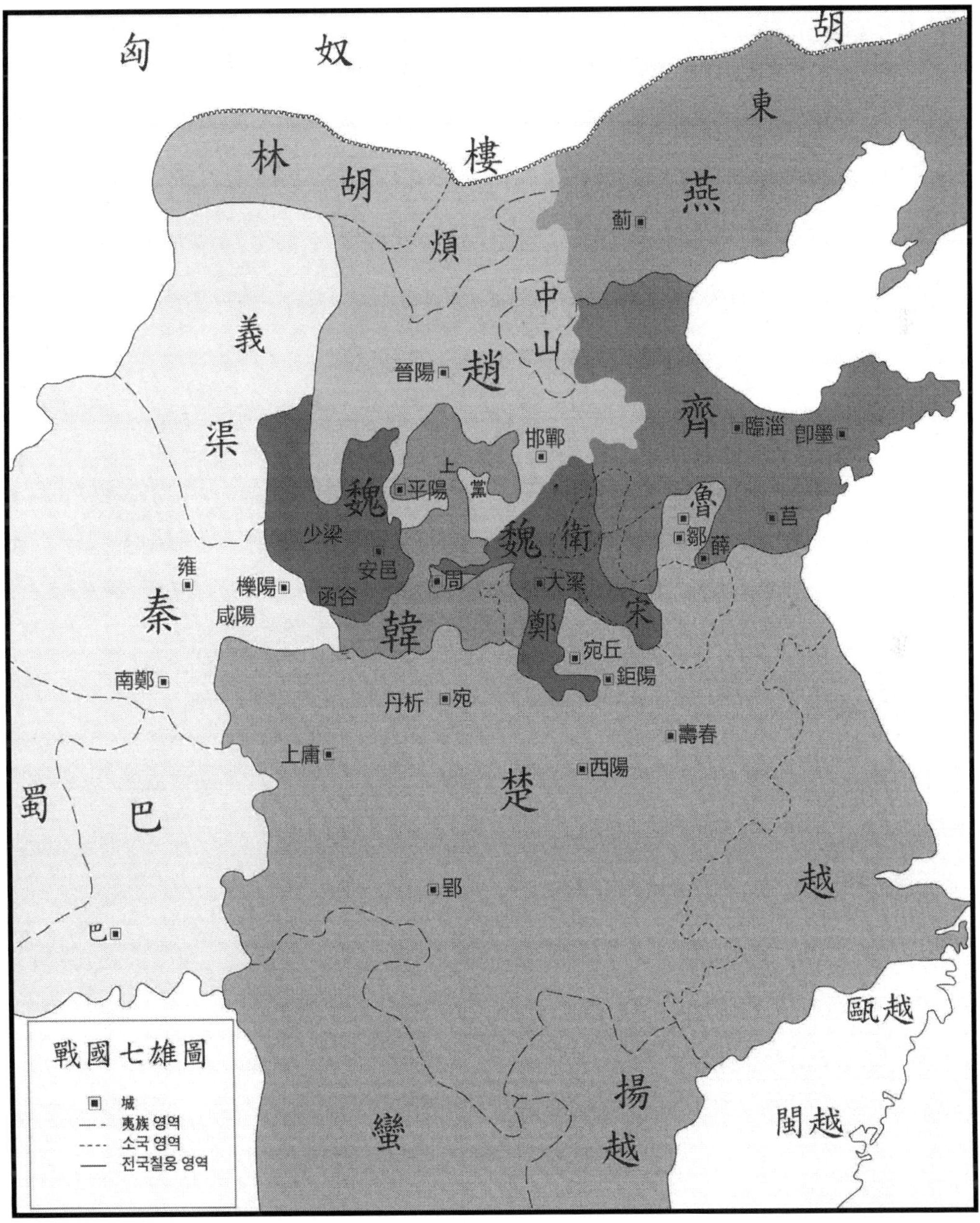

4. ≪墨子閒詁≫ 總目次

※ QR코드를 스캔하면 ≪墨子閒詁≫의 총목차를 볼 수 있습니다.

總目次

5. ≪墨子閒詁≫ 解 題

※ QR코드를 스캔하면 ≪墨子閒詁≫의 해제를 볼 수 있습니다.

解題

6. ≪墨子≫ 관련 研究論著

※ QR코드를 스캔하면 ≪墨子≫ 관련 研究論著의 목록을 볼 수 있습니다.

研究論著

責任飜譯

李相夏

啓明大學校 中語中文學科 졸업
高麗大學校 大學院 國語國文學科 文學博士
民族文化推進會 부설 常任研究員 졸업
朝鮮大學校 漢文學科 教授 역임
韓國古典飜譯院 부설 古典飜譯教育院 教授(現)

論文 및 譯書

〈漢文古典 文集飜譯의 특성과 문제점〉, 〈≪朱子書節要≫가 조선조에 끼친 영향〉, 〈退溪・南冥의 시와 대조적인 학문성향〉 등
≪寒洲 李震相의 主理論 研究≫, ≪冷淡家計≫, ≪儒學的 思惟와 韓國文化≫(공저) 등
≪把翠軒遺稿≫, ≪月沙集≫, ≪容齋集≫, ≪鵝溪遺稿≫, ≪石洲集≫, ≪譯註 唐宋八大家文鈔 歐陽脩≫, ≪古文眞寶 後集≫ 등

共同飜譯

邊球鎰

高麗大學校 國語國文學科 졸업
高麗大學校 大學院 國語國文學科 文學碩士
民族文化推進會 부설 研修部 졸업
韓國古典飜譯院 부설 專門課程 졸업
韓國古典飜譯院 研究員(現)

論著 및 譯書

〈谿谷 張維 散文 研究〉
≪東川遺稿≫, ≪滄溪集1≫, ≪譯註 唐宋八大家文鈔 歐陽脩≫(이상 共譯) 등

東洋古典譯註叢書 105

譯註 墨子閒詁 4 38,000원

2020년 12월 31일 초판 발행
2021년 05월 15일 초판 2쇄

校　注 孫詒讓
責任飜譯 李相夏
共同飜譯 邊球鎰
企劃編輯 東洋古典飜譯編輯委員會
原文校閱 吳圭根
飜譯研究管理 南賢熙
潤　文 朴勝珠
校　訂 李承俊 南賢熙 李孝宰
裝　幀 김진디자인

發行人 朴洪植

發行處 社團法人 傳統文化研究會
서울시 종로구 삼일대로 428 낙원빌딩 411호
전화 : (02)762-8401 전송 : (02)747-0083
전자우편 : juntong@juntong.or.kr
홈페이지 : juntong.or.kr
사이버書堂 : cyberseodang.or.kr
온라인서점 : book.cyberseodang.or.kr
등록 : 1989. 7. 3. 제1-936호

인쇄처 : 한국법령정보주식회사(02-462-3860)
총　판 : 한국출판협동조합(070-7119-1750)

ISBN 979-11-5794-293-0 94150
978-89-85395-71-7(세트)

※이 책은 2020년도 교육부 고전문헌 국역지원사업 지원비에 의해 초판(비매품) 간행.